给以除去
理论的束
缚教育
科研向项目
成果无限

李鹏枝
卯月十有八

教育部哲学社会科学研究重大课题攻关项目

"十三五"国家重点出版物出版规划项目

新时期社会治安防控体系建设研究

RESEARCH ON CRIME PREVENTION AND CONTROL SYSTEM IN THE NEW PERIOD

宫志刚 等著

中国财经出版传媒集团

经济科学出版社

Economic Science Press

图书在版编目（CIP）数据

新时期社会治安防控体系建设研究/宫志刚等著.—北京：经济科学出版社，2017.12

教育部哲学社会科学研究重大课题攻关项目

ISBN 978-7-5141-8748-9

Ⅰ.①新… Ⅱ.①宫… Ⅲ.①社会治安-治安管理-研究-中国 Ⅳ.①D631.4

中国版本图书馆 CIP 数据核字（2017）第 295913 号

责任编辑：王新宇
责任校对：靳玉环
责任印制：邱　天

新时期社会治安防控体系建设研究
宫志刚　等著
经济科学出版社出版、发行　新华书店经销
社址：北京市海淀区阜成路甲 28 号　邮编：100142
总编部电话：010-88191217　发行部电话：010-88191522
网址：www.esp.com.cn
电子邮件：esp@esp.com.cn
天猫网店：经济科学出版社旗舰店
网址：http://jjkxcbs.tmall.com
北京季蜂印刷有限公司印装
787×1092　16 开　22.5 印张　430000 字
2017 年 12 月第 1 版　2017 年 12 月第 1 次印刷
ISBN 978-7-5141-8748-9　定价：56.00 元
(图书出现印装问题，本社负责调换。电话：010-88191510)
(版权所有　侵权必究　举报电话：010-88191586
电子邮箱：dbts@esp.com.cn)

课题组主要成员

课题主持人　　宫志刚
主 要 成 员　　台运启　　张小兵　　伍先江　　裴　岩
　　　　　　　　　寇丽平　　张　弘　　李小波　　王建新
　　　　　　　　　刘　艺　　王树民　　李伟清　　孙　静
　　　　　　　　　孙永生　　邹湘江　　于小川　　戴　锐
　　　　　　　　　周延东　　张金菊　　谢川豫　　卢国显
　　　　　　　　　陈慧君　　李春勇　　陈涌清　　宗　恺
　　　　　　　　　杜治国　　郑璐瑶　　乐国安

编审委员会成员

主　任　周法兴
委　员　郭兆旭　吕　萍　唐俊南　刘明晖
　　　　陈迈利　樊曙华　孙丽丽　刘　茜

总　序

哲学社会科学是人们认识世界、改造世界的重要工具，是推动历史发展和社会进步的重要力量，其发展水平反映了一个民族的思维能力、精神品格、文明素质，体现了一个国家的综合国力和国际竞争力。一个国家的发展水平，既取决于自然科学发展水平，也取决于哲学社会科学发展水平。

党和国家高度重视哲学社会科学。党的十八大提出要建设哲学社会科学创新体系，推进马克思主义中国化、时代化、大众化，坚持不懈用中国特色社会主义理论体系武装全党、教育人民。2016年5月17日，习近平总书记亲自主持召开哲学社会科学工作座谈会并发表重要讲话。讲话从坚持和发展中国特色社会主义事业全局的高度，深刻阐释了哲学社会科学的战略地位，全面分析了哲学社会科学面临的新形势，明确了加快构建中国特色哲学社会科学的新目标，对哲学社会科学工作者提出了新期待，体现了我们党对哲学社会科学发展规律的认识达到了一个新高度，是一篇新形势下繁荣发展我国哲学社会科学事业的纲领性文献，为哲学社会科学事业提供了强大精神动力，指明了前进方向。

高校是我国哲学社会科学事业的主力军。贯彻落实习近平总书记哲学社会科学座谈会重要讲话精神，加快构建中国特色哲学社会科学，高校应需发挥重要作用：要坚持和巩固马克思主义的指导地位，用中国化的马克思主义指导哲学社会科学；要实施以育人育才为中心的哲学社会科学整体发展战略，构筑学生、学术、学科一体的综合发展体系；要以人为本，从人抓起，积极实施人才工程，构建种类齐全、梯队衔接的高校哲学社会科学人才体系；要深化科研管理体制改革，发挥高校人才、智力和学科优势，提升学术原创能力，激发创新创造活力，建设中国特色新型高校智库；要加强组织领导、做好统筹规划、营造良好学术生态，形成统筹推进高校哲学社会科学发展新格局。

哲学社会科学研究重大课题攻关项目计划是教育部贯彻落实党中央决策部署的一项重大举措，是实施"高校哲学社会科学繁荣计划"的重要内容。重大攻关项目采取招投标的组织方式，按照"公平竞争，择优立项，严格管理，铸造精品"的要求进行，每年评审立项约40个项目。项目研究实行首席专家负责制，鼓励跨学科、跨学校、跨地区的联合研究，协同创新。重大攻关项目以解决国家现代化建设过程中重大理论和实际问题为主攻方向，以提升为党和政府咨询决策服务能力和推动哲学社会科学发展为战略目标，集合优秀研究团队和顶尖人才联合攻关。自2003年以来，项目开展取得了丰硕成果，形成了特色品牌。一大批标志性成果纷纷涌现，一大批科研名家脱颖而出，高校哲学社会科学整体实力和社会影响力快速提升。国务院副总理刘延东同志做出重要批示，指出重大攻关项目有效调动各方面的积极性，产生了一批重要成果，影响广泛，成效显著；要总结经验，再接再厉，紧密服务国家需求，更好地优化资源，突出重点，多出精品，多出人才，为经济社会发展作出新的贡献。

作为教育部社科研究项目中的拳头产品，我们始终秉持以管理创新服务学术创新的理念，坚持科学管理、民主管理、依法管理，切实增强服务意识，不断创新管理模式，健全管理制度，加强对重大攻关项目的选题遴选、评审立项、组织开题、中期检查到最终成果鉴定的全过程管理，逐渐探索并形成一套成熟有效、符合学术研究规律的管理办法，努力将重大攻关项目打造成学术精品工程。我们将项目最终成果汇编成"教育部哲学社会科学研究重大课题攻关项目成果文库"统一组织出版。经济科学出版社倾全社之力，精心组织编辑力量，努力铸造出版精品。国学大师季羡林先生为本文库题词："经时济世 继往开来——贺教育部重大攻关项目成果出版"；欧阳中石先生题写了"教育部哲学社会科学研究重大课题攻关项目"的书名，充分体现了他们对繁荣发展高校哲学社会科学的深切勉励和由衷期望。

伟大的时代呼唤伟大的理论，伟大的理论推动伟大的实践。高校哲学社会科学将不忘初心，继续前进。深入贯彻落实习近平总书记系列重要讲话精神，坚持道路自信、理论自信、制度自信、文化自信，立足中国、借鉴国外，挖掘历史、把握当代，关怀人类、面向未来，立时代之潮头、发思想之先声，为加快构建中国特色哲学社会科学，实现中华民族伟大复兴的中国梦作出新的更大贡献！

教育部社会科学司

序

治安的本质是社会控制，国家出现后，治安秩序的维护更多是以一种组织化调控的方式出现。任何一个国家的社会转型必然要面对丛生的社会矛盾，这些矛盾最为激烈的表现方式便是违法犯罪问题。如何应对转型期急剧增加的违法犯罪，保证社会转型期的平稳有序是发达国家和地区曾经共同面对的问题。西方的实践形成的一个基本的共识是：在预防违法犯罪问题上应当以组织化、体系化的力量应对之。这对于处于转型期的中国社会是一个重要的启示。

社会治安防控体系的探索历程：从理念到实践

自改革开放以来，随着我国社会转型的开启和不断深化，在经济发展的同时，违法犯罪也不断增加，严重影响群众的安全感。如何有效治理违法犯罪，为我国社会转型发展提供一个稳定有序的社会环境成为亟待解决的课题，在不断探索和应对中，社会治安防控体系的构想不断深化并且逐渐"落地发芽"。

我国社会治安防控体系的发展经历了三个历史阶段。第一个阶段是萌芽阶段，即从改革开放到20世纪90年代初。改革开放初期，面对违法犯罪不断增多的趋势，从1982年起，中央明确强调社会治安要进行综合治理，1983年"严打"开始后，中央一方面要求严厉打击严重刑事犯罪，同时要求党政部门要抓住"严打"后有利的时机，扎实推进综合治理工作。1991年初，中共中央、国务院和全国人大先后颁布了《关于加强社会治安综合治理的决定》，对社会治安综合治理的主要任务、基本原则、工作措施，以及建立地方各级综治机构进行了规定。这一阶段，虽然在正式文件中并没有提及治安防控体系，但已经蕴含了治安防控的思想，是治安防控体系的萌芽阶段。第二个阶段是提出阶段，即从20世纪90年代到21世纪初。在经历萌芽阶段后，社会治安综合治理转变为一种国家行动，犯罪控制实践，有具体的职责承担者和工作内容，"严打"成为综合治理的一个方面，与预防、教育、管理、建设和改造并举。各地方公安机关先后开展了治安防控体系的研究和试点工作，并取得了一些积极的成果。但是，由于制度设计和政策导向问题，治安防控体系作用并未充分展现，随着1993年后违法犯罪的反弹，1996年4月，中央再度启动"严打"，并要求加强社会治安综合治理基层基础工作。如何强化治安防控体系建设再度被摆上中央的议事日程。2001年，中共中央和国务院正式出台了《关于进一步加强社会治安综合治理的意见》，提出各地要建立和完善全社会的防控体系，逐步形成了以110指挥中心为龙头、以社会面和干线公路巡逻网为骨干、以省市际和城市出入口治安卡口为依托的阵地式防控体系。这一阶段，治安防控体系作为综合治理的一项重要举措，正式出现在中央的文件中，各地自下而上开始探索建立各自的治安防控体系。第三个阶段是社会治安防控体系的形成期，即21世纪初至今。自2001年中央正式提出社会治安防控体系后，各地以公安机关为主导加强了治安防控体系的建设。2009年，公安部提出要全面加强社区防控网、街面防控网、视频监控网、单位内部防控网、区域警务协作网和"虚拟社会"防控网"六张网"的建设，积极构建点线面结合，人防、物防、技防结合，打防管控结合，网上网下结合的社会治安防控网络，努力实现对动态社会的全天候、全方位、无缝隙、立体化覆盖。

党的十八大报告强调"要深化平安建设，完善立体化社会治安防控体系"。部分地方政府认识到社会治安防控体系建设对地方经济发展和社会稳定所具有的重要作用，积极研究探索如何创新完善立体化社会治安防控体系，如何增强防控体系的系统性、整体性和协同性，一些地方的探索取得了积极成效。2015年4月，中办和国办印发了《关于加强社会治安防控体系建设的意见》，该意见围绕完善和发展中国特色社会主义制度，从推进国家治理体系和治理能力现代化总目标出发，以确保公共安全、提升人民群众的安全感和满意度为具体目标,在加强社会治安防控网建设、提高社会治安防控体系建设科技水平、完善社会治安防控运行机制、运用法治思维和法治方式推进社会治安防控体系建设、建立健全社会治安防控体系建设工作格局五大方面提出了具体的指导意见。

党的十九大报告提出,要加快社会治安防控体系建设,依法打击和惩治黄赌毒黑拐骗等违法犯罪活动,保护人民人身权、财产权、人格权。当前,立体化社会治安防控体系建设是新时代全面提升动态化、信息化条件下社会治安治理能力的重要抓手,是推进平安中国建设、构建公共安全网、实现国家治理体系和治理能力现代化的战略工程,也是推进公安机关"四项建设"、推动警务模式转型升级、提升驾驭复杂治安局势能力的重要载体。推进立体化社会治安防控体系已成为新时代打造共建共治共享的社会治理格局的重要组成部分。

经过三十余年的发展,我国的社会治安防控体系从无到有,从分散到系统,从平面到立体,从简单的犯罪预防体系上升为国家的治安策略、国家提升治安治理能力现代化的一项基础性工程。

社会治安防控体系的意涵:有组织、体系化的犯罪控制工程

治安防控体系是一种典型的社会控制体系。治安防控的核心在于控制,其本质是对人类行为方式的一种可预期的干预,并将这种行为控制在法律设定的范围内,使其不易产生危害公共秩序的后果。治安防控包括打击、防范、管理、控制、建设和教育等多种具体手段,是综合治理的具体化运用,是从主体违法犯罪发生的过程进行全程的控制。实现社会控制需要权威的力量,而警察作为国家机器的含义在于以不可协商的强制力确保下的服从。治安控制的主体是拥有国家强制力的警察,正是借助于这种公众必须服从的强制力,警察通过执行法律和提供公共服务捍卫了社会的公共秩序与安全。治安防控依据的是国家法律、法规和各种非正式的民间规范,这些规范是个体行为的指引,是国家和社会所认可的,有一定的约束力和强制性。因而,治安防控是通过国家主导的权威力量按照一定的规范对人类社会的一种干预,以达到有序化的目的。虽然我国使用的是"社会治安防控体系"

一词，但是在具体实践中，主要从公安机关犯罪控制的基本手段出发进行构建，如街面巡逻、案件侦破、特种行业管理、危险物品管理等，其实际上是一种控制体系，虽然在这些工作中也有预防的成分，但更多的是寓防于控，通过控制实现预防。因此，社会治安防控的本质是组织化的系统控制。

治安防控体系需要整合多方力量和资源，运用多种手段和方法，及时对违法犯罪等社会治安问题进行多角度、多层次、全方位、多环节防治，根本目的是立足预防，从源头上进行防范和治理，不断减少和消除产生社会治安问题、影响社会稳定的诸多社会矛盾和消极因素，最大限度地预防、控制和减少违法犯罪，最大限度地增加社会和谐因素，维护社会治安秩序和长期稳定。因此，社会治安防控体系具有战略性、整合性和系统性三大特点，战略性是指社会治安防控体系是一个国家治安控制的顶层设计，对治安运行机制和方式具有指导性作用；整合性是指社会治安防控体系涉及范围广，需要各方面力量的参与，不仅是公安机关内部警力整合，同时也是对社会各方面资源的整合与动员；系统性是指社会治安防控体系作为一个整体存在，是由各个子系统构成的，它要求构成社会治安防控体系的各个子系统共同作用，形成合力。所以，从管理学系统论的观点来看，治安防控体系是一项系统性的社会工程。

理解了上述治安防控体系的意涵，我们便可以将社会治安防控体系界定为：在党委、政府领导下，以公安机关为主体，以维护治安秩序和公众安全感为目标，科学整合并利用警力与社会资源，综合运用各种措施和手段，对危害治安秩序的行为进行有组织的系统化控制工程。

反思与推进：社会治安防控需要聚全社会之力

自 2011 年公安部颁布了《关于进一步加强社会治安防控体系建设的指导意见》以来，全国各地的公安机关纷纷以"平安工程"为切入点，打造治安防控体系。虽然形式有所不同，但大部分都是以公安机关为主，建立健全以指挥中心为龙头，以警务信息综合应用平台为支撑，以街面巡逻防控网、城乡社区村庄防控网、单位行业场所防控网、区域警务协作网、技术视频防控网、虚拟社会防控网"六张网"为骨架。在突出公安机关作用时，对系统建设的整体性考虑不足。社会治安形势是社会问题在治安领域的反映，治安防控体系的建设也必须考虑包括社会组织在内的各部门的协同、参与和联动。而实践中，由于过分强调公安机关的作用，造成公安机关单打独斗多，其他政府部门和社会力量参与联动较少。此外，社会治安防控体系建设不是一项单一的工程，而是整个国家治理体系和社会公共服务的一部分。应该站在全局的角度去认识和看待社会治安防控体系建设。在实际建设中应考虑与社会治理、应急管理等公共服务工作的融合，否则会降低防控体系建设的通用程度，浪费资源，增加建设的成本。

　　以打击为主的传统观念长期统治着公安机关的各个职能部门，这造成了人们对治安防控体系建设的认识还多是停留在突击式的、运动式的专项工作中，容易使治安防控体系建设工作长期处在"经常性工作突击完成"的状态，造成治安防控体系建设质量下降。在防控体系的建设中还存在形式多于实质的情况。各地在考核建设效果时，往往以制度是否建立、人员是否配备、设备是否投入使用等形式指标来评估，这造成防控体系建设、发展名存实亡。在发生重大案件时，防控体系不能发挥应有的作用，结果造成政府部门和人民群众对防控体系建设的否定，形式了恶性循环。此外，对防控体系建设的理论与实践研究也缺乏可持续性，许多研究停留在对实践情况的陈述，没有理论支撑。如防控体系建设中一味强调工作的效率，聚焦于工作的效果，但是缺乏法治的思维，缺乏对公安机关和政府其他部门职责权力配置和规制的理性思考。缺乏前瞻性的研究导致实践中防控体系的发展畏步不前，缺乏可持续性。

　　从各地社会治安防控体系建设的实践情况看，大部分地区已经初具规模，有的已经初见成效。但是仔细考察防控体系运行的实际，不难发现防控体系建设还多处在形式化的初始阶段，整体系统的有效性、融合性、整合度都有待提高。防控体系要真正体现价值，发挥其作用，实现治安防控体系建设的可持续发展，必须要转变思想，将防控体系建设作为公安工作的重要支撑点，使其与国家治理体系、公共服务体系相融合。而这些工作的真正落实还需要动员全社会的力量共同参与，成为党委政府的工程。社会治安防控体系是建立在警务现代化、公安信息化、执法规范化、防控立体化基础之上的一种社会化防控体系，涉及面广，科技含量高，参与力量具有广泛群众性和社会性，打击、防范、教育、管理、建设、改造等各个工作环节之间具有内在联系，环环紧扣，相辅相成，仅靠公安机关"一家"是不可能完成的，必须依靠各级政府、各职能部门，借助各种手段，科学配置社会管理资源。2015年4月"两办"印发的《关于加强社会治安防控体系建设的意见》着重在治安防控体系建设的整体性、持续性、有效性等方面给予了明确的指引，为社会治安防控体系在一个更广阔的领域和更高的层次得以开展奠定了制度性保障。

本书的框架及内在逻辑

如何构建一个完善的社会治安防控体系是本研究着力解决的问题。自21世纪初我国正式提出了社会治安防控体系建设，十多年的实践证明，单纯依靠公安机关进行社会治安防控体系建设存在力有不逮之处，因而需要对社会治安防控体系进行全面检视，以利研究开展。在本书框架订立时，便遵循了这样的认知逻辑，即是什么，为什么，怎么办。具体到本研究而言，首先，回顾21世纪初始建的治安防控体系，进行历史的梳理，论证治安防控体系建设是因应中国现代化进程而构建的一整套有组织的违法犯罪控制体系。其次，探讨当前治安形势的复杂性和进一步完善社会治安防控体系建设的必要性，该部分着力说明社会治安防控体系建设的外部环境及艰巨任务。最后，指出应当构建一个什么样的治安防控体系，该部分着力论证治安防控体系的本质和构成要素。这三个问题，构成了本书的总论部分。在确定了本体后，本书分论部分着力解决社会治安防控体系的协调运转和应用性问题，包括治安防控体系与政府应急管理协调、区域社会治安防控体系的构建、社会治安动态预警与预控、社会治安防控体系运行效果评估、网络社会治安防控体系建设、信息防控体系建设、社会治安防控体系中的防恐及重要基础设施安全防控中的应用等问题，这些问题构成了本研究的分论部分，当然，随着社会治安防控体系的发展和完善，分论部分会不断增加。

感谢团队和为本书付出努力的人们

如何构建一个有效的社会治安防控体系，维护转型期社会秩序的平稳是公安学理论界长期关注的重点，也为国家教育科研部门所重视。2011年，教育部将社会治安防控体系建设研究列为重大攻关项目并进行招标。中国人民公安大学等单位组成团队中标并获立项。该项目于2012年1月顺利通过教育部开题，同时启动研究工作，项目分为10个子课题，涵盖了治安防控体系理论研究、实践探索、预警机制、应急协调、重大基础设施防控、信息防控、法治保障等方面。立项以来，团队先后赴北京市、福州市、武汉市、东莞市、克拉玛依市、常州市、上海市等地进行了广泛深入调研，掌握了大量的第一手资料，并形成9篇调研报告，提交中央社会治安综合治理委员会的咨询报告有7篇，相关意见和建议被采纳。在课题研究中，根据十八届三中全会《中共中央关于全面深化改革若干重大问题的决定》关于建立立体化社会治安防控体系建设的要求及治安形势发展的需要，课题组又增加了立体化社会治安防控体系建设和反恐防控体系建设的研究内容。这些工作为项目顺利结题奠定了重要的基础。

本书的分工如下：

第一章　宫志刚　戴锐　李小波　周延东

第二章　宫志刚　周延东

第三章　孙静　裴岩　陈涌清

第四章　裴岩

第五章　伍先江　台运启　李小波

第六章　孙静

第七章　王建新　台运启

第八章　寇丽平

第九章　张弘　邹湘江　李春勇

第十章　张小兵　陈慧君

第十一章　卢国显　陈慧君

第十二章　王树民

第十三章　李小波　台运启

第十四章　李伟清

第十五章　孙永生　宗恺

本书是项目的最终成果之一。作为团队的负责人，感谢每一位为项目付出艰辛努力的成员，本书是团队全体成员智慧和心血的结晶。感谢在调研中为我们提供大量数据信息的公安机关及其负责人，没有他们的重视和配合，本书将显得单薄。感谢经济科学出版社的王新宇先生和各位编辑的编校工作。最后，要感谢在中国大地上努力推进社会治安防控体系建设、为国家长治久安付出努力的人们。

是为序。

宫志刚

2017 年 10 月

摘　要

我国社会治安防控体系的产生和发展缘起于转型期复杂的治安形势。新时期社会治安形势呈现出"风险期与机遇期两时期并存""人民内部矛盾凸显、刑事犯罪高发和对敌斗争复杂三态势融合",以及"境内因素与境外因素、传统安全因素与非传统安全因素、虚拟社会与现实社会、敌我矛盾和人民内部矛盾相互交织"的特点。如何构建一个有效的违法犯罪预防体系成为转型期我国实现稳定发展的重要议题。党的十九大报告指出"要加快社会治安防控体系"建设。习近平总书记强调,公共安全连着千家万户,确保公共安全事关人民群众生命财产安全,事关改革发展稳定大局。为此,党和国家对于新时期社会治安防控体系的建设提供了前所未有的法律支持、政策支撑和信息技术保障。因此,系统构建新时期立体化社会治安防控体系具有重要意义。

社会治安防控体系以提升公众对社会治安的安全感和满意度为目标,在党委和政府的领导下,以公安机关为主导,依靠社会力量,充分调动各种资源,通过防控网络和运行机制的建设而形成的预防和控制违法犯罪的系统性工程。社会治安防控体系整体结构应当以综合实战指挥中心为中枢,以科技和基础信息为支撑,以街面巡逻防控网、城乡社区村庄防控网、单位行业场所防控网、区域警务协作网、技术视频防控网、虚拟社会防控网、小区域边界控制网、警察公共关系管理网"八张网"为骨架,以大警务协作与联动机制、以快速反应为目标的统一指挥机制、情报信息整合与共享机制、社会力量动员机制、公共安全应急机制、运行保障机制、考核激励机制、运行效能评估机制"八项机制"为保障,融基础数据库、案例库、知识库、政策法规库"四库"为一体，形成一个立体化的防控结构。

立体化社会治安防控体系的建设是一项需要各种力量相互合作、有机协调的系统工程，更是一项需要随着时代变迁、不断探索的创新工程。国外治安防控体系经验考察告诉我们，在治安防控体系构建过程中，要实现几个转变，即由政府主导向政府与社会及市场共建的机制转变、由公安专业防控体系向立体化社会治安综合防控体系转变、由静态治安防控向动态治安防控转变、由泛化型治安防控向效率型治安防控转变、由城市防控向城市与农村防控并重转变、由注重"严打"向常态治理与危机处理并重转变。社会治安防控体系的建立和完善离不开法治保障，同时社会治安防控体系也需要在法治轨道内运行。当前，社会治安防控体系在法治建设领域存在着立法支撑不够、法律定位模糊、执法权威不足、法律监督薄弱等诸多问题。通过运用法治思维和法治方式来引领社会治安防控体系的建立、运行和完善，完善科学立法，提高执法权威，借助司法改革的动力实现社会治安秩序良好和公众安全感提升的防控目标。

在当前治安防控体系建设中，要注重其功能开发与综合性应用。社会治安动态预警能够准确识别社会治安中面临的各种风险，社会治安预控则是在预警的基础上及时采取措施将社会治安问题消灭在萌芽状态。因而，在社会治安防控体系构建中，要注重动态预警与预控在实际防控中的指向性作用。社会治安防控体系和政府应急管理体系作为公共安全体系的组成部分，这两个子系统在公共安全体系中处于一定位置并发挥特定的作用，子系统之间相互作用、紧密联系而形成一个不可分割的有机整体。因此，二者需要在公共安全体系大框架下进行协调，以实现整个公共安全体系更有效运行。需要注意的是，消除匿名社会容易滋生犯罪的一个根本性、全局性的重要举措就是构建以公民身份号码为基础的信息防控体系。以公民身份号码为基础的信息数据库建设，通过信息流和大数据可以有效、高效发挥防控效果，有利于从源头上遏制和预防犯罪，对完善我国的立体化治安防控体系建设具有十分重要的战略意义，应引起有关部门的高度重视。网络社会治安防控体系建设是新时期社会治安防控体系的重要组成部分。网络社会治安防控机制主要包括组织协调、监督考核、保障三大机制。组织协调机制的主要功能是在一定区域工作范围内,协调网络案件、事件的预防与处置工作,这是网络社会治安防控机制中的重要组织指挥系统。监督考核机制是网络社会治安防控机制中的激励机制,其主要功能是监督、引导各主体正常履行职能,相互协调运行。保障机制主要的功能是给网络社会治安防控机制提供技术、法律制度等方面的支持。任何一个区域都是独有的,具有自身的特点,而违法犯罪分布也具有明显的区域性特征,而此类区域性特征又与此区域承载的功能高度一致。为此,各种区域的自身特性在很大程度上决定着本区域的社会治安状况,各个区域社会治安防控体系建设也必须在体现社会治安防控体系建设的一般性基础上,根据各个区域特性而有针对性地展开,体现区域特性。立体化社会治安防控体系对恐怖主义犯罪具有良好的阻却功能。从社会治安防控体系视角出发,防范恐怖主义应当立足社区,依托情报,打击前置,走专群结合的道路,通过各类防控网的构建,形成一个全方位、立体化的防范恐怖主义网络。对重要基础设施的安全防控是社会治安防控体系建设之中的重要一环,随着恐怖主义、信息安全等非传统安全问题日益突出,重要基础设施有可能成为各类不法分子的攻击目标,一旦其安全受到威胁,势必对人们的日常生产、生活安全产生重大影响,因而,将重要基础设施安全防控纳入社会治安防控体系十分必要。

Abstract

In China, the origin and development of social security prevention and control system derive from the complicated security situation during the transition period. In the new era, social security situation appears to be risks and opportunities coexisting, civil contradictions highlighted, criminal offense frequent happening and complex struggling against the enemy, as well as intertwining of domestic and overseas factors, tradition and non-tradition security factors, virtual society and real society, contradicting between ourselves and the enemy. Therefore, how to build an effective system to prevent crime has become an important issue in China in order to achieve steady development in the transition period. Report of the 19th National Congress of the Communist Party of China has stressed "we should speed up social security prevention and control system" President Xi Jinping has stressed that public security is connected with thousands of households. Public security is related to citizens' lives and belongings safety, and also related to the stability of the reform and development. So, the Party and the state provide unprecedented legal support, policy support and information technology support for the construction of the social security prevention and control system in the new period. It is of great significance to build a three-dimensional social security prevention and control system in the new period.

The purpose of the social security prevention and control system is to improve citizens' sense of safety and satisfaction of social security. The system under the leadership of the government, led by the public security bureau, relies on social forces to fully mobilize various resources. And the system has formed a prevention and control of criminal activities systematic project by the construction of control network and operation mechanism. The whole structure of the social security prevention and control system should be based on the comprehensive combat command center, technology and the basic information for support, and the "eight nets" as the backbone, the "Eight mechanisms" as the safeguard. "Eight nets" includes street patrol control network, urban and rural community village control network, unit industry location control network, regional police cooperation network, the video technology control network, virtual social control network, small area boundary control network, and the police public relations management. "Eight mechanisms" includes the collaborative linkage mechanism of the relevant government departments and police cooperation, with rapid response as the goal of the unified command mechanism, Information integration and sharing mechanism, social mobilization mechanism, public security emergency and operation support mechanism, check-up system and the operation effectiveness evaluation mechanism. "Four database" consist of the basic database, case base, knowledge base and the policy and law base. All of these form a three-dimensional structure of prevention and control.

Three-dimensional social security prevention and control system is a need for a variety of forces to cooperate with each other, but also a need to change with the times, and to constantly explore the innovative projects. The experience of foreign security prevention and control system tells us that in the construction of public security prevention and control system, to achieve a few changes, that is, from the mechanism of government-leading to the mechanism of government, the society, and the market co-constructing, from the system of public security professional prevention and control to the social security comprehensive prevention and control system, from static security prevention and control to the dynamic security control, from the general public security prevention and control to the effective control, from urban control to urban and rural prevention and control, from "Strike hard" to the normal governance and crisis management. The establishment and perfection of the social security system cannot be separated from the rule of law. At the meantime the social security prevention and control system also needs to be operated in the track of the rule of law. At present, there are many problems such as insufficient legislative support, ambiguous legal position, insufficient authority of law enforcement, weak legal supervision and so on. The establishment of social security system was led by the use of the rule of law thinking and the rule of law, and the prevention and control goals of good social order and public security will be achieved by the power of judicial reform.

In the current security prevention and control system construction, we should pay attention to its functional development and comprehensive application. Social security and early warning can accurately identify the various risks faced by social order. Social security pre-control is based on the early warning measures to eliminate the social security problems in the bud. So in the construction of social security system, we should pay attention to the direct action of dynamic warning and pre-control in actual prevention and control. Social security system and government emergency management system, as part of the public safety system and playing a specific role, interacts and closely link to form an indivisible organic whole. Therefore, both systems need to be coordinated under the framework of the public safety system to achieve more efficient operation of the entire public safety system. It should be noted that the elimination of anonymous society is easy to breed a fundamental crime, the overall important measure is to build a citizen identity number based on the information prevention and control system. It is very important to improve the construction of our three-dimensional security prevention and control system, which is built on the construction of the citizenship number-based information database. It can effectively and efficiently carry out the prevention and control function through information flow and big data, which is conducive to curbing and preventing crime from the source. Strategic significance should cause the relevant departments to attach great importance. The construction of network social security prevention and control system is an important part of social security prevention and control system in the new period. The mechanism of network social security prevention and control mainly includes organization and coordination, supervision and evaluation, and guarantee the three mechanisms. The main function of the organization and coordination mechanism is to coordinate the network cases and the prevention and disposal of the events within a certain area of work. This is an important organization and command system in the network social security prevention and control mechanism. The supervision and evaluation mechanism is the incentive mechanism in the network social security prevention and control mechanism. Its main function is to supervise and guide the normal performance of the main functions and cooperate with each other. The main function of the guarantee mechanism is to provide technical and legal system support to the network social security prevention and control mechanism. Any region is unique, has its own characteristics, and the distribution of illegal criminals also has obvious regional characteristics, and such regional characteristics and the region carrying the function of a high degree of consistency. To this end, the characteristics of various regions to a large extent determine the region's social security situation. The various regional social security prevention and control system must also reflect the regional characteristics based on the construction of social security system and according to the various regions Characteristics and targeted to expand. Three-dimensional social security system has a good resistance to terrorism. From the perspective of social security prevention and control system, the prevention of terrorism should be based on the community, relying on intelligence, combat front, take the combination of the road, through the construction of various prevention and control network, the formation of a comprehensive, three-dimensional network of terrorism prevention. The prevention and control of important infrastructure is an important part of the construction of social security prevention and control system. With the non-traditional security problems such as terrorism and information security become more and more serious, important infrastructure may become the target of all kinds of law breakers. Once the security of these places are threatened, it is bound to have a significant impact on people's daily production and life safety. Therefore, the important infrastructure security prevention and control should be involved in the social security system.

目 录

总论篇   1

第一章 ▶ 新时期社会治安防控体系建设面临的挑战与问题   3

第一节　社会治安防控体系的发展历程   3
第二节　新时期社会治安防控体系建设面临的挑战   6
第三节　新时期社会治安防控体系建设面临的主要问题   14

第二章 ▶ 新时期立体化社会治安防控体系的理念与思路   20

第一节　新时期立体化社会治安防控体系建设的基本理念   20
第二节　新时期立体化社会治安防控体系的主体思路   30

第三章 ▶ 新时期构建社会治安防控体系的理论基础   35

第一节　新时期构建社会治安防控体系的基本理论   35
第二节　社会治安防控体系基本理论的价值   44

第四章 ▶ 域外社会治安防范体系的经验与启示   53

第一节　域外社会治安防范体系的实践经验   53
第二节　域外社会治安防范的特点及对我国的启示   74

第五章 ▶ 新时期社会治安防控体系的基本架构   82

第一节　新时期社会治安防控体系的整体结构   82

第二节　可视化、扁平化综合指挥中心　87
　　第三节　科技与基础信息支撑　91
　　第四节　"八张网"建设　93

第六章 新时期社会治安防控体系的运行机制　109

　　第一节　完善以快速反应为目标的统一指挥机制　109
　　第二节　完善情报信息整合与共享机制　111
　　第三节　建立大警务协作与联动机制　114
　　第四节　完善有效应对各类突发事件的公共安全应急机制　120
　　第五节　完善"公安主导、各方参与"的社会力量动员参与机制　121
　　第六节　完善为社会治安防控体系提供全方位支持的运行保障机制　123
　　第七节　完善提高社会治安防控工作效能的考核激励机制　124
　　第八节　完善运行效能评估机制　125

第七章 新时期社会治安防控体系的法治建设　128

　　第一节　社会治安防控体系与法治的关系　128
　　第二节　社会治安防控体系的建立和完善需要法治保障　132
　　第三节　社会治安防控体系的运行需要纳入法治轨道　136
　　第四节　社会治安防控体系法治建设的现实困境　139
　　第五节　新时期社会治安防控体系法治建设展望　143

分论篇　151

第八章 新时期社会治安动态预警与预控　153

　　第一节　社会治安动态预警概述　153
　　第二节　社会治安动态预警预控的理论基础　157
　　第三节　社会治安预警模式的构建　163
　　第四节　社会治安预控　175

第九章 新时期社会治安防控体系与政府应急管理协调　178

　　第一节　社会治安防控与政府应急管理协调的基础　179
　　第二节　社会治安防控体系和政府应急管理体系运行的契合性　180
　　第三节　社会治安防控体系与政府应急管理体系的对接　184

第十章 ▶ 以公民身份号码为基础的信息防控体系建设　188

　　第一节　实名制信息防控体系构建的特殊意义　188
　　第二节　以公民身份号码为基础的信息数据库的构建　194
　　第三节　实名制信息防控体系的功能　198
　　第四节　实名制信息防控体系的保障　208

第十一章 ▶ 新时期网络社会治安防控体系建设　214

　　第一节　网络社会治安防控机制建设存在的主要问题　215
　　第二节　网络社会治安防控机制构建原则与工作任务　221
　　第三节　网络社会治安防控体系的结构与功能　227
　　第四节　网络社会治安防控机制构建　234

第十二章 ▶ 新时期区域社会治安防控体系的构建　241

　　第一节　区域、区域社会治安与区域社会治安防控　242
　　第二节　构建具有区域特色的社会治安防控体系　243

第十三章 ▶ 新时期立体化社会治安防控体系中的防恐　252

　　第一节　恐怖主义的发生逻辑及防范恐怖主义的四个维度　252
　　第二节　防范恐怖袭击新思维：立足社区的多元人本防控战略　256
　　第三节　立体化社会治安防控体系下的防恐路径　259
　　第四节　立体化社会治安防控体系中的防恐措施　262

第十四章 ▶ 新时期重要基础设施的安全防控　271

　　第一节　重要基础设施的含义与范围界定　271
　　第二节　重要基础设施安全防控实践价值　276
　　第三节　重要基础设施防控资源整合　280
　　第四节　重要基础设施防控体系建设的基本措施　284
　　第五节　部分重要基础设施单位治安防控体系建设的措施　287

第十五章 ▶ 新时期社会治安防控体系运行效果评估　294

　　第一节　治安防控体系运行效果评估概述　294
　　第二节　社会治安防控体系运行效果评估的内容　298
　　第三节　运行效果评估的方法与程序　303

参考文献　309

Contents

General Remarks 1

Chapter 1 Challenges and Problems in the Construction of Social Security Prevention and Control System in the New Period 3

    1.1 The Development of Social Security Prevention and Control System 3

    1.2 The Challenges Faced by the Construction of Social Security Prevention and Control System in the New Period 6

    1.3 The Main Problems in the Construction of Social Security Prevention and Control System in the New Period 14

Chapter 2 The Philosophy and Thought of the Three-dimensional System of Social Security Prevention and Control 20

    2.1 The Fundamental Philosophy of the Construction of Three-dimensional System of Social Security Prevention and Control in the New Period 20

    2.2 The Main Thought of the Three-dimensional System of Social Security Prevention and Control in the New Period 30

Chapter 3 The Theoretical Basis of Constructing the Social Security Prevention and Control System in the New Period 35

    3.1 The Basic Theory of Constructing the Social Security Prevention and Control System in the New Period 35

3.2　The Value of the Basic Theory of Social Security Prevention and Control System　44

Chapter 4　Experience and Enlightenment of Foreign Social Security Prevention System　53

4.1　Practical Experience of Foreign Social Security Prevention System　53
4.2　The Characteristics of Foreign Social Security Prevention and Its Enlightenment to China　74

Chapter 5　The Basic Framework of the Social Security Prevention and Control System in the New Period　82

5.1　The Structure of the Social Security Prevention and Control System in the New Period　82
5.2　Visualization, Flat Integrated Command Center　87
5.3　Technology and Basic Information Support　91
5.4　"Eight Nets" Construction　93

Chapter 6　The Operating Mechanism of the Social Security Prevention and Control System in the New Period　109

6.1　To Improve the Unified Command Mechanism Based on Fast Response　109
6.2　Improve the Mechanism of Information Integration and Sharing　111
6.3　Establish a Large Police Cooperation and Linkage Mechanism　114
6.4　Improve Public Security Emergency Response Mechanism of Various Emergencies Dealing　120
6.5　Improve the "Public Security Leading, All Parties Involved" in the Mechanism　121
6.6　Improve the System to Provide a Full Range of Support for the Operation of Security Mechanism　123
6.7　Improve the Incentive Mechanism of Work Efficiency　124
6.8　Improve the Evaluation Mechanism of Operational Efficiency　125

Chapter 7　The Construction of Rule of Law in Social Security Prevention and Control System in the New Period　128

7.1　The Relationship between Social Security Prevention and Control System and

Rule of Law   128

7.2   Legislative guarantee of Establishment and Perfection of Social Security Prevention and Control System   132

7.3   Bring Social Security Prevention and Control System Operation in to Line with Rule of Law   136

7.4   The Practical Dilemma of Social Security Prevention and Control System in the legal construction   139

7.5   Outlook of legal coustruction of Social Security Prevention and Control System in the New Period   143

Specific Theories   151

Chapter 8   The New Period of Social Security Dynamic Pre-warning and Pre-control   153

8.1   An Overview of Dynamic Pre-warning of Social Security   153

8.2   The Theoretical Basis of Dynamic Security Pre-warning Society   157

8.3   Construction of Pre-warning Model of Social Security   163

8.4   Social Security Pre-control   175

Chapter 9   Coordination of Social Security Prevention and Control System and Government Emergency Management in the New Period   178

9.1   On the Basis of Coordination between Social Security Prevention and Control and Government Emergency Management   179

9.2   The Compatibility of Social Security Prevention and Control System and the Government Emergency Management System   180

9.3   The Connection between the Social Security Prevention and Control System and the Government Emergency Management System   184

Chapter 10   Construction of Information Control System Based on Citizen ID Number   188

10.1   The Special Significance of Real-name Information Control System   188

10.2   Construction of Information Database Based on Citizen ID Number   194

10.3   Function of Real-name Information Control System   198

10.4   Protection of Real-name Information Control System   208

Chapter 11   The Construction of Network Social Security prevention and Control System in the New Period   214

11.1   The Main Problems in the Construction of Network Social Security Prevention and Control Mechanism   215

11.2   The Principles and Tasks of the Network Social Security Prevention and Control Mechanism   221

11.3   The Structure and Function of the Network Social Security Prevention and Control System   227

11.4   The Construction of the Network Social Security Prevention and Control Mechanism   234

Chapter 12   The Construction of Regional Social Security Prevention and Control System in the New Period   241

12.1   Region, Regional Social Security and the Prevention and Control   242

12.2   The Construction of Distinctive Regional Social Security Prevention and Control System   243

Chapter 13   The Prevention of Terrorism in the Three-dimensional System of Social Security Prevention and Control   252

13.1   The Logic of Terrorism and the Four Dimensions of Preventing Terrorism   252

13.2   New Thinking on Prevention of Terrorist Attacks: Strategy Based on the Community of the Pluralistic Humanism   256

13.3   The Anti-terrorist Path of the Three-dimensional Social Security Prevention and Control System   259

13.4   The Anti-terrorist Measures of Three-dimensional Social Security Prevention and Control System   262

Chapter 14   Prevention and Control of Important Infrastructure in the New Period   271

14.1   Definition and Scope of Important Infrastructure   271

14.2   Practical Value of Prevention and Control of Important Infrastructure   276

14. 3　Resource Integration of Prevention and Control of Important Infrastructure　280

14. 4　Basic Measures for Prevention and Control System of Important Infrastructure　284

14. 5　Measures for the Construction of Social Security Prevention and Control System in Some Important Infrastructure Units　287

Chapter 15　Evaluation of the Effect of Social Security Prevention and Control System in the New Period　294

15. 1　Overview of Operational Effectiveness Evaluation of Social Security Prevention and Control System　294

15. 2　Content of Operational Effectiveness Evaluation of Social Security Prevention and Control System　298

15. 3　Method and Program of Operational Effectiveness Evaluation　303

References　309

总论篇

第一章

新时期社会治安防控体系建设面临的挑战与问题

治安秩序是社会秩序的基础，其他社会秩序的紊乱将最终影响治安秩序的稳定。因而，治安关涉人们日常生产生活和社会有序运行的各个方面。从表面看，治安似乎无所不包，但其实质是对侵犯公民生命财产安全和影响国家有序运转及社会善良风俗并为各种正式或非正式治安规范所规制的行为的一种干预和矫正。因此，治安秩序维护对于任何一个国家而言至关重要。我国当前处于社会转型期，社会结构的变迁和利益重组导致社会矛盾和冲突在一定时间内将处于高位运行态势，由此引发的违法犯罪问题对治安秩序形成了冲击，因而，构建一个有组织、体系化的治安防控体系成为保证转型期社会稳定的必然。

第一节 社会治安防控体系的发展历程

社会治安防控体系理念从提出至今已有三十多年的历史，前后分为三个历史阶段，经历了从概念到实践、从单一到复合、从简单到成熟的蜕变。

一、社会治安防控体系理念的萌芽期（1978—1991 年）

社会治安防控的理念最早见于社会治安综合治理方针之中。1978 年，《第三次全国治安工作会议纪要》提出了应对犯罪对策的一些基本原则，提出在党委领导下，把各部门和各方面的力量组织起来，统筹应对治安问题。1982年，中共中央《关于加强政法工作的指示》和《全国政法工作会议纪要》强调社会治安要进行综合治理，要在党委的统一领导下，同各部门、各单位充分发挥自己的职能，发动各方面力量，共同维护好社会治安，同时提出要建立治安保卫责任制，同生产责任制、干部职工的考核、奖惩制度结合起来。1983年"严打"开始后，中央一方面要求严厉打击严重刑事犯罪，同时要求党政部门要抓住"严打"后有利的时机，扎实推进综合治理工作，并先后出台了《关于严惩严重危害社会治安的犯罪分子的决定》《严厉打击刑事犯罪活动，实现社会治安根本好转（宣传提纲）的通知》《关于抓紧打击政治犯罪的有利时机，推动社会风气进一步好转的通知》等文件，社会治安综合治理作为国家的一项刑事政策逐渐形成，并且清晰化。① 1991年初，中共中央、国务院和全国人大先后颁布了《关于加强社会治安综合治理的决定》，对社会治安综合治理的主要任务、基本原则、工作措施及建立地方各级综治机构进行了规定，以上这些政策文件是构建社会治安防控体系的纲领性文件。② 总体而言，这一阶段社会尚处于由封闭向流动开放转变的过程，违法犯罪活动多本地化，社会治安工作基本立足本地实际，在开展"严打"斗争的同时，积极开展治安防范工作。在该阶段，中央逐渐对违法犯罪从打击转移到治理上，开始注重对违法犯罪的预防工作，虽然在正式文件中并没有提及治安防控体系，但已经蕴含了治安防控的思想，是治安防控体系的萌芽阶段。

二、社会治安防控体系提出阶段（1991—2001年）

在经历萌芽阶段后，社会治安综合治理转变为一种国家行动、犯罪控制实践，有具体的职责承担者和工作内容，"严打"成为综合治理的一个方面，与预防、教育、管理、建设和改造并举。③ 公安机关作为社会治安综合治理的参与单位，从其工作角度出发，提出了预防在治理违法犯罪中的重要性，各地方公安机关先后开展了治安防控体系的研究和试点工作，并取得了一些积极的成果，一些好的做法先后被推广。但是，由于制度设计和政策导向问题，治安防控体系作用

---

① 翟中东：《犯罪控制——动态平衡论的见解》，中国政法大学出版社2004年版，第17~18页。
② 周正：《社会治安防控体系建设初探——以社会管理创新为视角》，载于《公安研究》2013年第5期，第28~29页。
③ 唐皇凤：《社会转型与组织化调控——中国社会治安综合治理组织网络研究》，复旦大学2006年博士学位论文，第111页。

并未充分展现，随着1993年后违法犯罪的反弹，1996年4月，中央再度启动"严打"，并出台了《关于加强社会治安综合治理基层基础工作的意见》，要求加强社会治安综合治理基层基础工作。随后，如何强化治安防控体系再度被摆上中央的议事日程。2001年，中共中央和国务院正式出台了《关于进一步加强社会治安综合治理的意见》，提出各地要建立和完善全社会的防控体系，逐步形成了以110指挥中心为龙头、以社会面和干线公路巡逻网为骨干、以省市际和城市出入口治安卡口为依托的阵地式防控体系。总而言之，这一阶段，治安防控体系作为综合治理的一项重要举措，正式出现在中央的文件中，各地自下而上开始探索建立各自的治安防控体系。

三、社会治安防控体系的建设形成阶段（2001年至今）

自2001年中央正式提出社会治安防控体系后，各地以公安机关为主导加强治安防控体系的建设。2003年，第二十次全国公安会议提出要在今后五年完善社会治安防控体系，同时要建立以派出所民警和巡警为骨干，以群防群治力量为补充，以社会面、社区和内部单位防范为基础，以可能影响社会治安的特殊人群、危险物品管理为重点，人、物、时、空相结合，点线面结合，动静结合，人防、物防、技防结合，警民结合的社会治安防控体系。2009年，公安部提出要全面加强社区防控网、街面防控网、视频监控网、单位内部防控网、区域警务协作网和"虚拟社会"防控网"六张网"建设，积极构建点线面结合，人防物防技防结合、打防管控结合、网上网下结合的社会治安防控网络，努力实现对动态社会的全天候、全方位、无缝隙、立体化覆盖。[①] 这一时期，社会动态化、信息化快速发展，特别是互联网普及和应用使得大量新问题、新情况不断涌现，给社会治安带来了前所未有的挑战。面对这一复杂形势，各地积极依托科技信息化建设，探索建立区域警务合作机制和屯警街面、动中备勤等现代勤务模式，注重互联网和视频技术应用，强调动态化和立体式防控，社会治安防控体系建设快速推进，一些发达地区和重要城市基本建成了各自的社会治安防控体系。

党的十八大后，公安机关在各省市县建立以指挥中心为龙头，以警务信息综合应用平台为支撑，以"六张网"为骨架，以四项运行机制（情报信息预警机制、警务实战指挥机制、实战勤务运行机制、工作绩效考评机制）为保障的全天候、全方位、立体化治安防控体系。这一时期，面对"四个全面"战略布局对社

---

① 王文硕：《近五年来公安工作巡礼》，载于《人民公安报》2012年5月17日。

会治安工作提出的新要求，面对大数据、云计算、物联网和"互联网+"等新技术、新业态带来的深刻影响，各地紧密结合基础信息化、警务实战化等"四项建设"，积极研究探索如何创新完善立体化社会治安防控体系，如何增强防控体系的系统性、整体性和协同性，一些地方的探索取得了积极成效。特别是2015年4月，中办和国办印发了《关于加强社会治安防控体系建设的意见》的通知后，各地治安防控体系建设快速规范化持续推进，取得了积极成效。

党的十九大报告提出，要加快社会治安防控体系建设，依法打击和惩治黄赌毒黑拐骗等违法犯罪活动，保护人民人身权、财产权、人格权。当前，立体化社会治安防控体系建设是新时代全面提升动态化、信息化条件下社会治安治理能力的重要抓手，是推进平安中国建设、构建公开安全网、实现国家治理体系和治理能力现代化的战略工程，也是推进公安机关"四项建设"、推动警务模式转型升级、提升驾驭复杂治安局势能力的重要载体。推进立体化社会治安防控体系已成为新时代打造共建共治共享社会治理格局的重要组成部分。综上，我国社会治安防控体系的产生和发展缘起于转型期复杂的治安形势，从宏观的综合治理到公安机关主导的防控体系建设，从模糊到清晰，从平面到立体，从分散到系统，从一维到多维，逐渐探索出了符合中国国情的治安防控体系之路。

第二节　新时期社会治安防控体系建设面临的挑战

我国社会正处在转型期，进入风险社会，违法犯罪率不断攀升，社会治安防控体系面临多方面的挑战。

一、国家安全领域的挑战

（一）外部敌对势力干涉严重，分裂国家犯罪背后的支持力量加强

以美国反华派为首的西方敌对势力，一直没有放弃对我国实行和平演变的策略，在外持续保持压力态势。美国目前在推行重返亚洲战略，加强与日本、新加坡、澳大利亚、菲律宾、越南等新老盟友的合作，在东海、南海突出军事存在。分裂国家的组织在外部敌对势力推动下加强了联合，在国内持续进行分裂破坏活动。

（二）反恐斗争领域的挑战

受外部势力的挑拨，以及内部极端宗教思想、民族分裂主义的影响，近年来我国恐怖主义袭击风险仍然居高不下，斗争形势比较严峻。当前，国内外反恐怖斗争出现一些新变化、新动向，恐怖活动有着深刻国际背景和经济、文化、社会、宗教因素，国际国内反恐战场融为一体，境外指挥、网上勾联、境内行动的趋势愈加明显，反恐怖斗争形势依然严峻。① 境外恐怖组织利用网络向境内发布了许多恐怖主义视频音频，宣传极端思想，甚至直接指挥、策划我国境内的暴恐活动。典型的像2013年"10·28"金水桥撞车事件，2014年"3·01"昆明火车站暴恐袭击。2015年新疆拜城县"9·18"恐怖袭击事件中，暴恐分子在事前策划了1年半时间，直接接受境外恐怖组织ISIS指挥。袭击后，公安机关的追捕过程持续了56天，一名公安局副局长牺牲，40多名参战人员受伤，每天自发参与围捕的农牧民达万名以上。② 中央领导同志就此事件特别指示要有针对性地建立特殊作战队伍，培养专门人才，建设戈壁、空中等反恐作战力量。

二、经济民生领域的挑战

金融领域的挑战。随着我国经济迈入"新常态"，经济增速下滑，经济结构调整正在进行。经济下行带来的劳资、债务、商品房交易等纠纷增多。我国金融监管体制还不健全，各类投机主义盛行，特别是房地产、证券、民间借贷领域乱象频现。在东南沿海一些地方，民间放贷、高利转贷、非法集资等非法金融活动屡禁不止，在经济大形势不太景气的情况下，信用链极易破裂，众多投资者聚集要求赔偿，对社会稳定构成了挑战。利用新技术、新平台操纵证券、期货市场，进行非吸、集资诈骗的违法犯罪也日益增多，2015年P2P、融资担保等领域借助网络平台非法集资犯罪呈井喷式爆发，比2014年上升48.8%。③ e租宝案件一年半内非法吸收资金500多亿元，受害投资人遍布全国31个省市区，比当年轰动一时的吴英非法集资案件有过之而无不及。证券市场不正常波动事件，房地产中介的首付贷等问题也暴露了金融监管领域的短板。金融违法犯罪行为不仅危害经济安全，而且对社会安全构成了严重威胁。

物流领域的挑战。随着社会经济的迅速发展，物流寄递业在国民经济和生活

---

① 张雨：《深刻把握暴恐活动新变化新特点 全面提升反恐斗争能力水平 全力维护国家安全和社会稳定》，人民网，http://news.xinhuanet.com/legal/2015-12/11/c_128522292.htm。
② 江闻：《一曲全民反恐严打暴恐的壮歌》，载于《新疆日报（汉）》2015年12月14日。
③ 刘子阳：《政法机关护航金融安全推进专项整治》，载于《法制日报》2016年2月26日。

中所占位置不断提高。2014年,我国社会物流总费用占GDP的16%,成为世界第一大物流市场。① 物流产业迅猛发展,在给生产、生活带来便利的同时,也存在着很大的治安隐患。有的在网上售卖管制刀具、弩、仿真枪、监视器等违禁品,非法经营,通过物流送货到各地。有的物流寄送带有毒害性质的危险物品,危害公民人身安全。例如,2013年山东东营就发生了一起消费者网购鞋子,在收到后吸入氟乙酸甲酯中毒死亡的事件。

食品药品领域的挑战。随着居民购买力的增长,对食品、药品的需求量不断增加。面对巨大的利润诱惑,不法商家不惜制售伪劣食品、药品,有的甚至是有毒、有害食药品,严重危害群众身体健康、生命安全。"问题乳粉""瘦肉精""地沟油"等危害群众健康的行业性违法犯罪活动,极大降低了群众在食品、药品方面的安全感以及对政府工作的满意度。近年来所破获的食品、药品领域的大案、要案也从侧面反映了问题的突出性。例如②,山西省2015年一举破获一起特大跨省制售假冒名酒案件,抓获犯罪嫌疑人17名,查扣成品假冒名酒6 200余箱,散装白酒150余吨,涉案金额近亿元。2015年,浙江温州赖某、蒋某在卤味烤肉店销售的卤肉中添加罂粟壳、罂粟粉,诱使食客成瘾,公安机关在供货商处起获罂粟壳19千克。2015年,陕西秦晋中医糖尿病研究所长期在保健食品中违法添加格列本脲和盐酸二甲双胍等违禁药物,此案公安机关共查获假冒保健食品35 000余瓶,涉案金额1 700余万元,抓获犯罪嫌疑人26人。

三、文化及意识形态领域的挑战

宗教非正常传播、邪教传播构成的挑战。随着经济发展,社会各阶层出现了分化,思想观念方面呈现多元化的趋势。部分民众信仰缺失,除了有利于拜金主义、享乐主义流行外,也为宗教思想的传播提供了温床。一些国外传教士在农村、基层展开非法宗教宣传,培植信众,形成一定势力后,就自行组织,与政府对抗,制造社会不稳定因素。

更为严重的是,一些邪教组织也打着正规宗教的名义,假借信仰自由的掩护,大肆展开宣传,蛊惑人心,抢占思想阵地。例如,"呼喊派"③ 于20世纪70年代末期渗透我国,现活动已涉及20个省、自治区,蒙骗群众数十万人。近年来,该

---

① 中国物流与采购联合会:《2015年物流运行情况分析与2016年展望》,载于《中国物流与采购》2016年第12期,第69页。

② 下述三个案例参见国家食品药品监督管理总局:《食品安全十大典型案例》,国家食品药品监督管理总局,2016年3月14日,http://www.sda.gov.cn/WS01/CL0051/147080.html。

③ 中央办公厅、国务院办公厅:《关于转发〈公安部关于查禁取缔"呼喊派"等邪教组织的情况及工作意见〉的通知》。

组织逐步发展演变出各类派系,以"全能神"派为祸最烈。2014年5月28日山东招远发生的故意杀人案,6名犯罪嫌疑人系"全能神"组织成员,为发展组织成员,向在事发餐厅就餐的人索要电话号码,遭受害人拒绝后,将其残忍殴打致死。

新媒体上思想言论传播构成的挑战。截至2016年12月,我国网民规模达7.31亿人,① 互联网等新媒体日新月异的发展便于大众表达观点、进行辩论以及传播思想。网上信息、言论的传播,特别是一些意见领袖的观点影响巨大,聚集效应十分明显。为了吸引公众注意力,极端思想、虚假言论频现。政治上的极"左"、极"右"观点不时挑战言论自由的底线,真理越辩越明的良好环境尚待构建。一些虚假信息的传播常常成为引爆群体性事件的导火索。例如,北京2013年的"5·8"京温事件,就是由于网络编造、扩散当事人非正常死亡的原因而导致人群聚集。一些不法分子利用网络煽动聚集、串联、闹事,给公共安全事件的提前预警、防范增加了困难。

在高等院校,极少数教育工作者受西方自由主义思想的错误引导,利用高校讲堂宣传极端自由主义、极端宗教思想、民族分裂思想,在一些公共事务乃至国家安全事项上挑动民众和政府之间的紧张关系。中央民族大学教师伊力哈木·土赫提以"维吾尔在线"网站为平台,利用其大学教师身份,通过授课活动传播民族分裂思想,蛊惑、拉拢、胁迫部分少数民族学生加入该网站,形成了以其为首要分子的分裂国家犯罪集团。② 北京邮电大学教师许志永聚众扰乱公共场所秩序案也是近年来比较典型的一起。其利用群众关心的社会热点话题,单独或伙同他人,组织、策划、煽动多人,分别在国家教育部门前、北京市教委门前、朝阳公园南门、中关村地区、西单文化广场等地,实施了多起聚众扰乱公共场所秩序的活动。

四、公共安全领域的挑战

(一)个人极端暴力犯罪对公共安全构成的挑战

个人极端暴力犯罪是近几年新凸显的一种犯罪现象。例如,2008年上海杨佳袭警案,2009年成都公交车纵火案,2014年厦门公交车纵火案,2015年兰州公交车纵火案,2010年以来福建南平、广西钦州、湖北十堰、海南海口等地发生多起针对中小学校、幼儿园的暴力伤害案件。袭击者具有报复社会的浓郁情绪,手段残暴,针对毫无防备的普通群众、未成年人下手,破坏范围广,引发普遍的公

---

① 《第39次〈中国互联网络发展状况统计报告〉发布》,载于《新闻战线》2017年2月8日,第146页。
② 曹志恒、于涛:《伊力哈木·土赫提分裂国家案庭审纪实》,载于《人民日报》2014年9月25日。

众恐慌，而且一般由个人展开独狼式袭击，给预警预防工作带来极大困难。

（二）各类突发事件危害公民人身财产及公共基础设施安全

我国地质结构丰富，地壳活动比较活跃，地震、山体滑坡等灾害事故发生比较频繁。例如，近年来汶川地震、玉树地震、昭通地震、贵州关岭"6·28"山体滑坡灾害等自然灾害造成了大量的人员伤亡和财产损失，对快速反应、现场秩序维护、救援等应急管理能力构成了巨大挑战。

近年来，各类群死群伤的重大事故灾难严重影响了群众的安全感，挑战公安机关的应对能力。大连"7·16"输油管道爆炸火灾事故、青岛"11·22"输油管道爆炸火灾事故、上海"12·31"踩踏事故、长江"6·1"东方之星号客轮翻沉、天津港"8·12"特大爆炸事故、深圳"12·20"山体滑坡事故都是近年来比较典型的特别重大事故灾难。这些事故负面影响很大，表明在交通、公共场所等领域的管理及应急预案设计、演练方面均有待完善。

（三）涉刀暴力犯罪频发，严重危害公共安全

2013年"3·7"库尔勒暴力恐怖袭击事件导致4人遇害，"4·23"喀什色力布亚镇暴力恐怖袭击事件导致15人遇害，"6·26"鄯善县鲁克沁镇暴力恐怖袭击事件导致24人遇害，6月28日，新疆和田又发生暴力恐怖袭击和持械聚集闹事事件，暴力恐怖分子使用的主要是"大砍刀、大片刀"。涉黑团伙为增强恐吓力，在违法犯罪中常会非法使用管制刀具等管制器具，这大大提高了涉黑案件的破坏性，极大影响了群众的安全感。例如，2013年，四川高院审结雷晓伟涉黑案件，该犯曾安排手下十余人到酒吧，将正在解决纠纷的一名民警捅伤，致其抢救无效死亡。① 此外，一些不法分子随意携带刀具进入公共场所，一旦发生矛盾和纠纷，即持刀行凶，造成人员伤亡。有些不法分子甚至持刀具拒捕，以武力对抗、伤害公安民警和执法人员。一些不法分子利用弩发射带有毒性的弩箭实施杀人、抢劫等违法犯罪活动，严重侵害了公民的合法权益。

五、社会秩序管理领域的挑战

（一）群体性事件的挑战

我国正处于社会转型期，社会矛盾高发，因政治、经济、文化等各方面诉求

---

① 王丽：《背负四条人命，这个"黑老大"够狠》，载于《检察日报》2010年11月25日。

得不到满足而引发的群体性事件频发。瓮安事件、石首事件、孟连事件、乌坎事件、甘肃陇南事件等事件的影响都超出了局部地区的范围，借助互联网的作用，产生了巨大的社会影响，严重影响到政府的权威性和信用度。对这些事件的处理往往也伴随着对当地相关负责人的问责。在两会、全国性党代会、阅兵仪式等重要敏感时间点，首都等大城市一般会迎来访民聚集、上访的小高峰，给公安维稳工作带来较大压力。一些别有用心的人，甚至暗中组织、策划人群聚集，用不合法的方式表达诉求，以达到其自身的目的。例如，北京锋锐律师事务所的少数律师就借助推手策划挑拨激化矛盾，与假访民相互勾连，利用网络组织寻衅滋事，最后9名律师被依法采取刑事强制措施。

（二）黄赌毒问题的挑战

随着市场经济发展，人口流动加强，结构也出现变迁，猎取财富、性满足、追求刺激等潜在欲望半公开化、商品化。赌博、卖淫嫖娼、吸食贩卖毒品的违法犯罪激增，阶段性打击后总会有所反弹，对社会治理构成了长期挑战。目前，一些地区、一些群体组织利用网络、自媒体如微信、QQ等工具组织卖淫招嫖活动，交易支付更具有隐秘性，给查处带来困难。一些地方的中小型桑拿洗浴场所和歌舞厅仍在组织卖淫活动。2014年2月9日因媒体曝光，东莞组织了大规模、大面积扫除娱乐场所色情业的行动，43名公职人员因涉嫌失职、渎职问题被问责。① 部分城郊和农村地区周期性、季度性赌博活动问题突出。网络赌博及组织中国公民出境赌博发生率较高，危害也很大。出于精神压力、寻求刺激等需要，以冰毒为代表的化学合成类毒品吸食人群增加，其制作比较简单，也推动了制作、销售、吸食毒品的违法犯罪的增长。在北京，近年来就连续破获了娱乐明星吸食毒品的案件。

（三）交通领域的挑战

截至2015年底，全国机动车保有量达2.79亿辆，其中，汽车1.72亿辆；机动车驾驶人3.27亿人，其中，汽车驾驶人超过2.8亿人。② 在迈向第一汽车大国的过程中，我国交通安全领域存在的问题仍然比较严峻。

各类通行主体遵守交通规则的自觉性还比较差，违法驾驶现象屡禁不止。大型车辆不按规定车道行驶，小型汽车占用应急车道通行和超速行驶，客运车辆凌

---

① 陈冀、陈寂：《东莞扫黄，43名公职人员被问责》，载于《新华每日电讯》2014年6月13日（1版）。
② 邹伟、白阳：《我国机动车保有量达2.79亿辆》，新华网，http://news.xinhuanet.com/fortune/2016-01/25/c_1117889559.htm。

晨2时至5时违规运行,货车违法装载、强超强会,低速货车、三轮汽车、拖拉机等非载客汽车充作校车搭载学生。上述不文明、违法驾驶行为给道路交通安全造成了极大的交通隐患。我国2014年每万辆机动车的道路交通死亡率为2.22%,死亡人数超过5万人。

高铁、高速公路、城市公共交通也在快速发展。北京市、上海市的地铁通车里程都超过了500千米。与此对应,交通中转场所的安全隐患也飞速增长,发生拥挤踩踏、恐怖袭击的风险不容小觑。

(四) 消防领域的挑战

虽然我国经济、社会发展迅速,但公共消防安全基础建设同经济社会发展不相适应,消防安全保障能力同人民群众的安全需求不相适应,公众消防安全意识同现代社会治理要求不相适应的问题依然没有得到根本的改变。

有的地方片面重视经济发展指标,对消防安全重视不够,对企业审批时的消防安全要求不严。一些单位消防安全主体责任不落实,违规用火用电、疏散通道、安全出口锁闭堵塞及消防设施故障、防火检查巡查流于形式等现象较为普遍。城市超高层、综合性、大型地下公共建筑,轨道交通及"城中村""棚户区"火灾隐患突出。2013年,我国发生火灾38.8万起,死亡2113人,受伤1637人,直接损失48.5亿元。[①] 重大火灾时有发生。例如,2015年4月6日,位于福建漳州古雷港经济开发区的PX石化发生爆炸,事故起因是33号腾龙芳烃装置和周边的常压渣油储罐发生漏油着火。这造成了周围民众对PX项目的较大忧虑,为项目正常运行增加了阻力。2015年5月25日,河南省平顶山市鲁山县"康乐园"老年公寓发生火灾,造成38人死亡,6人受伤。

六、生态环境领域的挑战

随着经济高速增长,人口增加,我国环境承载力也受到了严峻挑战。化学需氧量排放量、氨氮排放量、二氧化硫排放量、氮氧化物排放量等主要污染物总量惊人,全国多地连续出现雾霾天气。而很多企业及监管部门偏重于经济考量,不太重视环境保护指标的落实,想方设法规避检查,增加排污,环境违法犯罪问题仍很严重。有的企业利用暗管灌柱等隐蔽方式排污,有的企业私自修改管井设备的数据掩盖违法排污行为,有的企业污染物处理设施只有在检查时才打开,有的企业和有资质的排污企业相勾结,还有企业异地抽倒。

---

① 公安部消防局:《中国消防年鉴(2014)》,云南人民出版社2014年版,第289页。

2014年，公安机关破获环境污染刑事案件4 500余起，抓获犯罪嫌疑人8 400余人①，这从一个侧面反映了环境领域形势的严峻性。自1996年来以来，环境群体性事件一直保持年均29%的增速。② 例如，2012年7月28日，由于担心日本王子纸业集团的排污设施会对生活产生影响，江苏启东数千市民于市政府门前广场及附近道路集结示威，并冲进市政府，围堵市委书记。

七、海洋安全领域的挑战

我国是一个海洋大国，拥有1.8万千米的海岸线和6 500多个500平方米以上的岛屿。根据《联合国海洋法公约》的规定，我国主张拥有的管辖海域近300万平方千米。但我国目前还不是海洋强国，在海洋安全形势方面一直不容乐观，与周边国家及超级大国之间存在着划界、资源开发、海岛归属的利益纷争。当前，我国与周边8个国家存在着海域划界问题，与5个国家有着岛礁归属争议。

近年来，我国与日本围绕钓鱼岛问题展开了系列维权执法，与越南、菲律宾等国在南海问题上展开了一系列维权斗争，与朝鲜、韩国在渔民越界捕捞问题上发生争议；此外，我国在海洋上进行的一些基础设施建设项目也受到有关势力的介入和骚扰。

2009年前8个月，全球共发生针对船只的海盗和武装劫持事件130起。其中，南中国海共发生海盗和武装劫持船舶事件37起，约占全球同期发生总数的28%。③ 近年来，以亚丁湾和索马里为代表的东非海域的海盗活动愈演愈烈，严重影响了包括中国在内的世界各国航运船舶和人员的安全。

特别是南海问题上，最近菲律宾将岛屿争议提交海牙国际法庭仲裁，美国以海洋航行自由为名接近我国新建设的岛礁，这都对我国正常行使海洋权益、建设海洋强国提出了严峻的挑战。

八、借助新媒体、互联网兴起的违法犯罪新形式的挑战

随着互联网新技术、新应用不断出现，传统违法犯罪加快向网上蔓延，电信诈骗、贩枪制毒、卖淫招嫖、赌博等违法犯罪活动屡打不止。各种网络黑客技术

---

① 邹伟：《打击环境污染受制地方保护》，载于《新华每日电讯》2015年2月7日。
② 王姝：《环境群体事件年均递增29%》，载于《新京报》2012年10月27日。
③ 吴慧、张丹：《当前我国海洋安全形势及建议》，载于《国际关系学院学报》2010年第5期，第50页。

犯罪、侵犯知识产权犯罪大量增多，严重侵害群众合法权益，影响网络社会安全。据统计，网络诈骗、赌博等网站服务器90%以上设在境外①，很多网络违法犯罪的主谋也藏身于境外，这些都给网络违法犯罪的查处设置了障碍，也使得网络违法犯罪甚嚣尘上。近五年来，电信诈骗年均上升20%。2014年全国电信诈骗发案40余万起，群众损失107亿元，其中，约有80多亿元诈骗赃款在台湾被取走，由于两岸法律制度存在差异，仅追回12.7万元。②

总之，在社会转型期，在社会发展进入"新常态"的情况下，我国社会治安面临着来自政治、经济、文化、社会、生态等全方面、立体化的挑战。针对这种治安问题，必须采取系统化、体系化的应对方法，党委领导、政府组织各部门齐抓共管，充分发动群众，利用现代化的科学技术，遵循规范化的执法程序，依靠专业化的管理队伍，这样才有可能形成长效机制，打赢这场旷日持久的战役。

第三节　新时期社会治安防控体系建设面临的主要问题

随着经济社会的快速发展，特别是科技、交通、信息和网络的不断创新突破，对新时期社会治安形势带来了诸多新现象、新问题和新困境，呈现出"风险期与机遇期两时期并存""人民内部矛盾凸显、刑事犯罪高发和对敌斗争复杂三态势融合"，以及"境内因素与境外因素、传统安全因素与非传统安全因素、虚拟社会与现实社会、敌我矛盾和人民内部矛盾四矛盾交织"的特点。

一、恐怖主义与个人极端暴力犯罪突出

近些年来，在民族宗教矛盾激化和敌对势力的蛊惑支持下，以暴力恐怖势力、民族分裂势力和宗教极端势力为主体的恐怖主义犯罪进一步恶化，"北京'10·28'暴力恐怖袭击案""昆明'3·01'火车站暴恐案""新疆巴楚'4·23'暴恐案"，以及"乌鲁木齐火车南站'4·30'暴恐案"等恶性事件严重威胁社会安全稳定。随着国家周边政治经济环境的复杂变化，涉及国家安全的间谍、情报类犯罪也呈现明显上升趋势。特别是国际恐怖主义升温，东突恐怖势力不断派

---

① 李丹丹：《公安部：逾九成诈骗、钓鱼、赌博网络服务器在境外》，载于《新京报》2015年9月14日。
② 王姝："《电信诈骗107亿代表建议"运营商应担责"》，载于《新京报》2015年3月14日。

遣人员入境策划实施暴恐活动，新疆暴恐活动仍处于活跃期、扩散期，内地暴恐活动现实威胁加大。所以，在未来一段时间内恐怖主义犯罪仍是威胁我国社会治安的重大"毒瘤"。在恐怖袭击当中，基础设施往往会成为恐怖分子的首选目标，因为基础设施与大众的生产生活息息相关，对基础设施进行袭击或破坏能够造成较大社会影响，制造资源紧缺的恐慌。个人极端暴力犯罪具有突发性和诱发效应强的特征，已成为危害公共安全的突出问题。由于当前社会贫富差距过大、保障机制尚未完善、民众心理失衡，以及特殊个体为泄私愤而泛化报复目标等多种原因所导致的个人极端暴力犯罪成为重要的治安问题，个人极端暴力犯罪具有突发性极强、犯罪手段残忍、犯罪心理异常、犯罪后果严重和示范效应强的特点，如果不及时采取针对性的防控措施，将严重影响和威胁民众安全感及社会安全稳定。①

二、新手段和新形式的互联网犯罪攀升

曼纽尔·卡斯特（Manuel Castells）指出，信息网络技术的发展使人类社会发生了重要的变化，塑造了一个不同于农业社会和工业社会的人类社会文明，并将其称之为网络社会。② 信息网络在为人类生产生活提供便利、提高效率和效益等方面发挥重要作用的同时，也对人们日常生活带来诸多风险。社会互动从传统的时空范围中分离出来，进入了以信息化和数字化为载体的"脱域"互动形态，因网络社会具有虚拟性、开放性、隐蔽性和复杂性等特征，其运作应用存在诸多风险，各种形式的电子讹诈、电子色情服务、网络非法交易、网络侮辱毁谤、网上侵犯商业秘密及网上组织邪教组织等违法犯罪案件日益增多。当前，利用新技术手段操纵证券、期货市场等违法犯罪呈日益恶化趋势，非法吸收公共存款、利用网贷平台集资诈骗等涉众型经济案件多发，动态化、智能化电信诈骗等新型犯罪增多，存在防范难、取证难和打击难的困境。此外，利用互联网从事渗透活动加剧，网上造谣传谣问题突出，网络攻击、窃密等网络安全威胁加大，网络贩枪贩毒、卖淫招嫖、赌博、诈骗等违法犯罪持续高发，导致治安防控工作面临更为严峻的困境和挑战。互联网的便捷性、虚拟性和跨界性形成了犯罪成本低、犯罪主体隐蔽和犯罪危害广的特征，在具体打防管控工作中，依然存在侦查技术滞后、部门协调不顺畅、法律法规不健全和公民防范意识淡薄等问题，使社会治安

---

① 李健和等：《当代恐怖主义的特征与发展趋势》，载于《中国人民公安大学学报》（社会科学版）2008年第3期。
② ［美］曼纽尔·卡斯特：《网络社会的崛起》，夏铸九等译，社会科学文献出版社2006年版，第248～249页。

防控体系陷入防范打击成本高、犯罪主体身份识别难和属地管辖办案难的困境，严重阻碍了虚拟社会的安全有序运行。

三、公共基础设施安全事故频发

基础设施是指为社会生产和居民生活提供公共服务的物质工程设施，是用于保证国家或地区社会经济活动正常进行的公共服务系统，它是社会赖以生存发展的一般物质条件。基础设施包括交通、邮电、供水供电、商业服务、科研与技术服务、园林绿化、环境保护、文化教育、卫生事业等市政公用工程设施和公共生活服务设施等。青岛"11·22"中石化东黄输油管道泄漏爆炸事件、上海"12·31"拥挤踩踏事故、"东方之星"号客轮翻沉事故、天津港"8·12"特大火灾爆炸事故，以及一些地方发生破坏高铁设施和在地铁、公交车、航空器上纵火、劫持人质等案件都深刻地表现了我国当前基础设施安全事故频发的特征，面临着严峻安全风险危机。随着城市基础设施信息化建设速度的加快，其运行也越来越依靠网络和信息传播，对网络的依赖暴露了重要基础设施的致命弱点，一旦遭到网络攻击后果不堪设想，会造成一个部门乃至一个企业全部瘫痪，甚至造成相关联的基础设施无法正常运转。首先，基础设施自身老化。重要基础设施随着自身的老化，其运营的风险也相应增大，这种安全隐患常常会成为一颗定时炸弹，一旦爆发，后果不堪设想。其次，基础设施预警和反应机制滞后。基础设施预警机制和快速反应机制的缺陷已成为重要基础设施安全防范的软肋。以物流安全领域为例，当前，我国已经成为世界第一快递、物流大国，物流寄递业的快速发展是社会进步的重要表现，但在方便社会成员生产生活的同时，还存在着诸多隐患，如通过物流渠道运送高锰酸钾等制爆原料、利用网购零件组装枪支、利用寄递渠道买卖砍刀毒品、寄递化学品，以及客户个人信息泄露等安全困境。此外，消防安全也是基础设施安全的重要面向。当前，新材料、新工艺、新技术广泛应用，易燃易爆企业规模扩大，老旧城区、棚户区、城中村和高层建筑、低下空间大量存在，火灾危险源增多，河南省鲁山县康乐园老年公寓曾发生特大火灾事故，造成38人死亡，沉痛的教训说明社会治安防控体系的构建在公共基础设施中还存在巨大隐患。

四、多元利益主体间的矛盾纠纷不断升级

经过改革开放三十余年的制度改革和法制建设，我国经济社会秩序得到了良好的维系和发展。然而，当前我国政治结构、经济制度、组织模式、行为方式和

价值观念依然发生着重要转型变迁，仍然存在维系传统社会秩序的规则制度迅速解体而失去效力，但新的法律规范尚未构建完善的"规则缺位困境"。随着市场经济的充分发展，现代理性思维和功利主义使社会成员从关注"关系情感"转向更关注"个体利益"，围绕利益议题而引发的社会发展成果分配不均与社会风险代价承担失衡等矛盾冲突不断升级。郑杭生认为，一般而言，社会发展所形成的社会成果应由全体社会成员所共享，所产生的社会代价也应由社会成员所共同分担，而我国当前却面临社会发展成果由少部分人所分享，社会风险代价则由大部分社会成员，尤其由弱势群体所承担的境况，导致利益分配不均、资源配置失衡及环境持续恶化等社会问题，① 这些社会问题又直接导致了治安问题的产生。由多元利益主体之间产生的治安问题具有问题复杂化、形式激烈化和影响扩大化的特征。问题复杂化是指涉及不同利益主体、不同利益诉求、不同利益表达机制和不同利益支撑系统，难以实现在短时间内由某个系统独立完成，而是一个复杂多元的问题体系；形式激烈化是指利益主体在表达利益诉求时出现的数量不断增加、规模不断扩大和秩序不断恶化的治安趋势；影响扩大化是指在当前网络信息媒体飞速发展的现代社会，威胁社会安全稳定的治安事件在短时间内形成广泛社会影响的趋势。

五、食品、药品和环保安全问题突出

当前，我国食品药品安全形势总体来看稳中向好，但是影响和制约我国食品药品安全的深层次矛盾和问题尚未得到根本解决。从自然环境看，生态环境恶化，源头污染严重，农业生产中农药、化肥、激素等的违规、过量使用，以及工业企业排放的污水、废渣污染土壤、水源，导致农畜产品在生长阶段遭到重金属等有毒有害物质污染，质量安全状况堪忧。从发展阶段看，我国正处于食品药品安全风险高发和矛盾凸显期。我国用几十年的时间走完了发达国家几百年走过的发展历程，经历了高速发展后，经济社会各种矛盾问题短时间内集中凸显。食品药品安全问题也是矛盾问题集中爆发的热点领域。从产业素质看，食品药品产业基础仍然薄弱，食品准入门槛低，药品产业布局不合理，"多、小、散、低、乱"问题突出。我国食品药品质量监管水平较为滞后，产业抵御风险和创新能力不足，导致不能满足人民群众对食品药品的品质和安全性越来越高的要求。从现代农业和食品药品工业的自身特点看，由于新原料、新技术的不断使用，供应链全

---

① 郑杭生：《快速转型中的中国社会——从社会学视角看中国社会的几个显著特点》，载于《社会科学研究》2008年第4期。

球化趋势，以及生产加工模式的变化，使食品药品安全风险种类和制约因素日益复杂化，加剧了风险隐患。① 从市场环境看，生产经营者品牌意识、诚信经营意识不足，市场规范化程度不高。行业信用体系缺位和从业人员职业道德缺失，导致企业和经营者缺乏行业监督和自律，容易出现追逐短期利益、忽视长远发展的违法违规行为。从社会环境看，公众参与意识、监督意识、安全意识、法制意识都有待提升。我国公众对食品药品安全的科学认知普遍不足，部分群众对药品、器械等健康产品认识存在误区，盲目追捧所谓"特效"产品，听信虚假宣传。此外，部分公众自我维权意识很强，但知法守法、保护他人、维护公共安全意识薄弱。如有的农户为获取微薄收益，非法出售病死畜禽。从食品药品监管能力看，食品药品监管工作起步晚、基础弱、人员少，还存在许多薄弱环节。监管部门对食品药品产业发展规律把握不到位，监管制度机制建设滞后，监管手段方式单一等问题仍然存在。由此可见，我国食品药品安全总体形势不容乐观，食品药品监管能力面临严峻挑战。在环保领域，一些地方相继发生抗议PX、核电、造纸排污、钼铜冶炼、垃圾焚烧等项目的大规模群体性事件，有的参与群众达数万人，环保诉求与其他利益诉求往往相互掺杂，合理诉求与非理性行为相互交织，严重影响当地社会稳定和经济发展。

六、社区安全困境凸显

社区安全治理是社会治理的主要抓手和基础载体。然而，在我国城镇化和现代化快速发展的过程中，社区安全面临严峻困境，社区基础设施老化不足、安全防范措施落后、社区公共资源困乏，以及社区矛盾纠纷频发等问题广泛存在，社区治安存在严重的安全隐患。在我国现代社区治理体系中，历史传统所能提供的资源主要包括两种经验，学术界也称之为两种传统：一是基于血缘、地缘为基础的以传统风俗和伦理习惯为主要治理方式的"大传统"；二是基于集体化生产和再分配为基础的以单位制为治理方式的"小传统"。② 然而，无论是大传统，还是小传统，对现代城市社区安全治理而言，都渐渐失去了其实践应用的现实基础。首先，从大传统来看，大传统具有强烈的地域性和分割性特征，它同费孝通提出的"差序格局"系统息息相关，需要社会成员具有"共同性的地方性知识"，强调在较局部且同质性较强的范围中发挥作用，当其面对现代社区的异质性和复杂性特征时，传统强关系、文化认同和家长权威不能有效地发挥作用，使

---

① 聂立泽、胡洋：《食品药品安全监管问题分析及其法律规制》，载于《政法学刊》2012年第4期。
② 张静：《社会建设：传统经验面临挑战》，载于《江苏行政学院学报》2012年第4期。

其治理方式失去了在"特定场域"的治理基础。其次,从小传统来看,小传统具有强制性和计划性的特征,是中华人民共和国成立以来计划经济体制下所形成的自上而下的"社会再组织化",社会成员被划分到各个工业和农业生产性社区或村庄中进行统一的管理,被组织进入国家公共系统,形成了上下隶属的纵向依赖关系。所以,小传统是依托权力机制的被动认同和归属,社区治理所依托的内聚纽带是集体化生产和再分配的权力格局,随着计划经济体制向市场经济体制转型,经济资源和劳动力资源大范围流动,已经极大程度上瓦解了以单位制为核心的单一的社会管理系统,社区成员的共同意识和归属感也随着生产单位的解体而逐渐弱化。

随着工业化、信息化和全化时代的迅速发展,社区居民的行为和价值观念都产生了重要变迁,社区居民被卷入巨大复杂多元的各个系统之中,对共同体意涵的理解已经不能仅限制在单一的地域性和情感性因素之中。① 工业化资本主义发展带来的现代理性系统使社区成员的关注从"关系情感"转向"个体利益",法理型的契约关系和赤裸裸的金钱主义完全撕开了"共同体"的共识情感面纱。随着"大传统"与"小传统"治理资源的消逝,国家的行政力量以一种更间接和隐性的方式进行社区安全治理,但来自市场的物业公司并没有在经济入侵的同时形成相应的治理权威,来自于社区居民自身力量的业委会也因为选举难、自治难和维权难而未获得预期的发展。② 因此,对于依附地方性治理资源的社区安全治理工作而言,符合现代社区转型的安全运行机制还未构建起来,导致其陷入"失落的"困境。由于安全保障不足、社区环境污染、服务设施不到位、医疗卫生缺失,以及社区矫正功能虚化等问题导致的社区犯罪、社区治安侵害和社区矛盾纠纷时常发生。③

---

① 李慧凤、蔡旭昶:《"共同体"概念的演变、应用与公民社会》,载于《学术月刊》2010年第6期。
② 闵学勤:《社区的社会如何可能》,载于《江苏社会科学》2014年第6期。
③ 周延东:《从居住共同体走向新生活共同体——社区安全治理的反思》,载于《湘潭大学学报》(哲学社会科学版)2015年第6期。

第二章

新时期立体化社会治安防控体系的理念与思路

2012年,自党的十八大《政府工作报告》提出"完善立体化社会治安防控体系"以来,又依次在党的十八届三中、四中全会提出"创新立体化社会治安防控体系"和"完善立体化社会治安防控体系",2014年11月,习近平总书记就深入推进平安中国建设工作时强调"加快创新立体化社会治安防控体系"[1]。2017年10月,习近平总书记在党的十九大报告中又提出"加快社会治安防控体系建设,依法打击和惩治黄赌毒黑拐骗等违法犯罪活动,保护人民人身权、财产权、人格权"。从"完善"到"创新",从"创新"到"完善",再从"完善"到"加快创新",清晰呈现了我国立体化社会治安防控体系的构建发展历程。习近平总书记强调,公共安全连着千家万户,确保公共安全事关人民群众生命财产安全,事关改革发展稳定大局。为此,党和国家对于新时期社会治安防控体系的建设提供了前所未有的法律支持、政策支撑和信息技术保障,全力推进构建新时期立体化社会治安防控体系。

第一节 新时期立体化社会治安防控体系建设的基本理念

新时期立体化社会治安防控体系的建设是一项需要日积月累、长久构建的基

---

[1] 《习近平:加快创新立体化社会治安防控体系》,载于《人民日报》2014年11月3日。

础工程，是一项需要各种力量相互合作、有机协调的系统工程，更是一项需要随着时代变迁不断探索的创新工程。我们认为，新时期立体化社会治安防控体系的建设是从社会管理走向社会治理、从单一面向走向多元新维度、从"空间—时间"防控走向"心理—社会"防控、从分散应对走向综合控制，以及防控力度、刚度与密度相互协调的构建过程。

一、防控主体：从社会管理走向社会治理

改革开放近40年来，伴随着经济的持续增长，中国在进入发展的重要战略机遇期的同时，也进入了一个社会矛盾凸显期和集中爆发期，在住房、就业、保障、医疗等众多热点社会领域中，社会问题不断积累，社会的秩序与和谐稳定面临严峻挑战。[①] 在这个新阶段，协调利益矛盾、化解社会冲突、维护社会秩序，以及促进社会稳定成为摆在我们面前的严峻挑战。这就需要从"社会管理"转向"社会治理"，简言之，就是强调从自上而下的"管理模式"转变为上下互动、国家与社会相结合的"治理模式"。从"社会管理"到"社会治理"绝不仅仅是一个简单的概念转换，而是基于我国社会转型发生重大变化的战略抉择。"关联"作为互联网时代的重要特征，这就要求确立合作、互通和共享的理念。如果说"分工"是工业时代的突出表现，那么"融合"则是互联网时代的首要内涵，需要信息互通、资源共享和社会合作，要坚持系统治理，加强领导，发挥政府的主导作用，鼓励和支持社会各种力量的参与，实现政府治理、社会自我调节、市场参与和居民自治的良性互动。[②]

第一，构建共建共治共享的社会治理格局。习近平在党的十九大报告中指出"打造共建共治共享的社会治理格局"。明确基层党组织是各类社会组织的领导核心，要在基层社会治理中坚持和加强党的领导。要创新多方参与机制，多方参与是现代社会治理的基本理念和方式。具体来讲，就是要更好地组织动员企事业单位、社会组织和人民群众参与公共安全事务治理，特别是充分调动互联网科技、金融和物流等企业组织充分发挥资源、技术和人才等优势，积极参与公共安全体系建设，为维护公共安全发挥更大的作用。同时，要完善政府购买服务机制，发挥好社会组织在引导社会成员参与风险评估、矛盾调解、社区矫正、青少年教育管理等方面的积极作用。具体以社区为例，要构建起以社区党组织为核心、社区居委会为基础、社区工作站为依托、社区各类组织和广大群众共同参与的"一核多元"基层党建与社会治理相互促进的组织架构。强调从"日常生活实践"出发，挖掘本土治理资

---

① 宫志刚：《秩序：治安学的逻辑起点》，载于《中国人民公安大学学报》（社会科学版）2008年第5期。
② 李路路：《从社会管理到社会治理》，载于《中国社会科学报》2013年12月2日。

源，以生活化、生动化的机制和形式开展具体治理和服务工作。

第二，提升整体协作能力。提高社会治安治理的现代化水平，首要任务是增强公共安全工作的系统性、整体性和协同性。统筹整合各警种和社会资源，实现打防管控服工作的无缝对接。要顺应互联网时代趋势，搭建基础信息采集平台。要厘清监管责任主体，进一步压缩恐怖主义及违法犯罪分子的犯罪空间，增强打击防控能力，提升广大社会成员的安全感和满意度。此外，要以更开放的心态促进公共安全信息沟通、设施沟通，注重共享。以互利互惠思维，整合资源力量，提高综合利用效率，实现优势互补、各方共赢。

第三，强化整体全局观念。对于社会治安防控体系建设工作，各个部门要转换传统思维，更加注重合作，树立团队精神，做到互信互助，形成公共安全工作合力。摒弃本位主义，确保真诚团结、有效沟通，尤其针对信息壁垒问题，要积极推动网络设施共建，完善重大突发情况通报制度，努力实现网络互连互通，信息共享共用。当然，针对职能交叉、职责不清的问题，要划清边界，明确职责，防止错位与缺位。

第四，突出社会善治理念。善治理念对于社会治安防控体系的建设至为关键。现代风险社会时代的来临，公共安全风险发生频率高、波及范围广、影响程度深，只有政府、社会和市场多元主体共治，共同发力、勇于承担，才能实现社会的安全稳定。这就要引导社会成员确立共同防控风险的理念，增强其主人翁意识，激发社会自治、自主和能动力量，努力形成政府、社会和市场共同防范、化解和管控风险的良好局面。此外，要着力培育安全文化，社会成员只有树立生命至上、安全第一的观念，才能增强风险意识，提高共同防控风险的自觉性。在具体工作中，要善于运用新思路和新办法，调动社会成员维护公共安全的积极性，形成共同防控风险的新模式，建立健全权利与义务统一、风险与责任关联、激励与惩戒并重的制度，打造人人有责、人人尽责的"安全共同体"。

二、防控职能：从单一面向走向多元新维度

近年来，我国经济发展进入"新常态"，伴随着出现了诸多新问题和新矛盾，这就对社会治安防控体系提出了更大的挑战。在新时期社会治安防控体系建设的研究实践中，我们认为，创新是社会治安防控体系的灵魂，因为社会治安防控体系要随着经济社会发展的现实状况而不断变化，在科技、信息、交通日益发达的现代化社会，传统治安防控机制已经不能适应时代的发展变迁，这就需要其防控职能从单一面向走向多元新维度，化解新矛盾，解决新问题。[①]

[①] 宫志刚、李小波：《立体化社会治安防控体系：从理论到实践》，载于《山东警察学院学报》2016年第3期。

第一，在金融安全领域。近年来，互联网金融业的快速发展在降低交易成本、激活民间投资等方面发挥了重要推动作用，但一些网络借贷平台由于缺乏标准、规范和监管而存在巨大风险，不法分子利用网络借贷、网上理财等名义，以高息回报为诱饵，大肆进行非法集资等违法犯罪活动，带来严重的社会治安隐患。对此，社会治安防控体系的建设就需要将防控工作提升到党委政府的高度上来，协同金融、电信等管理部门，研究解决好条块分割和信息不畅等问题，建立立体化的监测预警体系，健全各地区、各行业信息共享机制，及时发现、处置非法集资问题。

第二，在电子商务安全领域。蓬勃兴起的电子商务改变了社会大众的生产消费模式，极大地方便了社会成员的日常生产和生活。但也存在着增长方式粗放、行业秩序不规范等问题，致使制假售假、商业欺诈、网络传销、侵犯隐私等问题十分突出。这就要求建立部门、区域间监管信息共享、职能衔接机制，加强对非法交易的监管，依法打击违法犯罪活动。此外，还要积极引导电商企业增强安全意识，提高运用新技术促进自身规范发展的能力。

第三，在社会矛盾纠纷领域。近些年的经济下行形势导致了劳资、债务、商品房交易等矛盾纠纷数量的增多。因福利待遇、房产物业纠纷引发的群体性事件所占比率不断上升。① 对此，社会治安防控体系建设要围绕维权与维稳相统一的原则，正如冯仕政所述，"群体性事件"经历了从"治安概念"迈向"政治概念"的发展历程，意味着群体性事件从以公安部门作为治理主体迈向多元治理系统从社会结构、资源配置和社会关系等复杂维度进行调整协调的发展过程。② 这就要求将依法处理和多元化解结合起来，完善社会矛盾排查预警和调处化解综合机制。把依法维护群众合法权益作为出发点，构建多元化纠纷解决体系，为群众提供多元便捷的纠纷解决方式。此外，要拓宽人大代表、政协委员、律师、法律工作者等第三方参与纠纷化解的制度化渠道，吸收专家参与技术性领域纠纷解决工作。

第四，在新业态领域。近些年，网络约租车、网络出租房屋等新业态的快速发展，在成为经济社会发展新的增长点的同时，也成为公共安全新的风险点。新业态发展中的问题对社会治安防控体系提出了更高的要求，既不能因噎废食，也不能视而不见，需要在鼓励创新和防控风险中寻找平衡点，坚持在发展中规范问题。具体来讲，就需要各个部门通力合作，从深化改革和规范管理入手，密切跟踪可能引发的不稳定问题，采取有效措施加以解决，确保运营安全、社会稳定。

---

① 吴忠民：《社会矛盾倒逼改革发展的机制分析》，载于《中国社会科学》2015 年第 5 期。
② 冯仕政：《社会冲突、国家治理与"群体性事件"概念的演生》，载于《社会学研究》2015 年第 5 期。

对于采取不正当手段抢占市场、规避政府监管的，要依法严厉打击，防止影响行业正常运营秩序。

三、防控客体：从空间—时间走向心理—社会

近些年来，随着社会治安防控体系的建设、创新和完善，在覆盖时空维度的社会治安防控格局取得了重要成就，经济社会发展较为迅速的省份和地区初步实现了社会治安防控体系的"全方位防范"和"全天候监视"。但对于经济社会发展相对落后的地区，时空领域的防控体系建设及其应用还存在较大不足，需要进一步落实和完善。

在视频建设方面，需要进一步完善视频监控系统，在很多重点地域要实现"无死角"监管，逐步确立电信网、广播电视网和互联网的"三网结合"。各部门还要积极整合政府、市场和社会建设的视频监控设备，提升监控能力，加快推进视频系统的综合利用。在物联网技术应用方面，要实现对重点车辆、船舶、危险物品、出租房屋的确定定位、轨迹追踪和动态监控，提高安全管理效率。

在大数据技术应用方面，针对当前暴力恐怖袭击和个人极端犯罪日益恶化的态势，社会治安防控体系建设在积极运用新技术、新手段和大力推进运用大数据技术的水平和能力方面都取得了诸多成效，能够及时发现高危人群，全面分析其身份特征、活动轨迹与关系网络，实现在海量信息中锁定可疑人员、准确筛选定位，实施精确打击。特别对于重点人员的管理方面，针对发现难、见面难和摸底难等问题，积极利用房屋中介、有线电视、水电油气等管理信息，以及上网、通信、网络购物等动态信息进行关联分析，掌握其行为特征，加强动态管理。

在网络安全运营方面，随着互联网时代的到来，虚拟社会突破了传统时空的界限，其安全有序也成为社会治安防控体系建设中的重要内容。尤其对于当前日益猖獗的网络电信诈骗案件，要运用信息技术对诈骗信息进行监测、拦截和用户提醒，对伪基站进行识别和封堵，有效遏制诈骗信息泛滥的问题。同时，要对大量分散的小额诈骗线索进行汇集梳理，着力打团伙、追源头、摧网络，增强打击实效。

我们认为，新时期社会治安防控体系还要注重心理—社会层面的建设（见图2-1）。在心理防控层面的构建，对于提升安全治理能力十分关键。随着现代社会工作生活节奏的加快，竞争激烈，一些社会成员不良情绪潜滋暗长，极易引发公共安全问题，心理疏导是理顺情绪和促进人与人、人与社会和谐相处的重要手段。因此，建立健全社会心理服务体系和疏导机制、危机干预机制对于防范降低公共安全风险至为关键。对生活失意、心态失衡和行为失常的社会成员要加强

人文关怀和心理辅导援助,引导其依法理性处理问题,防止发生极端事件。

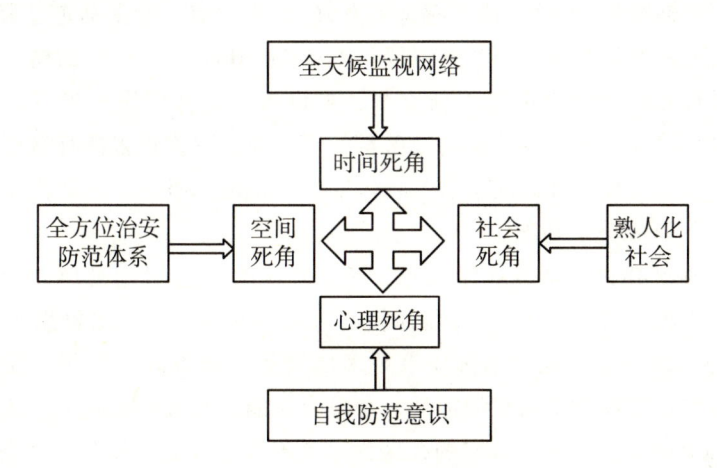

图 2-1 社会治安防控课题的示意图

除了在"时间""空间"和"心理"维度要构建基础扎实、运行有效的防控机制之外,新时期的"熟人化社会"是社会治安防控体系建设的最终目标。以社区为例,我们称这个熟人化的社区为"新生活共同体"。"新生活共同体"是指以理性利益为主导、以信息网络为平台和以传统文化与公民精神为认同基础的紧密连接互动的社区群体。在此提出"新生活共同体"概念,是为了区别于传统意义上的"生活共同体",毕竟现代城市社区治理的现实困境表明传统连接基础的断裂已导致其难以实现回归。我们以社区安全工作作为切入点,尝试性地构建社区安全治理体系。①

首先,利益主导,提供服务需求。构建扎实完善的社区安全治理基础,需要以利益为主导,了解社区成员在社区生活实践中的多重需求。当前,诸多社区犯罪、社区治安侵害及社区矛盾都是因为社区居民的现实需求没有得到满足而产生的,这就需要对社区居民需求进行准确的了解和评估,如停车位需求、环境需求、活动场所需求、青少年学习培训需求和限制外来人员出入以确保安全需求等。以社区民警为例,其职责要从"关注解决犯罪"走向"解决更多问题",从"重点事件事故"走向"居民的问题和利益",主动处理好经济发展与社区安全、环境保护和日常生活之间的平衡关系,实现社区可持续发展,推动社区公民的话语权,保障社区居民利益表达机制畅通。此外,还要加速推进居民在社区警务室的"一站式"服务,提供预防犯罪信息、警报许可申请和证件护照申请等服务工

---

① 周延东:《从居住共同体走向新生活共同体——社区安全治理的反思》,载于《湘潭大学学报》(哲学社会科学版)2015年第6期。

作，将其作为提升居民生活质量的部门之一。当前，诸多警务室的设计及运作程序显得十分"刻板""冷漠"或"感觉不友好"，很少有人会主动走进警务室，在此方面，社区警务要强调"警务室温情"（Station House Blues）的概念，就是在警务室的设计和舒适度上采用了新方法，如设置了让社区居民坐着舒适的会客厅，供居民可以开会和接受培训的社区空间等。通过提供更多的社区服务，满足社区成员的需求，提升社区成员参与社区安全治理的积极性，为现代社区"新生活共同体"的形成奠定基础。

其次，凝聚共识，增强社区认同。博克思认为，21世纪是地方治理的一个新时代，这个时代将是以公民治理为核心和主导的时代。① 此思想来源于托马斯·杰斐逊，他认为，社会治理应该更多地聚焦于地方政府组织，宏观层面的州政府和国家政府仅负责那些特定的、有限的功能，此观点强调了"依靠自己和社区"的价值理念。因此，良好的社区秩序离不开社区成员具有"共享的意义和价值体系"②。这就需要一种公共意识和志愿者精神，随着社会分工日益细化，社区公共事务的管理需要更多的代议者和职业化的管理者，社区治理系统的良性运行就是要处理好社区公民、代议者和职业行政管理者之间的良好互动。社区安全治理工作者应更多扮演职业行政管理者的角色，其功能是作为社区参与管理的促进者、协调人和专业咨询者、辅助者，达成某种权力的"让渡"，促使社区居民对社区决策发挥实质性的影响和作用。③ 社区民警作为社区安全治理体系中的重要主体，需要进一步提高在执法和服务中的专业能力，广泛听取社区成员的意见建议，深入了解社区场域内的组织构成和关系网络，促使其参与到社区公共项目的决策和实施过程中来，以"扎实的专业技能"和"全面的地方性知识体系"维护社区成员的安全需求。

最后，信息共享，搭建信息平台。在当前社会成员对于互联网依赖程度越来越高的信息社会，吉登斯所提出的"脱域"意涵在人们的日常生活中无处不在，缺场的网络空间和逐渐形成的传递经验在社会实践中都发生了深刻的变化。④ 社区安全治理也应该随着网络化引起的这些深刻变迁做出相应的调整与创新，网络世界虽然是一个虚拟世界，但通过网络平台管理的社区却真实存在。在社区安全治理实践工作中，可以利用微博、微信等新媒体平台发布社区的安全服务及便民

---

① ［美］理查德·C·博克思：《公民治理：引领21世纪的美国社区》，孙柏瑛等译，中国人民大学出版社2014年版，第5~6页。
② 张静：《社会建设：传统经验面临挑战》，载于《江苏行政学院学报》2012年第4期。
③ ［美］理查德·C·博克思：《公民治理：引领21世纪的美国社区》，孙柏瑛等译，中国人民大学出版社2014年版，第3页。
④ 刘少杰：《网络化的缺场空间与社会学研究方法的调整》，载于《中国社会科学评价》2015年第1期。

信息，促进社区居委会、业委会、物业及社区成员等不同主体在信息平台中的沟通与互动，推动社区安全基础设施及社区治安状况的改进和完善，实现网上互动与网下管理的有机结合。此外，还要动员与社区安全相关的所有参与者搜集数据信息，为社会治安防控体系提供完善准确的信息基础。社区治理信息化的不断完善和发展也是增强社区共同体凝聚力的关键所在。

四、防控方式：从分散应对走向综合控制

我国著名科学家钱学森曾指出，我国最突出的问题是部门分割和地方分割，一项项具体的事情成绩很大，但从整体上看，资源浪费严重，效率很低。对于社会治安防控体系而言，应该避免防控力量的分散化，而应走向综合控制，最大限度地发挥防控体系的整体效能，从战略上考量，从全局上谋划，统筹整合各种力量、资源和手段。

社会治安防控工作涉及打击、防范、管理、控制和服务等诸多环节，只有各个环节统筹联结和良性互动，才能最大限度地维护社会的整体安全有序。威尔逊曾指出，"维持秩序既是最烦琐，也是最重要的警察职能。……维持秩序之所以是最重要的警察职能，是因为从根本上来说，警察的工作就是社会控制。"无论就提供服务、执行刑法而言，还是就预防混乱、恢复秩序而言，警察都是社会控制的机构。① 因此，我们认为，在社会治安防控方式体系中，"控制"是核心目标，也常常称之为"驾驭"。打、防、管、控、服等具体方式都是围绕着"控制"这一目标而开展实施（见图2-2），各种防控措施只有在有效合作和良性互动中才能真正实现"控制"和"驾驭"目标的实现，保证社会的整体安定有序。

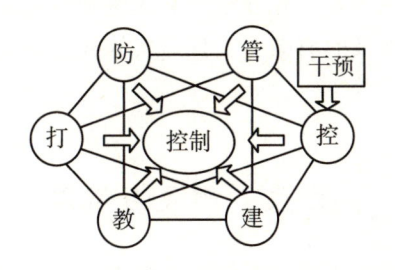

图2-2 社会治安防控方式示意图

第一，要统筹协调。明确公安指挥中心为统筹部门，加强对社会治安形势的

---

① 宫志刚：《社会转型时期的社会整合与犯罪控制》，载于《江苏警官学院学报》2003年第2期。

综合分析研判，统一负责对打防管控服各项工作的总体协调。依托警务综合平台加强各业务应用系统的有机衔接，实现信息流、业务流、管理流的融合，推动打防管控服工作常态合成、良性互动。对各类突出的治安问题要坚持打防结合、综合实施，在打击过程中，要坚强有力，采取零容忍的模式；在预防中，要依托社区警务，立足基础信息化，构建常态机制。充分运用转向打击、重点整治和前端管理等各种措施。

第二，要力求主动。主动的警务理念和模式是社会治安防控体系建设的重要内容。这就要求建立健全治安基础工作的评估机制，依托警综平台，设置专门模块，对人、地、物、事、组织、信息等治安要素的管控工作进行评估，及时发现问题隐患，有针对性地强化重点管控，真正对涉恐涉暴、扬言报复社会、重性精神障碍患者、吸毒和涉邪教等重点人员管控到位，对地铁、公交、高铁、校园和医院等重点场所和各种人员聚集场所防范到位，对枪支、危爆物品、易制爆和易制毒化学品、管制器具、散装汽油等重点物品安全监管到位。加强打防管控服各个环节的互动，并结合日常管理服务工作开展主动分析研判、主动侦查打击，从被动模式转向主动模式。① 此外，在警务舆论宣传、法律制度规范，以及应急处突机制等方面都要落实主动警务，保障社会治安防控体系的有效运行。

第三，要注重整体。社会治安防控体系的构建要强化整体布局。首先，加强偏远农村、城乡接合部等薄弱区域的社会安全治理，对防控体系进行一体规划、一体建设、一体研判、一体部署，使城乡治安防控工作协调发展。特别要抓住当前推广"三网融合"的有利契机，推进视频监控系统城乡一体化建设，对治安情况复杂的农村地区，综合采取加强基层组织、开展专项整治和强化整体联动等措施，全力提升社会整体防控能力。其次，要推进网上网下整体化防控格局。随着互联网的发展，公共安全问题与网络更加密切，网上网下相互交织的特征更加明显，这就要求健全网上网下整体化建设，具体做到信息顺畅贯通、防范打击工作有机联动，以及舆情引导及时有效等，保障实体社会与虚拟社会安全有序的双重目标。

五、防控"度"：力度、刚度与密度

"度"是哲学中的一个重要概念，马克思指出："质是一事物区别于他事物的内在规定性，量是事物存在和发展的规模、速度、程度，以及构成各部分在空间上的排列组合等可以用数量表示的规定性，质和量的统一表现为度，度是事物

---

① 刘鹏、王力：《回应性监管理论及其本土适用性分析》，载于《中国人民大学学报》2006年第1期。

保持自己质的数量界限，是事物的质所能容纳的量的范围。"① 因此，在治安实践运作中，要切实保证治安秩序在中轴系统"度"的范围之中，一旦超越或突破了这一界限，自由与秩序就会发生破裂，导致治安状况的混乱与失序。这就需要在社会成员个体自由与社会治安秩序良性有序之间寻求到良好的平衡点。②

第一，提升社会治安防控力度。新时期社会治安防控体系的构建，需要将其提升到党委政府的高度上来进行开展和落实，全面提升社会治安防控的力度，形成党委领导、政府主导、综治协调、各部门齐抓共管、社会力量积极参与的社会治安防控体系建设工作格局，健全社会治安防控运行机制，编织社会治安防控网，提升社会治安防控体系建设的社会化、法治化、智能化和专业化，提升社会治安整体防控能力。有力地遏制影响公共安全的暴力恐怖犯罪和个人极端暴力犯罪等，使影响群众安全感的多发性案件和公共安全事故得到有效防范，以人民群众的安全感和满意度为根本目标，推进社会安定有序。

第二，增强社会治安防控刚度。社会稳定、国泰民安既是广大人民群众的热切期盼，也是我们党治国理政的重要目标。习近平同志在战略定位上明确指出，稳定是改革发展的前提，只有社会稳定，改革发展才能不断推进，只有改革发展不断推进，社会稳定才能具有坚实基础；强调要正确处理改革发展与稳定的关系，坚持把改革的力度、发展的速度和社会可承受的程度统一起来，把改善人民生活作为处理改革发展稳定关系的重要结合点，在保持社会稳定中推进改革发展，通过改革发展促进社会稳定。对于新时期社会治安防控体系建设而言，对于当前社会治安形势出现的新情况、新问题，要增强社会治安的防控刚度，对于暴力恐怖主义、个人极端暴力犯罪、新手段和新形式下的互联网犯罪进行专业化精准打击，有效防控基础设施公共安全、食品药品和环保安全、社区安全及多元利益主体间的矛盾纠纷处置等问题，使防控网刚强有力，维护社会稳定大局，促进社会公平正义。

第三，织密社会治安防控密度。新时期社会治安防控网络的构建是一项基础工程，更是一项创新工程，社会治安防控网络的建设是随着实际需要不断更新变化的。具体来讲，要以社会面治安防控网、重点行业和重点人员治安防控网、乡镇（街道）和村（社区）治安防控网、机关及企事业单位内部安全防控网，以及信息网络防控网五张防控网络为基础，加强"社会心理防控网""涉警舆情防控网"等防控网络建设，并通过社会治安形势分析研判机制、实战指挥机制、部门联动机制与区域协作机制等运行体系贯穿于社会治安防控网络之中，将社会治

---

① 袁贵仁：《马克思主义哲学原理》，北京出版社2003年版，第93页。
② 宫志刚、周延东：《行走在自由与秩序之间——构建治安实践运作中轴》，载于《中国人民公安大学学报》（社会科学版）2015年第1期。

安防控体系建设落到实处，防控网要"密集""结实"，避免"窟窿"，有效保障社会治安秩序。需要强调的是，新时期社会治安防控体系的建设要突出"地方性"和"本土性"特色，当前社会治安防控体系的建设体系是维系社会安全稳定的基本标准，各个省份区域的社会治安形势千差万别，可应用的社会治安治理资源也大不相同，因此，要根据实际情况，深度挖掘本土治理资源，建设适应本区域特点的社会治安防控网络，确保人民安居乐业、社会安定有序、国家长治久安。

第二节 新时期立体化社会治安防控体系的主体思路

新时期立体化社会治安防控体系的建设需要准确把握开放、动态和信息化条件下治安威胁产生的变化规律，强调防控体系的战略性、整合性和系统性。战略性是指将社会治安防控体系放在国家治安控制的顶层设计层面，指导治安运行机制和方式；整合性是指社会治安防控体系涉及广泛，需要国家、市场和社会各方面力量的参与；系统性是指社会治安防控体系是由各个子系统构成的有机整体，要求各个系统共同作用，形成合力。简言之，社会治安防控体系要根据我国社会转型期的总体现状，借鉴国外，并结合地方实际，挖掘本土治理有益资源，构建完善有效的社会治安防控格局。具体来讲，要实现社会发展与社会安全的统一、顶层设计与基础工作的统一、传统方式与现代科技的统一、网上安全与网下安全的统一、专职力量与社会力量的协调统一、法律规范与道德教化的统一，以及执法效果与社会舆论的统一。

一、社会发展与社会安全的统一

现代安全经济学认为，经济是三角形的两条斜边，安全是底边，没有底边的有力支撑，即使经济发展再快，也难以构成稳定的三角形。特别是随着城镇化快速推进，社会治安防控工作的重点和薄弱环节发生相应变化。近些年来发生的一系列公共安全事件，暴露出有些地方和部门对公共安全建设规划不当、投入不足，反映出经济社会发展不同步、不协调的状况，存在"重显绩""轻潜绩"问题，对地下管网、消防避险等公共安全基础设施建设重视不够，留下隐患。这就要求把公共安全建设纳入经济社会发展、城乡建设等规划之中，推动公共安全基础性制度、设施和平台构建，完善人防、物防和技防的投入增长机制，做到同规划、同落实。把安全发展理念和措施切实嵌入经济社会发展的全过程，综合运用经济、行政、法律和社会等手段，系统治理影响公共安全的突出问题，提升维护公共安全的整体水平。①

二、顶层设计与基础工作的统一

新时期社会治安防控体系的构建要切实实现顶层设计与基础工作的协调统一，既要强调顶层设计的科学设计和长远规划，将其作为一项基础工程和创新工程相结合的系统进行构建；又要注重基层落实，关注社会大众的日常生活实践，为构建良性有序的社会运行体系奠定基础。② 社会治理是一个抽象而复杂的系统工程，而创新社会治理必须要有"载体"和"抓手"，这就是社区治理，社区安全治理又是社区治理中的核心与基础。对于社区警务工作者，要建立健全基层人民警察的职业保障制度，强化保障下倾，切实激发基层活力，提高基层战斗力，大力推进社区警务建设，加强社区民警与综治网格员之间的信息共享、工作互动，发挥社区警务工作的基础性、社会性和服务性，切实打牢社会治安防控体系建设的根基。此外，还要树立寓管理于服务的理念，通过全面周到的公共服务，有效覆盖专业工作难以触及的领域，通过提供异地受理、办理居民身份证等服务，加强流动人员信息采集、关联分析，解决人户分离管理难题，通过提供二手车交易、房屋出租、水电油气等服务，可以把车辆、出租房屋和危爆品等基础信息、动态信息汇集起来，强化对治安要素的管理。简言之，只有把这些"琐碎""不起眼"的信息汇集起来，才能够有效提高预警预防能力。

三、传统方式与现代科技的统一

社会治安防控的基础在社会基层，无论现代科技如何发展，群众路线的优良传统依然具有重要意义。当前，一些社会治安要素发生了新变化，仅靠单一的管理手段难以进行有效防控，这就需要深度挖掘和梳理传统治理资源，将传统治理方式切实运用到社会治安防控工作中去，坚持专门工作与群众路线相结合，倡导"脚板＋指尖"模式，以现代技术增强传统治理方式的威力，以传统方式弥补现代科技的不足，使二者成为新时期社会治安防控体系的"双引擎"。例如，在重

---

① 宫志刚、周延东：《行走在自由与秩序之间——构建治安实践运作中轴》，载于《中国人民公安大学学报》（社会科学版）2015 年第 1 期。

② 戴黍：《日常生活与社会治理——试析〈淮南子〉中所见风俗观》，载于《学术研究》2010 年第 12 期。

点人口管理上，随着人口流动性的不断增强，既要严格落实属地责任，"面对面"地加强教育管理，又要积极探索运用信息化的方式，加强流入地和流出地之间"屏对屏"的协查管控；在危爆物品管理上，既要加强从业单位的管理，督促落实安全管理责任，又要积极采取物联网技术加强流向全程监控；在重要基础设施安全防范上，既要依法强化部门和单位的安保责任，落实人防、物防和技防等措施，又要抓紧采取视频监控、自动报警等科技手段，整体提高安全防范能力。

四、网上安全与网下安全的统一

随着移动互联网的普及应用，网上网下问题交织叠加的特点突出，各类风险容易聚积迸发，这就要求社会治安防控体系的构建要坚持网上和网下的协调统一，推进依法治理和技术相结合、专门力量和社会力量相统筹，构建维护社会安全新格局。能否有效应对互联网时代带来的现代风险，考验着网络管理和社会治理的双重能力，这就要求坚持网上舆情引导和网下应对处置实现良性互动，健全网上网下一体化的打防管控服机制，全面推进网警网上公开巡查执法，提高对利用网络造谣传谣、贩抢贩毒等违法犯罪的发现处置能力。在法律建设方面，要推动完善网络安全法等基础性法律制度建设，善于调动网站、互联网企业和广大网民的积极性，努力形成网络信息人人共享、网络安全人人有责的良好局面，坚持新应用、新业务和安全管理同步发展。对于承担项目建设、维护等有关工作的企业单位，要加强背景审查和过程监督，推动制定相关网络安全标准，完善相应防护措施。

五、专职力量与社会力量的统一

新时期社会治安防控体系的建设需要在增强专职力量和整合社会力量方面做到有效统一。对于专职力量，要提升专业技术、情报研判和社会工作等能力，面对现代新型犯罪，探索建立高效的管理体制，根据具体情况成立专项小组或专项平台，加强纵向、横向专职防控力量的有效统筹，实现"专业打职业"的精确打击。为整体提高社会治安防控体系的水平和能力，必须充分发挥基层组织、社会组织和经济组织等多元主体的协同作用。① 具体来讲：其一，大力支持工会、共青团和妇联等人民团体和群众组织参与防控体系建设；其二，加大对社会组织的培育扶持力度，积极引导各类社会组织参与风险评估、矛盾调解、社会救助、心

---

① 陈伟、彭晓帅：《立体化社会治安防控体系建设研究》，载于《云南警官学院学报》2015 年第 4 期。

理疏导和公共服务等工作,切实发挥好行为引导、规则约束和权益保护等方面的作用;其三,加强城乡基层群众自治组织建设,搭建群众参与防控体系建设的新平台,把路边店主、清洁工、快递员、送奶员及广场舞大妈等各个群体组织起来,织密防控网络;其四,鼓励企业组织积极参与社会治安防控体系建设,尤其与国计民生和社会治理息息相关的大型企业,还有一些具有管理、信息、人才和技术等优势的互联网公司,在化解网络纠纷、打击网络犯罪方面都能发挥重要作用。

六、法律规范与道德教化的统一

新时期社会治安防控体系要强调法律规范与道德教化的结合统一,也就是促进刚性与柔性、他律与自律相统一,这也是创新社会治理方式手段的必然要求。法律制度是维护公共安全的基本保障,法治作为社会治理创新的最优模式,应该回应社会发展过程中面临的种种问题。我们要善于运用法治思维构建社会行为有预期、管理过程公开、责任界定明晰的公共安全制度体系,善于运用法治方式把公共安全难题转化为执法司法问题加以解决,提升维护公共安全法治化水平。完善法律制度执行的考评问责机制,对随意变通、恶意规避等行为严肃追究责任,维护法律制度的权威性。[①] 道德规范是维护公共安全的重要支撑,一些公共安全事故的发生与社会公共安全伦理观念缺失、漠视人民群众生命财产安全有关。维护公共安全,需要充分发挥道德规范的作用,通过构建社会主义核心价值体系,强化对公众行为的指引作用,提高公众安全素养,推动全社会牢固树立公共安全伦理观念,增强维护公共安全的自觉性。

七、执法效果与社会舆论的统一

在新形势下,维护公共安全工作做得怎么样,关键看法定职责的履行;社会效果如何,关键看社会沟通能力。在新时期社会治安防控体系建设的过程中,要加强社会舆论防控网的构建和应用,要进一步加强与新闻媒体的合作,树立主动提供正确信息、有效引导社会舆论的理念,统筹好综治资源与社会资源,把握好按新闻传播规律办事和按维护公共安全规律办事的平衡点,对突发事件,既立足于第一时间有效发声,满足公众知情权,又要让造谣传谣没有拓展空间。因此,

---

[①] 王晓滨、张旭:《创新立体化社会治安防控体系研究——以结构功能相关律为关照》,载于《北方法学》2015 年第 2 期。

新时期社会治安防控体系的"舆控"工作就显得至为关键,要构建相应的工作机制,做到依法处置、舆论引导和社会整体管控的协调统一。除了把握好自上而下的舆论宣传方式外,还要从社会成员的日常生活实践出发,运用群众喜闻乐见的方式,自下而上地讲述好公共安全故事,提升大众对社会治安防控体系建设的理解和认同,并积极参与到社会公共安全治理中来,推进公共安全治理工作主动占领法律、舆论和道义的制高点。

第三章

新时期构建社会治安防控体系的理论基础

系统论、治理理论、风险社会理论、可防卫空间理论、社区警务理论都是有关公共安全、社会治理、犯罪防控的重要理论,这些理论有的自成体系,有的相互联系,都对新时期我国社会治安防控体系建设有重要的借鉴意义。

第一节 新时期构建社会治安防控体系的基本理论

西方国家普遍认同并遵循的系统论、治理理论、风险社会理论、可防卫空间理论和社区警务理论,是构建社会治安防范体系的基本理论,这些理论对于域外社会治安防范体系建设发挥了重要作用,对指导新时期我国社会治安防控体系建设也有重要的借鉴意义。

一、系统论

一般认为,系统论由美籍奥地利人、理论生物学家 L. V. 贝塔朗菲创立。系统论认为,开放性、自组织性、复杂性、整体性、关联性、等级结构性、动态平衡性、时序性等,是所有系统的共同基本特征。系统论的核心思想是系统的整体观念。贝塔朗菲强调,任何系统都是一个有机的整体,它不是各个部分的机械组合或简单相加,系统的整体功能是各要素在孤立状态下所没有的性质。他用亚里士多德的"整体大于部分之和"的名言来说明系统的整体性,反对那种认为要素性能好,整体性能一定好,以局部说明整体的机械论的观点。同时认为,系统中各要素不是孤立地存在着,每个要素在系统中都处于一定的位置,起着特定的作用。要素之间相互关联,构成了一个不可分割的整体。要素是整体中的要素,如果将要素从系统整体中割离出来,它将失去要素的作用。系统论的基本思想方法,就是把所研究和处理的对象,当作一个系统,分析系统的结构和功能,研究系统、要素、环境三者的相互关系和变动的规律性,并优化系统观点看问题。世界上任何事物都可以看成是一个系统,系统是普遍存在的。

其实,马克思主义哲学在辩证唯物主义自然观中最早论述了系统思想。马克思、恩格斯认为,整个世界是由无数相互联系、相互制约、相互作用并相互转化的事物和过程有机联系起来的复杂系统。恩格斯指出:"我们面对着的整个自然界形成一个体系,即各种物体相互的总体,而我们这里所说的物体是指所有的物质存在,从星球到原子,甚至直到太粒子。"① 有学者认为,这里的"体系"一词,就是系统的意思。② 在马克思主义哲学社会历史观中,系统论思想也是很丰富的。马克思是运用系统思想、系统观对世界上最复杂的系统——社会系统进行科学解剖的典范。首先,马克思把社会作为一个有机整体来看待,并把它作为研究社会现象的基点。其次,马克思根据组成社会有机体的不同的要素、结构、层次、环境及作用条件等揭示出这个有机体的不同运动规律。最后,马克思把整个社会形态的发展当作一个有机体的进化过程来加以研究。③

贝塔朗菲和马克思的系统论思想为我们构建社会治安防控体系提供了有益的借鉴。

首先,作为整体的社会治安问题的运行具有系统性。社会治安问题既是分别独立的个体,又是有机的、统一的整体。从整体上说,社会治安问题千差万别,千变万化,然而其组成与排列不是无序的,而是具有高度的系统性。从社会现象的角度看,作为整体的社会治安问题的运行具有系统性。社会治安问题产生于社会大系统,受社会大系统的运行规律的支配,它本身又以一个系统形式在运行,其不管人们的意识与否,意志如何。因为社会治安问题是一种社会现象,它受社会规律的支配,社会运行大系统使社会治安问题的运行具有整体上的系统性。从人的行为角度看,作为个体的人是否会去实施危害社会治安的行为,实施何种危害社会治安的行为,似乎是偶然的,然而将其作为一个整体看,受人的行为规律

---

① 马克思、恩格斯:《马克思恩格斯选集》(第三卷),中共中央马克思恩格斯列宁斯大林著作编译局编,人民出版社1972年版,第492页。

②③ 魏宏森、曾国屏:《系统论——系统哲学科学》,清华大学出版社1995年版,第70页,第64~65页。

支配，一定时期将有一定数量的人去实施危害社会治安的行为，却是必然的，具体个人去实施何种危害行为，只不过是作为整体的社会治安问题的系统在人的行为上的一种有机的分布。这种行为皆是其系统的一种必然的、有机的排列组合。把握社会治安问题的运行规律，必须将其作为一个整体进行分析，否则就会被表面的、杂乱无章的现象所迷惑。

其次，作为个体的社会治安问题的运行同样具有系统性。从社会现象来看，作为个体的社会治安问题的运行具有系统性。社会治安问题是一种可与人的意识相脱离的事物，然而其能否运行、以何种方式运行，客观上又是一种"有意识的"整合。一些因素为何能形成犯罪、一般违法、一般不安情形、次生性事件，也是社会、人文、自然领域内各种因素聚集起来并优化成一个有机系统的结果，任一犯罪、一般违法、一般不安情形、次生性事件的发生及其具体运行、危害社会治安，都是在其形成系统后才出现的。所以说，属于一种社会现象的单独个体的社会治安问题的运行，虽然是无意识的，但客观上必须形成系统才能运行，舍此就没有社会治安问题的存在。其次，从人的行为上来看，作为单独个体的社会治安问题必须在行为人的主观努力或外力作用下，客观上构造一个能危害社会治安的行为系统工程，才能使行为人的行为的社会治安问题成功发生。行为人必须准备一系列的工具，将诸多作案要素组成一个有机的整体，还需要将自己的行为系统调整到最佳状态，这样才能确保其作案的成功，以及事后逃避社会的揭露与惩罚。侦查与反侦查的较量，实际上是行为人危害社会治安的行为系统与社会侦破行为系统双方系统之质量的较量。当行为人危害社会治安的行为系统之质量低于社会治安侦破行为系统的质量时，危害社会治安的行为必被揭露。

社会治安防控体系强调的便是将社会治安防控工作看作一个有机的整体，任何一个方面与环节都是相互关联的、彼此影响的，因此，应注重各项工作间的协调互动，服务于社会治安防控体系的共同目标。

二、治理理论

20 世纪 80 年代开展的公共管理改革运动，其核心在于政府再造，即从"全能政府""无限政府"转变为"小政府""有限政府"。多数情况下，治理更倾向于被理解为是与"统治"相对的概念。治理理论的创始人之一罗西瑙认为，治理的内涵更加丰富，它既包括政府机制，同时也包括非正式的、非政府的机制。在治理理论的主张中，国家不再被认为是唯一的管理主体，政府之外的各种企业和社会力量都得到认可，社会管理更倾向于是对柔性互动关系的强调，而不是单纯地追求刚性的稳定和统一。1998 年，埃利诺·奥斯特罗姆发表《公共事物的治理之道：集体行动制度的演进》一文，提出了多中心治理理论。该理论阐述了部分公共事务实行自主治理的可行性和有效性，认为过度相信市场化和官僚制都是不足的，人们应该协调运用多个权力中心和组织机制来共同治理公共事务，实现公共治理的高效率①。

治理这个词本身就含有复合、多元等含义。首先，治理所需要的权威（即治理主体）不仅限于政府，而是多元的，包括政府、私人部门（市场）、第三部门（公民社会）。其次，多元化的治理主体之间存在着权力依赖关系和合作伙伴关系。由于社会利益的多元化，任何一个社会治理主体都不可能有充足的知识和资源来独自解决一切问题，它们必须彼此依赖，进行谈判和交易决定公共利益和公共原则的形成和认同问题。最后，建立自主自治的网络体系来实现多元治理。治理主体的多元化，多元主体之间的权力依赖与合作伙伴关系，表现在运营机制上，最终必然形成一种自主自治的网络。这一网络要求各种治理主体，都要放弃自己的部分权利，依靠各自的优势和资源，通过共同对话来增进理解，确立共同目标并相互信任，相互鼓励并承担共同风险，最终建立一种公共事物的管理联合体。②

治理主张多中心、放权分权及多元主体的共同参与，表征了一种价值理念。它强调政府、市场和社会之间的合作共治，挑战了传统以政府为中心的大而一同的统治模式，大大削弱了"政府中心论"色彩，打破了政府集权力于一身的垄断管理体制，将权力下放地方，分权于市场与社会，使政府部门、私人部门、公民社会组织和公民都成为社会管理的主体之一，从而实现了多中心治理模式，即多个权力中心和组织机构对公共事务进行治理并提供公共服务，这也是治理较之于统治的效率优势所在。治理跳出了传统的政治/行政二分，它不再受囿于科层制上下等级森严的垂直管理模式，而是可以在同一平面形成水平网络式的治理模式；它也打破了传统的国家/市场二分模式，凸显了社会的力量，构建了新型的国家、市场与社会关系。

从公共管理的角度而言，在社会结构的分化和动态的社会环境下，当前社会治安管理中存在的最大问题是社会治安产品的供给短缺。其重要原因在于，供给社会治安产品的仍然是政府部门单一主体。在国家与社会逐步分离的状态下，政府对社会的控制力进一步弱化，政府的有限资源越来越难以应对复杂的社会治安形势和满足人民群众多样化的要求，仅靠政府部门难以有效增加社会治安产品的供给。借鉴多中心治理的理念，由政府、社会、企业等多种主体共

---

① 何增科：《中国社会管理体制改革路线图》，国家行政学院出版社 2009 年版，第 381 页。
② 周义程：《治理理论与我国第三部门的培育》，载于《中共南京市委党校学报》（南京行政学院学报）2003 年第 3 期。

同参与，最终形成社会治安合作管理的新模式，乃是社会治安管理体制改革的必然趋势。

英国社会学家、"第三条道路"理论的领军人物吉登斯先生提出，以警察和社区合作的"合作式治安"取代传统的"专业化治安"。"专业化治安"的重点在于集中警力打击和惩治犯罪，包括增加警力、加强警察装备及建立快速反应机制等。在"专业化治安"模式下，警察与其服务对象是分离的，缺乏经常性的联系。这种情况常常会使警察产生一种"被围心态"，他们所做的多种努力并不被公众理解，各种治安措施也不能发挥切实有效的作用。而"合作式治安"不仅意味着把公众的力量吸收到维护社会治安的活动中，而且还意味着改变警方特有的思维方式。吉登斯认为，政府机构、刑事司法系统、地方组织和社区组织之间的合作关系必须是包容性的，所有经济群体和种族群体都应该被吸收进来。政府和企业应当携起手来，以帮助修整破败的城区。① 正如吉登斯指出的，国家和公民社会应当开展合作，每一方都应当同时充当另一方的协作者和监督者。② "警力有限，民力无穷"，公安机关应逐步放弃全能政府的思维和工作模式，在依法履行社会管理职能的同时，推进多方参与，以避免或减少政府一家独揽社会公共事务造成的弊端。社会治安是公众的治安，只有动员和组织公众参与才能取得成功。

就社会治安防控体系的建设来看，也要改变过去政府主导一切、政府全权负责的局面。要认识到政府的力量并非无远弗至，社会、市场也应成为新时期治安防控体系的主体。

三、风险社会理论

1986年，德国著名社会学家乌尔里希·贝克（Ulrich Beck）在《风险社会》一书中第一次提出了风险社会理论。社会风险纷繁复杂，根据贝克等人的观点，与传统工业社会的风险相比，风险社会的特征主要体现在以下几个方面：

第一，风险的普遍性。风险社会是具有普遍性的一种社会现象。它反映的不只是某个地区、某个领域发生的问题，也不只是某些人群的个别感受，它是人类在走向现代化和迈向全球化中所遭遇到的共同问题，是一种普遍性的集体反映。因此，新型的风险既是本土的又是全球的。风险一旦发生，其作用范围将跨越地理的界限，在世界某一角落发生的风险很快就可以波及世界其他地方。全球化背

---

①② 安东尼·吉登斯：《第三条道路：社会民主主义的复兴》，郑戈译，北京大学出版社2000年版，第92页、第83页。

景下各类资源的加速流动，以及各国家、人群的相互联系和依赖加强，也造成了风险的普及性。在这些风险的扩散过程中，彼此间还可能产生互动关系，产生新的风险源，加剧了风险的后果。

第二，风险的不可感知性、不可预测性。在传统社会，危险是可以通过人体直接感知的。现代风险超出了感知的层面，在全球化背景下，风险的冲突点与始发点没有明显的联系，有时人们甚至生活在远离源头的地方，却同样未能幸免。跟传统社会不同，在当代的风险社会中，风险变得极其复杂，不可控制、不可预测。社会风险一方面后果巨大，往往是灾难性的、不可挽回的，但另一方面爆发的时间可能是一瞬之间，不可精确预测。而且风险的前因后果不再是简单的线性关系，风险不再具体化。风险所产生的影响常有迟延效应和混合出现的可能，使风险变得极其复杂，不可预测、难以控制。

第三，风险的关联性。风险社会的风险具有紧密的关联性。风险以一种"风险共担"或"风险社会化"的形式表现出来，任何个体想要逃避风险的影响都是不可能的，在关乎全人类命运的风险面前，种族的、性别的、阶级的、政治的等等边界都将被弱化，正如贝克所言："从总体上考虑，风险社会指的是世界风险社会。"① 风险所带来的后果不仅给人的生存造成威胁和伤害，还会扩展到经济、政治、社会的各个层面。因为风险会悄悄转化，转变为经济风险，导致市场瓦解，造成资本贬值，进而转化为信任风险，最后转变为后果严重的政治风险，有可能导致整个社会处于崩溃边缘。

第四，风险的扩散性和破坏性。在全球化的背景下风险具有更快、更强的扩散性。现代社会风险的破坏性极强，它造成的破坏性可以是局部的，也可能是全局性的，或是在某些特定领域发生。它可能是周期性的，也可能是继发性或连续性的，但不管如何，它一旦发生蔓延，轻则造成人员伤亡和财产损失，重则造成社会恐慌、秩序混乱、政权更迭，甚至是社会解体。

风险社会的来临，给人类社会传统的风险治理机制带来了新的挑战。风险社会理论不仅提出了对人类前景的忧思，也客观地分析了当代社会风险的本质和应对之策，对非传统安全的关注及其与传统安全二者之间的内在转化关系有独到而深刻的见解，如在非常态警务的常态化、新型犯罪问题、恐怖主义在当代社会风险中的地位方面的观点对于处于社会转型时期的中国的社会治安问题不仅具有前瞻性，也具有指导意义。由于现代风险已经在本质上和特征上与传统风险有了根本的差异，因此，我们必须重新审视传统的风险治理机制，构建完善的危机管理机制，包括构建危机管理预警机制、信息管理机制、危机决策指挥机制，以及健

---

① [德] 乌尔里希·贝克：《风险社会》，何博文译，南京大学出版社 2004 年版，第 241 页。

全危机管理法规政策机制。

四、可防卫空间理论

20世纪中叶,美国经历了剧烈的城市化扩张,城市衰败和失序引发了大量的街面犯罪。为改造犯罪高发社区,美国犯罪学界涌现出了一波以改善城市规划和改造社区环境进而应对街面犯罪的思潮,并相继形成了一系列通过环境设计预防犯罪的环境犯罪学理论。1961年,美国著名作家Jacobs的《美国大城市的死与生》一书,为环境犯罪学的形成提供了启蒙思想。在此基础上,美国建筑学家奥斯卡·纽曼在其名著《可防卫的空间:通过城市设计预防犯罪》中写道:"既然我们不能抑制人们的犯罪动机,我们何不从犯罪的目标和条件上去限制犯罪。因为众所周知,没有作案的条件和目标,犯罪是不能发生的。"[1] 其实,可防卫空间本身就是具有防范犯罪的自然属性的建筑设计模式,这种模式向居民和潜在的犯罪人表明:这座建筑内外的所有人都受到监视,从而对潜在犯罪人的心理产生抑制作用,进而不敢在这一地区犯罪。[2] 纽曼对此予以系统化,提出"可防卫的空间"理论:利用环境设计改变物理环境空间样式的功能,以此改变居民的行为方式和增加相互间的社会联系,达到预防犯罪的目的。[3]

"可防卫空间理论"的主要内容为:①区域性:指某一区域的合法使用者对这一地区行使权利的愿望和能力。"可防卫空间"理论强调明确的领域等级,公共、半公共、半私密与私密领域泾渭分明,这有助于扩大居民占有空间的活动范围,增加居民对周围环境的责任感和认同感,加强居民对环境的控制。各级领域的界线可以是真实的障碍物,也可以是象征性的设施。前者如建筑物形成的分界、墙、门等,后者如敞开着的入口、灯柱、绿篱、台阶等,能让外来者明显意识到他正从一个公共领域进入私密或半私密的领域。②监视:在环境设计时即考虑到该区域的合法使用者能够观察到这一区域内的日常活动,以便于发现可疑活动并采取对策。③外形:也就是某一区域的外观,这种外观应当既不吸引犯罪分子,也不与周围的社区隔离。④环境:建筑设计时要选择环境,尽量将房屋建在低犯罪率而又容易监视的地方。[4]

"可防卫空间"的这几个要素能够在一定程度上预防被犯罪侵害,因为犯罪分子在这种空间内犯罪要冒很大的风险,犯罪分子通过犯罪成本—收益的经济分

---

[1] 肖剑鸣、皮艺军:《犯罪学引论》,警官教育出版社1992年版,第76页。
[2] 魏平雄:《市场经济条件下的犯罪与对策》,群众出版社1994年版,第205页。
[3] 伊藤滋:《城市与犯罪》,夏金池、郑光林译,群众出版社1988年版,第187页。
[4] 冯树梁:《中国预防犯罪方略》,法律出版社1994年版,第756页。

析，会盘算出在这里犯罪得不偿失，从而放弃犯罪的念头，使这个地区保持较低的犯罪率。该理论还提出两种减少犯罪机会的环境设计，即通道设计和监视系统控制。前者就是通过设计栅栏屏障、加强过道守卫、增加门锁等防止未经允许的人进入某建筑物或者区域，预防与减少犯罪；后者就是配置现代的观察监视系统，将闯入社区的人和潜在的犯罪者置于监视之下。

1971年，美国学者杰弗里（Jeffery）出版了《通过环境设计预防犯罪》一书，强调设计一种不利于犯罪发生的环境的思路，并系统阐述了环境设计预防犯罪（简称CPTED）的原理。20世纪90年代，致力于CPTED理论推广与应用的国际CPTED协会成立。20世纪八九十年代，破窗理论在美国纽约等大中城市的犯罪预防实践中获得了广泛应用。1990年2月，在莫斯科召开的预防犯罪国际研讨会上，环境预防理论被提高到与社会防卫理论同等重要的战略高度。

环境设计预防犯罪理论是一种难度不大、可操作性强的预防犯罪理论，该理论以城市规划和环境设计为预防犯罪的手段，为犯罪高发社区的改造提供了全新的应对思路，颇具可操作性的CPTED方案在欧美犯罪治理实践中广泛运用且影响深远。经过二十多年的发展，已在犯罪预防领域产生了巨大的影响，尤其是在北美国家和地区颇为流行，并在具体的预防犯罪的实践中得到广泛应用，其研究成果已广泛应用于社区规划和建筑设计中。在加拿大，警察部门参与城市规划的建筑设计，从控制和预防犯罪的角度对城市规划建筑设计提出意见性的建议；新的建筑蓝图不仅要送交消防部门还要送交警察部门和犯罪学家审批。日本在组织志愿者进行预防犯罪方面的工作更为突出，成立了诸如防卫协会等社会组织、民间团体，对预防犯罪起了重要作用。当然，该理论有其局限性。实践证明，环境设计预防犯罪理论在预防财产犯罪方面效果显著，对于其他类型犯罪的预防效果甚微。

环境犯罪学理论这种研究模式专注环境改造对预防犯罪的意义，犯罪制图由此成为针对性和实用性较强的防控方式与应对策略，犯罪制图的应用价值获得极大提升。时至今日，空间防控中的监控探头、智能卡口、防盗门窗、出入口设计等常见措施均渗透着CPTED方案的智识思想。在治安防控体系的微观设计中，主要通过巡防机制、物防、技防、治安卡口等防范措施进行具体化运作。微观设计的宗旨渗透了犯罪学环境预防的理念，即"掌握直接影响犯罪动机产生和转化的环境的控制权"。[①] 微观层面的设计主要体现两个目的：一是提高现场抓获率，制造作案障碍；二是增加犯罪成本，减少诱发实施犯罪的各种情景因素。

"可防卫空间"理论、环境设计预防犯罪理论、情境预防理论等试图通过空

---

① 张远煌：《犯罪学原理》，法律出版社2006年版，第283页。

间环境设计来达到预防和抑制犯罪的目标。经过数十年的发展与融合，通过城市规划设计改善城市物质空间环境，从而阻止和预防犯罪，逐渐成为营造城市公共安全环境的重要手段之一。1996 年，联合国人居署开始实施"更安全城市"计划，该计划明确指出，情境预防（Situational Prevention）旨在通过改善城市规划和设计改变滋生犯罪行为的物质环境，与社会预防（Social Prevention）和制度预防（Institutional Prevention）共同构成城市层面预防犯罪的主要目标领域。在城市规划系统中，如何运用城市设计的思考方法，寻求适宜的专业策略，充分发挥城市设计的管控职能，完善规划体系建设，从而干预城市公共空间犯罪行为的防控，近年来正在成为城市规划和设计领域关注的重要课题，美国、英国、法国、日本等国家对此展开了大量研究探讨。例如，英国内政部 1999 年 4 月提出了"减少犯罪计划"，在规划设计领域，该计划明确提出安全措施应成为设计的主要内容，城市规划和城市设计中应当考虑犯罪预防问题，通过改善城市建成环境（尤其是公共空间环境）的品质，避免犯罪的产生机制，从空间环境的角度减少和抑制犯罪和反社会行为的发生。其设计原则主要包括使用和活动的混合化、公共空间和私人空间边界清晰化、观察犯罪行为机会的最大化、提高空间使用率、避免形成隐蔽场所等内容。[①]

五、社区警务理论

社区警务，通常是指将警务工作落实在社区，运用社区资源，通过警民合作，结合社区需求，以预防犯罪、维护社区安宁为目的的警务工作模式。[②] 由于对社区警务的理解不同，国外不同的人对社区警务的概念表述也各具特色。

西方社区警务是欧美各国警察自 20 世纪 70 年代所兴起的一种警务改革方式，它的核心是理性的，即在警务装备现代化之后，面对日益增长的犯罪而进行的返璞归真、追求传统的改革。它的基本理论是产生犯罪的根源在社会，抑制犯罪的根本力量也在社会。它的基本方法是警察与社会建立密切联系，通过双方的努力，再造社会和谐。它的工作范围是以地区自治为主导，以社区为基本单位。它的工作目的不是单纯地指向犯罪，而是整个社会与广义的安定与安宁。早在

---

① 刘佳燕、邓翔宇：《联合国人居署——"更安全城市"计划，英国内政部——减少犯罪计划》，载于《国外城市规划》2005 年第 2 期。

② 有关此概念的英文表示主要有：community policing、community-oriented policing、neighborhood-watching、neighborhood-oriented policing、foot patrol、problem-oriented policing 等，这些概念在社区警务的发展过程中都曾经在不同范围、被不同的社区警务作家用于表达社区警务的思想，从目前的社区警务理论发展来看，这些表述存在一定的片面性。

20世纪二三十年代至六七十年代，西方的警务改革曾一度注重装备现代化，把重点放在严厉打击和快速反应上，其结果却是：犯罪率不仅没有降下来，反而成倍上升；警察迷信现代科技而不愿深入群众；警察的内部工作只看刑事案件的发案率、破案率，不能发挥警察的主观能动性；警民关系恶劣、紧张。因此，他们调转头来采取新的社区警务计划，将警务工作的重点放在社区与公众的需要上，由被动反应式的警务改为先发式警务，即以警务方为主体，组织、发动社区公众，共同预防犯罪。

社区警务的发展是一个长期的过程，必须分步骤推行，而不能一蹴而就。新加坡在推行邻里警岗时分为3个步骤，历时14年才完全建立起91个邻里警岗。32个邻里警察中心也是用了近十年才渐渐发展完善。美国社区警务始于20世纪70年代，至于英、日两国社区警务的兴起所用时间就更长了。西方社区警务的特点，总的来看有以下几个方面：警察工作指导思想上的转变，它解决维护社会治安工作以谁为主的问题；工作重心的转变，即由打击犯罪改为预防犯罪；警务工作组织模式的转变，维护社会治安由警察机关单一行动变为社会多机构的共同合作；评价警察工作和治安标准的转变，由以前的刑事案件发案率、破案率转为群众对警察的满意程度、群众的安全感等方面。

西方社区警务的具体做法是：制定安全防范措施；组织自愿警察；召开警察与社区协商委员会，介绍警察的职责，通报治安情况，让居民参与警务工作。其安全防范措施有：第一，邻里守望，提倡邻里之间相互关照；第二，开展家庭安全计划，一是警察向居民发放安全计划，二是宣传安全防护的常识，三是介绍当前违法犯罪的特点；第三，开展校访计划，如告诉学生警察的职责，向中小学生传授具体的安全防护方法，组织少年警察队，维护校园和校门口的秩序；第四，重点人群的预防，主要是针对老年人和青少年，对老年人而言，教给他们在家和外出时应注意的问题，并多与亲友联系，对青少年，则组织青少年俱乐部，多开展文体活动，以减少他们对警察的敌视心理；第五，犯罪帮助计划，对放在社会上执行的罪犯、释放的罪犯，除缓刑官监督外，警察也介入进去，主要是对其进行法制教育和就业指导工作，使其更好地融入社会。

第二节　社会治安防控体系基本理论的价值

上述诸多理论如何应用于我国新时期社会治安防控体系建设之中呢？吸取上述理论之精髓，结合我国当前所处的社会背景，可以得出以下七点启示。

一、由政府主导向政府与社会、市场共建的机制转变

在当代风险社会的背景下,社会治安维护的主体不仅仅是政府,还应包括第三部门和市场机构。治理理论强调政府让渡部分权力,社会承担更多职责。维护社会治安的良好秩序,首要责任在政府,但社会各方面都要承担普遍责任。从根本上预防和打击违法犯罪,维护社会治安持续稳定,仅依靠政法机关远远不够,需要全社会各个方面踊跃参与和积极行动。维护社会治安的良好秩序,发挥政法机关特别是公安机关骨干作用的同时,要更好地组织和依靠各部门、各单位和人民群众的力量,实现治理主体多元化。要改变过去单位和个人社会治安共同治理意识薄弱的现象,积极引导群防群治工作的开展,政法机关要主动发动社会各方面力量,依靠群众自治互助、专群结合、群防群治,共同维护所在地区治安环境。"社会平安,人人受益;维护平安,人人有责"。每个单位和个人都要时时刻刻把责任意识、平安意识放在心中,主动担责、有所作为。只有实现治理主体多元化,各部门、各单位和人民群众共同建设平安中国,才能形成整个社会安定祥和的良好局面。

社会治安防控体系的目标是治安秩序和公众安全感良好,防控体系的结构设计应当围绕着这两个目标构建,公安部所提出的"六张网"体现了专群结合、依靠群众方针,初步实现了点线面结合、网上网下结合、人防物防技防结合的理念,四项机制为防控体系的有效运行提供了支撑。但是,"六张网"和"四机制"的设计围绕的是治安秩序良好的目标,至于如何动员社会力量参与治安防控,实现公众安全感良好的目标却没能很好体现。要将社会治安防控体系作为一个系统的整体来构建。从社会治安防控的主体来看,社会治安防控主体的元素很多,不是一两个社会组织与社会成员个体,而是全社会。社会治安防控不仅要依靠公安司法机关,而且要充分发动各级党组织与国家政权机关、社会职能组织、社团群体、基层单位,发动社会各界的力量,甚至是要鼓励每个公众个体都参与到社会治安防控体系中来。从社会治安防控的对象来看,社会治安防控的目光不应该只盯在犯罪高危群体和犯罪高发地点,而是应该尽可能地扩大防控客体的范围,做到全面防控,使犯罪分子无漏洞可钻。

因此,新时期社会治安防控体系应当是一个开放型的体系。要大力动员社会力量参与治安防控,对于处于现代化进程中的国家,没有社会力量的参与,单纯依靠政府和公安机关进行的防控是难以做到的。在当前的社会治安防控体系构建中,我们更多依靠的是政府组织的力量,而不是现代制度的力量,在如何放手让社会通过自组织形式发挥自身防控力量中,还有很长的路要走,应当看到,政府

也在通过制度化的手段逐步放开对社会自组织的控制。但是，转型的加速导致的社会问题与现代制度有效供给不足的问题凸显，这导致目前社会治安防控体系构架中政府力量居于主导地位。因此，一个开放型的社会治安防控体系是社会发展的必然，如何动员社会力量参与治安防控是努力的方向。

二、由公安专业防控体系向立体化社会治安综合防控体系转变

　　社会是一个复杂的巨系统，社会治安问题同样是一个系统问题，社会治安防控体系也是一个系统的整体，它从根本上说是一个自组系统，而人的能动性、目的性活动又可以对这个自组织系统进行合乎规律的调控。[①] 因此，在建立社会治安防控体系的过程中离不开系统论的指导。社会治安防控体系一方面是整个社会控制系统的子系统；另一方面，它自身也包含了若干子系统等。社会治安防控体系正是运用系统论观点，将若干功能各异的防控子系统通过一定的要素联络在一起，形成了一个内耗少、效率高、功能强大的新系统，达到整体大于部分之和之目的。因而，在构建社会治安防控体系的过程中，要充分发挥系统论的优势。

　　首先，社会治安防控体系的构建要注重层次性。社会治安防控体系是一个复杂的大系统，这个大系统从纵向上看有许多层次（如预测系统、预防系统、控制系统、矫治系统）；从横向上看，每个层次又有许多子系统（如警力子系统、民力子系统、人防子系统、技防子系统、打击子系统、控制子系统、管理子系统）。因此，在构建社会治安防控体系时，不仅要重视社会治安防控体系整个大系统的建设，而且还要注重社会治安防控体系各个层次、各个子系统的建设，这样才能保证社会治安防控体系的整体性能得到最大程度的发挥。

　　其次，社会治安防控体系的构建要注重各部门的协同一致。社会治安形势的复杂多变决定了社会治安防控体系建设的必要性，这就要求社会治安防控体系的各个部门、组织要在社会治安防控体系基本目标的指导下，加强相互之间的配合和沟通，将各个部门系统地联系起来，促进各部门协同一致向前发展，这样才能有效维护社会治安的稳定。

　　根据系统论的原理，系统的结构决定系统的功能，社会治安防控体系的结构对治安防控功能的实现具有重要的作用。如何构建一个协调有序的系统是构建立体化社会治安防控体系的重中之重。关于如何构建社会治安防控体系，2011 年，《中共中央国务院关于加强社会创新管理的意见》指出，社会治安防控体系应当

[①] 魏宏森、曾国屏：《系统论——系统哲学科学》，清华大学出版社 1995 年版，第 180 页。

坚持打防结合、预防为主、专群结合、依靠群众的方针，以社会化、网络化、信息化为重点，健全点线面结合，网上网下结合，人防、物防、技防结合，打防管控结合的立体化社会治安防控体系。根据上述意见，公安部要求全国公安机关建立以110指挥中心为龙头，以警务信息综合应用平台为支撑，以"六张网"为骨架，以四项运行机制（情报信息预警机制、警务实战指挥机制、实战勤务运行机制、工作绩效考评机制）为保障的全天候、全方位、立体化社会治安防控体系。党的十八大提出完善立体化的社会治安防控体系。立体化涵盖较广，包含了全天候和全方位的意思。全天候的防控需要布建一个完整的视频监控网络，全方位的防控应当布建一个点线面结合的现实社会防控网和虚拟社会防控网，心理防控要布建一个以提示、提升自我防范为内容的涉警舆情引控网和以安全感经营为内容的心理抚慰网，社会关系的防控要构建以熟人社会为基本单元的社区与村庄的防控网。立体化的防控既包括防控主体的立体化、防控手段的立体化和防控对象的立体化，同时还包括防控体系运行的立体化。防控主体的立体化指防控力量的多元化，以公安机关为主导，社会力量、市场力量和个人的参与。防控手段的立体化指不局限于传统的政府自上而下的社会动员这一政治手段，而是包括政治、经济、文化手段等在内的综合手段，如向市场购买安全防控服务等。防控对象的立体化指不仅针对违法犯罪行为，还包括对越轨行为的矫正与教育和公民个人自我防范意识的培育；不仅包括对现实社会的防控，也包括对虚拟社会的防控；不仅注重时间和空间的防控，也注重社会和公民个人心理的防控，注重公众自我防范意识的提升和熟人社会的构建，即时间上不留死角、空间上不留死角、心理上不留死角和社会交往上不留死角，如此才是真正的立体化防控体系。运行体系的立体化指不再将防控简单局限于某一区域或某一个行业，而是实现有机的整合，如全国信息共享、资源的整合、区域的联动等。因此，立体化的社会治安防控应当树立大警务的理念，将防控的主体从国家延伸到社会，到市场，再到个人，将防控的维度从时空二维转变为四维一体，即时间、空间、心理和社会关系，具体防控网络的搭建应当体现这四个方面的需要，防控体系的运行机制设计应当围绕这四方面的协调一致。

三、由静态治安防控向动态治安防控转变

社会治安防控体系实际上是一种具有多种功能的社会系统。所谓功能，一般是指功用、效能。在系统科学里，则指为达到某种目标所具有的能力。须知，任何系统的运行是否顺畅，以及效率的高低，很大程度上都取决于其能否发挥应有的功能，如果功能发挥欠佳，则运行难免发生紊乱。根据此原理，社会治安防控

体系也不例外,在具备了主体、目标和措施等要素之后,还要看到,它的运行不是静态的,而是集打、防、控、管于一体,充分调动各种社会防控力量,精心布局,层层配套,理顺关系,合理分工,做到时间上相互衔接、空间上相互补充,从而形成全方位的整体联动的防控态势,所以说,社会治安防控实际上是一个动态的过程。

在计划经济时代,整个社会是按照计划运行的,社会相对平静,人员流动不大。公安机关实行集中"坐堂"办公的工作制度和机关化的作息制度,对社会控制的方式也较为简单,一般为静态的管理模式。但市场经济时代带来的人员在全国范围甚至全世界流动、经济全球化、科技信息化等,都给传统的管理方式和防控手段带来了巨大的挑战。公安机关将防控的手段由过去较为单纯的静态防控向动态防控转变,这样对社会控制的程度会大大增强,整体防控的效果才能实现。

"可防卫空间"理论在社会治安防控中的应用,充分地调动了防控力量,使死的建筑布局具有了灵活的预防效果,切断了利用环境漏洞进行犯罪的条件,这种动态防控体现在:

第一,在城市规划和建筑设计过程中的作用。按照"可防卫空间"理论,尽量将建筑物建在犯罪低发而又容易监视的地方。居住区尤其应布置在城市相对安全的区域。建筑物的外观应当既不吸引犯罪分子,也不与周围的社区相隔离,因为有经验的犯罪分子有时从外观上就能看出哪些地方容易实施犯罪。易受侵袭的住宅不宜用特殊的与众不同的材料和建筑形式。[①] 在建筑物设计时即应考虑到该区域的居民能够通过门窗等设置自然地观察到户外的活动,以便于及时发现可疑人物或活动以便采取应对对策。

第二,对现有的存在环境缺陷的住宅区或建筑物进行改造,积极采取人防、物防和技防措施,制造犯罪障碍。如加强地下设施和电梯等空间的监控,增加照明系统,对门窗增加防盗系统,建治安岗亭并增加巡逻的人员和密度等。

第三,鼓励社区居民多多参与社区活动,增进相互之间的了解,使居民能够辨认出本社区的人和陌生人。并鼓励居民参与社区犯罪预防的积极性,从而产生"邻里守望"的氛围。加强社区道德规范建设,倡导邻里互帮互助,努力增强全民共同保卫安居空间的社会责任感,减少犯罪可乘之机、可侵之处,使得犯罪人无从下手。

第四,要切实强化社会面布控,加强对犯罪时空的控制,建立巡特警巡线、

---

① 刘广三、李艳霞:《犯罪预防的新思路:利用环境设计预防犯罪——奥斯卡·纽曼的"防卫空间理论"述评》,载于《刑法学论丛》2008年第2期。

派出所民警带队巡面、企业保卫和群众性治安组织巡点的全方位立体型城区巡逻体系,延伸巡逻时空,加强巡逻盘查力度,震慑现行犯罪。①

第五,在重点地区、要害部位和案件高发地区(如繁华商业区、车站码头、银行及储蓄所、运钞车、博物馆等)加强技术防范,并不断提高技术含量。如安装监控系统、远红外报警装置,在押运车、出租车上安装 GPS 卫星定位系统,在巡逻车上安装 3G 系统等。使违法犯罪人员没有作案条件,从而减少犯罪高发地区的违法犯罪活动,达到社会治安防控体系的目标。

总之,"可防卫空间"理论所追求的是从目标与条件上去限制犯罪。可以看到,通过以上五个方面的努力,从源头上遏制犯罪,实现了从静态防控到动态防控的转变。

四、由泛化型治安防控向效率型治安防控转变

按照治理理论,对于治安资源的合理利用与充分挖掘有利于实现泛化型防控向效率型防控的转变。首先,可以对公安机关内部的治安资源进行合理的配置。新时期社会治安防控体系在建设中应兼顾人、财、物集中及犯罪分子易于逃脱的城市和农村;兼顾静态的居民楼群、企事业单位和动态的交通工具;兼顾陆上和水上;兼顾预防犯罪和控制打击犯罪。在一些治安防控薄弱环节应建设一批硬件设施,强化力量投入。以理顺指挥调度机制和制度建设为重点,提高整个体系的合成度,使治安力量空间布局更合理,运行机制更加快捷,为开展各项公安工作奠定更加坚实的基础。其次,充分开发社会潜在的治安资源,合理配置各种治安资源构建社会治安防控体系可以充分开发社会上潜在的治安资源。治安工作关系到千家万户的人身和财产安全,公众对治安工作是非常支持的,只要公安机关能够进行良好的、有效的组织,就会有很多社会资源可以用来参与治安工作。从这一点来说,社会治安防控体系刚好能做到这点,它通过社区民警将治安工作和群众的力量结合起来,把公安内部和社会资源整合在一起,合理配置各种资源,形成高效运转的有机机制,减少资源浪费,合理覆盖各个领域,大大提高治安工作效率。

五、由城市防控向城市和农村防控并重转变

当前,我国农村地区治安问题十分严峻,呈现出群体性事件多、侵财性案件

---

① 戎雪海:《谈环境预防理论指导下的城市犯罪防控》,载于《浙江公安高等专科学校学报》2004年第1期。

大量攀升、犯罪呈多样化趋势、未成年人犯罪日渐突出等特征。我国农村治安问题形成的原因除了学界普遍认为的警力不足、治安经费不足及农民缺乏防卫意识之外，与当前农村社会资本现状也有很大的关联性。我国农村地区原本具有十分丰富的传统社会资本存量。我国是以血缘和地缘为纽带的传统国家，是一个以习俗、伦理为核心的礼俗社会，礼俗社会的基本特征是重视等级、辈分、礼仪等非正式社会关系和非正式制度的安排，不重视理性化规则、法律等正式制度的建立与实施，由此形成了人与人之间的信任、规范、互助网络等社会资本。但是，随着我国市场经济的发展和现代意识的渗透，传统农民的价值理念、思维模式、行为方式发生了巨大变化，原本单纯的社会交往方式和社会关系网络发生裂变，人与人之间的隔阂加深，现代农村社会资本危机加剧。

在这一特殊时期，我国农村社会资本出现了转型期所特有的失范现象，主要表现为网络关系淡化、道德水平滑坡、传统规范失效、互信水平降低、合作能力趋弱等，使得原本平和宁静的乡村生活充满了矛盾。"杀熟"现象就是一个例证。在农村，传统组织、传统文化与稳定的小农生产方式构成了传统社会稳定发展机制。市场经济对传统文化的打击，使其力量变得十分弱小，农民在熟人社会中理性行动的逻辑及其与此相适应的特殊的公正观，已不再受到诸如传统的组织力量与文化力量的约束，农民逐渐成为原子化的个人。受经济市场化的影响，价值观念多元化，村民不再看重未来的长远收益，行为严重短期化，亲人、邻里之间的合作互助行为大大减少，社区的凝聚力有所降低。在新的社会资本尚未形成的条件下，原有社区公共空间受到挤压，村民民间权力载体遭到破坏，舆论权威受到削弱，带来的后果则是道德评判标准的模糊、社会规范无力、失范行为增多、人与人之间沟通合作减少。

鉴于我国农村地区社会资本出现的种种问题，农村社会治安防控体系建设已被置于与城市同样重要的地位，从原先只重城市社会治安防控体系建设向城市与农村社会治安防控体系建设并重转变。

为完善农村治安防控体系应从提升农村社会资本存量入手。其方法主要是，一方面对现有的社会资本存量进行改造，挖掘传统社会资本的积极效用；另一方面，则是利用制度创新提升现代意义的社会资本。"国家不仅能够做一些积极的事情来创造社会资本，也能够通过阻止一些事情来减少社会资本储备的消耗"。因此，通过大力挖掘社会资本的正面功能和推动传统社会资本向现代社会资本的转变，实现农村社会资本存量的大幅提升，将有助于促进农民互帮互助、治安参与、自律机制和治安网络的形成，大大改善农村的治安环境，最终推动我国农村治安防控体系的完善。社会资本的主要特征体现在那些将朋友、家庭、社区、工作及公私生活联系起来的人格性网络，构建网络的关键在于有效地将不同群体不同组织联系起来。当前,我国农村治安防控体系的构建主要是依靠基础政府、公安机关及村委会的力量,而占绝大多数的农民却被排除在外。为此,农民应成立自己的组织——农村治安自愿组织,参与到农村治安防控工作中以追求他们个人所达不到的社会目标,并实现农村治安防控主体的多元化。

六、由注重"严打"向常态治理与危机处理并重转变

自21世纪以来,统计资料为政府提供的客观数据,使政府不断反思"严打"政策的不足,1991年后,"严打"方针被融入社会治安综合治理的总体思路之中。但"严打"追求的是一时的效应,而忽视了长期的犯罪预防,其结果是一阵风似的严打,会变成有规律的行动,给犯罪分子提供了躲避的机会与经验,导致犯罪率有增无减。中共中央、国务院和全国人大常委会分别做出了关于加强社会治安综合治理的决定和决议,提出综合治理的方针为"打防并举,标本兼治,重在治本",将社会治安综合治理确定为打击和预防犯罪、维护社会稳定、实现国家长治久安的治本之策,变过去的一味打击为打与防相结合。犯罪预防工作提到了新的高度,必须要重视日常的治安管理中存在的问题,利用"可防卫空间"理论等有效预防犯罪;并结合当代科技迅猛发展、风险全球化的现实,提高危机事件防范、处理的能力。

首先,利用空间防范理论对违法犯罪产生的条件及原因进行研究,通过对环境的改造和设计,增加对犯罪的阻隔、监控能力,以达到减少犯罪行为并提高居民生活品质的目的。环境预防的主要内容是制造作案障碍、制造犯罪"得不偿失"的条件、加强正规(警察和司法人员)和非正规(居民、邻里、亲友)的监视巡控三个方面。在社会治安防控中,需加大环境预防的力度针对各种"侵入型""机会型"犯罪的防御性设计,减少犯案机会,降低犯罪率,从而减少违法犯罪活动。

其次,提高风险意识与危机应对能力,对于基层存在的易引发群体性事件的矛盾纠纷及时进行调解,对于单位生产中存在的安全隐患及时进行整改。加强危机应对专业队伍和非专业队伍的组建、培训和演练。

七、发展社区警务成为治安防控的支撑点

社区是社会生活的子单位,也是社会生活的具体体现,犯罪产生于社区当中,因此,对犯罪的预防和控制也应当植根于社区之中。警察的单向活动和被动的应对机制显然不能满足现代社会对警务工作的期待,也无法确保社区内居民对

治安环境的要求。因此,在社区当中应当鼓励警察与居民互相配合预防犯罪,主要依靠居民的自身作用,积极主动地发现犯罪活动和越轨行为,通知警察给予配合,以公众力量为主体,以国家强制力为支撑,预防和控制违法犯罪现象的发生。这需要灵活运用社区警务理论,将警务活动深入到具体的工作实践中。

第一,在社区内建立警察巡逻的执勤方式,充分保证治安工作的落实。经过美国堪萨斯和英国艾克赛特大学警务研究所的证明,步巡能对犯罪的预防起到一定效果,车巡不能对犯罪发生前的预防起到明显作用,但对追堵涉嫌违法犯罪者具有积极作用,而在疏散交通堵塞、调解争斗、查禁危险品等方面,无论是车巡还是步巡都对类似的治安性问题有显著效果。在社区内建立巡警步巡为主车巡为辅的工作方式,通过对讲机等各种通信设备建立报警处、指挥部、警车和巡警之间的联系,形成一套完整的执勤体系,能够在巡逻的同时迅速对社区中存在或可能存在的犯罪行为和越轨行为做出反应,在指挥部的全局掌握和居民的积极配合下,及时联系离案发地点最近的巡警前往处理,在必要的时候由巡车协助抓捕嫌疑人。一套完整的预警执勤体系可以对治安的变化做出最迅速的反应,即对治安的预防和控制发挥良好作用。

第二,通过"软技术预防法",① 在公众的参与下遏制犯罪。这是英国警察一套具体针对犯罪的预防措施,以注重宣传教育、注重增加家庭的安全面与个人的防范意识为思想的实用手段。

第三,成立社区内居民组织,加强与警察之间的联系和沟通。在社区内由居民自己推荐和投票选出信任的人员,组成专门的居民组织,负责与公安局、派出所之间的沟通,有利于促进双方之间的了解,增加信任度。该社区组织可以汇合居民的意见和建议,定期与警察进行交流,讨论和协调社区内的治安问题,形成警民一心的局面,能够有效震慑犯罪。

在建立社会治安防控体系的过程中,以警方的主动为先,加强双方之间的沟通必然有助于增强信任度,形成鱼水相融之势,不仅能够避免双方之间的矛盾,也能够有效预防和控制社会治安问题。

---

① 张兆端:《警察哲学——哲学视阈中的警察学原理》,中国人民公安大学出版社2008年版,第602~603页。

第四章

域外社会治安防范体系的经验与启示

随着违法犯罪现象的日益严重、复杂，社会治安形势越来越严峻，世界各国都在与犯罪问题和社会治安问题努力作战，纷纷改变原有的静态治安防控系统，积极探索动态环境下如何整合一切可以利用的资源，最大限度地预防和打击犯罪。域外社会治安防范体系的实践经验对我国新时期社会治安防控体系的构建有一定的参考意义。

第一节 域外社会治安防范体系的实践经验

联合国"更安全城市战略"总体规划，以及美国、英国、澳大利亚、日本、新加坡和我国香港在安全城市建设、犯罪防控和治安防控的实践方面有较为成熟的做法和行之有效的经验。

一、联合国："更安全城市战略"总体规划

2007年，联合国人居署发表《更安全城市战略（2008—2013）》（UN‑HABITAT Strategic Plan for Safer Cities 2008—2013，以下简称《更安全城市战略》），以国际化视野对近期内安全城市建设的目标、任务和实现途径做出总体规划，是指导各国开展安全城市建设的一份纲领性文件。

"安全城市"这一概念是在1989年9月于瑞典斯德哥尔摩举行的联合国第一届"防止事故和损失"学术会议上正式提出的,其基本理念是"所有人都有平等的权利,享有健康和安全的生活"。为了正确推进"安全城市"建设工作的开展,该会议还特别指出,"所谓安全城市,不是指该地区社会已经完全安全,而是为了提高市民安全意识而不断努力的城市"。此后,联合国有关机构通过开展各种活动,使"安全城市"理念得到广泛认可,并且逐步定位于预防犯罪领域。

2007年发表的联合国人居署《更安全城市战略》明确提出了今后五年"安全城市"建设的总体目标,即"减少并最终消除城市犯罪及暴力行为对发展中国家和经济转型中国家的影响"。根据《更安全城市战略》的解释,"安全"是指"社区和财产免于犯罪和暴力行为及相关的令人担心的事件的侵害,人们的自由免于受到攻击。城市要提供针对私人及公共财产、城市设施、城市居民和游客的公共空间的保护"。"城市的可持续发展"是指"在不加剧社会、经济和环境等方面恶化的前提下,遵循可持续发展的理念,改善城市布局规划"。

(一)途径:实现"安全城市"的首要途径是开展犯罪预防工作

在《更安全城市战略》中,"犯罪预防"(亦称"不安全事件的预防")被认为是开展"安全城市"建设的基本途径。根据该文件的解释,"不安全事件的预防"是指"一种具体有效的方法,可以减少或者将冲突性社会情境状态(外显的或潜在的)向积极方向引导。这种冲突性社会情境状态源于人们受到的攻击或者公共、私人财产受到的侵害,造成人们的不安全感以及社会的疏离反应"。

联合国十分强调犯罪预防的作用,对犯罪预防工作的运行模式做出具体描述,其中主要包括两个方面:(1)不安全因素分析。按照《更安全城市战略》的表述,"更安全城市战略"的实践方法首先是分析处理复杂的、多方面的不安全影响因素,运用有效方法,整合确定应对措施。也就是说,要通过对不安全因素的分析,查找出影响城市安全的特定因素,如武器管理混乱、受害者防范意识薄弱等,再将分析中发现的问题与社区、司法机关相互沟通,为下一步采取治理措施提供依据。(2)犯罪因素干预。即根据不安全因素分析结果,在城市或者地区范围内有针对性地采取干预措施,这种干预措施应当是长效的,而不是应对紧急情况的临时性处理措施。这种针对特定目标加以治理、干预的具体案例很多,如加强武器管理、对易受害人群进行重点的犯罪预防宣传教育,以及所有可以纳入城市犯罪预防的社会政策、实体计划、司法运作、社区建设等各个方面。

（二）组织和管理："安全城市"建设应当由地方政府负责组织和管理，统筹安排，全民参与

《更安全城市战略》对于"安全城市"建设的主体做了较为明确的规定，其中，特别强调地方政府的组织和管理作用，以及全民动员、全民参与的工作机制。(1) 政府建立城市发展和犯罪预防的协作平台。地方政府应当就城市发展问题与警察及司法机构进行沟通，充分发挥警察在社区安全和犯罪预防工作中的重要作用；应当为合作者提供直接支持，帮助规划犯罪预防策略；为社区工作的需求提供明确支持。同时，为实现项目长期运作的可能性，地方权力机构需要获得地区和国家在政策上和资源上的支持。(2) 全民参与安全城市战略实施。地方政府要特别注意激发社区能动性，培育团结互助精神，提高社区和民众对不安全因素的应对能力。(3) 地方政府应当尽可能将创新犯罪预防的实体计划与城市空间管理相结合。在城市环境中，公共空间的规划设计在预防犯罪工作中具有重要影响。地方政府应当注意改造危害城市空间的生态环境，提供减少冲突和危险性的方法。建议城市公共空间管理采用多方参与、多方协商的方式，建立地方权力机构、政府部门、非政府部门以及社区之间的协商机制。①

二、美国：着力提升公众安全感的社会治安防范体系

为加强公民的人身和财产安全、促进社会和谐发展，20 世纪 90 年代初，美国发起了安全城市计划。安全城市计划最初是由美国一个社团发起的，其目的是协调居民、社区、司法、企业及政府部门开展安全防范活动，从而达到减少街头犯罪、提升安全感的一项城市安全战略规划。美国安全城市计划倡导并开展了市民广泛参与的安全防范活动，提升了城市整体安全感，增强了城市社会经济发展的软实力。为了提高工作能力和创新能力，提高预防和打击犯罪的效率，在美国几十年的警务战略发展历程中，相应出现了许多行之有效的警务战略创新模式，如社区警务（Community Policing）、"破窗"警务（"Broken Windows" Policing）、问题导向警务（Problem-oriented Policing）、"杠杆"警务（"Pulling Levers" Policing）、第三方警务（Third-party Policing）、热点警务（Hot Spots Policing）、情报引导警务（Compstat）、循证警务（Evidence-based Policing）。② 创新使警务优先关注的目标

---

① 刘歆超：《联合国人居署〈更安全城市战略（2008—2013）〉概览》，载于《北京人民警察学院学报》2012 年第 5 期。

② 梁德阔：《美国警务战略创新模式比较》，载于《犯罪研究》2016 年第 3 期。

发生了变化,非犯罪问题和民众关心的生活质量问题受到了警方越来越多的关注,打击犯罪(传统警务模式的焦点)的重要性被降至最低;警察处理案事件的方法从"执法"转向"解决问题",与社区及其他政府部门和社会机构形成伙伴关系受到越来越多的重视,民众的满意度日益成为衡量警察工作绩效的重要指标。①

(一)"零容忍"警务

"零容忍警务"是一种警务战略,又称"生活质量警务",是通过对轻微犯罪(特别是公共秩序犯罪)采取强有力的执法措施,以预防更为严重的犯罪,并最终促使犯罪率下降的一种警务运作方式。1982 年 3 月,James Q Wilson 和 George L Kelling 在美国《大西洋月刊》杂志上发表《"破窗":警察与邻里安全》一文,首次提出"破窗"理论。②"破窗"理论认为,犯罪发展是因为警察和市民没有联合起来阻止城市衰败和社会混乱。破窗警务鼓励警察关注社会混乱问题,将犯罪问题放在次要地位或者至少作为警察的第二阶段目标,即警务工作的首要目标是社会混乱问题,其次才是犯罪。Wilson 和 Kelling 认为,社会混乱是造成犯罪问题的一个关键因素,在犯罪情境中,"被忽略的行为导致社区控制因素的破坏",他们证明了社会混乱与犯罪之间的联系。"零容忍"政策的主要举措包括:

第一,制定明确的犯罪控制战略。包括:清除街头枪支,重新整合巡逻资源,识别及追踪贩卖枪支的罪犯;遏制学校和街头的年轻人暴力,为学校制定安全计划;增加警力,加强对暴力案件的侦破;赶走纽约市的毒贩,麻醉品专业调查队负责将户外的毒品交易活动赶离街道,并对交易者的枪支、现金、毒品和车辆追查到底;改造纽约市的公共场所,通过实施有关公共秩序方面的法律来控制社会秩序,提高公众的信心,使他们感到街道是安全的;减少纽约市的涉车犯罪,改善纽约市的道路状况,缉拿逃犯,制定一套进攻性追击和拘禁逃犯的精细方法等。

第二,重拳打击影响生活质量的轻微犯罪。美国城市安全计划将下列治安违法和刑事犯罪行为作为影响安全感和满意度的整治对象——强行乞讨、毁坏公物、酗酒、随地大小便、违章驾驶、逃车票、车上吸烟、强擦车窗、无照商贩、售卖冒牌商品、向未成年人售酒、街头卖淫、涂鸦行为等。各种影响社会生活质量的街头犯罪,不仅直接影响人们的安全感,而且可能转换为暴力犯罪和其他恶性犯罪。通过对这些轻微违法犯罪行为的打击,降低了发案率,使市民的安全感

---

① 薛向君:《当代美国警务理念与模式创新》,载于《中国人民公安大学学报》(社会科学版)2017 年第 1 期。

② James Q Wilson, George L Kelling: Broken Windows: The Police and Neighborhood Safety, The Atlantic Monthly, 1982, 249 (3).

大为提升，形成了"打小、打早"的防范新局面。① 警察制定了"处理社区热点跨机构反应方案"，联络税务、消防、卫生、证照管理等部门共同开展执法检查，及时清除酒吧、俱乐部、杂货店、废旧汽车堆放地等"热点"部位存在的问题。警察对在公共场所公开持有酒类饮品的未成年人，一律发出传票，对向未成年人售酒的商店店主进行逮捕或发传票。

（二）由"民意主导"向"全民参与"转变

安全城市的核心思想就是改变警察在维护社会治安工作时单打独斗的格局，代之以全体民众共同参与的犯罪预防体系。美国安全城市计划强调社会治安秩序的整体稳定有序和人们安全感满意度的提升，强调政府和警察部门基本职责的全面履行，体现的是合作伙伴全局一盘棋思想。

公民的积极、广泛参与是美国安全城市计划成功实施的基础。美国安全城市计划的一个显著特点是公民的深度参与，即"草根性"。在美国，一些具体的安全计划和措施，其倡导或发起者往往是社区的普通居民，他们开展的活动涉及面也比较广泛，包括家庭暴力防范、公民参与、财产犯罪防范等。为了达到安全城市建设目标，安全城市计划的参与者包括计划倡导者、社会组织、执法部门、市民组织、政府和学校等，社会的各个方面组织和职能部门之间通力合作，充分有效地发挥各自的作用，为安全城市计划的实施与完善奠定了良好的社会基础。

（三）注重利用合作者拥有的资源

美国将社会各方面的力量纳入全民参与安全城市建设的系统工程，在安全城市计划实施的过程中不仅强调民意收集，还更加注重安全城市项目其他合作者拥有的资源状况，从而为统筹协调各方资源提供了准确的信息和物质、人员与技术保障。第三方警务（Third-party Policing）提供了另一种解决方案。所谓第三方警务，是指警察通过强制和说服方式促使非犯罪群体和各种组织协助警方预防和控制犯罪。第三方警务的关键在于警察利用行政法规、刑事和民事，鼓励和逼迫第三方参与到犯罪控制活动中来。第三方警务的基本要素包括：主要目的是预防和控制犯罪；发起者应是公共警察部门；关注点是人群（年轻人、帮派成员和毒贩）、地点（年轻人聚集的公园、毒品交易场所和商场）和情境（娱乐场所）；最终目标群是参与违法行为的人（年轻人、帮派成员、毒品交易者、故意破坏者

---

① 张小兵：《美国治安防控体系探析》，载于《山东警察学院学报》2016年第4期；赵伟：《论纽约社区警务及对我国城市社区警务建设的启示》，载于《上海公安高等专科学校学报》2010年第5期。

和轻微犯罪者）；直接目标是控制者或管理者（财产所有者、家长、酒吧老板、商店老板、业主）；通过威胁使用或者实际使用一些法律条文以获取相关者的服从。① 实践中，第三方警务多用于警察对毒品问题、街头低端犯罪活动以及失序行为的控制，控制的对象通常为街面犯罪者，主要是年轻人、帮派成员、毒贩、破坏文化遗产者、轻微罪犯等。

美国相关执法部门非常重视项目框架的构建和机制内部的协作，从政府组织、警务部门及社区等多方面密切配合、分工负责，将社区居民变成警察的"眼睛和耳朵"，使守望相助制度（neighborhood watch program）成为社区犯罪预防和居民治安的有效组织形式。在美国警长协会、司法援助局、司法项目办公室和美国司法部的共同努力下，联邦机构、各州、地区警务部门、警务联络官、社区居民被纳入美国守望相助制度的组织架构，推动社区警务与居民的深度融合，形成分工明确、相互衔接的有机体系。②

（四）强化信息一体化及新技术的应用

综合运用信息和技术手段遏制犯罪是安全城市战略实施中便捷、高效的防范途径，强化了市民的安全感。美国在综合运用现有技术手段的基础上，加大投资力度，引进新的技术，进一步提升各类解决方案的力度。其中，既包括广播、电视等传统的大众传播手段，也包括网络媒体、视频监控等新兴技术手段的应用。③ 美国尤其重视强化网络视频监控的重要作用。在美国，重点治安整治的领域和部位都设置了与警方连接的实时网络监控系统，通过实时巡控，发挥网络视频监控及时预防犯罪、防止灾害、隐患发生的功能。该网络系统的建立为防患于未然、有效降低发案率、提高城市安全水平起到了关键作用，成为安全城市建设的技术保障。

热点警务（地点导向警务、地点警务、预测警务）的兴起与发展。热点警务是以地点为基础的警务干预模式的总称，是美国在 21 世纪的新型警务模式。"2004年，Weisburd、Bushway、Lum 等人考察了 1989—2002 年美国西雅图市街面犯罪情

---

① 罗林·马兹勒、珍妮·莱斯利：《试论第三方警务》，许韬译，载于《公安学刊》2008 年第 3 期。
② 李梦伊：《美国社区犯罪预防守望相助制度探析》，载于《湖北警官学院学报》2015 年第 6 期。
③ 学校的安全工作也是美国安全城市计划的重要内容之一，美国政府对此进行专门的调查研究，并开展了很多针对性较强的工作，采取了一些科学的防范措施。例如，2007 年 11 月份，美国丹佛警察局、Target 公司和丹佛公立学校建立了合作关系，以加强校园公共安全。这项被称为 H. A. L. O. /Safe City 犯罪预防合作计划，是通过建立学校与丹佛警察局间的视频录像和监控系统来保持警察局与学校安保部门间的实时联系。经过一段时间的运作，取得了较好的效应。即通过网络视频监控系统，学校安保部门和地区警察机构对可疑人员和犯罪行为进行实时监控。这不仅成为打击犯罪的有力手段，同时也向学生和公众提供了安全保障，进而防范了违法犯罪行为的发生。

况,他们发现在 14 年间 50% 的案件只发生在 4.5% 的路段上。"[1] 地点导向警务成为热点警务基于犯罪聚集分布规律的发现与验证,关注城市空间环境对犯罪分布的影响,依靠地理信息系统(简称 GIS 技术)进行犯罪制图,以犯罪地图系统表达、科学分析特定城区内街面犯罪的聚集分布特征,从而针对犯罪高发路段和地点开展犯罪的空间防控。目前,美国约有 70% 超过 100 人的警察局和 40% 不足 100 人的警察局依靠 GIS 分析系统实施犯罪的空间防控。[2] 随着计算机化 GIS 的普及,犯罪地图绘制技术出现重大革新;在美国出现了"犯罪分析"这一新兴职业,从业者大多数在警察部门工作。目前,地理信息系统(GIS)已经与遥感(RS)、全球卫星定位系统(GPS)实现了"3S"结合。基于"3S"集成的犯罪制图,能够有效实现犯罪热点探测、空间环境对犯罪的影响分析、罪犯出行轨迹监测等街面犯罪空间分析的应用目标。GIS 技术实现了犯罪制图的数字化和网络化,使犯罪制图更为精细、科学,为观察犯罪聚集分布提供了最佳分析工具。目前,基于 GIS 的犯罪制图主要应用于街面犯罪的空间分析及空间防控领域。国外 GIS 制图的具体应用包括:犯罪专题制图、犯罪热点探测与分析、罪犯出行规律与案件侦破、目标动态跟踪、现场模拟、警务指挥调度与空间防控决策、报警电话制图分析、缓冲区分析、邻近分析、社区警务与被害预防、评价警务干预对犯罪的影响、犯罪制图信息向社会公布等。[3]

热点警务倡导的是一种先发预警式、指引性的和锁定目标的干预方式,它试图以一种更加集中和策略性的方式将警力资源运用在那些犯罪或失序问题聚集的地点上。警务干预不应采取一刀切或者随机的方式,而是应将有限的警力资源优先投放于这些犯罪易生地(criminogenic places),这也正是欧美热点警务实践的宗旨。[4] 在美国当前的犯罪情报分析中,融合了"热点成像"和"地理画像"技术的犯罪空间分析所占的比重高达 80%,探究风险地域、风险时段、风险人员、易害群体等要素的空间分布特征,为合理部署警力提供了更直观、更具针对性的依据。[5]

---

[1] D. Weisburd, S. Bushway, C. Lum, S. M. Yang: Trajectories of Crime at Places: A Longitudinal Study of Street Segments in the City of Seattle, Criminology, 2004, 42 (2).

[2] [美] 大卫·威斯勃德、科迪·特勒普:《"地点"在警务活动中的重要性:实验性证据与对策建议》,载于《国际犯罪学大师论犯罪控制科学 2》,刘建宏译,人民出版社 2012 年版,第 7、9、34 页。

[3] 关于犯罪制图的具体实践应用,王发曾:《城市犯罪空间盲区分析与综合治理》,商务印书馆 2012 年版,第 180~195 页;贺日兴:《犯罪制图——地理信息技术应用新领域》,载于《测绘通报》2006 年第 6 期。

[4] 吴玲:《美国热点警务模式:经验、教训和启示》,载于《三峡大学学报》(人文社会科学版)2014 年第 3 期。

[5] 吕雪梅:《美国预测警务中基于大数据的犯罪情报分析》,载于《情报杂志》2015 年第 12 期。

（五）制定切实可行的方案

美国环境犯罪学学者菲尔逊（Marcus Felson）等倡导的日常活动理论认为，犯罪的目标处于毫无戒备的状态，是引发犯罪的原因，而能够实施犯罪的机会在日常生活中大量存在。例如，入室盗窃之所以发生，以下三个条件颇为重要：①有潜在的（具有犯罪动机的）犯罪人；②适合的犯罪目标（存在能够成为盗窃对象的标的，后来被归纳为"热点产品"）；③没有监视者，或者说监视者不在。因此，菲尔逊强调利用自然监视以预防犯罪，如讲究非正式的、随意的预防与经过设计的、有计划的预防相结合。① 以此为出发点，美国十分注重在细致分析基础上的精确指导，并且具有很强的操作性。例如，美国针对危害城市安全的六种重点整治的治安问题，详细地编写、印刷了切实可行的犯罪预防手册。在这个手册中，我们可以看到一些十分具体的犯罪行为描述及市民的应对与防范对策。如手册中将机动车犯罪分为盗窃机动车和盗窃车内财物两种犯罪，并从衡量标准、信息来源、应对策略和处置效果等方面进行细致的规范指导。市民可以根据手册中的专业指导，具体操作减少犯罪机会，有效防范机动车和财务的盗窃事件发生，从而提升安全感。②

（六）信息防控：软性的治安防控体系

美国治安防控体系的一大亮点是信息防控，而信息防控的基础是社会安全号码，办理银行账户、信用卡、驾驶证等都必须以该号码为基础。美国的信息防控是由各部门和行业开展的间接防控，是软性的治安防控体系，其显著特点是不过度依赖物防、技防，不采用封闭式管理、高墙大院、铁丝网、高压线、防盗门锁、门禁系统、电子监控、密集岗哨、武装押运等影响人们正常生活、降低人们安全感的安保措施。③

三、英国：安全城市战略目标下的社会治安防范体系建设

在犯罪防控的全球化背景下，当代英国犯罪预防理论与实践的发展正在成为

---

① 转引自周东平：《西方环境犯罪学：理论、实践及借鉴意义》，载于《厦门大学学报》（哲学社会科学版）2014 年第 3 期。

② 佟志伟：《美国"安全城市计划"与我国治安防控工作的比较与借鉴》，载于《北京人民警察学院学报》2013 年第 1 期。

③ 张小兵：《美国治安防控体系探析》，载于《山东警察学院学报》2016 年第 4 期。

世界各国犯罪预防改革的发展方向。英国也是较早开展"安全城市"建设的国家，自1992年英国内政部发表《安全城市与社会安全战略》至今，英国的"安全城市"建设已经走过了25年历程。在英国，"安全城市"建设就是新型历史条件下由国家组织、全民参与的"犯罪预防"工作。英国人对"安全城市"概念的理解比较单纯，直接定位于"犯罪预防"，这概念更接近于我国的"社会治安防控体系建设"。根据英国内政部《安全城市战略》的解释，《安全城市战略》的目标是："减少犯罪，降低人们对犯罪的恐惧感，为经济发展和社会生活创造一个更加安全的城市环境。"由此可见，英国人对"安全城市"的理解就是：第一，减少犯罪；第二，降低人们对犯罪的恐惧感。"安全城市"的基本思路是以现代的"社会安全管理"概念代替传统的"警务工作"概念，不强调主体的特殊性，而是强调参与和管理，以及各个主体在维护安全方面所体现出来的具体价值。在安全管理体系中，警察不再是当然的、唯一的主体，国家承认私人的、社区的及地方的等各种社会力量从事犯罪预防工作的资格和权利，并负责将其组织起来，通过立法规定必要的权利义务和经费保障，使其共同参与到维护社会安全的工作之中。①

（一）全民参与、多机构协作犯罪预防

全民参与是"安全城市"的主导思想和追求目标，为此，《安全城市战略》特别强调参与主体的广泛性，其中，应当包括地方政府、政府机构、社团组织、私人机构、志愿者、公民个人等全体社会成员。

多机构协作犯罪预防主要是一种自上而下的，由中央政府和地方政府相结合进行的有计划的、相互协调配合的处理犯罪和社会不良问题的模式。多机构协作犯罪预防，不仅包括国家职权机构（如警察机构、地方政府）与私人企业之间的合作，有时还包括在各种不同的监督计划中发挥作用的类似"社区"这样的公共组织。

自20世纪90年代以来，在英国，"社区参与"和"社区授权"的理念深入人心。守护天使巡逻和邻里守望是英国实行的具有代表性的社区居民志愿组织行动。守护天使志愿者在居民区和交通线上进行多种形式的巡逻，提供服务，赢得了广大公众的好感。他们穿着警服，并接受特殊培训，对罪犯的行为进行干预并行使市民逮捕权。虽然守护天使巡逻队是非武装的，但却以与警察相似的面目出现，并行使相似的责任。社会调查证实，居民认为守护天使行动在提高居民安全感方面收效显著。英国邻里守望的核心理念是：邻里之间彼此了解，守望相助，不分内外，监视报告嫌疑情况，成为警察的"眼睛"和"耳朵"。邻里守望

---

① 李温：《英国"安全城市战略"的启示与借鉴》，载于《北京人民警察学院学报》2012年第5期。

在大多数情况下由公众发起，警察与预防犯罪专家是邻里守望的骨干，他们的责任是帮助疏通公众与其他公共机关的关系，帮助解决基层的冲突，为公众提供预防犯罪咨询。邻里守望制度设一名地方联络员，社区内各住宅选派代表，协调居民与联络员的工作。他们定期召开会议，编印邻里新闻报，张贴邻里守望标志牌，树立邻里守望路标，宣传邻里守望制。具体做法是：邻里之间互相照应，对贵重财产进行标刻，对改善安全环境提出建议，开展被害人救助与证人保护，建立儿童之家，保护有问题的青少年。邻里守望的积极效果是：减少街面上的罪犯，减少危险地区的作案人员，改善邻里交往的质量与频率，改善社区的和谐程度；提高公众安全感，增进其对犯罪的抵御能力；改善警民关系。邻里守望的规模不一，小的几个人，大的数千人。仅从这一计划的参与人数来看，在英国大约已达15万人。从英国守护天使巡逻和邻里守望的实践来看，社区居民可以依靠自身的力量对自己居住的住宅实施有效的保护措施，也即通过分担一定的社会责任来对犯罪进行更加有效的预防。

英国内政部1991年《摩尔根报告》（其正式名称是《内政部犯罪预防常务会议关于"使社区更安全"的报告：地方政府参与多机构协作犯罪预防模式计划》）指出："犯罪预防"一词通常被狭义解释，这强化了一种观点，即它只是警察的责任。相反，对"社区安全"一词的解释其范围却非常广泛，能够调动社区各个部门的社会力量参与到打击犯罪的活动中来。① 《摩尔根报告》还列出下表清楚地说明，英国犯罪预防所关注的重点是通过多机构协作改进社会犯罪预防措施，来提升社区安全（参见表4-1和表4-2）。

表4-1　　　　　　　　英国"社区安全行动"通讯之一

抑制犯罪的原因
• 家庭支助倡议
• 青年计划
• 社区发展计划和邻里倡议
• 学前计划
• 预防滥用酒精和毒品计划
• 以学校为基础的教育计划
• 对犯罪人及其家庭的工作计划
• 就业及培训计划
• 犯罪人心理辅导计划

---

① ［英］戈登·休斯：《解读犯罪预防——社会控制、风险与后现代》，刘晓梅、刘志松译，中国人民公安大学出版社2009年版，第112页。

续表

减少犯罪机会
• 加强家庭、公共场所和工作场所的安全
• 改善街道和公共场所的照明条件
• 提高居住区域、城市中心和停车场的安全并改善其设计
• 注意公共交通规划和管理中的安全因素
• 加强对持照经营行业的安全管理
• 优化地方机构的管理和运转
• 预防性巡逻的充分安排
打击具体的犯罪
• 入室行窃
• 家庭暴力
• 汽车犯罪
• 种族歧视犯罪
• 侵害儿童的犯罪
• 侵害老人的犯罪
帮助犯罪被害人、减少对犯罪的恐惧感
• 受害人资助计划
• 自我保护措施
• 积极展开对有效安全举措的宣传

表4-2　　　　英国"社区安全行动"通讯之二

青年人与犯罪
• 改善青年人犯罪高发地区的休闲和娱乐环境
• 设计一些具体的项目使那些"性格孤僻"的青年人参与进来
• 审查所有与青年人有关的组织的经营政策和经营状况，确保预防措施的范围明确，并且有效
• 设计相关项目以加强青年人个体和社会责任感，特别是在高犯罪率和高危险地区
• 确保为所有的青年人提供充足的教育资源，以及职业培训和就业的机会
• 应对一些青年人面临的具体问题，如无家可归、吸毒
• 处理一些青年人实施的具体犯罪，如商店盗窃、自行车犯罪、蓄意破坏

《摩尔根报告》指出，促进多机构协作犯罪预防的全部政策必须首先出自于中央政府的支持。报告进一步指出，地方政府是这一协作关系中天然的中心，其应加强与警察机构的合作，协调各方面广泛的行动，提高社区安全……任何有意

义的地方性犯罪预防体系都必然要和地方民间团体相联系。《摩尔根报告》因而支持了这样一种观点，即地方政府负有一种法定的职责（即整合相关资源），协调其辖区内的犯罪预防和社区安全策略。

从英国"社区安全通讯"中不难看出，英国同样强调"机会减少"在犯罪预防中的作用。英国情境犯罪学者罗纳德·克拉克（Ronald Clark）应用日常生活理论，在1992年出版的《情境犯罪预防——成功案例研究》一书中，提倡为了减少犯罪，应该注意：①增加犯罪困难度，使实施犯罪行为人费时耗力；②增加犯罪人被揭发检举的风险；③减少犯罪收益。并将其细化为三大类共12种具体措施。1997年，克拉克在该书的第二次汇编中，增加了"削弱犯罪动机"的类别，将此类措施扩展为四大类共16项具体措施。到2003年，克拉克在《机会，促进因素和犯罪决策：对 Wortley 批评情境犯罪预防的回答》一文中，更增加了"减少犯罪刺激"的类别，将其继续发展为五大类共25项具体措施。①

目前，关于英国警察治安防范工作比较新的动态是，英国智库——政策交流（Policy Exchange）经过调研提出，警方在重视打击犯罪的效力和效率的同时要强化犯罪预防，其路径是重回罗伯特·比尔"警察就是公众，公众就是警察"的警务理念，发挥民力，建立广泛的合作伙伴关系。该智库提出的具体举措包括：增加基本指挥单元（Basic Command Unit）的数量，强化社区警务，在裁减警员的背景下，保证社区警务组（Neighborhood Policing Teams）和社区安全组（Safer Neighborhood Teams）里警员的数量不减少；吸引更多的民众成为志愿警察；创办市民警察学院，培训市民参与犯罪预防；改进警务技术，以便市民通过短信、电子邮件、社交媒体等形式及时报案，市民不仅可以传输文本，还可以传输图片，甚至录像。②

（二）措施："安全城市"建设的具体措施多种多样

《安全城市战略》以"动用各种社会方法"的犯罪预防理论为基础，提出了初级、中级和高级三级预防措施供地方参考。其中，初级预防是指普遍采取物理的和社会的方法修正环境因素，减少犯罪条件；中级预防是指尽早发现处于犯罪环境中的个人和群体，并给予必要干预；高级预防是指预防重复犯罪。表4-3为《安全城市战略》中的犯罪预防措施分阶段分内容进程表。

---

① 转引自周东平：《西方环境犯罪学：理论、实践及借鉴意义》，载于《厦门大学学报》（哲学社会科学版）2014年第3期。
② 栗长江：《英国最新警务改革：路径·趋势·启示》，载于《山东警察学院学报》2017年第1期。

表4-3　　　　　犯罪预防措施分阶段分内容进程表①

层次	物理干预	社会干预
第一层：普遍防范 修正环境因素	例如：安装/供应门锁、窗锁、围墙；设立专用通道；增加照明；设立专门停车场；配备个人报警器；安装入室盗窃报警器；安装闭路电视监控系统	例如：开展针对犯罪高发人群的项目，如建立青少年活动中心和父母援助组织；开展针对受害人和潜在受害人的项目，如心理咨询中心、应对暴力犯罪培训中心；开展针对学校和医院的风险管理项目；实施邻里守望、公共场所守望等
第二层：重点防范 加固现有安全措施	例如：对住宅、购物中心及学校、医院等公共建筑进行重新设计；重新选定银行、邮局等重点服务设施的位置	例如：在学校课程中增加安全教育；组织与城市安全有关的商业活动
第三层：补救性防范 抑制犯罪和犯罪恐惧的重新滋生	例如：提供失窃财物的公共维修复原服务；提供消除建筑物涂鸦服务；提供收捡垃圾服务；为妇女儿童发放尖叫器等	例如：校园文化管理；儿童家庭管理；健康家访；改革住房分配政策；改革学生宿舍分配政策；改革犯罪高发地区的警务模式；提供警察对犯罪受害者的特殊服务；由受害人组织对受害人实施帮扶；改革受害人组织成员招募政策；为有犯罪前科的人提供就业服务；改革公共或者私人机构中的种族、性别政策

英国当代犯罪预防理论与实践可资借鉴之处主要体现在以下三个方面：一是立法上的支持。通过社区进行犯罪预防目前在我国尚无明确和专门的立法，立足国情，总结经验，明确立法，将社区对犯罪的预防纳入法制化轨道是当务之急。二是人力上的支持。综观英国犯罪预防项目的实践，具备一支专业团队尤为重要。在这支团队中，有专家学者，有法律工作者，有社会工作者，也有社会志愿者等。目前在我国，这支队伍的培养和成熟尚需努力。三是政府的财政支持。以社区为导向的犯罪预防需要调动社会各方面的资源，还需要对此不断进行社会调研和理论研究，毫无疑问这需要大量的投入。社区作为犯罪预防的承担者，政府

---

① 李温：《英国"安全城市战略"的启示与借鉴》，载于《北京人民警察学院学报》2012年第5期。

给予必要的财政支持和帮助十分重要。

四、澳大利亚：社区犯罪预防

澳大利亚政府和警方相信"一盎司的预防等于一磅的治疗"，坚持打击与预防结合、以防为主的战略。20世纪80年代初，澳大利亚为了预防犯罪和减少犯罪，借鉴了美国、英国等国打击犯罪的先进经验，努力研究和发展社区警务计划。澳大利亚把"发展社区警务、透过优质服务创造更安全之社区"放在重要位置，按照社会生活条件不同，开展社区警务的形式多种多样，覆盖社会面，逐步形成了具有澳大利亚特色的"社区犯罪预防"模式。[①]

在澳大利亚，邻里联防是警方开展社区预防犯罪活动最显著、最实际的一项工作。顾名思义，邻里联防即通过邻居联合行动，保护财产和他们自身的安全，使之不受犯罪活动的侵害。该计划不但促使邻里之间进行合作，有事互相援助，而且使居民与警察之间也能基于共同利益，密切合作，友好相处。各州的邻里联防通常是应当地居民的要求而由警方发起组织的。警方负责划分邻里联防的区域范围，召集会议，帮助推选居民代表及负责人，分发预防犯罪小册子等宣传品。

邻里联防是美国最早在20世纪70年代推行社区警务时采取的一项重要内容。澳大利亚在引进邻里联防模式时成功地进行了一些新的尝试，创造了维多利亚模式。这是由于维多利亚州警方成功地实施这一模式而被命名的。这个模式的特点是：第一，邻里联防的基本单位不是由数条街组成的街区，而是由相连二三十户组成的街段，便于管理。第二，澳大利亚的邻里联防从一开始就形成不可分割的组织结构。虽然街段为基本单位，但它是以五六百户、人口二千人左右的较大区域为基础的。澳大利亚创造了一种较复杂的互联、互助结构，这种结构有利于保护公众的热情和积极参与。第三，澳大利亚非常重视挑选基层邻里联防的负责人。虽然澳美两国都看重有执法经验的志愿人员，但澳警方更注重候选人的责任感。第四，为互通情况、研究下一步工作计划，大部分州要求组织基本单位负责人每月至少开一次例会。美国邻里联防负责人在布置张贴标志图案、分发宣传品和在贵重物品上铭刻物主姓名和身份证号码之后，往往就不再过问了。第五，街段（或基本单位）负责人定期向居民分发"情况交流"的做法是澳大利亚邻里联防的一大特色。"情况交流"登载警方提供的当地犯罪活动情况，提出预防犯罪的建议和措施，总结有关经验教训，供居民参考。澳大利亚在实行邻里联防

[①] 广东省警察学会：《澳大利亚警察机构和警务工作的几个特点》，载于《公安研究》2000年第4期。

的地区都达到了降低偷窃犯罪率的预定目的。①

澳大利亚警方在社区反馈方面也独具特色。澳大利亚警务工作在这方面的主要发展是设立了社区警务联络官。这些官员担负三个方面的任务：一是要和社区各组织、协会、少数民族团体、学校、俱乐部等建立和发展联系。二是和当地的警察如行动队、警察分局人员等建立联系，帮助他们与社区进行有益于警察的交往。另外还协助向所在地区的高级警官提供有关的重要信息。如社区各组织机构情况，可能导致犯罪的预兆，预防犯罪情况，与"警察—社区"有关的计划进展情况，以及所有可能对高级警官决策有用的情况。三是加强与促进警察和新闻媒介的关系，利用新闻媒介扩大影响。社区警务联络官的警衔从警员到警长不等，他们不但对州警察总部的垂直领导官员负责，也对所在社区的警司负责。各州警察机关对设立社区联络官很重视，根据他们所担负任务的特殊性，为他们设置专门培训课程。例如，有关语言技能、情报处理、少数民族风俗习惯以及特殊需要的训练。

五、新加坡：具有特色的邻里警岗治安防范制度

面对以往将注意力集中在打击犯罪上而屡打不绝、社会各界纷纷批评的局面，1983 年，新加坡警方借鉴日本警方的做法，推行以预防为主的社区警务制度，设立了邻里警岗；1988 年，又借鉴中国的警务模式，成立旨在为居民提供全方位"一站式"服务的邻里警局。借鉴欧美等国家的先进经验，在社区推行以自行车和徒步巡逻为主的勤务模式；向居民推出 iphone 犯罪数据免费服务；公布警队服务誓约标准；建立警用电子科技服务平台方便民众查询；成立优质服务与督察局等。其中，新加坡的邻里警岗和邻里警察中心是具有特色的治安防范制度。新加坡在预防犯罪与为民提供无犯罪服务等新型警务理念的支撑下设立了邻里警局与邻里警岗制度，邻里警岗在日常事务中主要为民众提供台式的服务，承担着入户走访、调解纠纷、处理轻微犯罪案件、巡逻守候、现场勘查、维护交通秩序、处理交通事故等工作，真正做到了"一警多能"。②

（一）新加坡的邻里警岗制度

1983 年 6 月，邻里警岗在新加坡大巴窑组居区（Toa Payoh Housing Estate）首次建成。邻里警岗的关键职责是：建立起较融洽的警民关系，使警方可以顺利

---

① 马丽华、陈晓宇：《谈澳大利亚的社区警务》，载于《公安教育》2004 年第 9 期。
② 余宁、陈默：《新加坡警察制度比较研究》，载于《云南警官学院学报》2011 年第 2 期。

地执行活动和履行各种职责，有效地预防犯罪，而不仅是为了抓获更多的罪犯。要达到这一点，必须做到：①可见度的巡逻；②居民户访；③社区联络与预防犯罪；④多种服务措施。① 随着邻里警岗的推进，警察与社区的关系比以前密切多了。1987年和1991年的报告证实：邻里警岗采取了更多、更有效的警民交流方式；邻里警岗使新加坡警方赢得了越来越多的公众的信任；邻里警岗对树立警察形象有着积极的作用。②

为应对日趋复杂的社会治安形势，1997年新加坡政府决定重设邻里警岗制度，新的运行体制称为邻里警察中心（NPCS）。每个邻里警察中心平均服务于100 000位居民。每个邻里警察中心内警员保持在100~120位。邻里警察中心履行着与公众息息相关的警务职责，如快速反应巡逻、调查、提供急需服务与户访等。邻里警察中心一般设在社区的中心位置（公众通过各种交通方式很容易到达）。很多情况下，它与社区内的其他机构如社区俱乐部、图书馆等安置在一栋大楼中。这种融合增加了公众对它的认同感和警局发展的持久性。邻里警察中心服务上的另一个转变就是尽量让警务资源与警务工作达到最佳平衡状态，例如，巡逻时间更弹性、方式更灵活。邻里警察中心还提高了社区居民的涉入度与责任感，将工作焦点完全放在社区，警察与居民一起出谋划策。这种方式改变了以往警务的运行策略，不再以犯罪率的下降作为唯一标准，而是根据不同社区的特点量身定做不同的措施。③

邻里警察中心的标志是一名警察与两位居民手挽手的图样，象征着社区警务是警民共建的成果。它通过"社区"推行一系列措施，促使公众主动投身于"自警"的系统工作中，逐步建立社区归属感与荣誉感。当然，他们的措施并不是说理、空喊口号，而是务实的工作，采用灵活的方式，使公众接受并养成习惯。

（二）新加坡的辅助警察制度

在新加坡，可以设立辅助警察机构的主体包括四种：政府部门、其他法定机构、公司、其他商事组织。其中，公司、其他商事组织所建立的辅助警察机构，在形式上即类似私人保安公司。辅助警察机构（Auxiliary Police Forces）及其雇用的辅助警察（Auxiliary Police）是新加坡警察部队的重要组成部分。关于辅助警察的规定，主要见于新加坡警察法（Police Force Act）第九部分和新加坡辅助

---

① 文海、大启：《"交番"与"邻里警岗"》，载于《人民公安》1999年第6期。
② 张君周：《新加坡邻里警察中心》，载于《山西警官高等专科学校学报》2003年第4期。
③ 这种措施参照了政府的社区安全稳定计划（CSSP），CSSP是由基层机关负责人、居民和警察一同参加制定的。考虑各地的差异，精心策划每一个城市，对服务分门别类，仔细部署每个人负责的任务，充分发挥各类资源的作用。

警察条例（Auxiliary Police Forces Regulations）。①

新加坡辅助警察制度体现出按需设立、严格审批、随需调用、严密管理、保障有力、严厉处罚的显著特点。该制度的实质是通过授权的方式将社会力量纳入犯罪防控机制和警务运行体系。因此，也可以将该制度的实施视为"第三方警务"理论的实践方式之一。新加坡是世界上犯罪率最低的国家之一，在全球多个调查机构评估中，新加坡警察综合评价一直位于世界警察前列，辅助警察制度在其中发挥了重要作用，值得我们深入研究，从而为我国辅协警制度的完善提供参考和借鉴。

六、日本："系统预防"理念指导下的社会治安防范体系建设

日本是世界上公认的"社会治安良好国家"之一。除了日本国家的自然地理环境、国民素质修养和法律法规完善健全等因素之外，日本警方在治安防范与控制中也有独特之处。

（一）交番在治安防范与控制中的作用

日本良好的治安状况与其独特的社会治安体系密不可分，交番与驻在所就是把日本固有的社会结构和警察组织连接起来的一种社区治安体系。交番与驻在所是警局与市民联系的桥梁，更是公众生活的最佳指导者，是社区居民的"社区安全中心"；同时，日本交番和驻在所功能泛化，凸显社区警务的内核。② 这一制度先后得到美国、新加坡、泰国、印度、埃及、巴西等众多国家的警察机构的学习与借鉴。

日本"交番"制度是指在日本广大城乡地区普遍推行的一套独特的社区警务制度。通常设置在车站、机场、商业街、住宅区，以及旅游胜地等来往行人众多地方的"交番"岗亭，一天24小时均有警察执勤，对减少社区犯罪案件的发生具有积极的防范作用。

日本基本上是按照市、町、村的行政区域划分警察署的管辖地区。警察署所管辖的地区又划分成几个由"交番"管理的社区。日本这种"交番"警务包括两种类型，一种被称为"交番"，一种被称为"驻在所"。"交番"通常设置在犯

---

① 新加坡警察法、辅助警察条例均于2004年10月12日开始实施，2006年1月30日起开始实施修订后的警察法，2006年8月31日起开始实施修订后的辅助警察条例。
② 孙卫华：《警察勤务社区化模式与河南警务机制改革——基于日本交番与驻在所制度的考察》，载于《河南警察学院学报》2011年第3期。

罪案件和事故比较集中的城市地区，每个"交番"都有数名警察轮流执勤。他们被称为外勤警察，肩负着在社区内巡逻的任务。同时，也负责办理收管遗失物品、处理居民的投诉与要求等事务。如果社区内发生犯罪案件或事故，还要及时赶到现场进行处理。如今，日本城市"交番"的勤务主要有守望、值班、在所、巡逻、巡回联络等。守望勤务的工作项目有犯罪预防与情报搜集、交通指挥与缉查取缔、青少年辅导、醉酒者及迷童的保护、遗失物和拾得物的受理与申请、各种疑问的解答及问路服务等。

在广大的乡村地区，日本警方根据乡村的社会结构特点，创造了乡村的"交番"——"驻在所"，每个村落都设有一座"驻在所"，派一名警察（包括家属、子女）与当地村民长期共同生活在一起，担负乡村社区的警务任务。"驻在所"由一个警员及其家庭组成，警员的妻子担任接电话、指路等服务性辅助工作。日本多数"驻在所"警员不仅是遵守、宣传和维护法律的模范，而且是社区道德模范，与社区居民形成了十分融洽、和谐的关系。

（二）强调"系统预防"理念

在日本的预防犯罪对策中，警察、政府相关部门、制造商、媒体和民众等都是预防犯罪系统的"工程组件"，它们互相依赖、相互补充、不可或缺。其中，日本警方通过具体发布的各类犯罪预防对策和产品标准，指导公众和制造商如何预防和减少犯罪。例如，针对盗窃汽车犯罪，2002年，日本警察厅、财务省、国土交通省、经济产业省和17个民间团体联合成立了"汽车盗窃防范协会"，制定了《预防汽车盗窃犯罪行动计划》，并同时施行：推广普及防盗性能强的汽车、向汽车用户散发"汽车防盗手册"和传授防盗经验、封堵被盗车辆销售渠道等一系列的配套措施。针对入室盗窃犯罪，2004年4月，在日本警察厅、国土交通省、经济产业省及建筑产品相关的民间团体等联席的官民合同会议上，公布了如"五分钟之内不能撬砸开的防盗门锁"等样的《高防范性能建筑产品目录》，并积极普及推广。针对盗抢出租车犯罪，2004年3月，日本警察厅编制了《出租车防范指南》手册，对指定的防范责任人及其任务、应对危险时的心理品质及其处置要领、运营出租车辆报警装置配备等都做了详细规范，并要求出租车从业者必须严格遵照标准执行。[1]

在日本，民众积极参与社会治安管理的历史悠久，不管是政府主导还是民间主导，民间参加人数众多，随着历史的变迁，民间治安防控体系的组织形式在不断地发生着变化，但民众预防和减少社区犯罪，创造无犯罪、无事故社区的热情

---

[1] 李明：《日本预防街头犯罪对策与启示》，载于《中国刑事法杂志》2008年第3期。

和积极性始终未减,而且警民合作密切,这是日本成为发达国家中犯罪率最低国家的重要原因之一。在减少犯罪机会方面,日本各地方自治体近年来相继制定"创造安全、安心的街区条例",如《东京都创造安全、安心街区条例》、大阪府和爱知县的《创设安全街区条例》等加强对住宅安全的防范。日本对道路、公园、店铺及自行车和汽车停车场,特别是金融机构、学校等场所,十分讲究防范性措施的整治,真正运用环境犯罪学的手段来预防犯罪问题。爱知县春日井市曾展开以市民为中心的"诊断死角"活动,即对暗角处的防范灯和街灯进行科学配置,极大地改善了该市的犯罪防范能力。社区中的青少年问题协议会、自治会、老人会、町内会、PTA(Parent - Teacher Association)、妇女会等民间组织的活跃,也发挥了守望相助的作用。①町内会是日本历史最悠久的民间自治组织,内设有防犯部,进行相对独立的社区违法犯罪的防控工作。町内会靠其传统的影响力,与警察合作积极动员居民入会,组织迅速扩大。2013 年町内会与警察合作,针对从自行车车筐中抢夺财物案件频发,向市民发放车筐防盗罩,使相关犯罪从上一年的 700 件减少至 300 件。②

(三) 关注未成年人犯罪防治

日本从政府到民间,从学校到家庭,建立了一整套完善而精细的未成年人犯罪预防体系,各部门之间分工明确,周密协调,并动员全社会的力量来组建和防范。

第一,政府有专门的机构负责。主要由内阁府总体负责;警察厅、法务省、最高检察厅、少年裁判所负责有关未成年人非法行为与犯罪,以及这些行为的矫正、人权保护等问题;外务省、文部科学省、劳动省、农林水产省、国土交通省、总务省分管未成年人的各项工作。各城市都设有青少年防护中心,该中心是为了防止地方青少年的非法行为和促进青少年健康成长,其内容包括街头辅导、青少年规劝、心理判定、不法集团聚集地的调查。

第二,预防未成年人犯罪的民间组织。少年警察志愿者以社区防止青少年违法犯罪为核心,与少年问题相关机构、团体及其他志愿者共同合作,在有关合同的规定下,自主活动。

第三,各社区设置青少年成长推进员。推进员的主要任务是启发各地区的居民培育和保护孩子的意识,策划推进青少年积极参加社会活动,向居民活动地区

---

① 转引自周东平:《西方环境犯罪学:理论、实践及借鉴意义》,载于《厦门大学学报》(哲学社会科学版)2014 年第 3 期。

② 张荆:《日本社会治安管理机制与犯罪防控体系的研究与思考》,载于《北京联合大学学报》(人文社会科学版)2015 年第 3 期。

渗透"家庭日""青少年育成日"等活动;努力发现有害青少年健康成长的现象,并采取适当的措施向有关部门联络通报等。

第四,在学校里,警察会定期在学校举办防止"非行"教育和防止药物乱用的教育等。警察局还在所管辖区域学校设立警察联络协议会,负责开展巡回指导、困难商量、儿童安全确保等活动。①

七、香港:强调"公众参与"的社会治安防范体系建设

我国的特区香港作为亚洲的一个国际化大都市,一直注重城市安全建设。持续多年努力的结果是,今天,香港已被公认为是世界上最安全的城市之一。② 而安全的城市环境也为香港的进一步发展带来巨大回报。第一,城市安全建设营造了一个安稳太平的社会,提升了居民的生活质量;第二,城市安全建设为香港创造了一个良好的投资环境,众多大型跨国集团纷纷将亚洲地区总部设立于香港;第三,城市安全建设提高了香港市民的归属感;第四,城市安全建设带动了香港整体竞争力的提升。据中国城市竞争力研究小组报告,香港在 2005—2009 年连续 5 年蝉联中国 294 个城市综合竞争力之首③。

香港的城市安全建设有很多经验值得我们深入探讨和借鉴。除了政府的高度重视外,广泛的公众参与是香港城市安全建设的一个重要法宝,这正如香港特区保安局在其 2000 年的施政报告中指出的:香港能够一直保持安稳太平,市民担当了十分重要的角色。

事实上,为了应对当时的社会动荡和犯罪高发,早在 20 世纪 60 年代后期,香港当局就开始推动公众与政府联手以打击犯罪、维护城市安全,并取得了成功。自此以后,香港特区政府一直注重推动城市安全建设中的公众参与。

(一) 以社区为单位推动居民参与

20 世纪 70 年代,为了改善不尽如人意的警民关系现状,英国化的社区警务制度在香港悄然兴起,如今的香港社区警务制度已更加系统化、制度化。为将社区警务理念不断本地化,香港警方制定了各类警务方案,以下是几个主要计划:

---

① 郭天武、黄琪:《日本未成年人犯罪与预防——以日本福井县未成年人犯罪为调查对象》,载于《中国刑事法杂志》2008 年第 2 期。王健:《日本未成年人犯罪预防对策的启示》,载于《辽宁警专学报》2013 年第 1 期。

② United Nations Human Settlements Programme: Enhancing Urban Safety and Security: Global Report on Human Settlements 2007, Earthscan, 2007, 306.

③ 倪鹏飞:《中国城市竞争力报告——城市与国家同进退》,社会科学文献出版社 2010 年版,第 10 页。

①警民关系主任（Police Community Relation Officer）计划及社区联络主任（Neighborhood Police Coordinators）计划，建立和保持社区内各类团体组织的密切联系关系，同时宣传并维护警队的良好形象，积极构建警队和社区居民的沟通桥梁；②警队中学联络主任（Police School Liaison）计划，主要任务是加强警方与学校的密切联系，遏制青少年犯罪；③少年警讯（Junior Police Call）计划，香港少年警讯是一个注册团体，其会员均为9～16岁的少年，为会员开展各类活动，旨在宣传公民责任，教育会员抵制和预防犯罪等；④好市民奖励（Good Citizen Award）计划，目的是鼓励市民举报罪行，并适时挺身作证。香港社区警务强调警察与市民联手合作，通过与社区各阶层建立伙伴关系，携手创建安全社会。这一理念要求公众必须对城市安全建设有所参与，改变了传统上完全由警察防止和打击犯罪、维护治安的做法。通过实施上述计划，香港民众对警方的满意度和信任度不断上升，2011年更是达到了85%。香港少讯的成效尤为突出，香港民众对少讯计划的满意程度达到了70%，少年警讯已发展成为目前香港最有影响力的社会团体之一。①

（二）通过安全教育促使居民参与

香港政府在"扑灭罪行委员会"下面专门设有一个"宣传小组委员会"，主要负责推广委员会的政策、目标和策略，以期增强市民对防止罪案的认识及呼吁他们更积极参与灭罪工作。每年，宣传小组委员会根据常见的罪案和公众关注的问题，设立若干预防犯罪的宣传主题（如2013年度的宣传主题是"提防受骗""妥善保管财物"和"防范性侵犯"），获得委员会通过后推广实施。采取线上线下相结合的全方位、多样化的宣传手段。制作电视宣传短片和电台宣传声带等，电视宣传短片在多个户外电子媒体和网上平台播放，同时上传到政府新闻处及警方网页。制作大量有针对性的宣传海报、横幅等，在学校、港铁车站、巴士车身等处张贴，宣传防罪信息。②

香港的安全教育注重实效，强调发挥每一位市民的作用。为了应对可能的恐怖主义活动，香港政府不仅注重自身反恐能力建设，而且倡导市民参与进来。例如，香港政府发布了《香港：安居乐土》的小册子，不仅向市民介绍政府采取的反恐措施，而且告诉市民保护家园和生命财产的方法，让市民懂得"一旦发现可疑情况应该怎么办""一旦遇到紧急情况应该怎么处理"，并且说明"按小册子的指引行事，不但可为打击恐怖主义出一份力，还可保障你和你的家人、你的左邻右里的生命安全"。2009年，香港政府发布了《天灾应变计划》，以系统指导公众应对来自自然

---

① 张敖：《香港社区警务制度及其影响探究》，载于《政法学刊》2014年第6期。
② 陶希东：《预防青少年犯罪：香港经验及其启示》，载于《当代青年研究》2015年第4期。

灾害的威胁。从这份应变计划可以看出，为了应对自然灾害，确保城市安全，香港特区不仅强调政府部门的工作（如天文台、紧急监援中心、消防处、警务处、机场管理局、新闻处、民政事务总署），而且重视动员社会力量，主张公众参与。①

（三）通过非政府组织动员公众参与

为了推动社区参与预防和减少犯罪，促进居民与警方合作，香港在18个区都成立了扑灭罪行委员会，其成员除了几位政府工作人员以外，大部分为来自地区各界别的非官方委员。这些扑灭罪行委员会的重要任务就是宣传扑灭罪行的信息，并鼓励社区居民参与地区内的犯罪预防工作，由于社区是市民生活于其中并具认同感和归属感的共同体，往往可以激发市民参与到这些活动中来，从而起到动员公众参与城市安全建设的作用。

在香港，为了减少犯罪，尤其是青少年犯罪对城市安全的威胁，非政府组织积极参与社区支援服务。社区支援服务计划由非政府机构营办，并由社会福利署资助，旨在协助根据"警司警诫计划"接受警诫的青少年改善人际关系、培养他们的社会责任、帮助他们重新融入主流教育或重新就业，从而降低其再次犯案的机会。非政府组织积极参与社区支援服务计划，其提供的服务包括：提供个人指导及辅导、社交技巧训练、义工服务、领袖训练、培养社会责任及提高个人能力的活动等。②

第二节　域外社会治安防范的特点及对我国的启示

面对当前动态开放的社会环境，如何从策略、工作机制、措施、手段及保障等方面借鉴域外社会治安防范的经验，构建立体化社会治安防控体系，不断提高驾驭复杂治安局势的能力，已成为摆在公安机关面前亟待研究解决的重大课题。

一、域外社会治安防范的特点

（一）策略：预防犯罪与打击犯罪并重

越来越多的国家和地区强调犯罪预防的作用，以问题为导向，通过对不安全

---

①② 华智亚：《香港的城市安全建设与公众参与》，载于《城市观察》2013年第3期。

因素分析和对犯罪因素干预，摆脱被动应对犯罪活动的工作模式，消除犯罪根源，积极主动地预防犯罪的发生。①不安全因素分析。通过对不安全因素的分析，查找出影响社会治安的各种因素，如武器管理混乱、受害者防范意识薄弱、地理环境缺陷等，再将分析中发现的问题与社区、司法机关相互沟通，为下一步采取治理措施提供依据。②犯罪因素干预。根据不安全因素分析结果，有针对性地采取干预措施，如加强武器管理、刀具管制措施、对易受害人群进行犯罪预防宣传教育，以及所有可以纳入城市犯罪预防的社会政策、实体计划、司法运作、社区建设等各个方面，将"问题解决在问题产生之前"，解决在萌芽状态。③通过防范空间理论、防范环境设计论、情境犯罪预防论、日常活动理论、破窗理论、被害结构选择理论、生活方式暴露理论、死角理论、犯罪场所论与边界带理论、犯罪诱惑理论、犯罪赃物市场理论等诸多理论不难发现，作为一种简捷、经济和实用的预防手段，很多国家都重视环境（情境）、减少机会的犯罪预防。它注重事前减少引诱犯罪的机会，尽可能避免由犯罪所带来的危害，一般也不需要大量资金的投入，符合犯罪预防应遵循的成本与效益原理，具有较强的实践意义。

除了犯罪预防，各国通过对影响公众安全感和生活质量的犯罪"零容忍"，提升城市整体安全感，增强城市社会经济发展的软实力。如美国警方制定的犯罪控制战略、日本警方多措并举打击网络犯罪等。

（二）工作机制：政府负责，全民参与

域外社会治安防范体系建设强调政府的组织和管理作用，以及全民动员和全民参与，基本上形成了一套比较科学、合理的工作机制和组织架构。

政府负责组织和管理社会治安防范与控制体系建设，具体职责包括：成立领导机构，制定发展规划和犯罪预防策略；充分发挥警察在社区安全和犯罪预防工作中的重要作用；为合作者提供政策和资源支持等。

各国普遍改变了警察在维护社会治安工作中单打独斗的格局，代之以全体民众共同参与的社会治安防范与控制体系。警察在预防犯罪的工作中不再是单打独斗，而是与多种社会主体联合起来，建立预防犯罪合作伙伴关系。社会组织、执法部门、市民组织、政府和学校等各种组织与职能部门通力合作，充分发挥各自的作用，构成治安防范与控制体系良好的社会基础。警民合作、全民参与在各国社区警务和犯罪预防中得到很好的体现。美国和澳大利亚开展的邻里联防、新加坡警方开展的邻里警岗和邻里警局、日本的交番制度等在增强社区居民的认同感和归属感，促进警民之间基于共同利益的密切合作、友好相处，鼓励社区居民参与地区内的犯罪预防工作方面发挥了重要作用。

（三）措施：整体性、层次性、综合性和可操作性

域外社会治安防范体系建设具有整体性、层次性、综合性的特点，不仅注重事前预防，还注重事中应对和事后补救；不仅注重宏观的社会预防、制度预防，还注重微观层面的预防措施设计。英国以"动用各种社会方法"的犯罪预防理论为基础，提出了初级、中级和高级三级治安防范与控制模式。美国也建立了一般预防、早期干预和特殊预防三个层次的治安防范与控制模式。西方国家普遍认同犯罪死角理论，将导致犯罪发生或者有利于犯罪发生的因素归为犯罪死角（包括时间死角、空间死角、心理死角和社会死角），通过采取全方位措施有效限制犯罪死角，达到预防犯罪的目的。针对犯罪环境采取防控策略，是各国近年来采取的可操作性强的犯罪预防思路，美国、英国、法国、日本等国家对此展开了大量研究探讨，并在实践中得到广泛应用。

（四）手段：强化信息一体化及新技术的应用

现代技术的迅猛发展犹如一把双刃剑，既增强了犯罪活动的智能性、隐蔽性、复杂性，也为预防和打击犯罪提供了新的技术方法，综合运用信息和技术手段防范和打击犯罪是社会治安防范与控制体系建设的技术保障。各国普遍重视科技强警，都在情报信息、指挥协调、科技装备、专业力量、刑事科学技术等方面投入足额经费予以强有力的支撑。从国际警务改革的发展趋势来看，自英国20世纪90年代初开始提出信息主导警务理念，澳大利亚、美国、加拿大等国根据自身实际发展并建立了自己的信息主导警务模式，各国通过建立可行的犯罪预测机制，对犯罪防控的具体落实提供可靠的信息导向，实现精确指挥、精确打击、精确管理、精确防控、精确保障的主动警务工作模式。在重点治安整治的领域和部位设置与警方连接的实时网络监控系统，通过实时巡控，发挥网络视频监控及时预防犯罪、防止灾害、隐患发生的功能，已是各国普遍做法。而各国警方普遍建立的快速反应机制也需要现代化的接警指挥技术设备、警用装备的现代化作为保障。

（五）保障：立法及财政支持

一是立法上的支持。各国普遍将社会治安防范与控制体系建设纳入法制化轨道，一方面通过立法详细规范警察管理体制内部的各个部门之间、上下级之间的权责关系、警务运行机制等，明细具体；另一方面，通过立法承认私人、社区及地方等各种社会力量从事犯罪预防工作的资格和权利，详细规定必要的权利义

务和经费保障,使各种力量能够更好地参与到维护社会治安和控制犯罪的工作之中。

二是财政上的支持。动态环境下的社会治安防范与控制体系建设需要警察科技装备现代化,需要调动社会各方面的资源,还需要对此不断进行实地调研和理论研究,毫无疑问这需要大量的投入,政府给予必要的财政支持和帮助十分重要。当然,财政支持除了来源于各级政府,还可能来自不同警务战略计划的资金支持,以及社会组织自身拥有的物质资源。为确保这些资金发挥应有的作用,政府的专门机构、各大研究机构和大学的犯罪学家会定期对社会治安防范与控制体系建设情况进行分析研究和评估,以得出科学的结论。

二、域外社会治安防范对我国的启示

(一)深化社区警务战略,打牢防控根基

社区警务是欧美各国警察部门自 20 世纪 30 年代所兴起的一种警务改革方式,西方社区警务变革是对片面强调警务手段科技化的第三次警务革命的反思。1996 年,英国警察局长联合会公布了《21 世纪犯罪预防战略》,提出把犯罪预防作为所有警察的职责,这就是与现代政府的公共服务理念更加一致的"社区警务"。① 它的核心是理性化,由警察带领、指导、支持社区居民(主体),研究社区问题、开发社区资源,以强化自卫互助、合成防范网络、改造社区环境(内容)等多种方式,系统、长效地维护社区公共安全,进而促进社会全面协调发展(目标)的警务思想、警务模式和警务方法体系(体现)的总称。公众参与、社区警察和多机构齐抓共管是社区警务的三大要素。我国社区警务战略的实施过程中,应注意预防犯罪与打击犯罪的协调配合,从轻微违法行为着手,"防微杜渐"。实行警务前移,撤并机关,精简机构,把警力下沉,把重心前移,充实基层社区警力,把主要警力切实摆到街面上和社区中去,以动态控制警务方式替代静态管理型警务活动方式。要注重与其他社会力量的配合,减少和控制犯罪仅依靠警察是远远不够的,而治安工作必须贴近生活,才能密切警民关系,也才能更好地预防犯罪。欧美国家的社区警务有一系列严密的实施行为细则,注意细节、实用对策与技术防范。在识别罪犯、技术防范、操作规范甚至报警时机等方面形成制度化、规范化与组织化,这也是值得我国学习和

---

① 王若阳:《英国预防和减少犯罪战略》,载于《北京人民警察学院学报》2005 年第 3 期。

借鉴的。①

（二）加强巡逻和快速反应，提升防控的动态化

巡逻勤务是国内外先进警务的基本勤务模式。巡逻防控工作集打击、防范、管理、控制、服务于一体，将巡逻作为警察履行基本职能的勤务方式，是当今国际警界公认的有效勤务模式。各国警察特别是西方发达国家的警察都把巡逻作为主要勤务方式，参与街面巡逻的警察一般占总警力的40%~60%。我国香港特别行政区的警察机构中从事巡逻勤务的警察也占据了全港总警力的半数以上。这些发达国家和地区在警察管理体制上，都奉行巡逻是从警的第一门"必修课"，新警只有参加了一定时间的街面巡逻工作后，才可能被分配到其他岗位工作。这些国家和地区的警察主要是通过巡逻这种最基本的勤务方式来实现其预防和打击犯罪及服务公众等职能。作为公安机关勤务运行的一种基本工作机制，快速反应机制是指公安机关充分利用网络警务平台，对情报研判、指挥调度、警力调配、预案完善、装备保障等警务资源和社会资源进行优化配置，以提升紧急状态下公安机关快速应变能力和整体作战能力的一系列勤务制度和运作模式的总称。

为加强对动态社会的治安控制，公安部于20世纪90年代初期开始将巡逻警察作为一个警种来建设，以推动警力上街、提高街面见警率。各地对巡逻勤务的模式进行了各种各样的实践和探索，如综合执法、街面防控、快速反应、交巡合一、网格化巡逻等。随着社会的发展，城市治安形势发生了深刻变化。城市社会治安的动态性越来越明显，流窜犯罪增多。在城市流动人口犯罪中，又以街面抢劫、抢夺、诈骗和盗窃"三车"犯罪较为突出。党的十八届三中全会指出，要加强社会治安综合治理，创新立体化社会治安防控体系，依法严密防范和惩治各类违法犯罪活动。面对新形势新任务新挑战，应树立"大巡防"理念，将巡逻作为创新社会治理方式的重要内容；改变巡警作为"专职处警员"的处境，实现巡逻体制的专职化、专业化；建立完善符合治安需要的巡逻模式，切实提升巡控警务效能；坚持以情报信息为导向，深入全面开展巡逻机制改革创新。

（三）突出技术防范和信息应用，实现防控的科技化

我国也可以借鉴其相关举措和经验，建立可行的犯罪预测机制，以对犯罪防

---

① 李鑫：《中外社区治安管理对策的比较——以西方社区邻里守望和中国群防群治为例》，载于《四川警察学院学报》2010年第4期。

控的具体落实提供可靠的信息导向。信息主导下的社会治安防控体系是指以情报信息的采集、汇集和整合为前提,以情报信息的分析研判为手段、以科学规范的警务管理为核心、以务实高效的战略战术决策为目标,强调信息在警务工作的主导地位,重视信息对社会治安的早期预警和干预,注重实现精确指挥、精确打击、精确管理、精确防控、精确保障的主动警务工作模式。技术防范主要通过以下层面得以实施:一是建立社会治安监控网络,以警示威慑、发现预警和服务侦查破案。二是在重点要害部位、防范薄弱环节建立与"110"联网的报警装置、监控设施及应急处理系统,提高技防水平。水电气等要害部门及中小企业、中小学校、幼儿园等防范薄弱环节依托技防实现安全保障。三是完善公安信息系统,通过警务信息综合平台,将网络终端延伸到路面、社区、现场,实现对治安防控要素的动态追踪。四是依靠网上在线跟踪管理机制,掌控可能危害治安的高危人群的活动轨迹。

作为一种科学的研究方法,GIS 制图技术本身并不受文化观念、种族人口、经济状况、社会结构、制度环境等因素的限定,完全可以有效应用于我国城市街面犯罪分析。在我国,公安部"金盾工程"开启了警用 GIS(简称 PGIS 平台)的建设进程。2009 年,公安部组织研发出"全国警用地理信息平台"软件,以供全国公安部门使用并二次开发。当前,我国绝大多数公安部门均通过警用地理信息平台搭建满足自身业务需求的警务地理信息系统,其主要警务应用有四色警情分析、路径分析、缓冲区分析及犯罪热点分析。① 实际上,犯罪制图是开展治安防控的基础要素和应对依据,基于犯罪制图的空间防控也是综合治理的重要应对策略;在当前平安中国建设备受关注的背景下,犯罪制图构成了夯实平安中国基层基础建设的重要环节。因此,亟待开展依托我国特定研究区的犯罪地理信息,运用 GIS 技术开展犯罪制图,验证街面犯罪聚集分布的实证分析。

2015 年 8 月 31 日,国务院发布的《促进大数据发展行动纲要》,推动政府数据开放共享,促进社会事业数据融合和资源整合,提升政府整体数据分析能力,为有效处理复杂社会问题提供新的手段。这一纲领性文件将极大地促进对包括犯罪情报分析在内的大数据分析的快速发展,为犯罪情报分析提供更加丰富的数据资源。基于大数据的犯罪情报分析就是围绕违法犯罪问题和相关警务问题,结合社会人口统计、空间和时间等相关因素对大数据集的犯罪数据进行统计分析和系统研究,识别犯罪模式,寻找犯罪诱因,优化警力资源配置,为有效预防、

---

① 陆娟、汤国安:《地理空间分析技术在警务工作中的应用》,载于《江苏警官学院学报》2012 年第 3 期。

减少犯罪和提升警务效能提供决策依据。按照公安工作"整体防控、精确指导、精确打击"的总体思路,根据"打防结合、以防为主"的基本方针,以及公安情报体系建设推动警务现代化目标,要想实现科技强警及公安信息化建设,就必须重视公安大数据的开发和利用。

(四) 强化新时期群防群治工作,推进防控的社会化

国外城市安全管理已经由政府系统内的单一治理模式逐步过渡到政府与社会协作治理的二维模式。管理主体逐步地由政府与协会组成的小型结构演变为政府与协会、企业等社会组织相结合的大型结构,再逐渐把社区、公民团体、志愿者、NGO组织等纳入管理体系,最终形成政府、企业、协会和市民共担责任的城市安全管理体系。[1]

公安工作具有广泛利用社会资源的职业优势,仅公安机关各警种以及业务部门而言,就有各自可调配的力量,有的力量还具有一定的规模。然而,目前公安机关借用民力的机制并不健全,主要表现为:一是随着社区建设和社会自治能力的增强,未能及时将治安防范等基础性工作及职能回归社会,使作为社会基础单元的社区在治安防控中的自我管理、自我教育和自我服务功能没有得到发挥与强化;二是在维护社会治安秩序和防控犯罪过程中,由于缺少相对应的借用民力的平台,不能与社会进行更有效、全方位的互动;三是当出现民力成分复杂、规模扩大时,不能建立一套系统性、稳定性的制度体系对民力进行有效整合,致使借用民力处于不可持续、零散和偶发的状态。

当前,社会管理创新应当遵循中央关于建立健全"党委领导、政府负责、社会协同、公众参与"社会管理格局的基本方针,在行政力量依然强大、行政资源十分丰富的情况下,社会管理必须依靠党的领导,发挥政府的主导作用。同时,应大量培育民间组织等社会力量,激发公众的自发参与,取长补短,相互促进,形成多中心治理的社会管理模式。毫无疑问,公安机关必须顺应社会转型的大潮,着力创新公安社会管理体制,努力解决好新的治理模式所面临的各种困境,创建良好的社会治安秩序,逐步建立多中心治理的"合作式治安"模式。公安机关要把适合或可以通过市场、社会提供的治安服务,以适当的方式交给企业、民间组织、中介机构、社区基层组织承担,充分发挥公民社会的自治力。对社会组织承担不了、市场机制不能解决的治安问题,公安机关应在转变传统治安模式的基础上,全面履行维护社会治安秩序的职责。面对当前我国的现实情况,由政府

---

[1] 陈国华、黄晓之、胡昆、王永兴:《典型国际城市安全体系剖析及借鉴》,载于《华南理工大学学报》(社会科学版) 2016年第5期。

出面培育、扶持和引导民间自治组织的发展是十分必要的。第一，应当在资金、职能、人才等方面培育和扶持与社会治安有关的民间自治组织，使之尽快发展起来。第二，要建立和完善社会组织管理法律法规体系，明确民间组织的地位、作用、权利、义务，保障其合法权益，规范其行为。第三，要积极推进民间组织与政府脱钩，努力实现民间组织的自我管理、自主发展。加强宏观管理，实行分类指导，引导民间组织合理布局，健康发展。

第五章

新时期社会治安防控体系的基本架构

系统论原理认为，任何系统都是一个有机的整体，而不是各个部分的机械组合或简单相加，系统的结构决定系统的功能。新时期社会治安防控体系无疑是一个巨大的系统工程，社会治安防控体系的结构对治安防控体系具体功能的实现具有十分重要的作用。因此，合理构建一个协调有序的社会治安防控体系基本架构是构建立体化社会治安防控体系的重中之重。

第一节 新时期社会治安防控体系的整体结构

关于如何构建新时期立体化社会治安防控体系，2011年，《中共中央国务院关于加强社会创新管理的意见》指出，社会治安防控体系应当坚持打防结合、预防为主、专群结合、依靠群众的方针，以社会化、网络化、信息化为重点，健全点线面结合、网上网下结合、人防物防技防结合、打防管控结合的立体化治安防控体系。根据上述意见，公安部要求全国公安机关建立以指挥中心为龙头，以警务信息综合应用平台为支撑，以"六张网"为骨架，以四项运行机制（情报信息预警机制、警务实战指挥机制、实战勤务运行机制、工作绩效考评机制）为保障的全天候、全方位、立体化治安防控体系（见图5-1）。

社会治安防控体系的目标是治安秩序和公众安全感良好，治安防控体系的结构设计应当围绕着这两个目标构建，公安部所提出的"六张网"体现了专群结合、

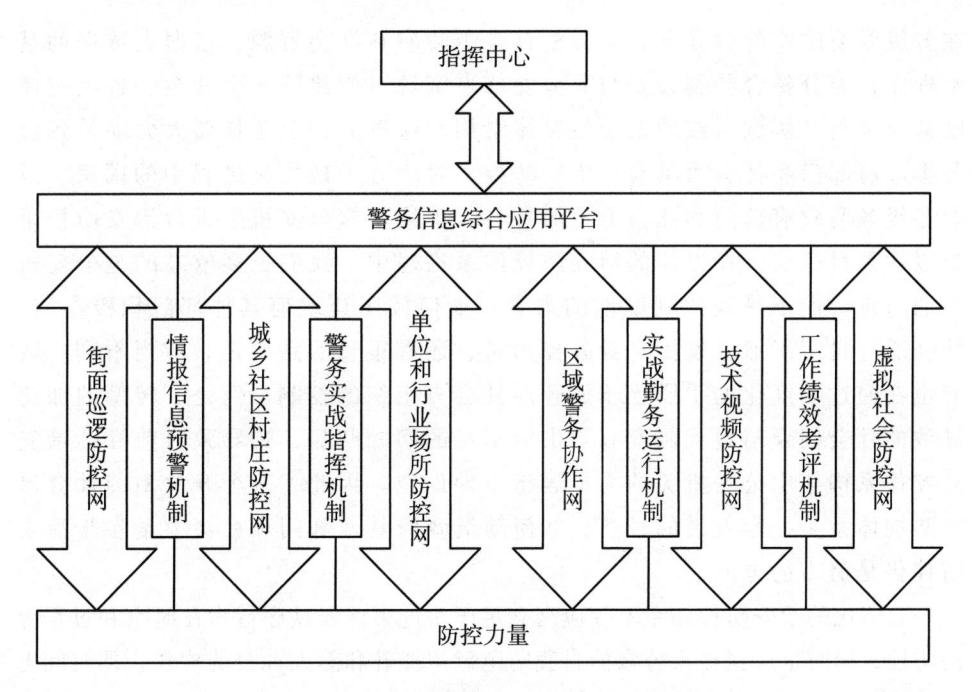

```
                    ┌──────────┐
                    │ 指挥中心 │
                    └────┬─────┘
                         ↕
┌────────────────────────────────────────────────────┐
│            警务信息综合应用平台                     │
└────────────────────────────────────────────────────┘
   ↕     ↕     ↕     ↕     ↕     ↕     ↕     ↕     ↕
  街   情   城   警   单   区   实   技   工   虚
  面   报   乡   务   位   域   战   术   作   拟
  巡   信   社   实   和   警   勤   视   绩   社
  逻   息   区   战   行   务   务   频   效   会
  防   预   村   指   业   协   运   防   考   防
  控   警   庄   挥   场   作   行   控   评   控
  网   机   防   机   所   网   机   网   机   网
       制   控   制   防         制         制
            网         控
                       网
┌────────────────────────────────────────────────────┐
│                    防控力量                         │
└────────────────────────────────────────────────────┘
```

图 5-1　公安部社会治安防控体系结构图

依靠群众的方针，初步实现了点线面结合，网上网下结合，人防、物防、技防结合的理念，四项机制为防控体系的有效运行提供了支撑。但是，"六张网"和"四机制"的设计围绕的是治安秩序良好的目标，至于如何动员社会力量参与治安防控，实现公众安全感良好的目标却没能很好体现。

2015 年 4 月 13 日，中共中央办公厅、国务院办公厅发布《关于加强社会治安防控体系建设的意见》，该意见提出，社会治安防控体系建设的目标任务是"形成党委领导、政府主导、综治协调、各部门齐抓共管、社会力量积极参与的社会治安防控体系建设工作格局，健全社会治安防控运行机制，编织社会治安防控网，提升社会治安防控体系建设法治化、社会化、信息化水平，增强社会治安整体防控能力，努力使影响公共安全的暴力恐怖犯罪、个人极端暴力犯罪等得到有效遏制，使影响群众安全感的多发性案件和公共安全事故得到有效防范，人民群众安全感和满意度明显提升，社会更加和谐有序"。并明确提出，地方党政主要负责人是平安建设的第一责任人，也是社会治安防控体系建设的第一责任人。具体工作中要把社会治安防控体系建设列入国民经济和社会发展总体规划，与各项经济社会建设工作统筹推进。

我们认为，立体化的治安防控体系应当是一个开放型的体系，① 其建设需要

---

① 熊一新、周舜：《论社会治安防控体系的概念、属性及结构模式》，载于《中国人民公安大学学报》2004 年第 4 期。

在各级党委政府的领导下，充分整合各级政府和社会资源，依据大数据的基本理念，充分整合各类公安与非公安信息资源，构建覆盖全社会、各类主体既共同参与又协调一致的系统性整体结构。这里的开放是指要大力动员各级各类政府部门和社会力量参与治安防控，对于处于现代化进程中的国家，没有各级各类政府部门和社会力量的参与，单纯依靠公安机关进行治安防控是难以达到目标的。在以往的治安防控体系构建中，我们更多依靠的是公安机关的力量，而不是现代制度性的力量，如何放手让政府其他部门积极参与，社会通过自组织形式发挥自身防控力量，还有很长的路要走，应当看到，政府也在通过制度化的手段逐步放开对社会自组织的控制。但是，转型的加速导致的社会问题与现代制度有效供给不足的问题凸显，这导致目前社会治安防控体系构架中公安机关的力量居于主导地位。因此，一个开放型的社会治安防控体系是社会发展的必然，如何动员政府其他部门和社会力量参与治安防控仍是努力的方向。

立体化的治安防控体系不仅应当立足于对危害治安秩序行为在时空和过程上的防控，同时也应当注重公众的自我防范意识提升和熟人社会的构建，即时间上不留死角、空间上不留死角、心理上不留死角和社会交往上不留死角，如此才是真正的立体化防控体系。全天候的防控需要布建一个完整的视频监控网络，全方位的防控应当布建一个点线面结合的现实社会防控网和虚拟社会防控网，心理防控要布建一个以提示、提升自我防范为内容的涉警舆情引控和以安全感经营为内容的心理抚慰等防控网，社会关系的防控要构建以熟人社会为基本单元的社区与村庄的防控网。因此，立体化的社会治安防控应当树立大警务的理念，将防控的主体从国家延伸到社会，到市场，再到个人，将防控的维度从时空二维转变为四维一体，即时间、空间、心理和社会关系，具体防控网络的搭建应当体现这四个方面的需要，防控体系的运行机制设计应当围绕这四方面的协调一致，所以构建大警务协作与联动机制势在必行（见图5-2）。

大数据时代的今天，如果各地各级公安机关各自为战，区域独立，信息封闭，势必导致防控的被动与滞后。如何实现基础信息的整合与共享成为及时防控的重要前提，也是保证公安工作先发制人的重要基础。立体化治安防控体系离不开基层基础信息收集工作，更离不开信息的整合与共享。如何收集信息、整合信息、共享信息成为治安防控体系建设的一个重要问题。当前，全国公安机关十分重视情报信息工作，成立了专门的情报信息中心，加强情报信息工作的建设。因此，在治安防控体系建设中，必须建立信息整合与共享机制，加强信息整合与共享建设，为警情的研判和预警工作打好基础。

毋庸置疑的是，转型社会是一个充满风险的社会，对一个超大型的国家尤其

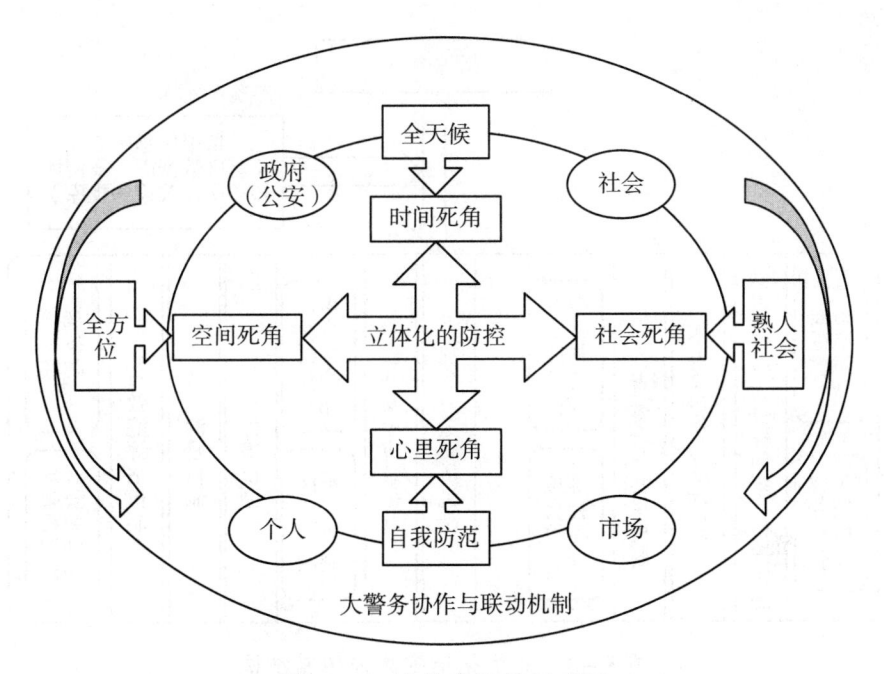

图 5-2 立体化防控示意图

如此。治安秩序的维护不仅要应对各类常规的违法犯罪行为，还要面对包括分裂势力的恐怖袭击、突发的社会安全事件和各类恶性事故灾害等紧急治安事件。当前，这些事件发生迫使国家建立了各类应急预案，但是，近年来各类治安紧急事件频发的态势已经成为一种常态，紧急动员日益成为常规动员，这说明在处理此类应急事件时迫切需要一个常态化的机制应对。因此，我们认为，立体化社会治安防控体系构建应当将紧急事件纳入防控范围，建立常态化的应急机制，使社会治安防控体系拥有一定的张力，具有较强的涵盖性。

根据上文的论述，完整的治安防控体系建要建立保障机制和考核激励机制以保障整个体系的有效运行。我们认为，立体化社会治安防控体系整体结构应当以综合实战指挥中心为中枢，充分体现大数据基本理念，以科技和基础信息为支撑，以"八张网"（街面巡逻防控网、城乡社区村庄防控网、单位行业场所防控网、区域警务协作网、技术视频防控网、虚拟社会防控网、小区域边界控制网、警察公共关系管理网）为骨架，以"八项机制"（大警务协作与联动机制、以快速反应为目标的统一指挥机制、情报信息整合与共享机制、社会力量动员机制、公共安全应急机制、运行保障机制、考核激励机制、运行效能评估机制）为保障，融"四库"（基础数据库、案例库、知识库、政策法规库）为一体（情报信息中心）（见图5-3）。

因此，新时期社会治安防控体系的建设，应该按照"全面设防、一体运作、精细指导、有效管控"的基本要求，立足当前我国社会治安形势与警务工作实际，

```
                    ┌──────────┐
                    │ 指挥中心 │◄────┐ ┌─────────────────┐
                    └──────────┘     └─┤ 情报信息中心    │
                         ▲             │（基础数据库、案例库│
                         │             │ 知识库、政策法规库）│
                                       └─────────────────┘
```

| 街面巡逻防控网 | 以快速反应为目标的统一指挥机制 | 大警务协作与联动机制 | 情报信息整合与共享机制 | 城乡社区村庄防控网 | 社会力量动员机制 | 公共安全应急机制 | 单位行业场所防控网 | 运行保障机制 | 考核激励机制 | 运行效能评估机制 | 视频技术防控网 |
| 区域警务协作网 | | | | 虚拟社会防控网 | | | 小区边界控制网 | | | | 警察公共关系管理网 |

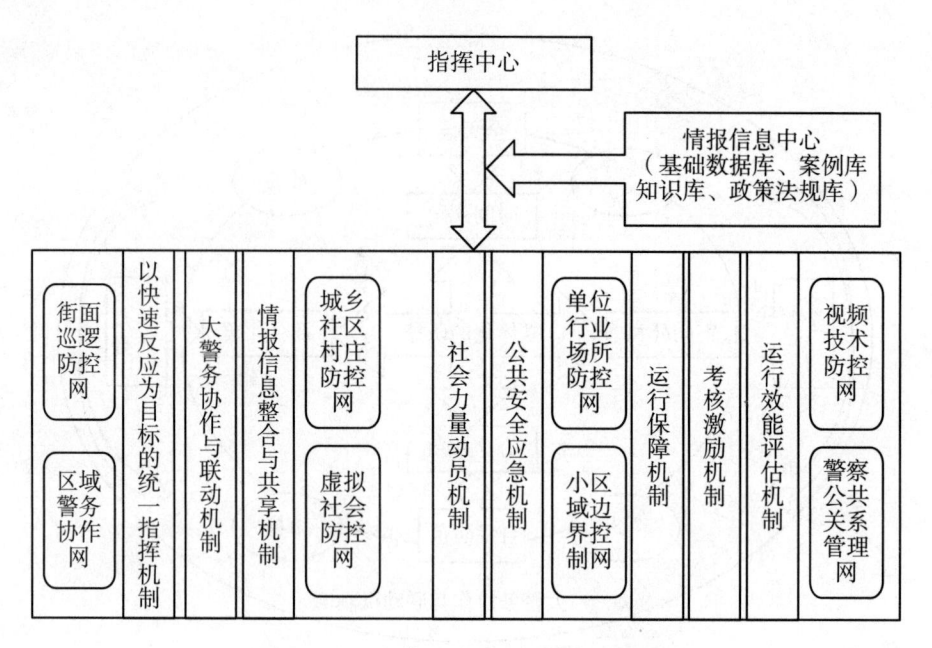

图 5 – 3　立体化治安防控体系结构

突出加强"人、地、物、事、组织、信息"等治安要素管控①，推进现代警务指挥系统建设，按照大数据基本理念推动公安现有业务管理系统与社会管理系统的信息整合，大力强化健全"八张网"和"八项机制"建设，在各级区域治安防控体系的建设中建立以可视化综合指挥中心为龙头，以科技与基础信息为支撑，以"八张网"为骨架，以"八项机制"为保障的全时空、全方位、立体化、无缝隙的社会治安防控体系。

社会治安防控体系建设是新时期社会治安综合治理的一个重要举措②，对于完善国家的治理体系、有效维护转型期社会稳定具有重要的作用。社会治安防控本质上是一个系统化的社会控制，公安机关在治安秩序维护中的专业性、职责性和权威性赋予了其在社会治安防控体系建设中的主导地位。立体化的社会治安防控体系本质在于把握防控主体、防控手段、防控对象的多元化，一个有效的社会治安防控体系在于有一个协调有序的运行保障体系将构成治安防控体系的各个要素充分展开。在日益重视国家治理现代化的当下，防控体系建设应当成为国家治理的重要组成部分，在重视公安机关主导作用时，应将其上升为国家治理策略，纳入政府的可持续发展规划中，给予更高的地位、更充分的政策和物质保障。治安问题的社会性

---

① 熊一新、李健和主编：《治安管理学概论》，中国人民公安大学出版社 2004 年版，第 9 页。
② 刘振华：《农村地区社会治安防控体系研究》，中国人民公安大学出版社 2008 年版，第 11 页。

决定了治安防控必须走社会化道路,当前,治安防控体系建设的重点是如何动员社会组织和个人,创新治安防控手段,使治安防控体系更具有操作性和实效性。

第二节 可视化、扁平化综合指挥中心

在各级区域治安防控体系的建设中,可视化综合实战指挥中心是社会治安防控体系建设和有效运转的大脑和神经中枢,是发挥信息汇集、信息关联整合、综合查询、分析研判、预警、综合决策、动态布警和警务实战指挥等多种功能的综合指挥管理平台;是提升公安信息资源的综合利用水平和规模效益,提高公安机关快速响应、协同作战、维护稳定及精确打击能力的基础平台。

综合指挥中心运作,在指挥模式上可以依据警情,区别一般(常态)指挥和重大(突发)事件的非常态指挥。一般(常态)指挥由公安机关领导执行,在重大(突发)事件或治安防控涉及诸多部门的复杂情况下,依据警情自动启动、转入党委政府主要领导执行的非常态指挥模式。

可视化综合实战指挥中心的建设,应充分利用当前网络与通信技术的发展,结合各级公安机关的业务发展和工作现状,充分依靠系统性、整合性思维,通过建设警用地理信息系统(PGIS)和350兆数字集群系统、进一步完善治安视频监控系统和治安卡口系统,建立基于PGIS电子地图集成350兆数字集群系统(包括GPS),按照大数据基本理念整合治安卡口、视频监控、政府各部门行政管理相关信息和各类社会管理机构相关业务信息资源,联通各级公安机关指挥中心和相关业务系统等的可视化综合指挥中心,实现扁平化指挥。并利用统计分析、数据挖掘等技术开发分析研判、预警、辅助决策和防控效能综合评估系统,以综合发挥其信息分析研判、预警、决策、指挥和评估的强大功能,实现打、防、管、控、评的一体化,进一步完善可视化、扁平化勤务指挥体系。

一、建设内容与方式

(一)警用地理信息系统

警用地理信息系统(PGIS)是实现扁平化、可视化警务指挥的基础性平台[1]。

---

[1] 蔡芳斌:《警用地理信息系统(PGIS)在公安情报指挥中的应用研究》,福州大学2014年硕士学位论文。

系统建设内容主要包括：一是依据公安部技术指导规范和各地公安机关的工作规划，在党委政府的领导和有关部门的协调下，建设警用地理信息系统（PGIS）基础硬件和基础软件两个支撑环境。二是各级各地公安部门，按照公安部的统一规划，统一安装公安部配发的PGIS平台软件。三是多种途径完成地图信息数据库（PGIS数据库）建设，并形成数据采集、更新和维护的长效机制。通过市级公安机关联系政府国土部门和相关专业公司，完成各地和全国基础地理数据库建设；由公安派出所按照网格划分，结合实有房屋管理工作，落实专人，按照信息采集规范要求完成标准地址、警用公共地理信息的数据采集，并由承建单位入库完成标准地址库和警用公共地理信息数据库建设；基于警用地理信息系统（PGIS）和公安业务管理信息系统之间的接口，实现人口管理、治安管理、车辆与交通管理、违法犯罪等公安业务数据库与警用地理信息系统（PGIS）的整合。四是基于PGIS新建或改造业务应用系统，逐步完成应用系统建设，逐步实现基于PGIS的综合查询、警务标绘、视频应用、GPS定位应用、警情分析、指挥中心应用、人口应用、旅馆应用、网吧应用、案事件应用等主要业务功能，基本实现扁平化、可视化调度指挥。五是逐步完成包括各种业务统计数据库、执法办案案例库、执法知识库、处置预案库、政策法规库在内的各种软防控支持库建设。六是逐步完成各省市区市级、省级、部级PGIS平台的互联互通，逐步实现各地全市、全省、全国联网运行，实现跨区域跨警种跨部门的信息资源共享和业务协作。七是建立平台的运行维护管理体系。

（二）350兆数字集群系统

350兆数字集群系统采用TETRA数字集群通信标准，是公安机关用于警用（应急）通信和指挥调度的应用支撑技术平台，具备数字化的语音通信调度功能，以及GPS定位、短信等扩展应用功能，是公安机关实现点对点、扁平化指挥，提高统一指挥调度能力、快速反应能力和协调能力的重要载体。

350兆数字集群系统建设需要与包括警用地理信息系统（PGIS）在内的指挥中心系统全面同期集成，其应用以公安、交警用户为主，同时可作为各地市级、省级政区和国家层面各应急成员单位的共享网络运行。系统建设内容主要包括：一是建设无线基站。二是部署TETRA交换机。三是建立两套通信及管理调度台，其中一套分配给公安机关进行管理和指挥调度，另一套供各级政府应急中心作为应急指挥使用。四是采购TETRA GPS手持终端（对讲机），满足公安、交警及各应急成员单位使用。五是在后台装备GPS定位系统，对TETRA GPS手持终端（对讲机）进行定位，实现点对点指挥调度。六是改造或开发接处警系统、车辆（人员）定位系统、全网录音系统、短信系统等多个业务系统，以实现指挥中心业务与 TETRA 系统的无缝集成。

（三）治安卡口系统

治安卡口系统通过在某一城市或区域内与周边接口的交通道口、公共停车场的出入口设置卡口，安装与指挥中心联通的相关拍照设施设备，对过往卡口的每一辆机动车及其前排司乘人员进行抓拍，自动识别车辆牌照，清晰反映司乘人员面部特征，并对车辆人员信息进行自动分析、自动保存、自动对比、自动报警。

在当前社会人口流动性、犯罪流动性异常突出的形势下，治安卡口系统的建设与完善对于打击违法犯罪具有非常重要的积极意义。治安卡口系统的建设又具有极为突出的地方和区域属性，因此，应结合各地的路网建设、地理环境和现有治安卡口系统建设情况，统筹规划，有针对性地加以建设完善。在当前形势下，治安卡口系统建设主要应突出：一是在城市或各级行政区域层面上，在区域内每条道路上需建设数字高清治安卡口。二是分期分批，将现有卡口模拟拍照系统逐步更新为数字高清拍照系统。三是逐步将公共停车场出入口设置卡口工作纳入治安卡口系统，扩大覆盖面。四是深化警务应用，一方面，与指挥中心警用地理信息系统进行关联，通过系统实现快速组织周边警力、治安视频监控等对涉违法犯罪机动车实时跟踪、拦截，深化勤务指挥应用；另一方面，通过数据分析，对侦破各类涉车违法犯罪、处置交通违章提供重要线索和证据。

（四）治安视频监控系统

治安视频监控系统是扁平化、可视化指挥系统的前沿阵地，治安视频监控的成像清晰度、覆盖率直接制约着可视化指挥的深度和广度。

近年来，各地公安机关对治安视频监控系统建设工作非常重视，经过各地各级公安机关的大力建设，治安视频监控系统建设取得了巨大的成绩，在预防和打击犯罪方面发挥了主要作用。因此，今后的工作，一是优化治安视频监控系统，按照"平安建设"工作中治安视频监控建设的规划，结合一些地方开展的"智慧城市"智能安防规划，结合各地实际，在科学布点特别是在强化案件多发地点（段）、治安乱点、社会秩序乱点、重要民生基础设施、人员聚集地点、地理环境复杂地域的监控方面开展建设工作，扩大治安视频监控覆盖面，为推进治安视频监控全面化打下基础，为实现扁平化、可视化指挥调度提供保障。二是在确保治安视频监控在线的基础上，加大指挥中心专门人员配置，在重要时段，对重点地区（如案件高发、学校周边等）加大视频巡查力度，及时发现可疑人员车辆，监控违法犯罪、科学调度警力予以打击。

(五) 防控效能评估平台

社会治安防控体系效能评估平台建设，是在各级公安机关指挥中心通过开发相应的评估系统、数学模型和软件模块，对社会治安防控体系建成并投入运作后在预防、发现、控制和打击犯罪方面的功效进行综合评估，以从整体或特定方面改进治安防控工作。其建设内容主要包括：一是评估指标体系的因子筛选模块，通过在各级公安机关指挥中心建设指标重要性（权重）评估系统，由公安机关中层以上干部、民警代表、公安行业专家和市民代表进行评价来确定[①]。二是评估指标体系的因子水平确定，主要通过各级公安机关指挥中心对各项业务工作的客观统计分析、市民主观感受的问卷调查、实证分析、数据标准化后来确定[②]，并自动导入评估模块。三是综合评估模块开发，通过开发相应的评估软件嵌入指挥中心系统，并以可视化的方式呈现综合评估结果。

二、指挥中心的基本功能

基于警用地理信息系统（PGIS）等的可视化综合指挥中心，其功能概括起来主要包括以下三个方面：

一是与公安业务相关的警用基础数据管理及其可视化呈现，其中，主要包括各类人口、各类组织、社区、特种行业、重点单位、危险物品、警用设施、道路、案事件等的管理及其可视化呈现。

二是警务调度指挥，主要包括指挥中心接处警、指挥（应急）预案、GPS车辆（人员）的实时监控调度、抓捕、卡口、疏散、路径分析、交通流量控制等及其可视化呈现，以支持动态布警。其中，警务指挥调度，应逐步推进110、119、122的三台合一，以促进警务资源共享、提升警务指挥调度效率、提高社会治安防控的整体能力。

三是辅助分析决策、研判与预警，包括人口分析、犯罪地图、案发分析、人员住宿轨迹、物品与案发轨迹分析、交通事故分析，以及防控效能评估等及其可视化呈现，以服务于案件侦破和案事件研判预警。

---

① 伍先江：《城市社区安全评估指标体系的构建——以北京市为例》，载于《中国人民公安大学学报》2009年第4期。

② 伍先江：《城市社区安全评估模型的构建——以北京市为例》，载于《中国人民公安大学学报》2009年第6期。

第三节　科技与基础信息支撑

社会治安防控体系，特别是可视化综合指挥中心的建设，必须以科技应用和基础信息为支撑，才能在社会信息化、治安动态化、警务主动化的治安环境下，发挥应有的功能。

一、科技支撑

所谓科技支撑，就是在社会治安防控体系建设中，要充分发挥信息技术、数字地图技术、警用移动通信技术、视频监控技术、统计分析与数据挖掘技术等在治安工作中的作用，充分依靠科技的力量，挖掘警务信息资源，提高警务人员素质，提升警务工作效能，更好地维护社会稳定和治安秩序。

一是加大信息化建设力度①。进一步完善现有警用综合信息系统（警综平台）和各级情报信息系统，实现公安业务管理各部门之间依据公民身份号码、房屋地址号码（门牌号码）、地理信息、车辆登记号码、网络实名等的信息关联共享，实现区内乃至市内公安派出所之间，各业务部门之间的信息整合、共享和联通，强化"人、屋、车、场、网"等治安管理要素的信息关联和共享，提高管理水平；利用信息技术实现公安机关与政府管理部门和社会服务部门之间的信息关联或整合；开发公安网和外网两个警务短信彩信平台，开放相应权限给社会公众和相关部门使用，实现警情收集研判、警令派发、警情通报和警务信息互动。

二是大力推进数字地图技术应用②。利用鲜活的区域地理资源和空间附着物信息、人口信息、犯罪统计信息等开发一套数字化、可视化的警用地理信息系统（PGIS），并结合GPS技术，为警务工作的数字化打下坚实的基础。

三是推进警用移动通信系统建设。为公安机关各警种民警特别是巡逻民警、社区民警及其辅助人员配备移动警务通和数字对讲系统，实现与治安防控信息系统和指挥中心的实时移动通信，强化实时查询、处置、请求和接受警务指令功能；为治安巡逻部门配备流动警务（指挥）车和智慧岗亭，实现警务指挥和警务

---

① 左袖阳：《社区治安防控体系解读》，中国社会出版社2010年版，第65页。
② 蔡芳斌：《警用地理信息系统——PGIS在公安情报指挥中的应用研究》，福州大学2014年硕士学位论文。

工作的移动化,提高快速反应能力。

四是实现视频监控全覆盖。各级各地公安机关应该在党委政府的大力支持下,开发完成遍布城市或区域内街面,整合各部门、各单位、小区、场所、楼宇自有数字化视频监控的综合视频监控系统平台,开发智能化的人脸和车牌自动识别技术,实现全区视频监控系统的大整合,互联互调,资源共享和统一应用;开发运行治安卡口系统,完成治安卡口"包围圈"工程,实现区域大小出入口设卡,并与各级公安机关卡口系统和综合指挥平台对接;建立完善民警执法视频监控系统,实现民警执法的全程可视化监控,提高民警执法的证据意识和规范化水平,保障执法安全。

五是利用统计分析和数据挖掘技术开展辅助决策分析和评估考核。开发实时警情动态分析系统,实现一定时空范围内警情的自动、自助点播式警情分析和评估,并以可视化的形式形象体现;开发各部门各警种基于各自(或民警个人)业务信息和考核标准的工作自动考评系统,实现工作考核网络化、系统化、自动化,指导民警改进工作;开发治安防控系统效能评估系统,基于打防管控实际效果和开发的指标体系,实现对治安防控系统效能的实时、动态评估。

六是加强培训,提高警务人员科技应用素质。第一,通过与公安院校开展合作,大力加强警务人员对治安防控体系建设的理念、职能定位、基本结构、运作模式、执法方式等方面的培训,自觉将日常警务工作行为置于整个治安防控体系的整体运行之下,规范执法;第二,与相关部门、单位合作,加强对警务人员应用各类警用装备、警用系统平台的应用技能培训,挖掘警力资源,提高警务效能。

二、基础信息支撑

社会治安防控体系建设,特别是可视化综合指挥中心建设,必须按照大数据"从一切太阳底下的事物中汲取信息"[1] 的理念,以涉及地理、公安管理、视频(含卡口)监控、政府管理、社会服务的各类信息及其统计信息构成的基础信息为支撑。

一是基础地理信息(GIS)和 GPS 信息。基础地理信息即承载区域空间上各类社会和自然物的基础信息系统,也是实现警务指挥可视化的基础。其获取需要通过各级政府国土部门提供和相关专业公司导入 PGIS 系统来完成。

---

[1] [英] 维克托·迈尔-舍恩伯格、肯尼思·库克耶:《大数据时代》,盛杨燕、周涛译,浙江人民出版社 2013 年版,第 20 页。

二是公安业务管理信息。即警用综合信息系统（警综平台）和公安情报信息系统中，公安机关现有的以人、地、物、事、组织、信息等管理要素为对象的行政管理、勤务和违法犯罪打击信息。这些信息是公安机关业务工作过程中累积形成的数据信息，需要通过指挥中心相应接口系统开发来实现信息共享。

三是视频监控信息。即通过视频监控系统获取的在一定时空范围的人、物的社会活动图像信息。其内容摘要包括治安视频监控信息、交通视频监控信息，以及社会单位视频监控系统信息等，需要通过各级公安机关指挥中心相应接口系统开发来实现信息共享。

四是政府管理信息。即政府各有关部门，特别是涉及各类人员管理服务的业务信息，如劳动与社会保障、住房（房产）、税收、教育、民政、卫生、计生等相关信息。其利用方式既可以是关联，即通过各自前置系统与公安分局可视化综合指挥中心关联，也可以是与公安分局可视化综合指挥中心完全整合共享。

五是社会服务部门的业务信息。人的活动遍布社会领域的方方面面，但概括起来，主要包括吃、住、行、消、乐等各个方面，如供水、供电、供气信息；住房、住宿信息，交通差旅信息；消费、娱乐活动信息；银行、电信、网络等信息的有条件、有限度关联或整合；利用统计分析和数据挖掘技术获取的各类统计和个体活动信息，如犯罪统计信息，重点人员活动轨迹分析信息等。其信息获取主要是通过公安分局指挥中心透过情报系统与社会服务部门的信息关联共享来实现。

第四节　"八张网"建设

新时期立体化社会治安防控体系建设，应该根据当前社会治安工作的特点和创新社会治理的理念，立足当前社会治安特点和公安工作的现状与基础，树立民生警务、情报信息主导警务理念，注重警务机制创新、科技手段应用和警务资源有效整合，有针对性地加强街面巡逻防控网、城乡社区村庄防控网、单位行业场所防控网、区域警务协作网、技术视频防控网、虚拟社会防控网、小区域边界控制网、警察公共关系管理网"八张网"的建设，构建专群结合、硬防控与软防控结合、点线面结合、人防物防技防结合、打防管控评结合、虚拟社会与现实社会结合的社会治安防控体系。

一、街面巡逻防控网建设

街面巡逻防控网是城市或区域立体化社会治安防控体系的主要组成部分，街面巡逻防控网建设应以"大巡警"建设为依托，以科学制定巡逻总体方案为前提；做大做强巡警，整合治安员队伍、保安员、治安志愿者等巡逻力量，实现巡防警力最大化；坚持警情引导、动态布警；完善巡警交警协作联动等机制，打击控制街面犯罪，提高街面犯罪防范打击能力，实现巡防效能最大化，群众安全感提升。

（一）科学制定巡逻总体方案

一是推进治安管理网格化[①]。基于城市或区域地理信息系统，按照道路（街道）、林地水面、居住社区、企事业单位（企业或学校等）、公共活动场所等的分类，结合网格设置，将城市或区域划分为若干治安管理网络，也是巡逻警区（巡区、巡段）划分和实施的依据。二是理顺巡逻体制。在城市或区域层面，按照"大巡警"三级巡防要求，合理划分巡警大队、派出所、警务室巡逻民警的职责分工并落实到具体网格，巡警大队负责道路（街道）、林地水面治安巡逻，派出所巡逻力量负责辖区内公共活动场所的治安巡逻和安全守护，派出所警务室巡逻民警依托社区警务工作负责居住社区、企事业单位（企业或学校等）的治安巡逻。三是按照"一个巡区、一张图表、一套方案"的要求，设置必到点和必巡线，合理安排巡逻力量、路线和巡逻密度，结合视频巡逻，充分发挥巡逻有效压缩犯罪时空的作用。

（二）整合巡逻力量

巡逻力量以公安民警组成的专业力量为主，以专司巡逻任务的治安员、保安力量为辅，组织各种力量共同开展街面巡逻防控工作。一是按照"大巡警"三级巡防要求，整合巡警大队、派出所、警务室巡逻民警，并由公安机关指挥中心实现统一安排调度。二是充分整合治安巡逻的各种社会力量，按照民警与治安队员一定比例（如1∶2～1∶5）配置治安队员，壮大治安员队伍；发动企事业保安员、社区治安保卫综治力量、治安志愿者等群防群治力量参与治安巡逻防范。三是加强警犬队建设，为街面道路和社区巡逻力量配备警犬，开展警犬巡逻。

[①] 沙洁：《论社会治安防控体系的构建》，载于《云南警官学院学报》2009年第6期。

（三）坚持警情引导、实现动态布警

一是在科学设置巡区、巡段的基础上，实施路面、公共活动场所巡逻警力由城市公安局指挥中心统一指挥调度，依托扁平化、可视化调度指挥系统对巡逻警力进行实时监督。特定重大情况下也可调动社区巡逻力量。二是依托公安局指挥中心建立街面警情研判机制，明确专人负责每日街面巡逻防控工作的分析研究与情报研判，加强综合情报部门（设在指挥中心）与警种情报部门的情报分析研判与协调配合，提高情报分析质量。三是依托实时警情分析，机动调整巡防重点，实现"警力随着警情走"。通过分析实时警情特点和突发情况，及时调整巡逻方案，临时增强案发地周边、案发地类似场所及易受侵害部位、人群的巡防部署，有效威慑、防范、打击违法犯罪行为，实现动态布警、科学布警，"警力随着警情走"。四是依托阶段历史警情分析，局部调整巡防部署。通过分析近一阶段以来巡防区内的高发类案，及其发案时间、地段、作案手段和嫌疑人（车）等规律特点，合理调整巡逻线路和时段，有重点地增强局部巡防力量。

（四）完善巡逻机制

一是巡警与交警协作联动机制。在公安机关层面，在实行 110、119 与 122 三台联动综合指挥中心建设的基础上，通过 PGIS 系统和指挥中心的统一调度，强化巡警、交警的协作联动，发挥一警多能、一警多用的综合优势，在治安巡逻与交通管理间形成警力相互补充、相互支持的良好局面。二是实兵巡逻与视频巡逻相结合机制。城市公安局指挥中心组建专职的视频巡控队伍，实行 24 小时视频动态监控，并与街面警力和专门机动警力有机结合，相互补充，及时发现、跟踪和查处街面违法犯罪活动。三是公开巡逻与秘密巡逻相结合机制。除安排充足警力开展着装巡逻、公开震慑犯罪外，还应组织一定数量的便衣巡逻警力实行秘密巡逻，及时发现和打击各类街面违法犯罪活动。四是动态巡逻与定点巡守相结合机制。除安排巡逻警力在划定区段内开展动态巡逻外，还应在治安复杂、案件多发、群众需要的重要部位、公共活动场所设立固定巡控点，开展重点巡逻守护。五是街面巡逻防控与卡点堵控相结合机制。按照"内巡外堵"的方式，将街面巡逻防控与治安卡口结合起来，并在指挥中心的统一指挥下，形成围堵违法犯罪的包围圈、严密防控网络。

（五）充分发挥巡警的快速反应和打击职能

一是充分发挥巡逻警力覆盖面广、反应速度快的优势，对在巡逻过程中发现、群众现场指认、指挥中心指令的案件果断处置，及时抓获违法犯罪嫌疑人，依法进行当场处罚或移交有关部门处理。二是加强便衣伏击队伍建设,与秘密巡逻相结合,在指挥中心的情报信息分析研判支持下,不定时、不定点地开展伏击任务,重点打击治安问题突出的街面、道路和公共活动场所的现行违法犯罪活动,起到以打促防的效果。

二、城乡社区村庄防控网建设

社区是社会治安防控的基础和重要组成部分之一。加强社区防控网建设,就必须针对社区人口、经济、社会与治安的特点,遵循治安管理与治安防范社会化的基本思路,创新治安管理、治安防范的机制和方法,切实加强社区防控网建设。

(一) 全面实施社区警务战略

一是结合治安管理网格化合理划分社区,科学设立警务室。按照公安部社区划分的要求,结合城市或区域治安管理网格化,合理划分社区,设立社区警务室,按照实有人口多少、治安状况等科学调配和充实警力,以一区一警或一区多警的模式灵活配置社区民警[1]。在一些工厂、企事业单位比较多的区域,特别要注意在大型企事业单位设立社区警务室,配齐配强社区民警和治安员。二是要在晋级晋升、评优评先、工作考核等方面制定优先政策,鼓励和吸引社区民警深入社区开展社区警务工作。三是通过科学设置考评指标,引导社区民警把走访调查、宣传发动、巡逻守护、街面核查、实地检查和警情通报作为主要勤务模式,真正把主要工作精力放在社情民意掌握、社区信息采集、实有人口管理、行业场所管控、社区治安防范、安全隐患排查整治、走访服务群众、法律宣传、矛盾纠纷化解、案件线索提供等基础工作中,夯实社区警务工作基础。四是按照动态布警的要求,积极建立多部门、多警种联动工作机制,形成社区民警与其他警种相互协作相互支持的警务工作模式;探索建立流动警务室、网上警务室等新型警务模式,更好地服务群众。五是在有条件的城市或地区可以为社区警务室配备警犬,协助民警开展社区治安巡逻守护工作。

(二) 加强社区群防群治力量建设[2]

一是依托基层党组织和居委会,组织发动社区社工、党员、流动人口等参与

---

[1] 熊一新、李健和主编:《治安管理学概论》,中国人民公安大学出版社2004年版,第108页。
[2] 朱守科、朱来胜、刘海瑞:《对加强社会治安防控体系建设的思考——以甘肃省为例》,载于《甘肃警察职业学院学报》2009年第4期。

社会治安防控，依托企事业单位党组织或者内保组织，组织发动单位员工、大学生，进一步壮大群防群治力量。二是积极争取由政府出资，按照社区警务室每个社区民警配备 1～3 名治安员的标准，配齐配强治安辅助力量。三是充分利用市场机制，要求有条件的社区、企业按照市场运作的模式配齐社区物业保安或企业保安队伍，由公安机关治安管理部门加大业务培训和业务指导力度，充分发挥社会力量在维护社区、企业内部治安秩序和安全防范方面的作用。四是对各种群防群治力量加强统一调配使用，围绕社区防控的点、线、面、事等，合理划分巡逻防控区域，合理安排巡逻密度，统一调配治安人力资源，努力实现社区治安防范效益最大化。

（三）全面加强实有人口管理

实有人口管理是立体化治安防控体系的重要组成部分，一是按照"以证管人、以业管人、以房管人"和"谁用工谁负责"的原则，结合"实有人口、实有房屋"的"两实"登记管理和 PGIS 信息采集，全面掌握辖区实有人口和实有房屋基本情况[①]，并及时录入警综平台。二是以企业集中住宿房屋、建筑工地、娱乐场所等为重点，全面开展流动人口登记工作，提高流动人口登记率，进一步强化流动人口动态服务管理。三是进一步加强重点人员管控，通过强化公安机关对网吧、旅馆、企业集中住所房屋、娱乐场所的监管、检查力度，强化社会动态信息采集和社会活动信息整合力度，掌握重点人员和涉稳、涉恐、涉毒、在逃、重大刑事犯罪前科、肇事肇祸精神病人、重点违法上访重点人员的吃住行消乐等信息，做好情报信息分析研判和具体管控工作。四是积极协调有关部门加强对特殊人群的帮扶帮教和管控工作。积极协调卫生、民政等部门加强对重点青少年和心态失衡、有严重人格缺陷等特殊人群的帮扶帮教和心理疏导，建立帮扶帮教和心理疏导档案，了解其心理状态，掌握其活动情况，减少违法犯罪的发生。积极配合卫生部门开展对重症精神病人的调查摸底和风险评估工作，严格落实好危险等级为三级（含）以上重症精神病人的管控措施，做到辖区重性精神病人底数清、情况明、不漏管、不漏评、不失控。五是公安派出所积极配合司法行政部门，做好监外执行罪犯的社区矫正工作，建立由司法干部、社区民警、治保干部、治安积极分子、居民群众组成的监管小组，落实监管制度和措施。六是将境外来华人员纳入实有人口管理，通过完善落实境外来华人员住宿登记管理，确保境外来华人员住宿登记率、准确率，并以此为基础，加强对境外来华人员的全程动态服务和管理。

---

① 伍先江：《论流动人口服务管理创新》，载于《中国人民公安大学学报》2011 年第 2 期。

(四) 大力促进人防、物防、技防结合

一是落实人防措施。社区民警要督促、指导居委会、物业公司、企业等落实治安防控的群防群治力量，并坚持每天由社区民警带队，采用步巡、自行车巡等方式，重点加强对社区内背街小巷、交叉地带、易发高发案部位和时段的巡逻防控。二是落实物防措施。社区民警要督促、指导居委会、物业公司、企业等落实对社区、企业的封闭式管理；建立并落实小区出入口人车凭证出入管理制度；通过集中管理，强化车辆安全防盗措施等。三是落实技防措施。社区民警要督促、指导居委会、物业公司、社区居民、企业等落实社区出入口、厂区学校出入口、主要道路交叉口、楼道出入口、重点部位、楼房电梯等的视频监控措施，并鼓励其接入公安机关治安视频监控系统，最大限度地实现视频信息共享。通过人防、物防、技防措施的结合，形成严密的社区治安防控网络，不断提高社区治安防范能力和水平。

(五) 强化矛盾纠纷排查化解

一是坚持抓早、抓小、抓苗头，发动社区民警依托社区警务工作平台进社区、进单位、进家庭，结合治安信息员建设与秘密力量物建工作，通过政务信息系统共享相关部门涉及社会稳定的信息，多渠道收集社区各种矛盾纠纷信息，不间断地开展矛盾纠纷排查化解工作。二是在区综治信访维稳中心、司法所指导协调下，大力推广"公调对接"机制建设，在社区、企事业单位设立综治信访维稳和调解室，建立责任明确、运转协调的矛盾纠纷分流、联动调处机制，实现公安行政调解与人民调解、司法调解紧密衔接、良性互动[1]。三是依托警务室，会同居（村）委会等基础组织，把老党员、老干部、基层法律工作者、社会工作志愿者组织起来，参与矛盾纠纷调解工作，深入细致地做好家庭矛盾、邻里纠纷、劳动纠纷、涉访涉诉矛盾等调解化解工作，防范减少治安问题的发生。四是结合日常社区巡逻防范工作和防范队伍建设，广开渠道，加大宣传和发动，通过一定的业务培训，积极争取将社区的离退休人员、治安积极分子、群防群治人员、物业保安等作为反恐、防恐信息员，通过人民群众的积极参与，建立反恐、防恐的坚固阵地。

三、单位行业场所防控网建设

各种类型的单位是社会治安防控的基本单元。构建机关、团体、企业单位内

---

[1] 王和、寿远景主编：《浙江公安机关加强和创新社会管理的理论与实践》，浙江工商大学出版社2011年版，第180页。

部的单位治安防控单元，是维护单位内部稳定、打击违法犯罪、建立和完善社会治安防控体系的基础性保障。

（一）强化单位内部治安保卫

《企业事业单位内部治安保卫条例》规定，派出所要按照"预防为主、突出重点、单位负责、政府监管"的原则，督促单位落实内部治安保卫工作。一是明确治安保卫责任。严格落实单位主要负责人治安保卫责任制，派出所要依据《企业事业单位内部治安保卫条例》，指导和督促单位完善巡逻检查、守卫防护、要害保卫、治安隐患和问题排查处理等各项治安保卫制度，健全保卫机构，充实保卫力量①。加强单位内部保卫、保安人员教育培训和考核，确保治安保卫重点单位、企业、高等院校等保卫、保安人员教育培训达标。二是在人防、物防、技防相结合的基础上加强单位内部技防设施建设。严格监督企事业单位按照国家、行业和地方有关标准，加大技防投入，对治安保卫重点单位逐步普及入侵报警、视频监控系统，对一般企事业单位在重要部位安装自动报警设施和视频监控系统，并逐步完成接入公安机关视频监控网和管理平台。三是针对实际情况，重点加强学校校园治安防控体系建设。建立维护高校安全稳定的长效工作机制，配合综治、教育主管部门开展平安校园创建活动。加强警校联建，及时集中开展校园周边治安秩序整治行动，强化校园周边巡逻防控，督促学校、幼儿园配齐配强专业保安人员，提高防范水平。在有条件的城市或地区，按照属地管理原则，由派出所在区内高校和中小学设立校园警务室，足额配备驻校民警，指导、监督学校治安保卫机构完善各项保卫制度，配齐保安队、护校队、学生义务巡逻队等各类治安保卫力量，指导学校加大投入，加强治安防范设施和技防设备建设，提高防控水平。派出所也可以指导学校建立完善保卫处长联席会议制度，按月定期组织由派出所民警、保卫处处长、校园治安保卫人员和学生代表参加的学校治安保卫工作情况通报会和经验交流会，既提高保卫工作信息共享水平，又通过交流加深了解，提高工作合作和协调行动能力，提高保卫工作水平。联合教育部门，建立学校治安保卫年度总结表彰奖励机制，由公安机关组织学校召开年度保卫工作总结表彰会议，总结交流工作经验，并对业绩突出的先进个人进行表彰，激励保卫人员提高工作水平。四是加强对重要基础设施的安全防范。督促和指导供水、供电、供气、供油、交通、通信、网络等城市重要基础设施主管部门和业主单位，全面落实各项安全保卫措施，确保绝对安全。

---

① 朱守科、朱来胜、刘海瑞：《对加强社会治安防控体系建设的思考——以甘肃省为例》，载于《甘肃警察职业学院学报》2009年第4期。

（二）强化行业场所管控

一是依法对旅馆业施行行政审批，颁发《特种行业许可证》；依法对娱乐场所、废旧金属收购业实行备案、登记管理，加强宣传，将相关法律、法规及承担的法律责任和义务明确告知经营者，促使其强化安全措施，合法经营。二是加强对旅馆业、网吧、娱乐服务场所、餐饮场所等的日常治安与安全检查，对其中的违法犯罪行为和违反安全管理行为依法予以处罚，督促其承担治安义务，落实治安与安全管理措施，以预防违法犯罪和治安灾害事故的发生。三是通过物建秘密力量、暗访检查等途径，结合定期检查、随机抽查等方式，全面掌握行业场所治安与安全状况，消除治安与安全隐患。四是实行娱乐场所从业人员实名登记制度，实时掌控从业人员活动轨迹，有效提升预防、控制和打击违法犯罪活动的能力。五是大力推进旅馆业、洗浴业等行业场所协会建设，加强行业场所的自我约束、自我管理能力，提升管理水平。六是健全机制，加强治安乱点和突出治安问题的整治工作，以零容忍的态度迅速整治群众反映较为强烈的行业场所治安问题，净化社会环境。

（三）强化重点物品管控

一是全面落实民用爆炸物品、烟花爆竹、管制刀具、剧毒化学品、易爆化学品等危险物品安全管理，严防危险物品非法流入社会，引发安全事故或违法犯罪。利用信息化管理手段，逐步实现对危险物品流向的动态监控。二是会同新闻出版、文化、工商等部门，开展"扫黄打非"和"互联网整治"专项行动，坚决遏制政治性非法出版物和有害信息非法印制、非法传播渠道；坚决遏制利用互联网、手机传播淫秽色情信息等问题，净化社会文化环境。三是联合药监、卫生部门，做好精神药品和麻醉药品管理工作，掌握麻醉药品和精神药品的流通、使用情况，避免其非法流入社会。

四、区域警务协作网建设

区域警务协作是在一定的行政区域范围，根据社会治安问题的性质和特点，借助警务协作制度和平台，形成区域范围内以一个行政区域为中心、周边行政区域联合协作、共同参与，公安机关不同地区之间、不同部门之间协同行动工作局面的一种警务工作方式。区域警务协作是当前社会流动性日益加大、公安工作日益动态化形势下，公安机关有效加强治安管控、打击违法犯罪的必然选择，因而也是社会治安防控体系建设的重要组成部分。

(一) 完善治安卡口系统建设

一是在城市或区域层面，按照"扼守要道、辐射周边、全面查控"的要求，在城市或区域内公路与邻近地区交界的道口构建起由 24 小时常态工作的治安卡口和警务工作站组成的城市或区域外围的封控网络①。二是确保所有警务工作站全部安装公安专网、公安查询比对系统、视频监控系统和车辆自动抓拍系统，并实现视频图像和车辆信息的及时上传。

(二) 建立周边地区区域警务协作网

一是根据警务协作机制要求，在城市或区域与周边城市或区域邻近的警务工作站之间建立联勤协作机制，相互提供同频基地台、手持终端和道路监控图像，实现音频、视频和信息的互联互通，确保遇有问题，能迅速反应、有效处置。二是城市或区域层面的公安机关及其基层派出所与周边城市或地区临近的警务工作站（治安卡口）要共同制定应急处突预案，适时组织冲卡堵截、联勤查控等实战演练，进一步完善情报信息共享、协同堵截等协作制度，全面提升警务工作站应急处突和协同作战的能力。

(三) 把城市公安局指挥中心建设成为警务协作平台

公安机关应建立以公路公安检查站和相关警种为成员的日常协作机制，实现处置紧急警务和突发事件时，各警种在规定时间内全部到岗。同时，定期开展城市或区域与周边城市或区域之间跨区域警情互动、模拟实战演练等工作，实现通讯畅通、警情互通的工作目标。

(四) 大力争取政府财政支持

依靠城市或地区党委和政府的领导和支持，加强与财政、发展改革、交通运输和林业等部门的沟通协作，积极争取人财物等方面的投入，实行综合建站、综合执法。

五、技术视频防控网建设

技术视频防控网是以维护社会公共安全为目的，综合运用安全防范技术和其

---

① 朱守科、朱来胜、刘海瑞：《对加强社会治安防控体系建设的思考——以甘肃省为例》，载于《甘肃警察职业学院学报》2009 年第 4 期。

他科学技术，把从重点单位、重点场所、敏感区域、治安复杂地区、重要路口等部位采集的图像，按需求传输到公安监控中心的综合系统。在当前社会流动性日益增强的形势下，技术视频防控网建设对于公安机关加强违法犯罪的实时控制、协助查破案件都具有重要作用。

（一）进一步加大视频监控系统建设应用力度，实现治安监控全面化

一是各级公安机关要争取党委和政府的支持，把技术视频监控系统建设作为平安建设的重要内容，在已有视频监控头的基础上，按照一定的标准，新建视频监控头，力争建成规划布点合理、技术标准统一、视频资源共享的数字化、集成化、网络化、智能化的全天候视频监控系统，实现对区内主要公共区域、场所、街道、治安保卫重点单位及周边区域、治安复杂区域等部位和公共交通工具的全覆盖，实现治安监控全面化。二是按照高标准要求，对现有模拟信号治安监控头，按照每年一定的比例分期逐步淘汰，换装数字高清监控头，并采用新技术设备，大力优化网络环境，满足数字高清监控头对网络负载的需求。三是加大视频监控系统应用力度，特别是加强刑侦、治安、国保、巡防等警种的应用，最大限度地服务相关警种的业务工作开展。

（二）落实公安内部视频监控系统资源整合共享

针对当前各地普遍存在的公安视频监控治安部门与交警部门各自建设、各自管理、难以互补共享的弊端，要通过110指挥中心和122道路交通管理指挥中心的合并（还包括119台，即三台合一），结合交巡协作联动机制的建立完善，整合公安内部治安与交通管理的视频监控系统，实现资源整合和信息共享，以最大限度发挥资源共享优势。

（三）加大社会资源的整合力度

针对当前各地视频监控系统建设资金渠道多元化、建设单位和部门多样化的现实，各级公安机关应该通过党委和政府或上级部门的协调协商，努力实现将其他部门和社会单位自筹资金建设的视频监控系统纳入公安视频监控联网平台，切实把社会视频资源统筹好、整合好，并通过边界接入平台，将大量的社会资源整合到公安监控平台之中①，实现与警用地理信息系统、公安指挥调度等系统关联，提高视频监控资源利用效率。

---

① 中国安全防范产品行业协会：《加强公共安全视频监控建设联网应用，服务社会治安防控体系构建》，载于《中国安防》2015年第15期。

（四）加快推进其他安防技术系统建设

在社会单位、物业小区、居民家庭等积极推广运用门禁系统、楼宇对讲系统、自动报警、移动目标定位等各种安全防范技术。

（五）探索技术视频监控智能预警应用

由城市公安机关指挥中心牵头，派出所配合，建立视频智能预警分析机制，把入侵检测、遗弃物检测、物品搬移检测、突然加速、区域人员密集报警、车牌自动识别等视频智能预警功能加入治安监控平台，实现治安视频监控从全人工巡查向智能提醒与人工分析转变。

六、虚拟社会防控网建设

虚拟社会是由电子计算机、远程通信等技术支撑的信息交互系统连接不同主体，通过彼此之间的信息共享、交换与交流，结成亚社会性质的网络虚拟空间，是广大网民以虚拟存在方式在网络中开展活动、相互作用构成的社会关系体系。随着信息社会的发展，虚拟社会对社会治安秩序的影响越来越明显，不法分子利用互联网进行违法犯罪活动的趋势日益明显，虚拟社会防控网建设已经成为社会治安防控体系建设的主要方面之一。

（一）充实网络安全力量，加强互联网网上信息巡查监控

一是充实各级公安机关网安部门网络安全警力、配强监控力量，并将城市或区域内网民活动的网上社区和网络群体的监控责任落实到具体责任民警。二是按照"属地"原则，分级分类分时落实区内网站服务器、网上社区和网络群体互联网网上信息巡查监控工作，对于成员多、社会关注度高、各类有害和敏感信息频发，以及本地重点人员、重点组织开办或经常活动的网上社区和网络群体，严格落实24小时不间断巡查监控措施。

（二）实行网络实名制，实现"虚拟社会"现实化管理

通过网络（含微博微信）实名制把住上网关卡，弄清"虚拟人"真实身份。一是要在网吧全面落实上网实名制[①]，通过即时采集上网人员头像资料，并自动

---

① 王庆功：《信息主导下的社会治安防控体系研究》，载于《山东警察学院学报》2009年第3期。

与身份证相片特征进行关联比对，验证"人证一致"。二是要在有条件上网的旅馆全部安装前端设备，纳入全区、全市上网场所网络管理系统，并与旅馆业治安管理信息系统关联互通，快速查证上网人员的真实身份。三是结合实有人口、实有房屋管理，掌握家庭上网用户的登记信息，实现人、房、网有效关联。

（三）加强互联网接入服务单位管理

一是督促互联网接入服务单位和用户及时向网安部门备案，建立基础数据报送长效机制，并及时报送安全保护所需信息、资料及数据文件，确保各项基础数据准确鲜活。二是强化对互联网服务提供者和联网使用服务单位的安全检查，对未落实安全管理制度和安全保护技术措施的，提出改进意见并通知其及时整改。

（四）加强网络舆情导控队伍建设

一是在城市逐步建立完善公安局、分局、派出所三级舆情导控警务体系，在城市公安局、分局网安部门和派出所分别设置舆情导控民警若干人，每人分别在重点阵地布建虚拟身份，开展日常工作，配合宣传部门开展网上舆情引导，防止负面舆情在网上蔓延放大。二是组织网安舆情导控队伍，对事关本地、影响大、人气旺的重点网上阵地开展网上网下摸排，强化重点高危人员侦控，掌握吧主、版主、群主和意见领袖。三是进一步加强与异地网安部门的警务协作，特别是积极加强与周边城市或地区的网安警务协作。

（五）加大对虚拟社会违法犯罪的打击力度

一是充实网络安全和网络侦查力量，充分发挥其专业优势，进一步加大对群众反映强烈的网络诈骗、网络赌博、网上淫秽色情、网络传销、网上销售违禁品、网络贩枪贩毒、网上违法有害信息、网络攻击等违法犯罪活动的打击力度，形成打击涉网违法犯罪的高压震慑态势，打击网上违法犯罪分子的嚣张气焰，实现网上违法信息明显减少、涉网犯罪发案率明显下降。二是公安机关牢固树立主动警务意识，落实网络犯罪案件侦办首问责任和多警种协作制度，建立虚拟社会侦查与现实社会侦查对接、多警种合成作战和动态打击工作机制，完善案件线索移交、配合协作办案、案件通报等工作方法；主动加大与网络管理部门、网络运营商、互联网站等各部门各单位的协同作战，做到大案要案必破必办和各类小案及时侦办，努力实现对网络犯罪的联合打击、快速打击、延伸打击。三是建立健全打击网络犯罪区域合作机制尤其是市域和周边区域合作机制，加强技术、人员、情报信息交流，在上级统一协调下开展联合办案、联合侦破，共同打击网络违法犯罪，实现共赢。

七、小区域边界控制网建设

小区域边界控制网是指在一些有条件的城市、城区或区域，通过人防、物防、技防措施的综合运用，构建起维护区内治安和防范周边地区犯罪侵入的防控网络，防控违法犯罪的发生，以小区域的有效治安防控达到区域治安防控的效果。

（一）构建周边封控圈，确保区域安全

小区域边界控制网建设，可以根据小区域边界特点，利用沿边地理和自然分界明晰的优势，通过全线设立高桩广域高清视频监控，或者采用当前最先进的具备穿透一定厚度的绿化带或者树林的低频网桥监控技术，实现有形开放、无形封控的治安防控网络，以获取从非道路地域进入区域内人、物的图像和信息，守住环边封控一条线，尽最大可能确保区域安全。

（二）构建环边边际卡口闭环，形成无缝隙环控网络

一是按照"扼守要道、辐射周边、全面查控"的要求，在小区域内公路与邻近周边地区交界的道口建设由 24 小时常态工作的治安卡口基础设施和警务工作站，组成小区域外围封控"包围圈"。以卡口为中心，形成辐射 3 千米范围的小控制圈，实现 3 千米机动车活动轨迹管理能力。二是确保所有警务工作站全部安装公安专网、公安查询比对系统、视频监控系统和车辆自动抓拍系统，并实现视频图像和车辆信息的及时上传。三是在实现小区域系统统一管理的基础上，实现与上级卡口系统平台对接；并进一步完善系统运行管理制度、系统报警快速响应机制和系统应用功能。

（三）延伸边控触角，拓展边控阵地

一是设立专项经费，按照"花钱买平安"的原则，在周边地域一定区域内，发展治安信息员，延伸边控触角，扩大防控边界，确保周边和小区域内部平安。二是抽调特定警力在边线外一定区域，特别是临近地区实施便衣边巡，实施"走出去"边控战略。三是对工作在区内但居住在临近地区的人员集中居住区域，通过与当地公安机关的警务协作，根据实际需要，设立兼职或专职信息员，为涉及小区域安全的周边地域警务工作的开展提供情报信息支撑。四是构建周边打击机

制，根除侵入式犯罪源头。一方面建立跨区域联合清查打击机制，对周边地域出租屋可疑人员"除根"式整治；另一方面，在各卡点特别是与邻近地区交界处，设立跨域打击点，随时进行小区域外围作战，确保区内治安良好。

八、警察公共关系管理网建设

警察公共关系是密切警民关系的纽带。通过警察公共关系管理网的建设增进广大人民群众对公安机关的了解、信任、支持和合作，使警民之间的关系更加密切，为公安机关创造良好的执法环境。一是树立"全员公关"的理念，要求每一名警察有形象意识、集体意识和公众意识，把形象塑造渗透到日常工作中，把公共关系建设与公安日常工作紧密结合在一起。二是要求充分利用公安机关在公共关系对外管理中的主导作用，不断推进和更好地履行法定职责；充分利用现代沟通手段和传播技术，树立警察良好形象。

（一）设立警察公共关系办公室

设立警察公共关系办公室专职从事警察公共关系管理工作，其宗旨为：树立并维护警察的形象；改变市民的不良行为方式，减少和预防犯罪及事故的发生；支持各个业务部门开展工作；妥善处理与媒体的关系，加强舆论引导，及时澄清各种对警方不利的谣言；积极与市民开展沟通互动，促进警民关系和谐。通过设立专职部门，保证人员配置，实现公共关系工作制度化，建立长效机制。

（二）加强形象宣传

警察公共关系办公室负责加强警察的形象宣传，下设媒体联络员负责与各类媒体保持联系，及时提供媒体所需的各种信息，处理与媒体之间的关系。利用各类媒体密切关注公安工作，开展多种形式的采访报道，形成强大的舆论态势，全方位立体展现公安工作；利用媒体正面宣传，树立先进典型，不断强化警察的正面形象；及时曝光侵害民警执法权益的典型案例，争取舆论支持。

（三）加强警民互动与沟通

加强警民互动与沟通，是指公安机关通过牢固树立群众意识，将满足群众的要求作为公安工作的追求目标，通过多种形式的民警与群众直接见面与沟通，从而达到解决群众的实际困难和合理诉求、密切警民关系、改善公安机关形象的目的。

一是大力开展"警营开放日"活动，可以按照每月或每季度一天（通常为"周末"）的方式设立"警营开放日"，城市公安局、公安分局和各个派出所同时对市民开放。设专人负责引导市民参观警营开放点，并通过详细的解说加深市民对警务工作的了解，强化市民对警务工作的认同，密切、改善警民关系。二是确定每月一天的"市民接待日"，如可以以每月的最后一周的周一为警务室警长接访日，直接接受群众咨询和投诉，面对面地与民众进行沟通。三是以警民互助会为平台每一季度召开一次警民座谈会（警民恳谈会）①，收集社情民意和治安信息，不断改进工作方法，实现警务跟着民意走的目标。四是充分利用网络与广大网民形成良好互动。通过网上警务室公开警务活动，宣传政策法规，回答网民提问；充分利用即时通讯平台，设专人通过警务 QQ 或者警务微博、警务微信公众平台，定期回答网民提问，与网民展开沟通；通过网络发布治安信息和违法犯罪行为预防知识。五是通过设立"警民互助会"加强警民合作与交流，调解警民纠纷，化解警民矛盾。在调解警民纠纷时，要正确区分不同社会阶层的心理特征，正确反映和兼顾不同方面群体的利益，善于利用不同的沟通技巧，有的放矢地开展沟通。六是以"警民互助会"为纽带加强公安机关与企事业单位的沟通与合作。通过警民互助会建立公安机关与企事业单位的协商合作机制，一方面，公安机关可以加强对企业、校园内部治安防范指导，指导企事业单位落实各项人防、物防、技防措施；另一方面，企事业单位的内部保卫资源可以充分被公安机关利用。

（四）加强网络舆情导控

一是加强各级公安机关与党委政府和上级公安机关宣传部门或舆情引导部门的联系。在警察公共关系办公室中设专人与上级公安机关和党委宣传部门或舆情引导部门保持联系，定期将上级部门提供的各类信息进行汇总和研判，确保对网络舆情的全面掌握；对可能对社会稳定造成影响的网络舆情要及时汇报至上述两个部门，建立协作机制，共同对网络舆情进行引导。二是重点加强对涉警舆情的监控。建立专门的涉警舆情监督机制，落实专人定期分析舆情，密切关注新闻报道尤其是互联网动态，及时通报警情动态，澄清事实，制定应对工作预案。三是建立快速反应机制。及时把握民意，判断事态，做到"先入为主"，在第一时间做出反应，表达警方的原则和立场。四是在警察公共关系办公室设专人担任警察公共联络员和网评员。充分利用"两员"队伍加强舆情的应对工作，对事关本

---

① 向春玲等编著：《加强和创新社会管理 18 个经典案例》，中共中央党校出版社 2011 年版，第 196～198 页。

地、影响大、人气旺的重点网上阵地开展网上网下摸排,强化重点高危人员侦控,掌握吧主、版主、群主和意见领袖;同时加强与公众的直接沟通,变单向灌输为双向互动。五是建立涉警舆情追查机制,设立专人定期负责摘录媒体不实的批评报道,并进行追查,及时将追查结果反馈;同时,对于恶意造谣、扰乱视听的言论,要追究相关人员的责任。

(五)加强公众安全感管理

对重大社会安全事件(案件)对社会公众及个体安全感造成的破坏性冲击进而形成的心理危机,应当及时进行心理干预,进行有效的心理抚慰。一是充分利用各种媒体迅速报道事件真实情况,在第一时间内将真实信息向社会公开,尽量满足受众对重大社会安全事件的知情需要,满足受众的知情权,及时制止谣言的传播,降低因为信息不透明所带来的不安全感。重大社会安全事件(案件)的公开流程为:在事件(案件)发生的24小时内,必须由警察公共关系办公室指定特定的人员作为警方发言人,公布事件(案件)的初步调查结果,表明警方立场;此后每两天由警方发言人公布事件(案件)的调查进展情况;事件(案件)调查完毕后要及时通报调查结果,耐心解答各种质询。二是利用"警民互助会"构建心理援助和物质支持平台。行之有效地运用心理规律进行心理援助,消除受害人及其相关人员的恐慌和焦虑情绪;必要时对受害人给予物质支持。

第六章

新时期社会治安防控体系的运行机制

　　治安防控的运行体系是治安防控体系的能动要素，是治安防控体系中各项机制的总和。在治安防控体系中，各运行机制相互耦合，共同作用，从而使系统整体达到最优。社会治安防控体系的运行体系主要包括统一指挥机制、情报信息整合与共享机制、大警务协作与联动机制、公共安全应急机制、社会力量动员机制、运行保障机制、考核激励机制、效能运行评估机制等。指挥机制主要是指对各种防控力量进行统一调配和部署，保证防控体系高效运行。信息整合与共享主要是及时收集各类危害治安秩序信息，通过网络进行汇总、分析和研判，各部门和各警种应当及时上报收集到的信息，建立统一的情报信息平台，扩大信息使用效率。大警务协作与联动主要是各部门、各警种针对各类危害治安秩序活动相互协作，共同行动，形成合力。应急是指针对突发的紧急情况迅速以非常规的方式进行应对，强调快速处置，先发制人。社会力量动员是指要组织和动员各类社会防控力量，加强对这些组织和人员的培训和指导，建立协作运行模式，充分发挥社会力量在治安防控中的作用。考评激励是指要对在防控体系中各部门和相关人员的工作进行考核和评定，对表现良好的组织和个人进行奖励，激发其工作和参与的热情。治安防控体系的保障是指为保障治安防控工作的落实，从人力、物力、财力、制度等各方面给予的支持。

第一节　完善以快速反应为目标的统一指挥机制

　　以快速反应为目标的统一指挥机制是社会治安防控体系的核心。在应对各类案件、突发事件的过程中，快速反应能有效地预防、遏制与打击犯罪。应建立以指挥中心为主体的权威高效的指挥平台，实现对信息的共享，通过强化对情报信息的研判实现快速反应。

一、各级公安机关以指挥中心为主体，建立权威高效的指挥平台

以指挥中心为主体，建立权威高效的指挥平台在以快速反应为目标的统一指挥机制建设中处于龙头地位，对整个社会治安防控体系具有重要的辐射联动作用。指挥是否协调统一，直接影响和决定着公安机关对社会治安的快速反应能力和整体战斗力的发挥。将公安机关分散的管理、信息、技术资源整合起来，依托指挥平台的建立，实行统一指挥和调度，使得整个社会治安防控体系处于组织化、有序化的状态，进而形成各项警务工作的优势互补，实现从分散作战向整体作战、合成作战的转变，产生整体大于局部之和的系统效应，提供社会治安防控的整体效能。

明确指挥中心的地位，赋予相应的权威是建成权威高效指挥平台的前提。要明确指挥中心对一般警情的直接指挥处置权，对重要警情实施先期指挥处置权，赋予其在紧急状况下直接指挥、通报协调、装备调用、检查监督等职权，向专业化指挥、统一高效指挥转变，减少行政层级导致行政命令传达的滞后效应，实现扁平化指挥模式。

整合警务资源，提高资源调度能力是建成高效权威指挥平台的重要保障。对警情的快速反应、现场处置以及善后工作，除了依赖于指挥中心的高效决策外，还需要指挥中心整合警务资源，为化解警情、处置事件提供资源保障，如有效调度案发地周边警力，对警情做出快速反应；为警员配置必要的警用物资，以有效应对突发状况；与医疗机构、消防部门等相关部门的联系和接洽，为现场救护和化解险情提供专业化的力量等。指挥中心作为公安机关应急处置机制的核心，具备整合警务资源的天然优势，盘活各项社会资源，提高资源整合和调度的能力是实现高效指挥的必要条件。

二、加强情报收集与研判，建立预警信息发布机制

快速反应不仅依托于权威高效指挥平台的建立，更是以情报的收集、分析和研判为重要基础和依据。指挥中心作为上传下达的枢纽，各类情报信息汇聚于

此，所掌握的信息来源广泛、信息内容多样，在情报信息方面具有得天独厚的优势，这也是实现统一指挥的必要前提。实现快速反应、精确打击、重点防范、有力控制就必须充分发挥指挥中心的情报信息优势，及时获取、掌握千变万化的情报信息，强化对情报信息的分析研判，做到超前预警，以增强控制和驾驭动态社会治安局势的能力。

公安指挥中心要成立情报信息分析研判的专门机构，建立情报信息分析研判机制，对掌握的大量情报信息进行汇总分析，去粗取精，去伪存真。面对暴力恐怖犯罪日益猖獗、群体性事件此起彼伏的治安形势，尤其要加强对涉及国家安全、政治稳定、治安稳定情报信息的综合分析和研判。在强化对情报信息的分析研判的基础上，要建立预警信息发布机制。对情报信息的分析和研判，包括对近期典型违法犯罪案例的剖析、对潜在违法犯罪情况的摸底排查、对动态社会治安局势的总体把握等，利用情报分析研判得出的对犯罪区域分布、犯罪手段等规律特点的把握，对内向有关地区、警种提出打防控的意见，实现情报主导警务；对外向社会公众提出相应的防范建议，提高公众治安防范意识和能力，从被害预防上减少不法侵害的发生。

第二节　完善情报信息整合与共享机制

信息化社会背景下，谁掌握信息的优势，谁就能获得主动。信息的优势，主要体现在两个方面，一个在于数量，一个在于质量。要达到数量和质量上的优势，关键取决于信息能否共享。从实际工作来讲，通过实现行政管理信息的整合与共享，可以大幅度降低社会管理成本，提高各种资源和国家投入效益的最大化；通过实现人、财、物等信息的共享及社会相关行业掌握的动态实时信息，通过信息共享平台整合实时研判，才能从大量信息中发现蛛丝马迹，及时获得准确预警性、行动性情报，特别是为反恐、破案提供有力支撑；通过信息共享，能够有效提升政府对社会安全稳定的感知力、掌控力，能够牢牢掌握维稳的主动权。

一、完善情报信息整合机制

第一，从各级领导做起，做好信息整合保障。领导重视程度在某种程度上决定了工作的进展和效率，同时，信息部门要经常向领导汇报信息整合情况，重点反映工作中存在的问题，建立健全请示汇报机制。

第二，从做好需求调研入手，明确信息整合方向。确定信息整合范围必须抱着科学、严谨的态度开展，坚决抵制不切实际地无限扩大信息范围，过分地扩大信息采集范围将不可避免地增加信息整合工作的难度，影响信息整合工作进度、数据储存和数据库的运行效能。

第三，开阔视野，拓宽信息整合渠道。紧紧围绕需求调研的结果，牢牢把握紧贴实战的原则，放开眼界，划定信息整合范围，有计划、有目的地广泛整合信息。

第四，制定统一标准，确保信息整合同步推进。只有在格式上统一、质量上相符、时效上及时，才能确保信息整合工作正常运行，信息才能更有效。

第五，制定工作责任制度，严格管理执行。为了确保研判结果准确，必须制定严格的责任制度或责任倒查制度。对于信息采集、信息整合的每个环节进行责任落实，随时发现问题，随时处理问题，随时追究责任。

第六，制定信息保密制度，严格防范信息泄密。

二、完善情报信息共享机制

建立情报信息共享机制，是提高情报信息利用效率的有效途径。指挥中心要发挥公安机关与外部的联动效应，切实开展公安机关同其他政府部门、社会公众的联动和协调，充分调动社会治安资源，参与社会治安防控体系的建设和完善。

情报信息共享机制主要涵盖了两个次级机制的建立，即政府相关职能部门之间的信息共享与协作机制和依托公安信息平台构建起的跨区域警务信息共享与协作机制。一方面要有效利用各类社会资源，广辟信息来源渠道，建立全警采集、运行顺畅、信息共享、集约高效的信息网络，加强与工商、税务、金融、通信、文化等部门协作，多层次、全方位、宽领域地获取政治、经济、文化等方面的信息资源，实现与社会有关部门的信息共享；另一方面，要依托公安信息网络建立城际公安机关情报信息快速交互平台，实现异地间公安情报信息资源共享。要从以下几个方面完善现有的情报信息共享机制。

（一）全面实行标准化，构建共享平台

标准化是实现公安信息资源共享的首要条件，统一标准是信息共享、互联互通、协同业务的基础，是确保信息工作基础设施建设的优质高效和信息网络的无缝连接，以及信息安全可靠的关键。为满足信息系统开发需要，保障对信息系统的管理，促进公安业务工作的规范化和信息资源共享的顺利实现，要全面执行公安信息化建设的一系列标准，包括数据标准、应用支撑标准、基础设施标准、工

程管理标准、安全标准、总体标准等，促进公安信息工作标准在信息资源共享建设中的贯彻落实。

通过一系列先进的、成熟的技术，包括 web 技术、中间件技术以及数据库技术等，搭建公安信息资源共享平台，保证公安应用结构的统一性、系统的先进性、数据的安全性、运行的可靠性，为公安信息工作提供安全、可靠、便捷的信息共享支持，为公安信息系统的利用与开发提供技术支撑，为防止重复建设，避免人力、资金的浪费提供科学的基础设施。

（二）实现资源整合，打破信息壁垒

首先，应用整合，应用整合是资源整合的关键所在，是打破信息壁垒的直接手段，也是为使用者提供集成而个性化服务的基础。其次，数据整合，各级公安机关建立不同层次、性质的数据库。

（三）挖掘利用信息，服务领导决策

利用数据挖掘技术精炼数据。将各警种搜集的数据收入信息数据仓库，利用数据仓库主题明确、相对稳定、反映时间变化的特点，使用关联（association）、分级（classification）、聚集（clustering）、估值（estimation）、预测（prediction）等数据挖掘技术对数据仓库中的数据进行处理，从而进一步形成针对未来走势的分析、评估资料，服务领导决策。组建专门研判部门辅助信息研判。组建公安机关专门研判部门，通过独立的、科学的分析判断，协助决策部门发现问题、明确目标、拟定并论证各种决策方案，使之成为研判体系的中心。

（四）建立管理机构，明确权力责任

建立管理机构。在公安信息化建设中，公安部组建部、省、市三级信息中心，负责公安信息资源的整合及综合开发利用、公安信息网络和设备资源的运行管理、公安网络与信息的安全管理和保障，以及综合信息应用的服务支持，为信息资源共享建立良好的运行秩序。

明确权力责任。明确信息资源共享管理机构后，由管理机构对信息资源综合利用建设进行协调、执行、决策、检查和监督等，组织、协调多部门之间信息资源共享，明确不同建设主体的权力和责任，以保障信息资源共享体系建设的顺利进行。

（五）正确处理关系，提升整体效能

一是始终坚持条块相结合，最大限度地整合资源，实现信息共享，要正确处理条块关系，妥善解决矛盾。二是处理好信息中心和业务部门的关系。三是处理好建设与整合的关系。四是处理好共享与安全的关系。

第三节　建立大警务协作与联动机制

面对日益严峻的犯罪形势和繁重的应急救援任务，如何整合各种社会资源，实现从各部门"各自为战"到"多警联动""区域一体"的转变，建立大警务协作与联动机制在公安实战中注重合成作战，对公安机关安全高效完成各类任务有极为重要的意义。

一、建设警务联动的网络化信息平台

构建"打防控三位一体"的公安机关动态联动机制，首先要根据区域内公安工作的实际情况和公安信息化应用的要求，利用现代化的计算机应用多层体系结构，对辖区内公安机关信息中心的各类信息设施进行整合，从而实现对信息资源的集中管理和按需分配。信息资源整合的核心是建立集成化的公安网络管理平台，利用分布式网管和虚拟网等技术来实现对辖区内公安机关的网络设备、线路实时监控和动态配置。通过警务信息中心提供的数据，进行跨地区的业务、资源与服务的整合与集成，建立统一协调并与现代信息系统相匹配的快速反应机制，实现辖区内警务联动。

二、建立区域间联动工作机制

随着城市化的发展，区域治安问题日益成为维护城市社会治安稳定的一个重要问题。在区域治安的状态下，没有区域协作，相关城市的社会治安就不可能真正得到有效控制，社会治安稳定就不可能真正有效维护。立足于各地区区域治安实际，研究区域治安问题，有利于掌握和运用区域治安规律，加强区域治安防控和不同区域间的警务联动，形成区域治安控制的新格局，促进区域经济社会发展。

公安机关必须树立大局意识，站在辖区建设的高端看待区域内公安机关的协调与配合问题，在实际工作中探索建立警务联动工作机制。首先，辖区内公安机关要从落实区域联动领导责任制入手成立工作小组，专门监督辖区内各部门的警

务协作情况，并纳入年终考核体系，建立辖区内地区间公安机关协作评比的长效机制，为强化协作奠定制度基础。其次，对于处置重大刑事案件，公安机关应根据警务信息中心提供的有关情况，积极配合、协调行动，以能及时抓获犯罪嫌疑人、追回赃款赃物为目标。与此同时，积极开展地区间公安机关应对突发事件的联合演习，不断提高作战能力。在日常巡逻工作中，巡查处置边界治安问题，共同维护毗邻死角地区的社会治安稳定。

（一）区域治安的内涵及其基本特点

第一，区域治安的内涵。根据区域治安的形成和演变过程，我们认为，区域治安是指在经济、政治、文化和社会生活等方面具有密切联系的一定地域范围内的社会治安状态。区域治安既指一定地理意义上的地域范围内的社会治安，也指一定行政管辖范围内的社会治安。国外在相似的历史条件下，一些城市也有相同的区域治安问题，甚至比我们出现得更早。国外的一批社会学者深入研究了城市犯罪的区域分布问题，提出了"制图学""犯罪生态学""同心圆论""犯罪地理学"等理论，为我们的区域治安研究提供了参考。

第二，区域治安的划分。区域治安的划分是相对的，可以从不同层面研究，站在不同的角度或高度可以划分出不同范围的区域。按照区域治安分布的大小，我们可以把区域治安划分为宏观区域治安、中观区域治安和微观区域治安三个层次。从宏观层面而言，主要是指全国范围内，跨越省级行政区的治安区域，如"长江三角洲经济圈"区域、"环渤海地区经济圈"区域和"珠三角经济圈"区域等；从中观层面来看，主要是指一个省的范围内，跨越城市行政区的区域治安，如广东省的广佛区域、深莞惠区域等；从微观层面分析，主要是指在一个城市范围内划分的区域治安，如广州火车站区域。

第三，区域治安的基本特点。一是区域治安的相关性。区域治安问题的产生是社会各种矛盾在区域的综合反映。它与社会其他领域的某些方面存在着相互关联的关系。区域治安工作成效的大小，治安问题的增多或减少，违法犯罪活动的上升或下降，区域治安手段的先进或落后，区域工作的发展趋势等，都会受到社会诸多因素的制约和影响。二是治安问题的趋同性。由于区域内各地区在社会、经济、文化背景上的同质性，从而形成区域内的违法犯罪数量和结构、犯罪人员构成等的一体性。区域治安的一体性往往体现为不受行政管辖的制约，形成一定的区域治安的聚集效应和辐射效应。三是区域治安的相对独立性。受行政管辖范围的影响，不同治安区域之间具有相对独立性。各区域治安间的相对独立，必然形成区域间的摩擦和矛盾，特别是在区域治安状况差异明显的情况下，各区域的独立性就会相对明显和深化，这就需要从宏观管理上加以协调，加强区域治安合作，以减少区域治安的冲突，实现区域治安的好转。四是区域治安的整合性。区域的整合性是指各要素之间的彼此适应与调节，以达到相互协调和良性运作。与此相适应，区域治安的整合性是指区域管理机构在辖区内发挥治安管理功能的整体合力和效应，实施综合治理。区域治安工作自身是一个统一的组织体系，解决区域治安问题不仅依靠各级区域治安机构自身，而且还需要协调有关部门，依靠群众自治组织，建立某种组织形式，通力合作。也就是说，在区域治安工作中要重视整体组织效益，把个体功能变成整体功能，提高工作效率。

（二）区域警务协调联动的工作机制

第一，确立区域治安理念，推进区域治安合作。

由于犯罪一体化和犯罪转移现象的存在，区域治安协同需求增大。相关区域内的公安机关必须树立全局观念，通盘进行社会治安规划，加强区域治安协同，为解决区域治安问题奠定可靠的基础。

首先，必须形成区域治安协作的共识。单个区域实现社会治安好转，不能以其他区域大规模的犯罪转移为代价，而是要从整体上共同提高打防控效能，维持更大区域的长治久安。要实现这一目标，必须形成区域治安协作的共识。各个区域的公安机关要充分地认识到不同区域的治安具有相互影响、相互作用的共存关系，如果没有长期稳定的区域治安合作，就难有长期稳定的区域治安环境。因此，各个区域要通过协商，共同制定合作机制，并在工作中认真执行合作机制的规定内容，弥补单一区域的治安控制局限，共同提升警务效能。

其次，必须跳出行政区划的限制。传统治安工作，基本是在行政治权的框架内进行。当社会大动态发展出现跨越城市的一体化犯罪时，治安工作就会面临独立行政治权下的警务体系与一体化犯罪形态之间的矛盾。如当某个区域的公安机关采取严打措施时，该区域的部分犯罪人员可能会转移至邻近或更远的区域进行犯罪，这便可能造成其他区域治安问题的恶化。因此，新形势下的区域治安控制，应跳出行政区划的框架，牢固树立区域治安理念。

最后，必须掌握区域治安的联动关系。社会治安是由犯罪及反犯罪要素组成的具有一定层次和结构并与社会环境发生联系的整体，也是一个动态性的系统。区域治安是经济、政治、文化和社会生活等方面具有密切联系，是既有地理也有行政管辖范围的治安状态。犯罪分布随着时间的推移、城市犯罪控制力度的消长，会在系统内发生各种变化，包括犯罪热点转移和犯罪类型更替，存在内在联动关系。面对犯罪团伙跨城市、跨区域作案，只有各地治安整治联动，才能压制区域内违法犯罪，提高驾驭治安局面的能力。

第二，以警务信息为主导，建立区域治安合作信息导向机制。

目前我国各区域、城市已形成了多层次的警务协作机制，今后应继续共同谋划区域治安大计，更好地融入和联动区域治安工作。

首先，建立区域警务信息共享机制。积极开发"社会治安动态监测评估系统"，加快警用地理信息系统的开发和应用，及时掌握违法犯罪的时空分布和变化趋势，实现对社会治安动态实时监测评估和预测。要建立规范的情报信息交流机制，包括对情报信息的数据标准、等级划分、应用权限、资源管理等成员单位应遵守和执行的内容。要依托公安局域网络，建立情报信息的有效沟通和交换平台，采取网上传输等方式，畅通区与区之间、城市与城市之间公安机关的信息交流渠道，做到及时互通违法犯罪案件线索、涉案人员、作案规律动向等信息资源，实现异地间信息数据的检索比对和网上摸排查控。通过情报合作，共享警务数据资源，逐步掌握犯罪分布，以及犯罪团伙和高危群体在不同区域之间的活动轨迹，形成整体警情信息优势。

其次，加强区域治安状况的分析研判。各级情报机构要对情报信息进行分析评估，组织实施定期不定期的综合研判、专题研判、专案研判，切实做好研判结果的追踪调查。情报研判必须和实战结合，配套建立各级情报信息会商制度。要加强警情信息预测工作，对总体和各区域治安走势和违法犯罪进行预测。要开发区域专业基础信息，各级情报部门要组织人力，实时过滤全市和各区域每天发生的治安刑事警情，建立完备的基础数据库。同时，要建立区域流动人员、犯罪高危人群、地理信息等的数据库，全面掌握区域治安信息。

最后，构建信息协作交流机制。为保证有效开展合作，拓展合作渠道，要建立信息协调交流机制。一是建立警务协作联席会议制度。定期召开联席会议，通报社会治安工作情况，总结警务协作情况，对存在的问题进行探讨和交流，提出工作建议。二是设立公安局指挥中心（办公室）主任协调制度。定期召开工作例会，通报社会治安工作情况和协商区域警务协作事宜，协调推进合作事项的进展。三是建立各业务职能部门和各相邻分局衔接落实制度。对具体合作项目及相关事宜提出工作措施，制定详细的合作协议、联系制度和实施意见，落实协议提出的合作事项。

第三，适应区域警务运作需要，探索和完善区域联动警务机制。

在一定意义上讲，社会是由若干大小区域组织组成的联合体，区域与区域相互连接的周边地区，包括区之间、街道之间、城市之间的地区，都是区域控制的结合部，也往往是案件相对集中的地区。构建并完善区域治安协同网络，才能减少因区域治安冲突带来的治安成本增加的局面，增强区域治安合作效果。

首先，实行区域动态布警。要建立跨部门跨区域接处警的处警指挥机制，缩短警情滞留和指挥运作时间，明确各警种以指挥中心为龙头、以情报信息为纽带，推动打防控各个环节的有机衔接，建立健全整体作战机制。明确市、区指挥系统的指挥、调度权限，确保除常规指挥发挥高效作用之外，市、区指挥系统可立足治安实际调动警力。在警力投放地点上，要针对犯罪活动地区的变化，把有限的警力和治安辅助力量以最合理的比例，投向多发案部位。在警力投放规模上，各级公安机关要有机动拳头力量，形成地区性警务控制优势。对高发案街镇和复杂地区，进一步完善与有关部门联合行动的工作机制，强化对治安乱点的整治和管理。

其次，提高区域联合整治力度。要以高发案治安复杂区域为目标，集中优势力量综合打击和整治。对一地的整治工作，周边地区要在大的治安格局中紧密配合，实施有效的治安配合和控制。对于相邻城市的治安热点地区，通过协调，相关公安机关也要实施高度协同的治安控制措施。

再次，拓宽城市间警务协作领域。在快速反应领域：要加强城市公安机关指挥系统间的协调。一旦出现重大警情，如杀人、爆炸、绑架、纵火、重大抢劫、重大交通肇事逃逸，需要对犯罪嫌疑人和车辆协助盘查堵截时，可直接指令相关单位立即上卡堵截。情况特别紧急时，为争取时间，抢抓战机，可在向所属公安指挥中心报告的同时，直接请求对方相关单位协助。在打击犯罪领域：以侦查破案为目标，通过刑警、行动技术、网监等各专业职能部门相互支持和协作，形成办案部门有机衔接、相互配合的程序化运行方式。在办案工作中加强协作，减少中间环节，提高工作效率。建立办案（异地缉捕）协作制度、有查必复制度、卡点堵截制度。建立和完善高速公路严打防控机制，加强追赃协作。加强部门之间的协作，相互提供技术支援，及时互通情报信息，加强异地调查、取证的协作配合。加大追逃工作的合作力度，提高对重大在逃犯的缉捕效率，建立车站、机场协助堵截、押解逃犯协作机制。在治安管理领域：加强治安、户证、交通等专业职能部门相互支持和协作，加强协作区域内的外来人口和出租屋、特种行业的管理。加大查处无牌无证、假牌假证车辆非法上路行驶的力度。对治安复杂区域和突出问题开展专项整治，打击整治"黄赌毒"与销窝赃等违法犯罪活动。

最后，验证区域治安控制效果。要建立警务活动和警务实效的科学评价机制，一个地区或一个行政辖区警务活动的效果不仅要看当地社会治安状况的好坏，而且要看它在实施警务决策、开展警务行动对周边地区社会治安的影响及其所产生的社会效果，特别是城际间的控制效果。要努力探索适应市场经济条件下社会治安的警务管理体制与运行机制，对警务管理体制的改革或有关警务部门领导职能的调整，需要进行深入的调查研究，进行有关警务管理体制与运行机制的改革。

第四，推动区域治安综合治理，营造良好的区域治安环境。

区域是由人口、土地、交通、物质等要素组成的系统。同时，任何一类治安"问题区域"都有一些共性，如存在边际盲区、基础设施滞后、高危人群缺乏有效管理等。因此，必须由政府主导，对区域治安环境进行综合治理，为减少区域治安冲突、增强区域治安协作奠定基础。

首先，加强公共环境的规划。城市规划，特别是公共环境的规划对预防犯罪起着十分重要的作用。一般而言，公共环境的规划性与区域犯罪存在着反比的关系，即环境规划得好，就可能减少犯罪的滋生土壤，犯罪空间就会缩小；反之，环境规划不好，将使犯罪行为人可以利用的作案条件增多，从而导致各类违法犯罪活动的增加。对公共环境的规划要有前瞻性，要在规划阶段就将预防犯罪的问题充分考虑进去，在区域结构、区域功能、规划布局、基础设施等方面充分考虑减少犯罪机会的措施，实现区域犯罪的环境预防。

其次，边际盲区的治理。不同区域的过渡地带是城市普遍存在的一种空间形态，它在区域的发展、变化中地位重要。由于其空间控制能力弱、社会内聚力弱，从而形成边际盲区，成为滋生犯罪、不法之徒藏身和窝赃转赃的"问题区域"。目前，区域治安中的边际盲区主要有以下三类：一是新开发城区，由于职能部门的管理工作尚未到位，使犯罪人员有极大的作案空间和便利条件；二是城乡接合部地区，由于管理工作滞后，导致社会秩序较乱；三是"三不管"地段，由于街镇之间存在一些"飞地""插花地"，成为"三不管"的治安死角。对空间盲区的治理必须协调周边各个区域，纳入统一规划，进行综合治理。

再次，公共防范设施的建设。加强空间环境的防范设备、技术防范、监控等，对改善区域治安具有重要意义。一要加强居民区防范设施，使之利于区域防控。如控制出入口、拆除违章建筑等做法，可以减少犯罪分子的自由出入和藏匿。二要推广监控和报警系统。在重点单位、复杂路段和居民区都可安装监控或报警系统，并实现联网，组成报警网络，推动区域性治安防范工作，提高发现和打击现行犯罪的效率。三要加强交通工具的监控。交通工具是跨区域犯罪的重要工具，因此，有必要在公交车、出租车等安装监控和防盗防抢设施。

最后，加强区域治安协作的法制和相关制度建设。一个区域内的治安工作，必须实行相同的立案、刑事追刑和治安处罚标准，各行政管辖单位惩治违法犯罪不能各有轻重。区域治安在警务层面上包括区域警务决策、区域警务信息共享、区域间的警务联动、区域警务协作等诸多警察行政问题，警务问题还广泛涉及各地党委和政府机关的行政责任和社会责任问题，在这些问题上各地公安机关的领导者或相关人员，包括党委和政府部门的相关领导者和相关人员，都面临广泛的权利责任关系，承担着相应的社会责任。要加强区域治安协作制度建设，通过签订协作协议等方式，强化区域警务协作。

(三) 实现警务资源的有效配置

在现阶段，公安机关应逐步开展立案、处罚标准统一工作，为联动机制建设提供制度保障。并应定期召开由各地公安机关主要负责人参加的联席会议，通报辖区内的治安状况，交流执法经验，实现信息共享。通过统一协商促成各地公安机关的警务装备合理流动，真正实现资源共享。针对区域警务资源有限的情况，必须创新科学的治安打防控机制。现代社会治安的关联性越来越强，要统筹警务资源，加强地区警种协作，实现警力互援、信息互通、工作互动，形成联手打防控犯罪的合力。在人才交流、教育培训等方面不断加强合作，积极开展联动理论研究、公安业务探讨、地区警民联谊等活动，实现优势互补。此外，努力实现辖区内警力对接，确保警力配置与治安状况诉求相配套。

第四节 完善有效应对各类突发事件的公共安全应急机制

公共安全应急机制是针对目前频发的需要各级治安防控主体在短时间做出联合反应的各类突发事件。要求各级各类应急机构应当努力形成统一指挥、功能齐全、反应灵敏、运转高效的处置机制。具体而言，当突发性事件发生后，必须坚持宁快勿慢原则，迅速反应，紧急行动，组织专门力量奔赴现场，采取必要的控制措施，尽可能地减轻突发性事件造成的危害后果，并防止事态的进一步扩大。因此，要充分整合城市各种应急救援力量及市政服务资源，实现多警种、多部门、多层次、跨地域的统一接警、统一指挥、联合行动。采用联动机制能及时、有序、高效地开展紧急救援和抢险救灾行动，从而保障城市公共安全。为合理调配地区间警力，有针对性地处置突发事件，公共安全应急机制内部应构成一个完整的逻辑体系，主要表现在四个方面。

一、目标导向系统

针对区域内治安现状进行系统分析，根据平均发案率和在编民警人数测定达到社会治安稳定的基本标准。将城际过渡地带、城乡接合部作为治安整治重点。结合案件的季节性发案规律和地区工作特点，确定警务防控工作重心，构建辖区安全评估体系。

二、动态预警系统

主要包括数据监测、治安动态、综合分析、前期处置、信息发布五个环节。构建快速反应模式，让预警过程成为信息输入与输出联通的有机系统，以提高公安机关的信息共享和研判能力。

三、指挥调度系统

辖区内公安系统指挥中心按照预警级别和案件详情，制定处置方案，在综合分析预测的前提下，公安机关各地区、各部门、各警种之间实行有机对接、相互配合的程序化运行方式，展开互动型协同警务工作。

四、联勤联动系统

根据指挥中心立足详情发出的指令，投入不同比例的警力和辅助力量开展警务工作。在联动方式上，有区域、警种以及辅警力量之间的联动。在防控体系上，大力开展城际治安集中整治，并重点增援偏远、落后地区公安机关，努力构建治安联动防范网络。

第五节 完善"公安主导、各方参与"的社会力量动员参与机制

社会治安是一项系统工程。在当前治安形势严峻、警力严重不足的情况下，如何动员社会各方力量参与治安防控，如何联通政府其他部门共同打造治安防控体系，从而实现治安防控主体从"公安一元"到"社会多元"的转变，进而形成"公安主导、各方参与"的社会治安防控格局，是公安机关面临的迫切任务。面对新的时代要求，公安机关只有在社会治安防控体系中建立社会参与机制，逐步引导各方力量参与社会治安防控，才能有效缓解治安形势的严峻与警力不足的严重矛盾，进而有效降低治安服务成本，提升治安服务质量。

一、打破传统治安服务模式，开展警务市场化实践

改革开放以来，我国的治安服务主要由公安机关提供，机关、团体、企事业单位的保卫部门和基层群众性治安防范组织是治安服务的补充力量。随着我国经济社会的深刻转型，传统的治安服务供给模式已很难适应社会发展的需要。

在当前我国市场经济快速发展的大背景下，公安机关要敢于打破传统思维方式和工作理念的束缚，积极探索公安工作的新机制，初步形成"政府主导、多方参与、齐抓共管、商业运作"的工作格局，实现警务服务的市场化，以寻求市场机制和公共职能的有效均衡。这样，不仅可以有效减轻公安部门的负担，而且也在很大程度上提升了警察服务的效率和质量。

二、充分发挥行业协会功效，协助公安机关监督管理

行业协会，作为市场经济国家普遍存在的，旨在促进行业发展、规范行业秩序的社会经济组织形式，是一种主要由同行业单位和个人自发成立的会员制的、以行业为标识的、非营利的、非政府的组织。在社会主义市场经济条件下，行业协会在行业管理方面发挥着重要的作用，它既是联系政府和企业的桥梁纽带，同时也是政府的参谋和助手。

在社会治安防控体系建设方面，行业协会在协同公安机关打击破案方面一直发挥着举足轻重的作用。行业协会作为由同行业单位和个人成立的社会组织，拥有庞大的会员数量、广泛的社会接触面，可以收集大量的犯罪情报。同时，行业协会会员可以利用他们在公共复杂场所和特种行业工作的有利条件，以所在岗位和身份为掩护，秘密控制刑侦阵地，只要有犯罪嫌疑人一进入公安机关控制的刑侦阵地，便会引起侦查工作人员的注意，使其及时发现犯罪活动和案件线索，制止各种预谋犯罪，进而发挥公安机关在打击犯罪中主动进攻、先发制敌的作用，极大地增强侦查破案工作的针对性和有效性。

三、"警力有限、民力无穷"，发动人民群众参与社会治安防控

现如今，警力严重不足制约着公安基础工作。面对人口基数大、社会管理和社会治安问题难度大、警力严重不足的实际，树立"警力有限、民力无穷"的理

念,积极发动人民群众参与社会治安防控就显得尤为重要。

社会生活的范围极为广大,公安机关难以包办管理,公安机关通过组织和发动各社会群体和团体参与到维护社会治安的工作中,可以加强和充实本地区的治安防范,减少本地区范围内的违法犯罪。这类群防组织主要包括自治组织和企事业单位建立的治保会、巡逻队、民兵、社会调解机构和工会等。其具有两个特点:一是群众的主体性参与;二是自治范围内治安的自我管理。群防群治的防范作用几乎是无处不在,从商场到集市,从乡邻到居民楼宇,其织就了一张张"天罗地网",大大缓解了警力不足的问题。群防群治是我国社会自我管控模式的重要体现。

总之,在治安防控体系的建立过程中,应充分发掘社会资源,积极寻求民间力量的助益,通过编织民间防控大网,节约警察资源不必要的损耗,进而提升治安服务效率,提高治安服务质量。

第六节 完善为社会治安防控体系提供全方位支持的运行保障机制

社会治安防控的保障机制是为防控主体履行职责、行使职权、实现职能所提供的全方位的支持,是防控主体依法行使职权的先决条件,也是构建社会治安防控体系的重要保证。社会治安防控的保障机制主要包括警力保障、经费装备保障等。

一、社会治安防控体系的警力保障

警力作为公安机关及其警务活动的人力资源,是保证警务活动有效进行、不断提高社会治安防控能力的保障。构建社会治安防控体系,没有警力保障是无法完成的,应从以下两方面加强:一是增加警力;二是提高警察素质。通过严把"入口关",进一步完善统一考录制度,切实把好"入口关",从源头上保证公安队伍的素质。通过加强培训,深入实施"科技强警""人才兴警"战略,[1] 不断加大教育培训力度,严格按照《公安机关人民警察训练条令》的要求,提高警察的素质。

---

[1] 范娟:《社会转型期治安防控体系建设研究——以郑州市社会治安防控体系建设为个案》,郑州大学 2005 年硕士学位论文。

二、社会治安防控体系的经费装备保障

社会治安防控体系建设涉及大量的人、财、物,尤其是要装备大量先进的科技防范设备,需要大量资金。一是经费保障,经费保障是社会治安防控体系建设最基本、最重要的组成部分。多年来,党中央、国务院和地方党委政府对公安经费保障这项工作给予了高度重视。《中华人民共和国人民警察法》(以下简称《人民警察法》)第三十七条规定:"国家保障人民警察的经费。人民警察的经费,按照事权划分的原则,分别列入中央和地方的财政预算。"二是装备保障,装备保障是指用于公安工作的武器、警械、警服、警用标志、警用交通工具和警用技术器材等的保障。

第七节 完善提高社会治安防控工作效能的考核激励机制

考核激励机制是不断提高社会治安防控工作效能,完善社会治安防控体系建设的重要保证。在社会治安防控中,一方面要强化对治安防控体系的考评,不断完善各项内容,最终实现社会治安防控体系建设的全面推进;另一方面,也要注重队伍管理激励机制。

一、完善评估考核机制

建立社会治安防控评估体系可以有效地掌握治安管理工作的主动权,增强治安工作的针对性和预见性,及时了解社会治安的客观变化情况并做出快速、灵敏、准确的反应和形成科学的决策,及时改进和加强社会治安管理工作。社会治安防控评估体系是指按照社会治安防控的标准和原则,将社会治安防控工作划分为不同的部分而形成的内部协调一致、有机联系的整体。评估体系的构建是对社会治安防控工作的客观反映,也是社会治安防控评估工作走向科学化的标志。[①]通过评估,可以有效地实现对不同时期的治安形势的监测和对不同时期的治安防控工作的综合分析,进而做出比较客观全面的评估,定期向社会公布监测与评估的结果,形成经常性的制度,以便于进一步提高群众的防范意识,进一步改进、

---

① 郑列、王瑞山:《社会转型时期治安防控体系的思考》,载于《犯罪研究》2005年第5期。

提高管理机构的工作效率。

二、建立队伍管理激励机制

坚持管理强警思路,建立队伍管理的激励机制。给公安民警以某种物质或精神上的刺激,激发其强烈的工作动机,产生有利于实现组织目标的行为。

通过实行环境激励、推行竞争激励、实行荣誉激励、重视职位激励、加大惩罚激励、促进干部交流力度和加强职级规范等措施有效地形成对成员的有效激励。

第八节　完善运行效能评估机制

推进社会治安防控体系的科学化、合理化,是公安实际工作中的重要问题,作为其核心内容的运行效果评估,更是核心中的关键。为确保防控体系各具体运行机制能够在规范化、有序化的轨道上运行,就需要通过对各具体运行机制的运行效果评估来强化对社会治安防控体系的监督管理,以发挥其最大防控效能。

一、运行效果评估的目的和内涵

所谓运行效果评估就是对社会治安防控体系各具体运行机制可能产生的防控效果预先进行估计和评价。对社会治安防控体系各具体运行机制的运行效果进行评估的根本目的在于,通过评估能够更为全面客观地掌握各个具体运行机制的运行过程和具体情况,充分反应出现行社会治安防控体系整体实施和管理过程中存在的问题,并结合实际,对下一步的防控体系的管理与发展提出更为科学合理的指引和具体建议。根据社会治安防控体系所具备的本质属性要求,效果评估应当具备三个要素:第一,全面性与针对性。全面性即指覆盖整个社会治安防控体系各个具体的运行机制及其各自的具体工作;针对性则是指考虑体系面临的社会重要时期及重大事件时期的特殊性。第二,突出关联比较性。效果评估应当对各运行机制的实施情况进行直接的比较和评价,同时考虑各机制之间的关联性与相互影响。第三,评价运行机制的适应性水平。社会治安防控体系具有动态发展的特征,因此,除对各具体运行机制的效果实施评估以外,应当根据实际变化,对防控体系的适应性水平进行趋向性判断,并应结合未来的社会治安需求提出相应的规划调整建议。

二、运行效果评估的研究对象

运行效果评估的研究对象有以下三种：一是客观变化及其效果，即各具体运行机制可能导致的各种变化，它们包括直接的与间接的变化、当前的与将来的变化、有效的与有害的变化等，这些变化对于群众、警察队伍、社区、社会制度等所能产生的效应。二是主观反应，即受社会治安防控体系影响的群众、警察、犯罪对象等治安主体对导致的变化和影响所采取的态度与行动。三是人们的安全观念变化与行动对于各具体运行机制所能发生的反馈效果。①

三、运行效果评估的一般程序

(1) 评估指标的确定。社会治安防控体系各运行机制的效果评估的前提是确定一个科学、合理的评估指标。社会治安防控体系各运行机制涉及交警、巡警、刑警多个警种，巡逻、指挥、户籍管理多种警务工作，涉及公安、内保、村委会多个组织，因此，评估指标的确定必须因警种而异、因工作而异、因岗位而异。评估指标不仅要有正面指标，同时还应具备负面指标，准确反映出各具体运行机制的合法性、合理性、程序性、技术性；同时，必须和各机制的具体工作相结合，能真实反映该机制在整个防控体系中的真实作用。

(2) 评估指标的量化。社会治安防控体系是一个系统工程，由于各个运行机制的层次差异与个别差异，通过量化的方式可以解决各机制的差异矛盾。因此，运行效果评估应当建立在量化的基础上，其实质是将各具体运行机制的评估指标数学化、具体化、可执行化，这有利于体现公开、公平的运行效果评估原则，也保证了评估的合理性、规范性，通过科学的数据量化分析真正发现各机制的运行效果。

(3) 评估方式的选择。效果评估的方式多种多样，应当根据各具体运行机制的实际工作来选择。常用的评估方式有关键绩效指标法、平衡计分卡、等级评估法等。在评估指标的框架内，通过专家打分法等方法赋予各指标相应的比重，将各具体运行机制运行效果进行加权并进行综合评估。评估公式为 $E_t = \sum_{i=1}^{i \leq 9} E_i F_i$，

---

① 方宏建：《社会学应用：社会效果评估》，载于《山东大学学报》（哲学社会科学版）1987年第2期。

其中，E_i 是社会治安防控体系的总效果评估值，E_i 指上文九项具体运行机制分值，F_i 指该运行机制的权重。九项运行机制分值的估值公式为 $E_i = \sum_{j=1}^{j \leqslant n} ej\, mj\,(j = 1, 2, 3, \cdots, n)$，其中，$j$ 代表各机制的各个指标，ej 代表该指标得分，mj 代表该指标的具体权重。应当提出的是，各指标得分可采取十分制或百分制。根据不同指标的最终估值，可以在事先确定的范围内评价该机制的效果。

（4）评估结果的反馈。与评估机制相配套的是反馈机制，即对社会治安防控体系的评价结果要能反馈给政府、公安机关等有关部门，或者反馈给意见表达的正式机构和正式组织，实现意见的交换，使防控体系的运行机制成为一个良性循环系统。良好的反馈机制的关键评估结果要及时、准确地分享给有关部门，通过统计数据、统计分析报告、研究报告、建立信息平台等方式，使各个具体运行机制的有关单位、组织能够清晰地认识到目前的社会治安形势和防控体系的细节信息，及时地掌握所负责的模块的效果优劣及在整个体系中的作用，以此促进社会治安防控体系效能的不断增强。

社会治安防控体系效果评估不仅是对各具体机制运行效果的评估，更重要的是对运行效果发生前后的价值判断和管理反思，以及基于现实社会治安环境变化而提出的适应性评判，这将有利于整个防控体系能够适应不断变化的环境，真正发挥其应有效能。

第七章

新时期社会治安防控体系的法治建设

法治是人类政治文明的重要成果,实施依法治国基本方略、建设社会主义法治国家,既是经济发展、社会进步的客观要求,也是巩固党的执政地位、确保国家长治久安的根本保障。① 社会治安防控体系作为党和国家维护社会稳定、进行社会治安综合治理的一项系统工程,同样离不开法治。社会治安防控体系的建立和完善离不开法治保障,同时,社会治安防控体系也需要在法治轨道内运行。当前,社会治安防控体系在法治建设领域存在着立法支撑不够、法律定位模糊、执法权威不足、法律监督薄弱等诸多问题。通过运用法治思维和法治方式来引领社会治安防控体系的建立、运行和完善,完善科学立法,提高执法权威,借助司法改革的动力实现社会治安秩序良好和公众安全感提升的防控目标。在全面深化改革、经济发展"新常态"、社会矛盾激化、治安问题频发的新时期,研究社会治安防控体系的法治建设具有重要的价值和意义。

第一节 社会治安防控体系与法治的关系

一、社会治安防控体系是社会治理的重要内容

社会治安防控体系作为党和国家进行社会管理、构建良好社会秩序的系统工

---

① 孟建柱:《深入学习贯彻党的十八大精神,全面推进平安中国法治中国建设》,2013年1月7日全国政法工作电视电话会议讲话。

程，官方表述首次出现在 2001 年中共中央和国务院出台的《关于进一步加强社会治安综合治理的意见》中。此后，理论界也开始对社会治安防控体系展开系统研究。但是，由于社会治安防控体系随着社会发展不断地调整和完善，有关其概念的表述也说法不一。当前，关于社会治安防控体系的概念较为权威的表述为：社会治安防控体系，是指在党委、政府领导下，以公安机关为主体，以维护治安秩序和公众安全感为目标，科学整合和利用警力与社会资源，综合运用各种措施和手段，对危害治安秩序的行为进行有组织的系统化控制工程。①

在我国，社会治理是指在执政党领导下，由政府组织主导，吸纳社会组织等多方面治理主体参与，对社会公共事务进行的治理活动，是"以实现和维护群众权利为核心，发挥多元治理主体的作用，针对国家治理中的社会问题，完善社会福利，保障改善民生，化解社会矛盾，促进社会公平，推动社会有序和谐发展的过程"。② 社会治安防控体系建设是社会治理的重要内容。党的十八大提出要围绕构建中国特色社会主义社会管理体系，加快形成党委领导、政府负责、社会协同、公众参与、法治保障的社会管理体制。十八届三中全立足于改革的关键时期，审时度势，提出由社会管理向社会治理转变、创新社会治理体制的新观点，明确将立体化社会治安防控体系建设作为创新社会管理体制当中健全公共安全体系的重要内容在《中共中央关于全面深化改革若干重大问题的决定》予以体现。2015 年，中共中央办公厅、国务院办公厅印发的《关于加强社会治安防控体系建设的意见》，明确提出运用法治思维和法治方式推进社会治安防控体系建设。由此，社会治安防控体系建设进入了社会治理国家顶层设计的范畴，自然需要按照社会治理的要求，坚持在党领导下实现多方参与、共同治理，同样需要法治作为保障，为社会治安防控体系的完善和运行保驾护航。

二、法治是新时期社会治理的必需

法治与人治代表着两种不同的国家治理模式，人治强调个人权力在法律之上，而法治理念正好与其相反。法治是现代国家治理的基本方式，实行法治是国家治理现代化的内在要求。作为一种治国理政的方式，法治相较于人治，重视法律和制度的作用甚于重视用人（选贤任能）的作用，重视规则的作用甚于重视道德教化的作用，重视普遍性、原则性甚于重视个别性和特殊性，重视稳定性、可

---

① 宫志刚：《社会治安防控体系基本问题研究》，载于《中国人民公安大学学报》2014 年第 4 期。
② 姜晓萍：《国家治理现代化进程中的社会治理体制创新》，载于《中国行政管理》2014 年第 1 期。

预期性甚于重视变动性和灵活性，重视程序正义甚于重视实体正义。①

关于法治，亚里士多德曾有过经典阐述："我们应该注意到邦国虽有良法，要是人民不能全部遵循，仍然不能实现法治。法治应该包含两重意义：已成立的法律获得普遍的服从，而大家所服从的法律又应该本身是制定得良好的法律。"②法治首先是法律之治，用法律来治理国家，一切公权力的行使，都要有法律依据，遵守法定程序，接受法律监督，没有游离于法律之外的权力。其次，法律之治当中的法律必须是良法，而不是恶法，因此，法治也是良法之治。这种良法之治，就是党的十八大报告中所提出的"科学立法、严格执法、公正司法、全民守法"十六字方针。科学立法就是要求所制定的法律应该具有良好品质，是善的法，而严格执法、公正司法、全民守法实际上都可以理解为广义上的守法。③ 党和国家也已经充分认识到法治的价值和意义，在《中共中央关于全面深化改革若干重大问题的决定》中明确提出："建设法治中国，必须坚持依法治国、依法执政、依法行政共同推进，坚持法治国家、法治政府、法治社会一体建设。"当前，正在进行的法治中国建设包括四个统一：法治国家、法治政府、法治社会和法治政党的统一；法治思维、法治方式和法律手段的统一；党的领导、依法治国和人民当家做主的统一；全面深化改革、国家治理、党的建设和法治国家的统一。其中，法治政党建设是法治中国实现的前提和保障，对于社会治理而言，法治政党建设尤为重要，因为社会治理就是在执政党的领导下进行的针对社会公共事务的治理活动，建设法治政党能够推动社会治理领导的法治化，为社会治理的改革和创新奠定坚实的法治基础，作为社会治理重要内容的社会治安防控体系建设也会因此获得充分的法治保障。

法治能够通过其内在的价值和作用推动和保障社会治理，进而也能够推动社会治安防控体系法治化建设。

第一，法治能够保障个人权利和自由的实现，保证合法权益不受侵犯。人权，即人应该享有的基本权利，作为一种根本的法律权利，它的实现除了依赖于一定的经济基础和社会条件，还要有法律的确认与保障。离开法治谈人权就会使人权成为"空中楼阁"，尊重和保障人权是法治社会形成的基础，法治是实现人权的主要形式。

法治社会保障人权的主要手段可以通过多个方面来体现：在立法方面，用法律的形式来直接规定的公民权利体系可以形成确定应有的权利（如社会保障法），特别是社会阶层中弱势群体的权利；在执法方面，法治可以强化政府的社会管理和公共服务职能，限制和约束政府的公权力；在司法方面，通过对权利的救济，

---

① 姜明安：《再论法治、法治思维与法律手段》，载于《湖南社会科学》2012年第4期。
② 亚里士多德：《政治学》，吴寿彭译，商务印书馆2009年版，第199页。
③ 王利明：《社会管理体制创新须由法治保障》，载于《中国社会科学报》2013年1月16日。

可以恢复受损的权利。通过适用轻缓的刑事政策，体现以人为本和社会公平正义的理念，体现罪刑法定原则和罪责刑相适应原则的精神，可以有效地打击和预防犯罪、化解矛盾、维护社会稳定和保障人权。

第二，法治能够有效化解社会矛盾和纠纷，实现公平正义。公平正义，是人类社会的共同价值目标，是法治的价值追求，意味着社会的政治利益、经济利益和其他利益在全体社会成员之间合理地分配，它不仅意味着分配的合理，也意味着权利的平等，机会的均等，规则的良善，裁判的正义。

社会公平的实现，是以完善法制和建立必要的法律秩序为基本条件的。也就是说，社会公平正义的实现依赖于法治。针对社会公平要求，法治提供了统一的带有强制力的程序和标准，从而使一个社会获得普遍的社会公平成为可能。法治能够运用利益平衡的法律机制，促进社会公平的实现；法治运用权力制约的法律机制，促进社会公平的实现；法治通过保证立法公正和司法公正来实现公平正义。

第三，法治能够全面推进社会治理，维护良好的社会秩序。法治是构建有序社会最主要的手段，凭借法律这种具有公共权威的普遍、明确、稳定的社会规范，使每个社会成员或社会组织都受到法律的约束，使其行为和活动都纳入法制的轨道和范围，来保证各种社会活动正常有序进行。良好的秩序是社会和谐的基本标志，法律的功能和使命就是通过有效地防止纠纷、解决纠纷来形成和维持秩序，运用宏观调控的法律机制，来促进社会安定有序。法治确定权利义务界限，能有效地预防纠纷的发生；法治以文明的手段解决纠纷；法治通过调整各种经济利益关系，实现市场主体之间的和谐，维护市场经济秩序。

第四，法治能够推动社会民主进程，实现政治稳定与社会和谐。和谐社会同时是法治社会，法律和谐既是和谐社会的制度根基，也是和谐社会的重要内容和根本保障。法治社会是和谐社会的内在必然要求，在和谐理念的总体指引下，法治能够提升自身的质量和水平，这一点对于处于法治初级阶段的中国来说尤为重要。法治社会与和谐社会相互促进，相互提升，是实现社会和谐的重要手段和方式。

三、社会治安防控体系与法治相互促进与保障

新时期的社会治理离不开法治保障。社会治安防控体系作为社会治理的重要内容，自然也需要法治保障。法治能够为社会治安防控主体提供法律授权，确保权力运行的合法性。同时，法治也为社会治安防控体系建设设定法律边界，严格使用防控措施和防控手段，设定防控程序，在有效维护良好的社会治安秩序的同时尽可能减少对公民合法权益的侵害，确保社会治安防控始终在法治轨道内运行。

法治为社会治安防控体系提供保障，这里的"保障"不能简单理解为"用

法治来保障"社会治安防控体系的工具主义保障,而应当理解为"以法治来保障"社会治安防控体系建设的理性主义保障。以法治为保障进行社会治安防控体系建设,是法的本质属性的体现。在我国,法律是人民意志的体现,立法机关通过立法活动将人民的意志转化为具有国家强制力的行为规范。以法治为保障意味着将法律作为社会治安防控体系应当遵循的基本准则,衡量和检验社会治安防控体系建设的基本标准,这与社会治安防控体系的目标——社会治安秩序良好、公众安全感提升也是高度一致的。

法治不但为社会治安防控体系的建立和完善提供保障,同时也是社会治安防控体系运行的重要手段。社会治安防控着眼于治安防范,立足于治安控制。治安防范主要是开展针对违法犯罪行为的预防活动,而治安控制则是通过打击和限制违法犯罪活动来实现对社会秩序的控制。社会治安防控的核心和本质在于控制,治安防控实际上是一种社会控制。社会治安防控体系所涵盖的打击、防范、管理、控制、建设和教育本质上是对主体违法犯罪发生的过程进行全程的控制。[①] 从社会学角度而言,社会控制的手段包括国家政权、法律制度、道德规范、文化、宗教等。因此,从一定程度上说,法治也是实现社会治安防控的重要手段。

十八届三中全会提出了"立体化社会治安防控体系"的新提法,我们认为"立体化"不仅指时间、空间、防控主体、防控对象和防控手段的多维度和多样化,更重要的是将已经在社会治理实践中取得的成功经验纳入到社会治安防控体系当中,而其中最宝贵的经验就是运用法治思维和法治方式进行社会治理,用法治来保障社会治理。因此,我们认为法治建设本身也是立体化治安防控体系建设自身所包含的重要内容。

第二节 社会治安防控体系的建立和完善需要法治保障

一、新时期维护社会治安秩序的需要

我们当前正处于社会转型和深刻变革的新时期。社会转型包含社会体制转型、社会结构变动和社会形态变迁三个方面。体制转型主要是指从计划经济体制

---

① 宫志刚、李小波:《社会治安防控体系若干基本问题研究》,载于《中国人民公安大学学报》2014年第2期。

向市场经济体制的转变；社会结构变动主要包括结构转换、机制转轨、利益调整和观念转变；社会形态变迁主要指中国社会从传统社会向现代社会、从农业社会向工业社会、从封闭性社会向开放性社会的转变。当前转型期，我国经济社会发展的总体形势是经济持续快速发展、政治保持总体稳定、社会问题多发凸显。社会转型也对社会治安秩序产生了重大影响，当前的社会治安形势虽然总体稳定和可控，但局部依然严峻。新型犯罪不断出现，电信诈骗、金融诈骗、证券期货犯罪、危害食品药品安全等新型犯罪动态化、跨区域化特征越来越明显，存在着防范难、取证难、打击难等问题。传统犯罪与互联网新媒体犯罪相互叠加，传统违法犯罪借助互联网和新媒体传播速度快、管控力度差、耗费成本低、真实身份容易隐匿等特点，快速蔓延，网络贩卖违禁物品、卖淫嫖娼、诈骗、赌博等违法犯罪持续高发。同时，互联网犯罪给公安机关打击和防范工作带来了严峻的挑战。此外，涉及公共安全的突发事件频发。随着我国进入风险社会，公共安全领域的突发事件不断发生，频度、规模、影响和损失都在不断提升。特别是随着城市规模的急速扩大，人流、物流、车流的加速流动，火灾、爆炸、踩踏、煤气泄漏、城市内涝、交通事故等安全事件都给社会稳定带来了一定的挑战。暴力恐怖犯罪和个人极端暴力犯罪的威胁也不断增大。近年来，暴力恐怖犯罪呈现出向内地蔓延，有组织、有策划，犯罪分子低龄化、女性化等新特点，个人极端暴力行为的突发性和危害性也较之以往有所增强。寄递物流业近年来发展迅猛，在为生产生活提供便利服务的同时，也带来了许多治安隐患，特别是通过物流快递寄递危险物品、违禁物品、管制物品的行为已经对社会治安造成了严重威胁。

面对严峻的治安形势，社会治安防控压力增大，如何选择一条合法有效的应对之路，对于社会治安防控体系的建设来说至关重要。而法治之路就是维护社会治安秩序的最佳选择。法治不仅能为社会治安防控提供权力供给，确保社会治安防范与控制有法可依，有据可循，而且能够保证防控手段和防控程序合法，提高执法的权威性，确保权力行使的公信力，保证社会治安秩序的维护能够得到人民群众的接受和认可。

二、法治政府建设的题中之义

全面推进依法行政、加快建设法治政府是发展和完善中国特色社会主义制度、推进国家治理体系和治理能力现代化的重要内容。"国务院于2004年3月发布《全面推进依法行政实施纲要》，第一次明确提出了建设法治政府的奋斗目标。"[①] 法治

---

① 马凯：《加快建设中国特色社会主义法治政府》，载于《求是》2012年第1期，第8页。

政府就是按照法治的原则运作的政府，政府的一切权力来源、政府的运行和政府的行为都要受到法律的规范和制约。党的十八大报告也将依法治国基本方略全面落实、法治政府基本建成作为2020年全面建成小康社会的重要标准。①《法治政府建设实施纲要（2015—2020年）》中提到：要创新社会治理。加强社会治理法律、体制机制、能力、人才队伍和信息化建设，提高社会治理科学化和法治化水平。深入推进社会治安综合治理，健全落实领导责任制。完善立体化社会治安防控体系，有效防范和管控影响社会安定的问题，保护人民生命财产安全。从上述法治政府建设的指导性文件来看，国家层面已经将社会治安防控体系建设纳入到法治政府建设的内容当中，而且为立体化社会治安防控体系建设设定了具体目标。

法治政府要求将法治原则贯穿于政府宏观调控、市场监管、社会管理和公共服务各项职能履行的全过程。建设社会治安防控体系、维护社会治安秩序是政府社会管理职能的重要体现，因此，社会治安防控体系的建设也要受到法律的规范和约束。就当前社会治安防控体系的建设而言，公安机关是社会治安防控体系建设的领导者和主力军；而公安机关作为我国的行政机关，是各级人民政府的重要组成部门，担负着打击违法犯罪、保护人民生命和财产安全、维护社会治安秩序的重要职责。公安机关作为行政机关，在社会治安防控体系的建设过程中当然要遵守法治政府建设的要求，将法治运用到治安防控体系的建设、运行和维护的全过程，用法治来保障社会治安防控目标的实现。

三、实现社会治安防控体系目标的内在要求

社会治安防控体系的目标是指通过社会治安防控体系的建立和运行所要达到或实现的目的。关于社会治安防控体系所要实现的目标，理论界有不同的说法。有学者认为，社会治安防控体系建设的目标是对影响社会治安的各种因素进行有效的预防和控制。② 也有学者认为，社会治安防控体系建设的目标是实现五个方面的转变：由静态防控转变为动态防控；由阶段性防控转变为规范性防控；由粗放型防控转变为集约型防控；由封闭式防控转变为开放式防控；由被动防控转变为主动防控。③ 还有学者认为，社会治安防控体系建设的总体目标是发案少、秩

---

① 胡锦涛：《坚定不移沿着中国特色社会主义道路前进为全面建成小康社会而奋斗——在中国共产党第十八次全国代表大会上的报告》2012年11月8日。
② 宋华君：《对社会治安防控体系建设的思考》，载于《公安研究》2004年第9期，第34页。
③ 刘文成、赵毅、章杰：《社会治安防控体系与社会公共安全》，载于《理论与现代化》2008年第1期，第75页。

序好、社会稳定、群众满意。① 我们认为，作为社会治安防控体系的目标首先应当具体明确，而第一种观点更多的是从手段而不是目标的角度来解读社会治安防控体系。第二种观点以五个转变作为社会治安防控的目标更多的是从防控方法和防控内容的角度来解读社会治安防控体系本身，而我们认为目标应当是之于社会治安防控体系外部要实现的价值追求。第三种观点阐述的目标虽然具体明确，但是也存在不妥之处。首先，以群众满意度作为对社会治安防控结果的判断主观性太强，评价主体的主观感受不同，满意度的差别会非常大。其次，以案件数量多少来衡量社会秩序是否稳定有失偏颇，例如，某地案件量虽少，但案件性质如果都是恶性凶杀案件，那么当地的社会秩序也并不一定好。

我们认为，社会治安防控体系的目标是实现良好的社会治安秩序和提高公众的安全感。首先，以社会治安秩序良好作为社会治安防控体系的目标具体明确。其次，公众安全感和群众满意度是两个层级上的感受，相对于群众满意度，公众安全感更容易进行量化和测评。

如前所述，法治能够全面推进社会治理，维护良好的社会秩序；法治能够保障个人权利和自由的实现，保证合法权益不受侵犯。由此可见，法治对于维护社会秩序和保护公民的生命和财产安全具有重要的价值和意义，这与社会治安防控体系的终极目标是一致的。同时，法治能够保证公权力行使的合法性和权威性，而合法性和权威性对于提高公众安全感具有直接的作用。因此，我们可以说法治保障也是社会治安防控体系目标的内在要求。

四、提升社会治安防控效能的需要

提高管理的效能是国家治理现代化的一个重要方向。效能是管理学中的一个概念，管理效能是指管理部门在实现管理目标所显示的能力和所获得的管理效率、效果、效益的综合反映。它是衡量从事管理工作结果的尺度，是管理系统的整体反映。追求效能的不断提高，是管理活动的中心和一切管理工作的出发点，是管理的生命所在。而国家治理效能的提高主要是指综合运用各种科学管理的手段、制度和载体，调动各类主体的积极性、主动性和创造性，不断提高国家治理参与部门和人员的办事效率和工作能力，提高为人民服务的质量，保证党和政府的方针政策得以贯彻落实。

社会治安防控体系作为社会治安综合治理的一项系统工程，涉及多个领域、

---

① 李安君：《建立健全打防管控一体化的社会治安防控体系研究》，载于《辽宁公安司法管理干部学院学报》2010 年第 4 期，第 91 页。

多个部门，参与主体众多，使用资源广泛，运用手段多重，如何提高社会治安防控的效能也是整个体系运行和完善需要考虑的一个重要问题。社会治安防控效能的提高应当重点做好以下几个方面的工作：一是加快社会治安防控的法治建设和制度建设，确保治安防控的有法可依、有章可循，保持社会治安防控的稳定性、持续性和合法性，减少各自为战带来的混乱和无序；二是增强社会治安防控科技手段的运用，防控力量不足也是长期制约社会治安防控发展和运行的一个重要难题，借助当前大数据、"互联网+"等新的技术手段，一方面能够减少人力资源的投入，另一方面也能够提高防控的效果；三是加强社会治安防控的公众参与，作为一项庞大的系统工程，社会治安防控单纯依靠政府力量无法实现全面的掌控，必须调动和发挥社会组织、企事业单位、人民群众等社会力量的积极性，参与到群防群治工作当中，实现各类主体资源和优势的互补，从而提高社会治安防控的效能。

第三节 社会治安防控体系的运行需要纳入法治轨道

在社会治理迈向法治化的今天，社会治安防控体系的建设和运行需要纳入法治轨道，严格按照法律的授权和规定进行治安防范和控制，主要做到依据合法、主体合法、手段合法和程序合法。

一、社会治安防控的依据合法

为权力的运行提供法律依据和授权是法治的重要功能和作用，依据合法是保证社会治安防控体系建立和运行具有合法性的前提和基础。社会治安防控体系作为党和政府领导下的以公安机关为主体的维护社会治安秩序的系统工程，主要通过行使行政机关的权力来实现社会秩序和公众安全感良好的目的，自然要受到依法行政原则的约束。依据合法的"法"应当作广义的理解，即可以是全国人大及其常委会制定的法律，也可以是国务院制定的行政法规、地方性法规或规章，以及其他的正式法律渊源。社会治安防控体系的官方提法首次出现在 2001 年中共中央和国务院正式出台的《关于进一步加强社会治安综合治理的意见》（以下简称《意见》）当中。该《意见》属于党中央和国务院联合发文，参照法理逻辑，从性质上可以界定为法规性质的规范性文件[①]，属于广义的法律范畴。2015 年中

[①] 常纪文：《党内立法和党政联合立法的理论和实践》，载于《法学家茶座》2014 年 1 月第 41 辑。

共中央办公厅、国务院办公厅联合下发《关于加强社会治安防控体系建设的意见》。因此，我们可以将上述两个《意见》作为社会治安防控体系的直接法律依据。此外，1991年全国人大颁布的《关于加强社会治安综合治理的决定》也可以看作社会治安防控体系建设中央层面的法律依据。在地方性立法层面，绝大部分具有地方立法权的省、自治区、直辖市、省会城市、全国较大的市和经济特区城市等都已经制定了地方性社会治安综合治理的立法（如1992年制定的《北京市社会治安综合治理条例》）。在这些地方性立法当中，规定了参与综合治理的各类主体及其责任，规定了治安防范的手段和措施，以及相关主体不履行法定义务的罚则。这些地方性法规同样可以看作社会治安防控体系的法律依据。

二、社会治安防控的主体合法

主体合法能够保证社会治安防控体系组织者和参与者具有法定的主体资格，从而确保防控体系运行的合法性。从当前的实践来看，社会治安防控体系的主体主要包括党委和政府、行政机关、司法机关、社会组织、企事业单位、人民群众等。其中，党委和政府主要承担领导和协调功能，行政机关当中的公安机关是社会治安防控体系的主导力量，具体负责治安防控的组织和实施，其他行政机关和司法机关虽然不一定直接参与治安防控，但是在预防和打击违法犯罪、维护社会秩序方面同样具有重要作用。国家机关之外的社会组织、企事业单位和人民群众是新时期社会治安防控的重要力量，在公安机关的统一领导和指挥下具体参与和实施对违法犯罪活动的防范和控制。

宪法序言当中规定了中国共产党作为国家领导者的地位，宪法正文也对中央和地方政府的职责和权限进行了规定①，从中我们可以看出党和政府作为国家的领导者和管理者，有权进行社会管理，自然有权领导社会治安防控体系的建设。公安机关作为治安防控的核心力量，其主体的合法性来源于《人民警察法》第二条的规定："人民警察的任务是维护国家安全，维护社会治安秩序，保护公民的人身安全、人身自由和合法财产，保护公共财产，预防、制止和惩治违法犯罪活动。"为了实现和履行这一神圣使命，法律还赋予了公安机关及其人民警察治安处罚和刑事侦查的权力，使用经协和武器的权力。人民法院和人民检察院也是社会治安防控的参与机关，人民法院通过履行法定审判权，人民检察院通过履行法律监督权，来对影响和扰乱社会秩序的犯罪分子提起公诉和作出刑事处罚的判决，从而维护正常的社会秩序。对于国家机关之外的企事业单位、社会组织和公

---

① 《中华人民共和国宪法》第三章第三节、第五节。

民个人而言，宪法规定了公民有通过各种方式和途径参与国家管理、参政议政的权利，同时也有广泛的监督权，可以对党和国家机关工作人员的违法违纪行为进行监督、控告和检举。此外，《中华人民共和国刑事诉讼法》（以下简称《刑事诉讼法》）第63条也规定对于现行犯，公民有扭送的权利。通过上述分析我们认为，当前社会治安防控体系的参与主体均有法定的参与和维护社会治安秩序的权力（利）和义务，具有合法性。

三、社会治安防控的手段合法

为了实现社会治安秩序良好的目的，社会治安防控可能会使用一些强制性、约束性、临时性的手段，这些手段对于防范和控制违法犯罪而言十分有效，但从另一方面来看，这些手段容易侵犯合法权益，使用时一定要注意不能超出法律规定的权限和范围。

手段合法主要是指社会治安防控的手段要符合法律的规定，防止手段违法侵犯合法权益。社会治安防控的手段广义上包括教育的、行政的、科技的、文化的、经济的、法律的各种手段。其中，行政手段中的治安行政管理手段是公安机关在社会治安防控中使用最为频繁的手段，其权限、种类和范围在《中华人民共和国治安管理处罚法》（以下简称《治安管理处罚法》）当中已有明确的规定。需要特别注意的是，在治安防控手段使用的过程中，要注意区分合法与非法的界限。例如，当前的社会治安防控对于科技手段的需求和依赖越来越高，视频监控和录音录像在治安防控中使用非常频繁，但是，对于通过监控取得的音频和视频资料的使用应当进行严格限制，仅限于预防、查处和打击违法犯罪，由法定机关通过法定程序调取和使用，除此之外任何单位和个人都不能调取和使用，防止过度使用侵犯公民个人的隐私权利。

四、社会治安防控的程序合法

程序具有独立的价值和意义。首先，程序的正当性与最终结果的实质正义有着内在的关联性。其次，程序能够促进形式正义和法治的实现，有助于确保客观和公正。[①] 法定的程序一方面能够将权力牢牢地关进制度的笼子，使得公权力失去滥用的空间；另一方面，法定程序能够保护公民、法人和其他组织的合法权益，使其免受权力违法行使的侵害。

---

① 应松年主编：《行政法与行政诉讼法》，法律出版社2009年版，第40页。

社会治安防控体系运行需要遵守的法律程序主要规定在《治安管理处罚法》与《刑事诉讼法》当中。特别是作为社会治安防控主体的公安机关，在运用防控手段和措施维护社会治安秩序的过程中，一定要树立程序意识，切勿为了尽快实现防控目标而逾越法律程序，程序违法可能会导致违法犯罪防范与控制工作合法性的缺失，进而可能会影响到整个社会治安防控体系的成败。在社会治安防控的程序当中，需要着重强调两个方面的内容：一是要保障各类主体的知情权、参与权和救济权。法治要求不再单纯将公民、法人和其他组织当作管理客体，相对人也不再是被动接受的对象，通过程序的双向甚至多向构造，积极吸纳各类主体参与到社会治安防控当中来，及时倾听和反映各方的意见和建议，保证防控行为的准确性和正确性。公共参与和社会共治也是新时期社会治理创新的重要内容。作为社会治理重要内容的社会治安防控体系建设自然需要加强公众参与，调动一切有利于维护社会治安秩序的力量加入到社会治安防控当中，实现社会共治。同时，当需要对违法行为人的权利进行限制或约束时，要赋予其获得充分救济的权利和途径，这也是"有权利必有救济"法治理念的体现。二是要落实回避程序。为了保证社会治安防控的公平和公正，在防控体系运行过程中，防控主体如果遇到与本人有利害关系的行为和事项，应主动申请回避，行为人也可以申请要求防控主体回避，防止行为结果因利害关系而发生偏离，对行为人的合法权益造成损害。

第四节 社会治安防控体系法治建设的现实困境

一、有关社会治安防控的立法支撑不够

2011年3月10日，时任全国人大常委会委员长吴邦国向十一届全国人大四次会议作全国人大常委会工作报告时宣布："一个立足中国国情和实际、适应改革开放和社会主义现代化建设需要、集中体现党和人民意志的，以宪法为统帅，以宪法相关法、民法商法等多个法律部门的法律为主干，由法律、行政法规、地方性法规等多个层次的法律规范构成的中国特色社会主义法律体系已经形成。"[①]作为一个整体，中国特色的法律体系建成意味着国家经济、政治、文化和社会生活的各个方面总体上做到了有法可依。但是，必须看到，社会实践是法律的基础，法律是实践经验的总结，并随着社会实践的发展而不断发展。一些具体领

---

① 吴邦国：《十一届全国人大常委会工作报告》，2013年3月8日。

域，特别是与公民基本生存条件密切相关的公共安全领域，还存在着法律的空白，亟需立法予以回应。

具体到社会治安防控领域，立法对于治安防控的保障和支撑明显不足。主要体现在：第一，缺乏总体性立法保障。在社会治安防控体系建设这项系统工程中，需要动员和组织全社会的力量参与，这就势必涉及各级政府、各个部门、各个单位和全体公民的权利和义务。而权利义务关系的确认和调整将是社会治安防控体系得以存在、正常运转的关键。当前的主要问题就在于这些权利义务关系没有通过立法的方式固定下来，社会治安防控的组织领导、体制机制、防控措施、防控程序、法律责任等缺乏明确法律规定，导致实践中不同参与主体各自为政、权责不明、积极性和责任心不强的现象存在，阻碍了社会治安防控体系的有效运行。特别是在中央层面没有统一的、专门的社会治安防控领域的立法。中央层面立法的缺失容易导致社会治安防控体系在运行过程中可能会陷入无法可依、无据可循的尴尬境地，单纯依靠中央规范性文件作为社会治安防控体系运行的依据不是长久之计。

第二，有关社会治安防控的措施和手段的专门立法不足。如果将社会治安问题比作顽疾，那么社会治安防控体系就是预防和治疗顽疾的良方，防控措施就是治疗方案中具体的药品和手段。防控措施使用是否得当将直接决定着防控目标能否得到实现。但现实中，由于社会治安防控体系的建设随着社会形势的发展不断变化和完善，防控的措施和手段呈现出不确定性和多样化的特点，法律关于防控的措施和手段也没有专门的限制和规定。防控手段和措施缺乏明确的法律规定，容易导致实践部门在防范和打击违法犯罪的过程中随意性过强、可操作性差，容易导致违法侵权行为的发生。

第三，社会治安防控立法中程序规定不足。社会治安防控体系是一项庞大的、长久的系统性工程，涉及多个部门和多个领域，涉及国家的安全和社会的稳定，涉及公民基本权利的限制和剥夺。因此，社会治安防控体系的运行要遵循法定的程序，特别是防控手段和措施的实施要有明确的程序规定，涉及部门之间协调联动也需要有专门的程序规定。随着我国法治建设的开展，全民法治意识的提高，法律程序独有的价值和意义越来越凸显，各领域立法当中的程序规定越来越多、越来越科学。但是具体到社会治安防控领域，专门的程序立法还没有，成熟固定的程序规定也尚未建立，对社会治安防控体系运行的合法性和合理性带来一定的影响，也是亟待解决的问题。

二、社会治安防控相关主体的法律定位模糊

社会治安综合治理作为解决我国社会治安问题、维护社会稳定的总体方针，

是中共中央依据我国社会主义初级阶段理论和实践,总结了中华人民共和国成立以来,尤其是改革开放以来的社会治安和犯罪预防工作经验,从新时期社会治安和犯罪状况的实际出发,于1978年以后提出并逐步形成和发展完善的。① 从内容上来讲,社会治安防控体系是社会治安综合治理的重要内容;从手段上来讲,社会治安防控体系是新时期实现社会治安综合治理的重要手段。当前,社会治安综合治理的领导机构是中央社会治安综合治理委员会(以下简称中央综治委)。中央综治委是协助中共中央、国务院领导全国社会管理和综合治理的常设机构,下设社会管理综合治理办公室(以下简称综治办)作为办事机构,与中共中央政法委员会合署办公,中央政法委员会书记一般兼任中央综治委主任。

  当前,对于综治委及综治办的法律属性很难界定。综治委与政法委合署办公,可以说一套人马、两块牌子,从这个角度讲,综治委及综治办应当是党的机构;但是从职责权限看,综治委及综治办主要负责社会治安管理工作,又具有行政机关的属性。从机构设置和制度设计的角度来看,综治委及其综治办的设立是为了便于中央或者地方政府在社会治安综合治理的过程中调动各部门的积极性,协调各部门之间的关系,举各部门之力做好综治工作。出发点是好的,但实践当中却给社会治安综合治理工作带来了一定的障碍或困惑。第一,多层级的领导和管理容易导致综治工作疲于应付、缺乏效率。党委、政府、综治委对于社会治安治理都具有领导职责,参与综治工作各职能部门在具体执行过程中会面临着多头管理的难题。"上面千条线,下面一根针"。综治工作到了基层往往都挤压到了某一部门头上,过多的工作量和过宽的工作范围导致基层部门在落实上级工作部署与指示上疲于应付。层级过多也会延缓综治工作上传下达的时间,导致资源浪费、效率下降。第二,容易导致令出多门、各自为政,不利于综治工作的长远发展。这一问题在公安机关的社会治安防控工作中体现得尤为突出,公安机关作为社会治安防控和综合治理的主力军,本身就担负着维护社会治安秩序的职责,实行双重领导,既向上级机关负责,也向同级政府负责。而在综治工作中,综治委又领导和协调公安机关。由于同级综治委和公安机关在组织机构、人员构成、职责权限、工作机制方面存在着诸多不同,因此,具体到综治工作,二者之间的意见可能会存在不一致的地方,甚至会出现矛盾,不利于工作的开展。第三,综治工作的连续性和权威性不足。无论是在中央还是地方,综治委与政法委合署办公,权威性毋庸置疑,但是其具体的办事机构综治办的级别和地位相对较低,一般是由政法委副书记兼任综治办主任。尤其是在地方,在政法委中兼职的副书记数量较多,而综治办主任只是众多副书记中的一名,在具体的领导协调中显得权

---

 ① 高家林:《新形势下社会治安综合治理的法治化思考》,苏州大学2008年硕士学位论文。

威性不足。当前，多数地方的公安局一把手在当地政府领导班子中兼任副职，级别甚至高于同级综治办主任，综治办组织协调的权威性自然有所不足，难度也会较大。

三、社会治安防控执法权威不足

公安机关的执法活动是社会治安防控的重要内容和手段，通过公安机关的执法活动贯彻实施国家法律法规，行使治安管理职权和履行职责，以此达到维护社会治安秩序的目标。而这一目标的实现有赖于执法权威的保障。权威实质上表现为一种影响和信从的关系，权威作为一种信从的力量和威望，表现为外在性的职务权力和自然性的社会影响力，权威的形成需要一个社会大众公共心理意识长期积累的过程。公安机关的执法权威一方面来源于宪法和法律的授权；另一方面来源于其所担负的维护社会治安秩序、保障公共安全的职责。公安机关的执法必须得到社会公众的尊重，正当的执法活动也必须得到社会的服从。公安民警是维护国家社会安全稳定的中坚力量，其执法活动必须具有权威性，这是依法治国和建设法治国家的必然要求。①

然而，在实践当中，公安机关的执法权威面临的挑战不断增多，主要体现在：暴力袭警案件频繁发生，警察在执法过程中的人身安全得不到保障，因暴力袭警而受伤甚至牺牲的事件时有发生；少数警察执法不公、执法犯法、涉黑涉恶，滥用权力，严重影响了群众对公安机关及其人民警察的整体信任度；涉及警察执法的负面舆情不断增多，部分媒体宣传报道有失偏颇，影响警察执法的积极性和权威性；警察职责权限界定过于模糊，很多基层公安机关非警务活动从事过多，一些地方政府滥用警察权来推动工作难点，容易将公安机关推向人民群众的对立面；警察执法强制力不足，防卫权不明确，民警在执法过程中忌惮使用武器和警械，影响执法权威。执法权威不足容易导致公安机关的职责权限不能履行到位，进而影响整个社会治安防控体系的运行。同时，执法权威的不足还容易影响社会治安防控主体的积极性，容易降低社会治安防控的公众参与度，应当引起我们的高度重视。

四、社会治安防控法律监督薄弱

法律监督对于规范制约权力行使、维护国家法治统一具有重要意义。以社会

---

① 程琳：《民警执法权威受损问题探究》，载于《公安研究》2013年第6期。

治安防控为重要内容的社会治安综合治理工作应当接受法律监督。这一点早在1991年全国人大常委会《关于加强社会治安综合治理的决定》第7条中就明确规定："各级人大常委会对社会治安综合治理工作应当经常进行监督检查，要听取政府、法院、检察院关于综合治理工作的汇报，要组织代表委员督促检查综合治理工作的开展和落实的情况。"

广义的监督应当包括党委监督、人大的权力监督、检察院的法律监督和社会监督。但从社会治安综合治理的实践来看，各项监督并没有得到有效落实。首先，党委对于综治工作的监督一般采用领导责任制、一票否决制、绩效考核等方式，但是，目前综治委与政法委合署办公，综治委主任由政法委书记兼任，而多数地方政法委书记又是同级党委常委。那么，地方党委在考核由党委常委兼任的综治委工作时就显得很微妙，结果的公正性难以保障。其次，从各级综治委的组织架构来看，人大和政府、检察院、法院都是同级综治委的成员单位。那么，人大对于综治工作的权力监督和检察院对于综治工作的法律监督难免有"自己监督自己之嫌"。最后，从社会监督的角度来看，虽然社会治安防控需要全社会、全民众的参与，但是由于社会治安防控的专业化较高、技术性较强，宣传力度也不够，以致普通民众对于社会治安防控的认知不足、了解不够，对治安防控不了解就很难真正开展社会监督，更不用谈社会监督的效果。

第五节　新时期社会治安防控体系法治建设展望

在社会发展的新时期，面对尚未解决的老问题和不断涌现的新问题，要想建立和完善社会治安防控体系，维护良好的社会治安秩序，必须依靠法治，通过法治建设来实现社会秩序良好、公众安全感提高的目标。

一、加强党对社会治安防控体系建设工作的领导

中国共产党是我国的执政党，是社会主义事业的领导核心，对于社会治理和社会建设具有绝对的领导权。社会治安防控体系建设作为社会治理的重要内容，自然也离不开党的坚强领导。党对社会治安防控体系建设工作的领导能够为社会治安防控的建设和发展提供强有力的政治保障、权威支持和方向指引。新时期建设立体化社会治安防控体系一定要重视和加强党的领导。特别是各级党委和政府要提高对社会治安防控体系建设重要性的认识，将其列入重要议事日程，

重点在警力配置、经费投入、警察职业保障、基础设施和技防设施建设、考核奖惩等方面予以重点关注。落实各地党政主要负责人社会治安防控体系建设第一责任人制度，党政领导要真正担负起维护一方稳定、确保一方平安的重大政治责任。要充分发挥基层党组织作用，特别是在农村和城市社区，党组织要发挥领导核心作用，切实保障推进社会治安防控体系建设的各项任务走完"最后一千米"。

二、运用法治思维引领社会治安防控体系建设

党的十八大报告提出，"法治是治国理政的基本方式"，强调要"提高领导干部运用法治思维与法治方式深化改革、推动发展、化解矛盾、维护稳定的能力"。作为执掌党的执政权和国家立法权、行政权、司法权等公权力的特殊群体——国家机关及其工作人员，是运用法治方式治国理政的执政主体。能否具有法治思维、能否善用法治方式，不仅关系到社会主义法治强国建设，也关系到国家治理体系和治理能力现代化的实现，因此，国家工作人员必须具有较高的法治思维水平和能力，与其具有较高的理论思维、战略思维、辩证思维同等重要。

法治思维是基于法治的固有特性和对法治的信念来认识事物、判断是非、解决问题的思维方式，而法治方式是运用法治思维处理和解决问题的行为方式，国家机关及其工作人员运用法治思维和法治方式来化解矛盾，可以较少留有后遗症。面对矛盾，国家机关及其工作人员要善于用法律上的事实分清是非，用权利义务思维分清对错，在法律框架内明确权利、界定义务。对进入法定渠道的矛盾问题，首先，要严格依据事实、法律，公开公正处理，依法解决矛盾问题，让群众体会到公平正义，信服法律权威，从而形成办事依法、遇事找法、解决问题用法、化解矛盾靠法的良好环境。其次，要善于与人民群众理性对话，善于与不同意见的当事者协商，做到合法合理、合情合理，只要政府理性平和、真诚对话、协商执法，人民群众也会理性、合法地维护自己的权利，而不至于采取极端的行为，很多矛盾就不会升级、不会激化，更不会爆发成大规模群体性事件。另外，法治的权威性，需要所有人员敬畏和尊崇，对矛盾纠纷，依法达成的协议、依法作出的处理结论，国家机关及其工作人员和普通百姓都要一起执行。国家机关及其工作人员不执行或执行不到位的，应严肃追究责任；同样，如果有人在合法合理诉求解决以后无理取闹甚至聚众滋事、扰乱公共秩序，也要依法严肃处理。只有建立依法办事、依法维权、违法必究的规则和机制，才能树立法治权威，维护正常社会秩序。

法治思维，就是按照法治的观念和逻辑来观察、分析和解决问题的思维方式。① 法治思维已经成为党和政府治国理政的基本思维方式。用法治思维引领社会治安防控体系建设，意味着法治思维要贯穿于社会治安防控体系的建立、防控体系的运行和防控手段的运用、防控目标实现的全过程。运用法治思维来引领社会治安防控体系建设能够确保社会治安防控按照预设的法律规范和法律逻辑来分析、综合、判断和推理社会治安问题，通过分析判断形成认识和解决相应问题的结论和决定，以此来保证程序和结果的正当性与合法性。

运用法治思维引领社会治安防控体系建设主要体现在法治思维的树立和法治思维的运用两个方面。第一，法治思维的树立。首先要形成法治信仰，尊重法律的权威。法治信仰来自于对法律的尊重。领导干部尤其要形成法治理念，强化运用法律手段解决问题的思维方式。其次要加强法治理念教育，培养和提高全民的法治观念。通过加强法治教育建设法治文化。第二，要提高运用法治思维解决社会治安问题的能力。运用法治思维解决社会治安问题的能力主要体现在如何运用法律手段进行社会治安防范与控制。法律手段包括立法、执法、司法，也包括对法律所创制的制度、机制、设施、程序的运用、适用。② 社会治安防控的手段既有法律手段，也有行政手段、教育手段、科技手段和文化手段。面对复杂的社会治安问题，我们要尽可能选择和使用法律手段来进行应对和解决。充分发挥法治的引导、规范、保障、惩戒作用，做到依法化解社会矛盾、依法预防打击犯罪、依法规范社会秩序、依法维护社会稳定。

三、形成完备的社会治安防控立法体系

1978 年 12 月召开的党的十一届三中全会提出，要"做到有法可依，有法必依，执法必严，违法必究"。由此，这十六字就被确定为社会主义法制建设的基本方针。在这十六字方针的指导下，我国社会主义法制建设取得了重大成就。2012年，党的十八大报告提出，"法治是治国理政的基本要求。要推进科学立法、严格执法、公正司法、全民守法，坚持法律面前人人平等，保证有法必依、执法必严、违法必究"，从而确定了"科学立法、严格执法、公正司法、全民守法"新的法治建设的十六字方针。从"有法可依"到"科学立法"虽然仅仅是四个字的变化，但背后折射的是法治理念的变化和立法者法治思维的发展与进步。立法是国

---

① 何民捷：《让法治成为一种思维方式》，载于《人民日报》2013 年 5 月 14 日。
② 姜明安：《法治、法治思维与法律手段——辩证关系及运用规则》，载于《人民论坛》2012 年第 4 期，第 7 页。

家权力机关制定、修改、废止法律法规的活动。科学立法是依法治国、建设法治中国的前提和基础。对于科学立法，党的十八大和十八届三中全会、四中全会都作出了重要部署，习近平总书记也进行了一系列重要论述。科学立法对于提高立法质量，完善中国特色社会主义法律体系，保障法治中国建设顺利进行，具有十分重要的意义。

科学立法指的是在立法过程中必须以符合法律所调整对象的客观规律作为价值判断，并使法律规范严格地与其规制的事项保持最大限度的和谐，法律的制定过程尽可能满足法律赖以存在的内外在条件。科学立法是指在立法过程中要尊重和体现规律。实现科学立法首先要树立科学的立法理念。理念是行动的指南，实现科学立法的前提是立法理念、指导思想的科学合理。《中华人民共和国立法法》第六条规定："立法应当从实际出发，科学合理地规定公民、法人和其他组织的权利与义务、国家机关的权力与责任。"这就从法律上明确了科学立法的基本理念和指导思想。

具体到社会治安防控体系法治建设当中，同样要通过科学立法来解决立法支撑不足的现实问题。法治保障一个重要的内容就是通过立法的方式将实践当中已经成熟的做法或者经验上升到法律的层面供社会公众遵守。而在社会治安防控体系建设的过程中，我们亟需这样的法治保障。通过科学的立法规划合理分配立法资源，制定不同层级的法律、法规和规章，形成完备的社会治安防控立法体系，为社会治安防控体系提供充分的法律保障。

首先，在中央层面制定社会治安防控体系统一立法。建议由全国人大制定《社会治安综合治理法》，如果条件不成熟，可以先由国务院制定《社会治安综合治理条例》进行探索。在《社会治安综合治理法》中，要对社会治安综合治理的基本问题进行界定，包括社会治安综合治理的任务和目标、指导方针、基本原则、组织领导体制、管理模式、职责权限、治理内容、治理手段、监督考核、法律责任等。在立法当中要用专门的章节对社会治安防控体系进行规定，包括社会治安防控的目标、领导体制、参与主体、防控措施、运行机制、保障机制等。以《社会治安综合治理法》或《社会治安综合治理条例》作为社会治安防控体系建设的法律依据，能够保证治安防控工作在中央层面有法可依、有据可循。

其次，各地可以采用地方性立法的方式对《社会治安综合治理法》的内容进行细化。虽然现在各地都已经有地方性《社会治安综合治理条例》，但是现有立法的内容已经远远落后于社会治安综合治理的实践需求，特别是社会治安防控体系早已换代升级，但是原有的规定依然滞后，特别是对于一些新兴领域的违法犯罪缺乏防范和控制的手段，对于互联网行业、物流寄递业快速发展带来的对公共安全领域的挑战也没有很好的回应。地方性立法恰恰在这些方面可以有所作为，各地可以根据本地治安特点，在不与中央立法相抵触的情况下对防控手段和措施进行适当创新。例如，长三角、珠三角等地区存在户籍人口和流动人口"倒挂"的现象，那么，在地方性立法中就可以有针对性地加强对警力的配备和对流动人口的管理。

最后，通过部门专项立法完善社会治安防控立法体系。对社区矫正、保安服务、群防群治等领域进行专项方法，通过这些专项立法为公安机关防范、打击和控制违法犯罪提供更多的人员、物质和法律方面的保障。例如，2013年12月28日，第十二届全国人大常委会通过了关于废止有关劳动教养法律规定的决定，运行了半个多世纪的劳动教养制度正式废止。劳教制度虽然废止，但是对于尚不构成犯罪、容易反复的治安违法行为的打击仍然要继续，可以通过制定《社区矫正法》来对此类行为进行规范，依法防范和打击。再如，随着新疆反恐形势的严峻，暴恐袭击时有发生，而在多次暴恐活动中，暴恐分子使用的主要工具就是自制的大砍刀和大片刀，还有一些自制的爆炸装置，而恰恰我们的立法对于这样一些危害公共安全的需要给予管制的刀具、器具的生产、销售、邮寄、携带和使用等环节缺乏明确规定，未来我们可以专门制定管制器具领域的立法来进行针对性的管理。

四、切实提高执法权威

执法权威是公安机关实现对社会治安有效防范与控制的前提和基础。在新时期，提高警察执法权威可以考虑从以下三个方面入手：

第一，通过法律权威增强警察执法权威。恩格斯说："他们（警察）作为日益同社会脱离的权力的代表，一定要用特别的法律来取得尊重，由于这种法律，他们就享有特殊神圣和不可侵犯的地位。"[1] 通过法律进一步明确公安机关及其人民警察的定位，确定警察权的边界，限制和减少非警务活动，对警察执法的防卫权和免责权进行明确，增强执法的强制力。针对暴力侵犯警察人身权的行为应当设立袭警罪，将其纳入刑法保护的范畴。目前，全国许多省市区已经成立了警察维权机构。像上海、江苏、浙江等地已建立了省一级公安民警正当权益保护委员会。这些专门的组织能够帮助遭受侵害的警察调查取证，提供维权途径，协助警察进行诉讼等。

第二，通过加强警察队伍自身建设增强执法权威。要进一步完善执法制度，规范执法行为，改进执法方式，强化执法监督，提高执法能力，让群众从公安机关具体执法中切身感受到社会的公平正义。[2] 当前，公安机关的重点工作是"四

---

[1] 《马克思恩格斯选集》第4卷，第92页。
[2] 戎尽寒、周彦宁、黄建国：《信息社会背景下警察执法权威面临的挑战及其重塑》，载于《公安研究》2011年第2期，第71页。

项建设",包括:基础信息化建设、警务实战化建设、执法规范化建设、队伍正规化建设。其中,队伍正规化建设就是提高执法权威的重要保障。在新时期进行队伍正规化建设一是要强化思想政治教育,打造"政治过硬"队伍,把政治坚定、对党对人民忠诚,作为一名警察的最基本要求;二是要强化业务技能训练,打造"业务过硬"队伍;三是要强化惠民利民措施,真正做到执法为民;四是要加强党风廉政建设,严格警察纪律作风建设,密切警民关系;五是要建立科学的考核奖惩机制,落实责任追究制度,将影响执法权威的害群之马坚决清除出公安队伍。

第三,通过舆论引导和控制增强执法权威。在信息化社会,媒体舆论的宣传报道对警察权威有较大的影响。特别是网络媒体的快速发展,网络舆论呈现出快捷性、开放性和互动性等新特征。公安机关在舆论控制方面要牢牢掌握话语权,建立舆情监测分析平台,建立健全网络舆情研判预警机制,发现网络舆情及时启动应急处置机制,在与媒体交流时坦诚相待,疏堵结合、以疏为主,积极引导各类媒体推动正面报道,合理引导中间报道,减少或消除负面报道,通过增强公众的认同感来提高警察执法权威。

五、借助司法改革,推动治安防控体系目标的实现

公安机关是社会治安防控体系的主导力量和主力军,除此之外,社会治安防控还需要全社会的共同参与,司法机关行使审判权和检察权的活动就是社会治安防控的重要内容,对于防范和打击违法犯罪活动、保护人民群众的合法权益、实现社会公平正义具有重要意义。

党的十八大报告提出要进一步深化司法体制改革,坚持和完善中国特色社会主义司法制度,确保审判机关、检察机关依法独立公正行使审判权、检察权。党的十八届三中全会通过的《中共中央关于全面深化改革若干重大问题的决定》进一步明确了深化司法体制改革的具体要求。深化司法体制改革是实现社会公平正义、维护社会和谐稳定的必然要求。深化司法体制改革是满足人民群众日益增长的司法需求、维护人民群众根本利益的迫切需要。[①] 司法制度是政治制度的重要组成部分,司法公正是社会公正的重要保障,而深化司法改革正是完善司法制度、维护司法公正,从而确保社会公正的顺利实现。以人为本、司法为民,一直是中国司法工作的根本出发点和落脚点。

当前,司法改革已经进入攻坚阶段,让人民群众从深化司法改革中有更多

---

① 孟建柱:《深化司法体制改革》,载于《人民日报》2013年11月25日。

"获得感"的提法也顺势而生。司法改革需要积极引入媒体和群众的参与，政法单位应当与公众建立良性的互动关系，以开放包容的心态面对人民群众，善于听取人民群众的意见建议，自觉接受人民群众的监督，正确对待涉政法的负面报道，认真倾听批评的声音。要完善沟通机制，搭建各层级的日常联系渠道和信息交流平台，让公众能够及时准确了解政法工作重要决策部署和各项工作进展情况。要增强服务能力，把服务媒体作为为人民服务的一个重要体现，满足新闻媒体报道需求，为他们的采访报道工作提供线索、素材和便利，切实做好服务保障，形成政法新闻宣传合力，让人民群众善解深化司法改革的良苦用心，共同推动法治建设。通过深化司法改革，能够促进公平正义的实现；公平正义的实现又能够促进良好社会秩序的建立，增强人民群众的安全感和满意度。而实现社会秩序良好和公众安全感提升正是社会治安防控体系的目标，从这个角度讲，通过司法改革，树立的司法权威和法治权威能够促进社会治安防控体系建设目标的实现。

分论篇

第八章

新时期社会治安动态预警与预控

社会治安防控体系不仅包括对社会治安问题的常态管理,还包括对各种可能影响社会治安的突发事件的非常态管理。社会治安动态预警和预控是在突发事件发生之前,通过对情报信息的收集和研判,分析警源、划分警级、筛选警兆、发布警情,在第一时间采取控制措施防止事态的蔓延扩大,降低事件对社会治安的影响。随着风险社会的到来,影响社会治安的风险不仅在数量上越来越多,而且在种类上也呈现多元化的趋势。社会治安动态预警能够准确识别社会治安面临的各种风险,社会治安预控则是在预警的基础上及时采取措施将社会治安问题消灭在萌芽状态。因此,社会治安动态预警与预控在社会治安防控体系中具有重要的指向性作用,能够大幅提升社会治安防控的社会效果。

第一节 社会治安动态预警概述

随着城市经济发展的提速,人、财、物流动的速度大大加快,治安形势复杂化已成为一种必然的趋势。预警是在灾害或灾难及其他需要规避的风险发生之前,根据以往总结的规律或观测得到的可能性前兆,向相关部门和人员发出紧急信号,报告危险情况,以避免危害在不知情或准备不足的情况下发生,从而最大限度地降低危害所造成的损失的行为。

从风险的演变历程看,对各种风险的控制可以分为事前、事中和事后的控制。事前控制是在风险爆发之前通过风险识别、分析和评估,充分了解特定区域存在的社会治安风险,属于风险预防和预警的范畴;事中控制是在风险爆发时采取及时有效的控制措施防止事态蔓延扩大,降低风险造成的损失,属于应急处置的范畴;事后控制是在突发事件应急处置结束之后总结经验,吸取教训,防止类似风险的再发生。

在风险控制的三个阶段中,实践部门最开始关注的应急处置,即在各种突发事件发生后,被迫采取措施予以应对。但是,随着实践的发展和研究的深入,人们发现事前预警预控能够抓住社会治安防控的最佳时机,预警与预控比事发后应对具有更高的价值和意义。其实,早在2500多年前,大哲学家老子对解决问题的最佳时机曾有过十分精辟的论述:"其安易持,其未兆易谋,其脆易泮,其微易散。为之于未有,治之于未乱。"① 意思是说在事物处于稳定状态的时候,容易掌握;事物尚未显露出变化征兆的时候,易于谋划;事物尚处于脆弱状态的时候,易于溶解;事物尚处于微小阶段时,易于消散。因此,要在危险还没有来临的时候有所行动,在没有发生严重混乱的时候先防先治。

一、预警的概念及历史

预警一词最早源于军事,也最常用于军事,原指通过预警提前发现、分析和判断敌人的进攻信号,并把这种进攻信号的威胁报告给指挥部门,以提前采取应对措施。② 后来这个词逐渐被应用到政治、经济、社会、自然等多个领域。预警,可以理解为报警,军事上,敌方飞机要来空袭,就要拉响警报。通俗地讲,预警就是预先警告社会,指出这个社会有可能发生什么问题或者什么时候发生问题。所谓"预"为"事前、事先"之意,就是判断事态的发展形势,在时间上做出超前的活动;所谓"警",为"提醒、告诫"之意,含有防范、规避的意味。可见预警一词应有"事先提醒、事前防范"之意。预警就是事先发出警报,根据事物的现实状况及其发展的客观规律,去判断、推测事物将要发展的趋势,并在一定范围内发布警示性信息。预警建立在预测的基础上。预测是在事件未发生之前或发展过程中,用已知的条件,对事物的未来状态进行科学的预计和推测,或对已发生或存在的事物的未知状态进行估计和推断。

人类社会预警的历史经历了神灵性预警、经验型预警、哲理性预警和实证性

---

① 老子:《道德经》,吉林文史出版社 2004 年版,第 64 章。
② 雷战波、赵吉博、朱正威:《企业危机预警理论及其对我国社会危机预警的启示》,载于《中国行政管理》2005 年第 2 期。

预警四个时期①。神灵性预警产生于原始社会初期，主要用于对自然灾害的预警，古人使用龟卜、占星术等占卜方法预测和解释诸如电闪雷鸣、山崩海啸等自然灾害。经验型预警是指人类通过对社会现象的长期观察，在多次重复出现的事物中获得一些经验性的知识，并据此对社会现象进行预警。经验性预警建立在对重复现象单纯的观察基础之上，不涉及产生某种现象的必然原因，因此，经验性预警属于带有原始直观预警痕迹的感性预警。哲理性预警是根据社会变化的规律而不是仅凭现象的重复来对事物的未来做出预警。实证性预警将现代科学技术理性与科学实证相结合，是建立在现代科学与技术基础上的一种预警方法。20 世纪 60 ~ 70 年代，美国社会学家雷蒙德·鲍尔（Raymond Bauer）出版了《社会指标》一书，引起了很大的反响，并启发了人们通过构建指标体系的方法来研究社会风险预警问题的灵感。

二、社会治安动态预警的内涵

冯锁柱认为，治安预警是对涉及社会治安问题的各种社会环境和行为等因素的情报信息收集、态势测评、趋向调节和控制的社会治安综合管理活动②。其功能是为综合治理的各种应对措施提供决策依据，为实时的社会治安控制和预防提供工作准则，也为各种治安监控活动提供手段和工具。

秦立强等认为，治安预警主要是指以县级公安机关为单位组织实施，针对近期当地突出的刑事犯罪问题和特点，研究防范对策，预测治安形势走向和趋势，向社会公众提出预防犯罪的建设性意见，让群众了解治安状况，掌握防范知识，提高自防能力，有效预防和减少多发性、可防性案件的发生③。

"社会治安动态预警研究"课题组认为，社会治安预警是指通过对犯罪现象发展变化趋势的动态监测，捕捉其可能引起社会治安秩序失衡、失序和失控的征兆进行预先报警。社会治安预警主要包括四个基本要素，分别是警义、警源、警兆和警度④。

王众认为，治安预警是指公安机关依托于城市监控系统，对城市违法犯罪活动、群体性事件、人口流动、公共场所秩序、交通违章与事故、火灾状况等危害

---

① 阎耀军：《现代实证性社会预警的探索》，载于《社会》2005 年第 4 期。
② 冯锁柱：《治安预警系统浅论》，载于《北京人民警察学院学报》2003 年第 4 期，第 37 ~ 39 页。
③ 秦立强、王光：《浅谈我国社会治安环境的评价与预警》，载于《统计研究》2002 年第 4 期，第 28 ~ 33 页。
④ "社会治安动态预警研究"课题组，《社会治安预警指标体系及其实现途径》，载于《中国人民公安大学学报》（社会科学版）2009 年第 3 期，第 24 ~ 32 页。

社会治安秩序和人民生命财产安全的活动进行监控、报警和处置等活动[①]。

耿中锋认为，社会治安预警不仅是对某一社会治安事件或犯罪行为等是否发生进行预警，还要对社会治安状况的总体发展趋势，以及相关治安事件及犯罪行为对社会治安环境造成影响的程度进行动态监测和预先警报[②]。其研究的基本思路是，通过探讨犯罪增长与社会治安环境变化的关系，揭示社会治安环境恶性变化的因子，以此明确社会治安动态预警的警义、警源、警素、警兆和警度等。

社会治安是一个动态发展的过程，对社会治安的预警必须考虑社会治安的发展变化，研究和把握社会治安的基本规律，并根据社会治安的变化自动调节社会治安防控的措施，以达到防控的目标。

三、社会治安动态预警的相关概念

（一）警情

警情是指各类风险在一定的条件下发展为影响社会治安的外部形态表现，即对社会治安防控起阻碍甚至是破坏作用的社会现象或问题。在社会治安动态预警中，警情通常与社会的负面状态相联系，如各类违法犯罪现象、突发事件等。在社会治安动态预警中，警情是预警的具体对象。

（二）警源

警源是产生警情的根源，是警情的发源地。警源可以分为内生警源和外生警源。内生警源是社会内部的不良扰动因素，外生警源是外部的不良扰动因素。在社会治安动态预警中，寻找警源是整个预警过程的逻辑起点。

（三）警兆

警兆是警情在孕育产生过程中先行出现的现象。在警源向警情发展的过程中，警兆是发展过程的一种外部表现，也是社会治安动态预警的主要监测对象。警兆的产生可能是由于警源的扩散，也可能是警源扩散过程中产生的其他相关现象。分析警兆是预警的关键。

[①] 王众：《新时期建立城市治安预警的理论依据阐释及意义分析》，载于《上海公安高等专科学校学报：公安理论与实践》2011年第2期，第60~64页。

[②] 耿中锋：《论构建社会治安预警体系——从公共危机的视角》，载于《河北公安警察职业学院学报》2011年第3期，第27~29页。

(四) 警限

警限是警情由量变转化为质变的临界点,是由此事物过渡到彼事物的中介。从警源到警情是一个由量变到质变的过程,在这一过程中,警情的孕育、发展、扩大、爆发,都有一定衡量度。例如,在社会预警中,通常使用基尼系数描述社会贫富差距,认为基尼系数达到一定数值时,社会就会进入不稳状态,这个数值就是警限。

(五) 警级

警级是为了直观地表示警情的严重程度,根据警情的警限,运用定性或定量的方法分析警兆的变化区间进行划分的预警级别。警级是社会治安动态预警的结果。一般将警级分为五级:无警、轻警、中警、重警、巨警,有的用绿色、蓝色、黄色、橙色、红色表示。

第二节 社会治安动态预警预控的理论基础

在社会治安动态预警预控中,需要运用风险评估、社会预测、控制论、第一反应等相关理论作为预警和预控的基础。

一、风险评估的相关理论

风险评估是以保障安全为目的,按照科学的程序和方法,从系统的角度出发对特定对象存在的潜在危险进行预先的识别、分析和评价,为风险管理提供决策的依据。风险评估一般包括风险识别、威胁评估、风险衡量、风险评价、风险控制等。风险评估的原理和方法可与社会治安预警的警源分析、警级划分、警兆筛选、警情发布、预控措施等内容相对应。

风险评估是指在风险识别的基础上,运用概率论和数理统计的方法对某一特定风险事故发生的概率和风险事故发生后可能造成损失的严重程度进行定量分析。估算损失发生概率和损失幅度,并依据个人的风险态度和风险承受能力,对风险的相对重要性以及缓急程度进行分析。风险评估包括风险估算和风险评价两部分。风险评估主要应用基于概率论与数理统计的定量方法。大数定律和中心极限定理是风险评估的重要理论基础。大数定律是用来阐述大量随机现象平均结果稳定性的一系列定理的统称。中心极限定理则指随着样本观测值的增多,平均值的分布越来越趋近于"钟"型的正态分布。

风险评估分级就是确定风险级别的高低,并以某种系列符号表示这些风险级别的高低。风险评估分级的前提是风险评分,即对形成风险的各种因素按照某种方法对这些因素分别打分,再按照某种方法将所有的因素分值进行合成计算,得到风险的总分。风险分级通常不超过 10 个级别,常见的是 5 个左右的级别,可在每个级别内细分出小的级别,这样既可以准确表达风险,又便于风险管理和应对。

风险评估最初是由保险业发展起来的。保险公司为用户承担各种损失的风险,并按照风险的大小收取一定费用。衡量风险大小的过程就是风险评估。欧洲空间局(ESA)认为,风险评估是对系统隐患的确认和对系统整体的危险度量,是进行决策和管理的一种方法。A. R. Green 认为,风险评估是在计划、设计、生产等阶段,对生产系统中存在的危险进行充分的定性、定量分析并建立风险评估的数学模型,评估系统的安全度,以便针对存在的问题根据当前科学技术水平和经济条件提出有效的风险控制措施,将风险降到最低程度。

随着人们对风险认识水平的不断提高,风险评估不再局限于传统的金融、保险等领域,企业经营管理、政治决策、社会决策等方面的研究和实践成为风险管理的崭新领域。

风险评估必须根据被评估对象的特点和风险的基本特性,从威胁主体、资产拥有者、被评估对象、损害后果等角度对风险进行全面的分析和评估。因此,风险评估以保护关键资产为基本目标,通过对资产、脆弱性的评估了解被评估对象自身的风险特性,通过评估威胁掌握风险的来源,进而在资产与威胁之间建立保护措施控制风险。但是,由于风险的有限可计算性,即使是在科学全面的风险识别之后采取有效的风险控制措施,也可能会有剩余风险对资产造成威胁。

二、控制论的相关理论

社会治安预控属于社会控制论研究的范畴,主要解决明确发出预警信息后,如何消除问题或控制问题的发展。社会治安问题的出现可能有两种情况:一种是已经出现了显性的问题,一种是问题还没有发展为客观事实,仅是通过预测认为可能将要发生影响社会治安的问题,即潜在问题。对显性问题的控制用控制论的术语可将其称为反馈控制,对潜在问题的控制叫前反馈控制,简称前馈控制。

社会控制是社会组织利用社会规范对其成员的行为实施约束的过程。广义的社会控制泛指对一切社会行为的控制；狭义的社会控制特指对偏离行为或越轨行为的控制。社会控制是社会秩序的保障。社会控制理论最初是社会学领域的概念，社会学家研究社会控制的性质、对象、体系和手段。20世纪中叶控制论诞生之后，思想家们用控制论研究社会生活，产生了控制论的分支学科——社会控制论。控制论的创始人维纳在《人有人的用处——控制论与社会》一书中，把控制论看作在动物和机器中控制和通信的科学，认为社会通信在社会生活中的作用和地位越来越重要，通信的范围决定着社会的大小，通信的完善决定着社会的稳定①。控制原理不仅可以应用于巴拿马运河的小闸，而且可以应用于国家、军队和个人。

由于维纳的控制论开辟了用自然科学的方法研究社会控制的新视野，以控制论为指导的社会控制研究更加深化，研究范围不断拓广，控制论的触角遍及社会生活的各个领域。我国的一些学者用控制论理论研究社会结构，揭示了社会各个子系统功能上的相互耦合是社会系统保持稳定的机制。

控制论理论的研究和发展大大扩展了社会治安预警和预控的理论深度，社会的不稳定，实际上是社会控制系统无能的表现。因此，社会治安动态预警体系中必须设置社会控制子系统，才能将社会治安预警的结果充分体现出来。

三、预测学相关理论

预测就是用科学方法和手段，通过对相关因素的分析而对未来将要发生的事情或对事物发展趋势所做的某种估计与判断。预测必须以事物发生、发展的规律作为依据。从这个意义上讲，没有规律的事物是不可能进行预测的。社会治安问题的发生虽然受诸多因素的影响，但只要认真深入地进行分析，也可以发现社会治安的规律性，预测就是采用一定的科学方法和手段，通过分析社会治安的影响因素，认识社会治安发生的规律，从而对社会治安发生、发展的趋势和可能性所做的估计和判断。

根据预测的对象、方法和目的的不同，预测可分为宏观预测和微观预测两种，每种预测又可分为定性预测和定量预测。通过社会治安预测，把握社会治安的规律性，可以有针对性地采取预防措施，掌握工作的主动权，提高社会治安防控的工作效率和工作质量。

---

① ［美］N. 维纳：《人有人的用处——控制论与社会》，商务印书馆2014年版，第32页。

（一）社会治安宏观预测

社会治安宏观预测是对各种社会治安现象或问题在一定时期内的整体趋势所做的估计和推测。其特点是不考虑具体的、个别的现象，而只考虑其整体的趋势。各种社会治安现象或问题要根据预测的要求确定，根据预测时间的长短，还可将社会治安宏观预测分为短期预测、中期预测和长期预测。

社会治安宏观预测要考虑的相关因素较多，涉及国家和社会的政治、经济形势、科学技术发展状况、国家的法制建设、劳动者的个人素质等。如我国乡镇企业、个体企业、三资企业大量涌现，企业在深化改革、转换经营机制过程中出现的各种矛盾和纠纷，随着人们对生活质量的要求不断提高，各类公共娱乐场所大量增加，都是在预测中要考虑的因素。通过对这些因素和问题的相关分析，可以对社会治安的整体趋势做出大致的推测。从社会治安防控体系的构建看，社会治安宏观预测更接近于社会稳定预测。

（二）社会治安微观预测

社会治安微观预测是以社会治安防控为目标的一种实现安全的方法，是对具体某一类社会治安现象或问题发生的可能性进行预测，其预测方法也不同于宏观预测。在某一特定的环境和条件下，对某系统的安全状态进行分析和评价，研究某种危险因素能否导致治安问题，问题发生的概率及其危险度。微观预测的对象都是具体的社会治安现象。

四、第一响应者理论

预控是预警的目标。社会治安预控的期望是在确定警情的第一时间采取及时有效的措施控制事态，防止其引发严重的问题，造成大面积的损失。预警解决了预控的时机和目标，第一响应者理论则解决了预控主体的问题。

狭义的第一响应者是指在医疗领域，通过培训能够在医疗应急中提供基本生命救助支持的人员。随着经济社会的发展，第一响应者的含义扩大为指不论其拥有何种证书而首先到达灾难现场的个人。自2001年美国"9·11"事件之后，第一响应者这一词汇得到广泛宣传与重视。

（一）第一响应者的历史起源

第一响应者最早起源于急救医疗服务（EMS），EMS最初是以减少交通事故伤害、完善医疗救护系统等为目标，在美国运输部和美国国家科学院医学研究所等的推动之下产生。随着 EMS 的发展，它的涵盖范围更广，被纳入到美国的健康护理系统当中。

第一响应者在美国已有三百多年的发展历史，这是一种志愿救助与社区服务。在第一响应者的产生和发展中，美国 Richard Cummins 博士 1987 年在西雅图的研究起到了很大的推动作用。他发现，如果按照步骤展开一系列的救援活动，心脏病患者有更大的存活几率。这些救援步骤被称为"幸存链条"，包括：早发现，早到达，早恢复，早除颤，早提供先进的生命支持。但这一系列的救援步骤往往需要建立在社区快速反应的基础之上，且要求提供救援的人具备相应的知识和技能，这在一定程度上催生了社区第一响应者的诞生。

（二）狭义第一响应者

医学界有的把第一响应者定义为：那些在事件发生后第一时间抵达事故现场的人，其首要作用就是最先获得现场情况、初步判断病人情况并以有限的救生手段抢救病人。也有的则定义为：经过认可的项目培训，在医疗项目主任的书面或口头授权下，以及在授权医生代表的授权下，提供应急医疗服务，并且经过卫生部门的考核和认证。成为第一响应者必须具备一定的条件，如美国华盛顿州卫生局规定了两个条件：一是在一个国家认可的项目中接受培训，并经医疗项目主任或经过批准的医师代表的书面或口头的授权，提供紧急医疗服务；二是经过政府检验并认证。

第一响应者培训被认为是急救人员最低要求的培训，这种培训也是专业消防员所必需的。纽约消防局规定所有的消防员必须有认证的第一响应者—心脏除颤证书，第一响应者的急救医疗培训也经常为警察所需要。现在许多消防员和医生以外的人也被要求接受注册第一响应者培训，他们的工作性质或工作场所离现有的急救服务机构比较远，决定了他们可能会在第一时间出现在急救现场。这些第一响应者包括：出租车驾驶员、公共事业工作者、教师、幼儿护理员和校车司机、安全官员、保镖、体育教练和运动员教练、打猎和钓鱼向导、校园响应者和校园警察、童子军和领导者、社区第一响应者团队成员及机场地面人员。

（三）广义第一响应者

美国在更广泛的意义上发展了第一响应者的概念，以适应突发事件应急管理的需要。如美国运输部、美国国家公路交通安全管理局、美国卫生与人类服务部、孕产妇和儿童卫生局定义第一响应者为应急救治服务系统的组成部分，第一响应者是指不论其拥有何种证书而首先到达灾难现场的个人。

第一响应者是急救服务系统中不可或缺的一部分，他们使用有限的设备进行最初的事故现场判断和急救干预，被训练成为专业急救服务的辅助力量。美国国土安全部则认为，第一响应者制度更偏重于确保在发生恐怖袭击、自然灾害和大规模的紧急事件时，能够有携带着信息和资源、有准备、有装备的第一响应者赶到现场实施救助。美国国土安全部认为，第一响应者的培训和所提供的服务不仅包括医疗救助，还包括安保、救火、法律援助等一些专业技术要求更高、危险性更大的服务内容，涉及的领域包括边境安全、反对偷渡行为、灾难应对和恢复等。

也有学者定义第一响应者是经过训练的应对突发事件和危机请求的人员。他们可能是警察、消防人员、急救医疗人员、心理健康辅导员、心理学家、医务人员和医生、犯罪现场的技术侦查人员、儿童保护服务人员、保安员、在战斗第一线的士兵，有些情形下，办公室经理和学校教师也是第一响应者。

（四）第一响应者的目标

突发事件爆发后最初的反应措施对事件的发展极其重要，第一响应者的目标就是以合理的方式立即保护公众，最小化突发事件、事故、攻击对健康的影响，并尽可能地提供援助和安慰，以控制恐慌。在响应操作中保护应急管理人员，并保持应急设施和医院业务稳定。为事件总指挥收集、保护和整理信息，以使地方指挥机构能按实际问题而不是想象中的威胁对公众健康影响进行管理，也为执法的目的和将来对类似的突发事件的处置提供支持。通过让包括第一响应者在内的当地人员参与处置过程和公开处置过程，在响应过程中建立和保持公众的信任。在一个地方的意外的或蓄意的放射性影响中，提供一个合理的和有事实依据的更为广泛的响应。

为完成上述目标，需坚持三个关键原则对操作理念进行管理：本地官员负责第一响应，因为他们所处的位置有利于收集一个或多个不稳定同位素释放进入环境中的性质；事件总指挥掌握准确的信息，并且由其向国家层面的团队要求合适有用的资源介入；联邦层面的官员负责提供国家层面的响应，支持地方响应，并在需要时向国际上请求支援。

（五）第一响应团队的成员

所有应急响应活动都需有计划地协调，事件总指挥需建立一个团队负责计划、获取和协调资源。资源协调官负责建立临时区域，决定需要何种资源，包括消防栓、泡沫抛洒和服装更换的需求；向外请求援助；整合未经请求的志愿者和资源；为团队成员和准成员提供关键信息。

团队成员还包括消防人员、EMS、执法或治安团队、核取证证据管理团队、负责放射性监测的第一响应者、放射性评估师,以及物流、金融和管理人员。

第三节 社会治安预警模式的构建

风险评估的原理和方法可与社会治安预警的警源分析、警级划分、警兆筛选、警情发布、预控措施等内容相对应,在社会治安预警中引入风险评估,建立基于风险评估的社会治安预警模式,有助于推进社会治安预警的研究和实践。

一、社会治安风险识别:明确预警的目标

在社会治安防控体系中,社会治安预警的作用是在各类社会治安问题发生之前预测社会治安的发展趋势并及时发出明确的、有针对性的警示,采取预控措施,从而以最低的成本和最快的速度加以控制,以维护公共安全和社会秩序。社会治安预警作为社会预警的一类,属于社会预测学的研究范畴。由于影响社会治安的因素包括诸多方面,因此,在开展社会治安预警之前首先要明确预警的目标。

在社会治安防控体系中,政府和相关部门关注的预警对象是多方面的,如违法犯罪行为、各种公共危机等。从风险评估的角度看,这些预警对象都属于风险,即可能引发社会危害,影响社会治安的潜在的、不确定的威胁因素。因此,可使用风险识别的方法对这些风险进行识别。

风险识别(Risk Identification)也称风险辨识,是在特定的系统中确定风险因素并定义其特征的过程[1]。风险识别是社会治安预警的基础和起点,如果不能准确辨识社会治安面临的风险,确定风险的性质,分析可能发生的损失,社会治安预警就可能失去预控的最佳时机,从而导致预警的失败。

(一)社会治安风险识别的原则

社会治安预警是在风险尚未演变为现实危害之前,从纷繁复杂的社会现象中辨识可能出现的问题,为全面有效地识别风险,必须遵循一些基本的原则。

1. 系统性原则

社会治安防控体系是对社会治安实施全方位动态防控的一项系统工程[2]。风

---

[1] 范道津、陈伟珂:《风险管理理论与工具》,天津大学出版社 2009 年版,第 22 页。
[2] 何畏:《关于建立社会治安防控体系的思考》,载于《湖北警官学院学报》2003 年第 2 期。

险识别的过程不能局限于某个部门、某个环节、某个具体风险，而是要按照社会治安的内在流程和结构关系，从治安防控全局的角度系统地开展调查和了解，掌握风险产生的原因、条件和风险本身的性质。

从风险的本质属性看，风险意味着不确定性，即风险演变为现实危害、造成社会负面影响的过程存在明显的偶然性和随机性，因此，社会治安风险与其造成的危害后果之间存在偶然损失性。有些社会治安风险可能长期存在，但从未引发社会治安为题，有些风险则可能在一定条件下初露端倪但也没有造成严重危害。在风险识别的过程中，对这些风险都不能心存侥幸。2014年4月，兰州发生自来水苯超标事件，导致市政供水中断，市民抢水，社会心理恐慌，社会秩序混乱。类似的事件对兰州市政府而言，甚至对全国其他城市而言都是一个小概率事件，很容易被忽视。即使2005年曾经发生过松花江水污染事件，很多城市还是从未意识到此类风险，更无法进行社会治安预警和预控。一旦风险演变为现实危害，必然措手不及，仓皇应对。据调查，对自来水苯含量的监测周期是半年一次，此次兰州自来水苯超标是偶然检出，这就意味着如果不是偶然检出，由于风险识别的疏漏，水污染可能要等到出现大量人员中毒甚至是死亡后才能被发现。

随着信息社会的发展，风险的不确定性可以通过对大数据的收集、分析和比对得到一定程度的降低。各类社会风险从人类经验的视角看，具有明显的随机性；但是，通过大数据分析，基于固定风险类型的发生概率能够通过建模分析得到确定。例如，通过对城市供水系统的大数据分析，可以得出影响城市供水安全的全面系统的相关风险，为社会治安防控提供明确的防控目标和防控对象，极大地提升治安防控的准确性和及时性。

2. 动态性原则

现代社会是一个快速运行、变化多端的社会。动态性原则要求在风险识别时"为之于未有，治之于未乱"，不仅要识别那些曾经发生过的风险，还要用发展的观点分析随着社会治安的变化和社会环境的变化而可能产生的新的风险，特别是一些外来的非固定风险源对社会治安的影响。同样开始于地区性的风险，1988年的"甲肝"爆发与2003年的"非典"，由于现代交通运输手段、信息传播手段的高度发展而造成了迥异的影响范围和影响程度。在大数据时代，对大数据的掌握和开发对社会治安预警有着十分重要的意义。社会的发展带来了各种风险的动态变化，社会治安预警必须对由于信息社会的发展所带来的新风险进行动态识别，以便适应时代的发展要求。

2009年，公安部首次提出建立全天候、全方位、立体化的治安防控体系；党的十九大也提出要加快社会治安防控体系建设。立体化社会治安防控体系的核心强调的是对快速发展变化的社会治安形势和问题的动态防控。例如，随着信息通信技术的大量应用，出现了各类电信诈骗案件，诈骗的手段随时都在更新，从中大奖到账户涉黑洗钱，从法院传票到机票改签补差价等。

3. 重要性原则

重要性原则是指风险识别应有所侧重。从社会治安涵盖的内容看，社会治安预警的对象是非常复杂的，为保证风险识别的效率，必须在遵循系统性原则的基础上突出重点，掌握关键。风险识别得出的结果将用于下一步的社会治安预警和预控，如果不能在识别出的风险中确定重点，社会治安预警和预控只能全面铺开，不仅会造成人力、财力资源的浪费，而且会使社会治安预警失去应有的价值。

一般来说，风险评估的侧重点包括两个方面：一是风险的属性，二是风险的载体。关注风险属性是通过风险识别辨识那些重要风险即潜在损失较大的风险，如各种自然灾害、事故灾难、公共卫生事件等。这些风险会对公共安全造成严重影响，有些风险即使发生在外地也会对本地区的社会治安产生影响，正如2011年日本福岛核电站事故后，我国多地发生了大规模的"抢盐"风波。关注风险的载体，则是辨识对社会治安有严重影响的实体结构。例如，城市的供水、供电、供气、供暖、通信、交通等生命线工程设施。2003年8月，美洲东部9 300平方千米的区域大面积停电，造成美国纽约、底特律、克利夫兰、波士顿，加拿大渥太华、多伦多等城市交通瘫痪，通信服务中断，社会秩序混乱。纽约市地铁、火车停止运行，地面交通由于十字路口的阻塞而出现严重的拥挤和混乱，35万人被困电梯和地铁，很多人只好在33℃的高温下徒步回家。电话公司的中央控制室由于断电中断服务，不仅影响了民用通信，还影响了消防局、紧急医疗服务机构的危机反应能力，911电话严重超负荷，无法打通。

（二）社会治安风险识别的方法

风险识别的方法有很多种，如检查表法、情景分析法、事故树分析法、头脑风暴法、德尔菲法等。这些方法各具特色，在风险识别中要根据风险的特征和评估的要求灵活使用。在社会治安预警中，对社会治安风险的识别主要使用头脑风暴法、德尔菲法、情景分析法等。

1. 头脑风暴法

头脑风暴法又称集思广益法，是以专家的创造性思维来索取未来信息的一种直观预测和风险识别方法[①]。这种方法是通过营造一个无批评的、自由的会议环境，让与会者针对预测的主题畅所欲言、充分交流、相互启迪，从而产生大量创造性意见的过程。我国一些公安机关在社会治安预警方面的实践中已经有了此类

---

① 杨顺勇、王晶：《会展风险管理》，化学工业出版社2013年版，第41页。

方法的自发应用，如河北省石家庄市裕华分局自 2002 年起创办了《裕华治安预警周报》，每周一上午，分局指挥中心对上一周全区治安动态进行认真分析。从发案的时间、部位、侵害的对象、案件的性质等分析当前刑事犯罪的规律和特点；从抓获处理的人犯分析犯罪分子的人员构成、作案手段的规律和特点；针对阶段性发案特点，向群众介绍提高自我防范能力的意见和建议等。经过认真筛选和研判，编写本周的预警周报①。

头脑风暴法适用于对一些简单问题的探讨和预测，在发言过程中参与者只能发表自己的意见，也可以根据别人的发言修改自己的意见，不进行讨论和辩论。为保证与会者能够不受拘束地发言，主持人要善于创造一个轻松开放的会议气氛，一般不能有直接领导参加。

2. 德尔菲法

德尔菲法又称专家调查法，实质是一种多次的匿名咨询法。德尔菲法需要成立专门的风险识别小组，将需要识别的风险和相关社会治安状况的资料提供给选定的专家，向专家征询相关问题，专家之间不发生横向联系和讨论。德尔菲法识别风险主要靠专家的个人经验和主观判断。根据风险识别的重要性原则，需要将专家意见进行集中，以便开展有针对性的风险评估和社会治安预警。由于个人经验和判断的差异，专家意见可能需要在多次反复之后才能趋于一致。因此，德尔菲法比头脑风暴法更为准确，但也更为复杂，比较适用于对严重风险的识别和预警。目前，德尔菲法在社会预警中的应用主要在指标体系的构建和赋值方面。

3. 情景分析法

情景分析法是根据社会治安发展趋势的多样性，通过对影响社会治安的相关问题的系统分析，设计出多种可能的未来前景，以便采取措施防患于未然。情景分析法的雏形可追溯到曼哈顿计划，即采用模拟技术估计第一次核爆炸是否会灭绝整个地球生命②。情景分析法比较适用于在识别特定的突发事件（如马航MH370 失联事件）或重大事项决策（如修建垃圾焚烧场）引发的风险，通过对事件发展的向前展望，构建可能的风险后果，再确定从这些风险后果到现在必须经历那些关键事件（倒后推理），从而发现这些事件或决策将会以何种方式影响社会治安，以便对这些关键事件（风险征兆）进行监测并及时预警。

（三）社会治安预警目标的类别

从预警目标的层级上划分，社会治安预警可以是针对某地甚至是全国范围的

---

① 崔向辉：《实施治安预警机制的探索与实践》，载于《河北公安警察职业学院学报》2010 年第 1 期。
② 范道津、陈伟珂：《风险管理理论与工具》，天津大学出版社 2009 年版，第 42 页。

社会治安形势的总体预警,也可以是针对某地发生某一类危害社会治安的因素的预警。前者有助于社会管理的宏观决策,更接近于社会预警或社会稳定预警,但对社会治安防控的实践意义不大。后者则是一种微观预测,能够有效地预测特定区域、特定时期内某一类治安问题是否会超出设定的警限,属于现代实证性预警。在治安防控体系中,社会治安预警主要是指后者。

根据风险识别的基本原则,当前社会治安预警的目标主要包括:①典型治安案件风险,如抢夺、诈骗、盗窃、赌博等;②重大刑事案件风险,主要是指造成严重社会影响的刑事案件,如连环杀人案件;③自然灾害风险,如破坏性地震、台风等可能造成社会秩序的混乱;④各类事故风险,包括道路交通事故、火灾、爆炸等;⑤群体性事件风险,如群体性上访、非法集会、抗议性游行、打砸抢烧事件等;⑥公共卫生风险,如空气污染、水污染、危险化学品泄漏或丢失、不明原因的疾病流行等;⑦恐怖袭击风险;⑧社会心理风险,如由于突发事件、错误信息等造成的社会心理恐慌等。

二、社会治安威胁评估:警源分析

通过风险识别获得的风险类型,需要进行进一步的分析评估,找出风险源(警源),为最终确定预警的监控对象提供清晰的条理和依据。威胁评估是在综合分析多种因素的基础上,识别和评价可能对社会秩序和公共安全造成影响的各种威胁,这些威胁构成了社会治安预警中的警源,是引发社会治安问题的源头。在社会治安预警模式中,威胁评估是对社会治安的潜在风险进行全面调查的过程,包括威胁的种类、威胁主体的攻击目标和攻击能力、危害的程度及可能性等。

风险源是可能导致风险后果的因素或条件的来源,包括客观风险源和主观风险源。客观风险源是由客观因素控制的,包括自然因素和人为因素;主观危险源是由于人们掌握的信息、风险管理能力的局限性而在风险管理中掺杂了主观判断等原因造成的。

(一)自然风险源

自然风险源是最基本的风险源,地震、强风、暴雨、雷电都可能导致人员伤亡、经济损失,造成社会秩序的破坏。自然环境造成的风险影响范围一般都比较大,损害后果也比较严重。2011年3月11日,日本东海岸发生里氏8.0级地震,引发超大规模海啸,继而导致福岛核电站发生爆炸和泄漏事故,地震不仅给当地的社会治安造成了极大的冲击,而且还给远在千里之外的中国造成影响,多个城市的市民盲目相信有关"海盐被辐射污染""碘盐可以防辐射"等谣言,出现了大规模的"抢盐"事件。

虽然自然风险源的破坏力巨大，但对自然风险源的监测和预警基本属于自然计量的范畴，随着人类社会的发展和科技的进步，对自然规律的观测和掌握越来越准确，为风险预警提供了良好的技术保障。

（二）人为风险源

在影响社会治安的风险源中，随着人类行为影响力的增加，由于人类自身活动造成的风险源成为后现代社会面临的新的更具有威胁性的风险。吉登斯把人为风险源称为人力制造出来的风险，或简称人造风险。人类自身知识能力的增强，科学技术的进步，信息量的扩大，使人为风险逐渐超过自然风险而成为风险结构的主导内容，人类成为风险的主要生产者。为了规避和减少风险，人类借助现代治理机制和各种治理手段，以提高应对风险的能力。但是，由于制度本身的不可靠性和执行过程中各种可变因素的影响，这些治理机制和治理手段又带来新的风险，即制度化风险（包括市场风险）。

影响社会治安的人为风险源主要包括社会风险源、经济风险源、政治风险源、技术风险源等。社会风险源是影响社会治安的重要的深层次的因素。社会风险源涵盖的范围非常广泛，如人口的总量和结构、贫富差距、城市发展、劳动就业、教育、医疗、住房、环境污染、青少年犯罪、吸毒、赌博等。在经济转轨、社会转型的重要历史时期，各种社会矛盾凸显，对社会治安带来了不同程度的威胁。经济风险源是指由于市场调节机制缺失而导致物质生产、金融流通、生存质量等方面受到威胁或损失；同时，经济的发展也带来了人、财、物的大量流通和生产活动的增加，不仅使风险源的数量不断增加，而且造成了新的未知风险。此外，经济发展的不均衡性造成了城乡收入差距和地区发展差距扩大、收入分配不平等①，都会对社会治安形成潜在威胁。政治风险源是指由于政治利益之间的对立与矛盾引发的冲突和危机。政府领导人的更换、政策的改变、国际政治局势的变幻，以及恐怖组织的政治化都可能成为风险产生的根源。技术风险源是由于科学技术的发展带来的威胁，如化工技术的发展造成了苏丹红、三聚氰胺等食品安全风险，通信技术的发展带来了新型诈骗案件，汽车的广泛使用造成了越来越多的交通事故，等等。

（三）主观风险源

风险是客观存在的，但是，人们对风险的认识往往带有主观特性。因此，风

---

① 薛澜、张强：《危机管理》，清华大学出版社2003年版，第12页。

险本质具有主客观双重性。不同的风险管理者或承受者受到主观因素的影响,对风险的理解、估算的能力千差万别。这种影响导致对风险的认识存在主观差异性。在社会治安预警中,必须考虑不同社会群体在风险认知、判断、态度方面的差异,这些主观因素可能会成为影响社会治安的心理基础。根据社会燃烧理论,人与自然的不和谐、人与人的不和谐构成了社会不稳定的"可燃物",舆论的误导、谣言的传播、敌对势力的恶意攻击、非理性的判断构成了"助燃剂",这些"助燃剂"指向的深层次目标就是社会公众的主观认知和判断。在一些突发事件(点火源)的激发下,就可能出现社会失衡、社会失序或社会失控[1]。例如,在群体事件的预警中,公众的生活和职业满意感、对政府工作的满意感和政治信任、对当地社会问题和经济形势的判断、遭遇不公对待时的应对行为意向等主观因素可以有效监测社会形势[2]。

三、社会治安风险衡量:警级划分

为标明不同社会治安风险警情的严重性和紧迫性,提示相关部门和社会公众对预警信息采取不同的应对措施,预警信号一般需要划分不同的级别,并使用直观、明确的警级标志。例如,《中华人民共和国突发事件应对法》规定,可以预警的自然灾害、事故灾难和公共安全危机管理卫生事件的预警级别,按照突发事件发生的紧急程度、发展态势和可能造成的危害程度分为一级、二级、三级和四级,分别用红色、橙色、黄色和蓝色表示[3]。美国国土安全部采用的国土安全警报系统使用红、橙、黄、蓝、绿五种颜色对恐怖袭击进行了警示分级。日本的灾害对策体系中[4],将灾害分为一般灾害和非常灾害两类:一般灾害属地方管理范围;非常灾害属国家管理范围。

风险的属性是多重的,且不同属性对风险等级的影响也不相同。因此,在进行风险等级划分时必须考虑所有的属性及各种属性对风险等级影响的重要程度。风险衡量是对单个风险发生的概率和损失严重程度的衡量。在社会治安预警中,可以通过风险衡量划分不同的预警级别。

(一) 社会治安风险衡量的内容

风险衡量是对识别出的风险进行进一步的分析和整理,获得对风险的全面描

---

[1] 阎耀军:《现代实证性社会预警》,社会科学文献出版社 2005 年版,第 86 页。
[2] 王二平:《群体性事件的监测与预警研究》,载于《领导科学》2012 年第 2 期。
[3] 郭太生:《公共安全危机管理》,中国人民公安大学出版社 2009 年版,第 109 页。
[4] 郭济:《政府应急管理实务》,中共中央党校出版社 2004 年版,第 1 页。

述。社会治安风险衡量至少要涉及三个方面：发生概率，严重性和主观判断。

1. 对社会治安风险发生概率的衡量

准确衡量特定事件在一定时期内发生的概率，可以描述对该风险采取防控措施的紧迫性。风险概率越高，风险发生的可能性就越高。对风险概率的衡量可以参考相关的统计数据。根据大数定率①，大量随机现象的平均结果呈现出稳定性的规律，只要被观察的风险单位足够多，就可以估测风险发生的概率，被观察的单位越多，估测值与实际值就越接近。在长期社会治安管理中，积累了大量的统计数据，特别是随着大数据的应用，通过建立风险估计模型，运用风险衡量的方法对这些数据进行综合整理和分析，可获得对某类风险的概率估计。

2. 对社会治安风险严重性的衡量

估计特定事件发生后造成的社会危害的损失程度，可以明确表示风险的严重性。根据类推原理，任何事物的发展变化都有一定的规律，认识了这种规律，就可以进行类推。例如，歌舞厅火灾在一段时期内频繁发生，造成了严重的人员伤亡，分析其原因发现，造成群死群伤的原因主要是由于场所人口密集、安全出口不畅通等原因，由此可以推测其他的人员密集场所如大型商场、体育场馆等场所也会由于这些原因出现严重的损失后果。

3. 对主观判断的衡量

风险的主客观双重性决定了进行风险衡量时必须将不同的个体或群体对风险的感受和承受能力纳入考虑的范畴。社会心理学的研究表明，安全感除了受到社会稳定性、社会治安状况等社会环境因素的影响之外，也受到生活环境因素和性别、年龄、受教育程度、身体状况及社会经济地位等个体因素的影响，而且受个人的主观因素影响，个体对安全的预期不同，其对风险的认知也不同②。风险认知又决定了风险容忍度和承受能力。

（二）社会治安风险等级划分的方法

风险的属性是多重的，且不同属性对风险等级的影响也不相同。因此，在进行风险等级划分时必须考虑所有的属性，以及各种属性对风险等级影响的重要程度。但是，在实践中一般只考虑风险的发生概率和严重程度，并假定这两种因素同等重要。虽然这种简化并不能全面描述风险，那些概率很小但后果非常严重的风险往往比那些概率较高而后果轻微的风险更为严重，但这种简化却极大地提高了风险衡量的可操作性。

---

① 范道津、陈伟珂：《风险管理理论与工具》，天津大学出版社2009年版，第55页。
② 王俊秀：《面对风险：公众安全感研究》，载于《社会》2008年第4期。

在社会治安预警中，常用的风险等级划分方法有风险矩阵法和风险指数法。风险矩阵法是将发生概率和影响程度划分不同级别，假设风险等级＝概率×严重程度，将风险发生频率分为非常可能、可能、非经常的、不可能、非常不可能五个级别，将事件的影响程度分为灾难性的、重大的、严重的、中等的、轻微的五个级别，然后将二者综合得到风险矩阵①。利用风险矩阵法可将风险划分为不可接受、难以接受、可以接受、可以忽略四个等级（见表 8–1）。

表 8–1　　　　　　　　　　风险矩阵法

发生频率	结果				
	灾难性的	重大的	严重的	中等的	轻微的
非常可能	不可接受	不可接受	不可接受	难以接受	难以接受
可能	不可接受	不可接受	难以接受	难以接受	可以接受
偶尔	不可接受	难以接受	难以接受	可以接受	可以接受
不可能	难以接受	难以接受	可以接受	可以接受	可以忽略
非常不可能	难以接受	可以接受	可以接受	可以忽略	可以忽略

风险指数法是将风险矩阵中的风险发生的可能性及其影响程度赋值，每个风险事件所对应的两个值相乘得到了一个介于 1～25 的一个数字，从而给出风险大小的排序（见表 8–2）。指数 1～4 表示低风险，风险可以忽略，不需要任何减轻措施；指数 5～9 为中等风险，风险可以容忍，但需要一定的减轻措施；指数 10～15 为高风险，风险在一定容忍的边界，应该实施减轻措施以便降低风险；指数 16～25 为最高风险，风险难以容忍，必须实施风险减缓措施。

表 8–2　　　　　　　　　　风险指数法

发生频率	结果				
	灾难性的 5	重大的 4	严重的 3	中等的 2	轻微的 1
非常可能 5	25	20	15	10	5
可能 4	20	16	12	8	4
偶尔 3	15	12	9	6	3
不可能 2	10	8	6	4	2
非常不可能 1	5	4	3	2	1

---

① 郭太生：《公共安全危机管理》，中国人民公安大学出版社 2009 年版，第 105 页。

(三) 社会治安警级的划分

警级的划分是为了在监测的警兆出现时根据事态的发展趋势及时采取预控措施，降低风险对社会治安的影响。在社会治安预警中要遵循适度反应原则，即预控反应措施应与风险的规模、性质、危害程度相当。一方面，要避免事态严重而反应不足造成的控制不力；另一方面，要避免反应过度造成资源浪费甚至是社会恐慌。因此，在社会治安预警中需要对警级进行划分，并根据警级制定不同的反应行动计划。

但是，由于社会治安的复杂性和实践性，警级的划分并不是越多越好，烦琐的警级划分不仅会增加预控工作的难度，而且从人的心理认知特点看，分级超过5个级别将导致判断的混乱，使社会治安预警失去意义。从当前社会治安预警的实践看，将社会治安警级划分为2~3级较为适合并用红色、黄色或红色、黄色、蓝色表示，对一些简单的警情则可以不分级（即警级为1）。

四、社会治安风险评价：警兆筛选

在警源识别的基础上，需要分析从警源到警情发展的规律，以确定社会治安风险预警需要监测的指标。一般来说，警情的出现是各种风险因素不断累积、不断发展的过程。在这一过程中，会出现一些前期征兆，即警兆。例如，地震发生前几天会出现宏观前兆和微观前兆。宏观前兆包括地下水的变化、动物异常反应、地声、地光、小地震活动等。微观前兆则包括地磁、地电、重力、水质等的变化。这些都是地震监测预警的重要指标。在地震频繁发生的日本，安装了180多个地震检波器站点，和600多个地震强度仪，以测量地面运动的强度。2011年"3·11"地震时，很多地区的日本民众在震前10秒钟就通过地震预警系统获悉地震将要发生的消息，从而有时间逃到室外。

风险评价是在风险识别和风险衡量的基础上，将损失概率、损失程度和其他因素综合进行考虑，分析风险的影响，并对风险的状况进行综合评价。在进行风险评价时，一般要建立评价的指标体系，对这些指标的监测就是社会治安预警中对警兆的监测。

（一）警兆筛选的原则

警兆既可能是警源的扩散，也可能是警源扩散过程中引发的相关现象。在社会治安预警中，警兆是预警监测的关键目标。不同警情出现之前的警兆也各不相同,同一警情出现之前可能有多重警兆,因此,需要根据预警目标对警兆进行筛选,既要保证预警的准确性,也要保证其可操作性。

1. 因果相关性

辩证唯物主义认为,世界上的事物是普遍联系的,不是互不相关的。相关性是筛选警兆的基本原则。在社会治安预警中,警源—警兆—警情之间构成了因果相关性,警源的存在是引发警情的深层次原因,由于其存在的普遍性,对社会治安预警没有监测的意义;警兆既是警源的结果又是警情的原因,而且具有可监测性,通过对警兆的监测可以预测警情的出现进而发出警示信号。

2. 可行性

在选择警兆时,必须注意警兆含义的清晰度及数据的可得性,尽量避免产生误解和歧义,以提高监测的可行性。按照监测的难易程度可将警兆分为三个层次:一是量化指标,如温度、湿度等;二是物化指标,如人口结构、职业等;三是非物化指标,如民众对政府的态度、对社会治安的期望等。量化指标的可监测性最高,对物化指标和非物化指标则需设计出量化的方法以便于监测和预警。

(二) 警兆筛选的方法

根据评价对象的复杂程度,可以采用定性、定量或半定量的评价方法。任何事物的发展变化过程都是量变和质变的统一,只进行定性分析显然是不全面的,但是,定量分析必须以准确的模型和大量数据为基础,否则,定量将失去意义。在社会治安预警的实践过程中,一般应以定性分析为基础,以定量分析为目标,对定性指标进行适当量化,以得出较为准确的评价结果。

1. 检查表评价法

检查表评价法是一种常用的风险评价方法,通过对警情和警源因果关系的分析,将警兆指标事先编制成有标准要求的检查表,以提问或赋值的方式判断是否达到预警的标准。这种方法具有较大的弹性,既可用于简单的快速评价,也可用于深层次的分析。但对检查表的编制有较高要求,检查表设计的是否详实、是否全面是决定评价准确性的关键。以重大事项(如建设垃圾焚烧场)风险评价为例,可设计简单的检查表(见表8-3)。

2. 层次分析法

层次分析法简称AHP法,是一种实用的多准则决策方法,这种方法是把复杂问题表示为有序的递阶层次结构,通过构造两两比较判断矩阵,确定不同指标对目标层的重要程度,对决策方案的优劣进行排序,供决策参考。具有实用性、系统性、简洁性等优点。

表 8-3　　　　　　　　　重大事项风险评价

序号	检查项目	判断（是或否）	备注
1	该项目是否通过环境评估		
2	是否在社区开展垃圾焚烧的宣传		
3	选址时是否遭遇民众的反对		
4	是否已有民众向政府部门提出抗议		
5	是否有人通过网络或手机联络组织抗议活动		

在社会治安预警中，一些复杂目标的预警可采用层次分析法进行简化分析，确定不同指标对警情的影响程度。

3. 模糊综合评判法

模糊综合评价以模糊数学为基础，应用模糊关系合成的原理，将一些边界不清、不易定量的因素定量化，从而对实际的综合评价问题进行评价，特别是对于那些评价参数较多、评估结论比较模糊的场合应用得更为普遍。对于任何一个完整的模糊综合评价，必须具备三个基本要素：因素集，评价集，单因素评价集合。评判结果的确定一般都采用最大隶属度原则。

社会治安的复杂性和不确定性决定了社会治安预警具有较明显的模糊性，使用模糊综合评判法可将人的主观因素和社会治安的客观规律有机结合，并通过合理的推理，得出在一定程度上可信的结论。

五、警情确定和发布

利用风险评价的方法确定警兆后，要建立警兆监测系统，对警兆指标进行信息收集、传递、加工和决策，并在警兆达到预定标准时发出预警信号，以便及时采取相应的风险控制措施防范社会治安风险，降低由此引发的负面影响。

（一）信息收集与传递

信息收集就是对各类风险和危机征兆等信息进行收集。及时、准确、全面的信息是进行社会治安预警的重要基础，是影响社会治安防控成效的关键性因素。信息收集必须保证信息收集的范围涵盖风险的分布位置，不同预警的信息收集有不同的途径，包括大众传媒、政府信访部门、社会心理状况掌握、事故记录、实地调研、建立专门的监测系统等。在信息传递过程中，一方面要保证传递的速度；另一方面还要注意防止信息的失真。

（二）信息加工与决策

信息加工包括信息整理、信息识别和信息转化。信息收集所获得的信息不仅数量庞大，而且种类繁多，必须通过对信息的整理和归类得到较为条理和清晰的信息总体情况。为保证决策的准确性，还需对虚假信息和干扰信息进行识别和剔除。最后将信息转化为简单、直观的信号或指标，为决策做好准备。根据信息加工的结果决定是否发出警报，以及确定警报的级别。在决策的过程中，需要将获得的信息与事先制定的预警指标和临界值进行对比，确定警报的级别。

（三）预警信息发布

警情确定后要及时向相关管理部门和潜在受害者发出明确无误的警报，宣告风险即将来临。为保证警报作用的正确发挥，要在警报系统与警报接收对象之间建立良好的沟通渠道，使用简单明了的警报信号并在第一时间通知到每一个人，使更多的人"接收"到预警信息，从而能够及早做好相关的应对、准备工作。例如，日本的地震预警系统不仅通过广播、电视、报刊、通信、信息网络、警报器、宣传车或组织人员逐户通知等方式进行预警信息的发布、调整和解除，还对老、幼、病、残、孕等特殊人群，以及学校等特殊场所和警报盲区，视具体情形采取有针对性的公告方式[①]。该系统与警察机构、地方政府、通信公司、电视媒体、海上保安亭、消防机构等建立了信息传递机制，还与新干线列车、燃气公司等设施联动，在地震前自动触发列车的紧急制动和燃气阀门的关闭。

第四节 社会治安预控

预警与预控是两个紧密联系的问题，预警指明了预控的方向，预控是预警的目标。在社会治安预警中，要根据警情和警级事先设定预控的措施，即制定有针对性的分级响应预案，预警信号的发布是启动应急预案的触发点。2003年"SARS"期间，3个不同地点的散发病例触发了美国疾控系统对这一新型传染病的警报，美国政府启动了卫生部的紧急指挥中心，该中心按照预案采取了一系列风险预控措施：向各州卫生局发出疫情监控指导手册；向全国派出300名医学专家指导工作；向全

---

① 钟开斌：《中外政府应急管理比较》，国家行政学院出版社2012年版，第189页。

美的医院和医生发出疾病或疫情警告；向准备到疫情国旅行的公民提出建议等①。

一、社会治安预控的内涵

所谓社会治安预控，是指在发现风险征兆和信号并进行确认后，或者在社会治安问题已经开始来临但还没有造成巨大损失时，迅速采取措施，对社会治安风险进行及时、有效的控制，尽可能用较小的代价迅速化解问题，避免问题扩大和升级，造成大规模的人员伤亡和财产损失。

有的学者认为，预控可分为两种形式：一种是经常性的预控，实际上是预防的内容；另一种是社会治安问题爆发前的紧急状态中的预控。而有的学者则认为，预控不是在紧急状态中的预控，而是危机爆发前所采取的控制措施。预控不可能在紧急状态中，只能在预警信号发出之后、紧急状态之前。当紧急状态来临时，社会治安已经不是预控而是控制了。

二、社会治安预控的目的

社会治安预控的目的主要包括两个方面：一是在发现征兆、确认社会治安问题可能爆发，或者是问题已经在相邻地区爆发时，迅速采取果断措施，把问题消灭在爆发之前或消灭在萌芽状态，以避免风险大规模爆发，或者阻断风险蔓延到本地的途径，避免问题在本地发生。二是即使不可能把风险消灭在爆发之前或消灭在萌芽状态，也要尽可能采取措施缓解危机，即尽可能把风险的强度控制在一定的范围以内，避免风险迅速扩大和升级，造成惨重的人员伤亡和财产损失。

例如，2003年的"SARS"引发的不仅是公共卫生方面的危机，而且派生出一系列的社会问题和政治问题，如大面积的恐慌、抢购、弃城逃跑等社会心理问题、政府公信力及行政能力问题，经济增长与社会系统均衡问题，以及国家的国际形象和国际关系问题等，如果控制不好，"SARS"就会演变为严重的社会危机、经济危机和政治危机。疫区严格贯彻"早发现、早隔离、早治疗"的防治原则，非疫区的各级政府紧急动员，组织"严防死守"，加之全体民众积极配合，就是一次成功的社会治安预控实践。

---

① 张黎明、张晓新：《美国公共安全危机管理卫生快速反应机制及 SARS 防治预警系统》，载于《中国医院管理》2003 年第 7 期。

三、社会治安预控与预警的关系

预警与预控都是在发现征兆后所采取的一系列风险管理措施。从时间顺序来看,预警在前,预控在后,只有准确发现有关社会治安风险的信息,并对这些信息进行传递、分析、确认,然后才可能采取预控措施。可见,预警是前提,是基础;而预控是对预警的理性反应,是预警的必然延续。预控对预警有很大的依赖性,没有预警提供及时准确的危机信息,预控就不可能实施,更谈不上效果。相反,没有预控,预警的作用就不可能充分发挥,因为预控是预警的主要目的。

在社会治安预警中,预控措施的制定不是在预警信号发出之后,而是与风险警级划分同时进行,针对警情特点和警级高低,结合以往的历史资料和典型案例,使用情景分析法、头脑风暴法等设想风险来临的情景,提出控制风险需要采取的措施。因此,在制定应急预案时,要成立专家咨询小组,既要有社会治安方面的专家,也要有风险评估方面的专家,还要有熟悉所在区域情况的人员,以保证预控措施的有效性和及时性。但是,由于社会治安的复杂性和风险的不确定性,事先制定的预控措施在预警发布后可能还需进行进一步的调整,因此,在整个预警过程中,都要有畅通的信息渠道和健全的专家咨询机制,以根据社会治安的具体情况采取科学有效的预控措施。

社会治安预警在全方位、立体化、动态化的社会治安防控体系中具有重要的导向性作用。科学有效的社会治安预警能够为治安防控提供明确的工作目标和方向,提升治安防控体系的主动性、目的性和有效性。社会治安预警在本质上是对各类威胁社会治安的风险的评估过程,因此,以风险评估的流程和基本原理为基础可以构建社会治安预警的风险评估模式,将风险评估的方法应用于社会治安预警,并通过基层应急反应能力建设,加强对各种不稳定因素的预控,实现社会治安防控的关口前移,以便将社会问题和社会矛盾解决在萌芽阶段。

第九章

新时期社会治安防控体系与政府应急管理协调

我国各地自1992年陆续开展社会治安防控体系建设的探索与实践,使之逐渐成为保障国家长治久安、社会安全稳定、人民安居乐业的基础性工程,社会治安防控体系已成为我国公共安全体系的重要组成部分。与社会治安防控同属于社会公共安全体系的政府应急管理,比社会治安防控体系建设的起步较晚。我国政府应急管理体系建设以2003年"非典"所暴露出的问题之反思为起点,在此后得以快速推进[①]。从社会公共安全体系的整体角度看,社会治安防控与政府应急管理存在诸多相似或交叉之处。最基本的,如社会安全事件是应急管理的四个主要对象之一,其当然也是治安防控的对象之一,况且自然灾害、安全事故及公共卫生事件等突发事件,往往也都可能涉及社会治安问题;再如各级公安机关既承担着自然灾害、安全事故等突发情况下的治安秩序维护和紧急救援等应急管理工作,又是群体性事件、刑事犯罪、暴恐活动等社会治安防控的主导力量。因此,社会治安防控体系与政府应急管理体系同属于社会公共安全体系,二者不仅在内容上存在交叉,而且都具有社会控制的本质,这决定了社会治安防控体系与政府应急管理体系在理论上具有协调的必然性,在建设和运行中具有对接的必要性,二者的协调和对接是保障社会公共安全体系高效良性运行的重要举措。

---

① 高小平:《中国特色应急管理体系建设的成就和发展》,载于《中国行政管理》2008年第11期,第8~11页。

第一节　社会治安防控与政府应急管理协调的基础

一、共同构成公共安全体系的重要内容

公共安全是国家安全和社会稳定的基石。"十三五"规划纲要在"健全公共安全体系"中指出"创新社会治安防控体系，强化突发事件应急体系建设，编织全方位、立体化的公共安全网"；十八届三中全会《中共中央关于全面深化改革若干重大问题的决定》在"健全公共安全体系"部分也论及应急管理和治安防控体系问题。由此可见，社会治安防控体系和政府应急管理体系都是公共安全体系框架下的重要内容。

从公共安全体系整体运行的角度出发，体系运行是进行资源整合和信息共享的过程，建立公共安全平台进行统一指挥、调度和协调，体系运行的目的在于调整公共安全内部结构，协调各要素之间的关系，实现体系效能的最优化。社会治安防控体系和政府应急管理体系作为公共安全体系的组成部分，这两个子系统在公共安全体系中处于一定位置并发挥特定的作用，子系统之间相互作用、紧密联系而形成一个不可分割的有机整体。因此，二者需要在公共安全体系大框架下进行协调，以实现整个公共安全体系更有效运行。

二、共同的社会控制本质

社会控制是指通过各种机制（内在认同和外在强制）和手段（价值观、制度和行为规范）对社会成员的行为加以约束，从而维持社会秩序及社会稳定，社会控制的实质在于维护社会秩序。[1] 社会治安防控即社会治安防范与控制，其正是基于社会控制的理论和方法，对社会治安进行综合控制。[2] 治安防范是通过公安机关动态巡逻、强化公众安全意识等手段，对社会治安问题和各种违法犯罪行为进行预防和限制；治安控制是对违法犯罪者施加打击、约束，对危害治安事

---

[1] 李路路：《社会变迁：风险与社会控制》，载于《中国人民大学学报》2004年第2期，第10~16页。
[2] 熊一新、周舜：《论社会治安防控体系的概念、属性与结构模式》，载于《中国人民公安大学学报》2004年第6期，第69~75页。

件全过程进行掌握,旨在快速恢复社会治安秩序。社会治安防控中,无论是预防、限制,还是打击、约束都是控制的具体手段。因此,治安防控的本质是社会控制,治安防控体系是社会控制的一种具体表现形式。① 应急管理是政府对社会公共安全突发事件等进行的一系列计划、组织、协调、控制和决策的活动。应急管理通常分为预防、准备、响应和恢复四个过程,主要任务是有效预防和处置各类突发事件,减少突发事件所造成的影响和损失。应急管理实质上也是控制,即阻止和预防事件发生,控制事态扩散,降低事件危害,最终恢复正常秩序。

社会控制的本质决定了社会治安防控与政府应急管理的主体、目标、控制方式及运行模式等都具有高度的一致性,这些都是两个系统进行有效协调的基础。

第二节 社会治安防控体系和政府应急管理体系运行的契合性

自 2003 年"非典"以后,政府应急管理的重要性和紧迫性达到新的高度,各级政府部门也加快了应急管理体制、机制的建设,特别是 2007 年颁布的《中华人民共和国突发事件应对法》,标志着我国政府应急管理体系基本建成。比较政府应急管理和治安防控体系的具体运行过程可以发现,二者在多方面具有高度的契合性。

一、目标的共同性

《中华人民共和国突发事件应对法》在第一条就开宗明义地表明:"为了预防和减少突发事件的发生,控制、减轻和消除突发事件引起的严重社会危害,规范突发事件应对活动,保护人民生命财产安全,维护国家安全、公共安全、环境安全和社会秩序,制定本法。"从中我们不难看出,政府应急管理的目标是:保护人民生命财产,维护社会安全和社会秩序。政府应急管理在非常态情况下,其在处置公共危机和突发事件时,首先追求的是保护社会成员人身财产安全和社会整体安全。然而,政府应急管理不仅仅是非常态管理。随着应急管理理念的发

---

① 宫志刚、李小波:《社会治安防控体系若干基本问题研究》,载于《中国人民公安大学学报》2014 年第 2 期,第 107~115 页。

展,政府应急管理正逐步向常态管理方向迈进,风险和危机的预防、准备等常态化管理在应急管理中的地位愈发重要,而常态化管理的目标是社会稳定运行和秩序良好。①

显然,这与社会治安防控体系的目标具有共同性。社会治安防控的目标指向从长远看是有效防控违法犯罪现象,减少失范行为,实现稳定良好的社会秩序,这也是治安防控体系的核心价值;从短期看,社会治安防控的目标是满足宏观层面的社会安全需求和微观层面的个体生命财产安全需求,提升公众的安全感,安全也是治安防控体系的工具性价值。②

二、系统的相容性

如前所述,社会治安防控体系和政府应急管理体系都是公共安全体系的子系统。社会治安防控体系和政府应急管理体系本身也都有一个共同的特征,即系统性,它们也都是由若干个子系统组成,这正体现了系统的层次性。系统性不仅是政府应急管理和治安防控体系的共同特征,而且两个系统在多方面具有高度的相容性。

首先,治安防控与政府应急管理的目标具有高度的内在统一性,他们都定位于社会安全和社会秩序。这种目标的共同性决定了两大系统所采取的行为以及功能的相容性,即治安防控与政府应急管理的行为内容都包括预防、预警、控制、打击、处置、管理和服务等,两个系统的核心功能都是预防与控制。其次,系统行为内容和功能的相容性又决定了两个系统运行机制的兼容性。治安防控和应急管理体系的运行机制都包括了监测预警机制,社会参与机制,信息沟通、共享与整合机制,应急指挥协调机制,资源配置与保障机制,绩效考核机制等。以应急指挥协调机制为例,部分城市在应急机制的设计中将政府应急管理与治安防控应急指挥平台对接。如上海、广州、深圳、南京等城市都将应急指挥协调中心与城市公安局110指挥中心并轨,负责突发事件的应急处置,实现城市应急管理与治安防控的系统融合。最后,政府应急管理和治安防控体系理念的相容性,即社区在应急管理和治安防控中的基础性作用。这种理念的相容性与我国社会经济发展的背景密切相关。改革开放以后,原有的以"单位制"为基础的社会结构逐步被"社区制"所替代,社区成为社会管理的微观

---

① 常态管理和应急管理具有密切联系,同时又有区别,常态与应急相结合成为提高政府应急管理效能的必由之路。
② 杨俊:《社会治安防控体系之基本内涵、运行模式和功能界定》,载于《学海》2012年第3期,第134~139页。

组织基础。① 因此，在政府应急管理中迫切需要社会公众参与，社区的应急管理功能得到强化②；治安防控体系中以社区警务为基础，社区在治安防控的作用得以确立。

三、资源的共享性

社会治安防控和政府应急管理都是复杂、综合的系统工程，都需要整合各类社会资源以保障系统的正常运行。这些资源包括人力资源、信息资源和物质资源，这些资源为系统内部各子系统所共享。同时，这些资源中大多不是独立于应急管理或治安防控之中，而是为这两个系统所共同享有。

人力资源方面。由于政府突发事件应急管理包括了社会安全事件，各级公安机关、司法机关、国家安全机关等政府部门作为治安防控的主要力量，当然也是构成政府应急管理力量的重要组成部分。除了这些政府性的人力资源，政府应急管理和治安防控主体的社会化倾向，使得社会公众、社会组织成为政府应急管理和社会治安防控共同的力量源泉。应急管理中，过往计划经济时期，掌握几乎所有资源的全能政府，在市场经济背景下监测、预警和处置突发事件时明显力不从心，科学决策能力不足。因此，动员全社会参与其中的"共治型"应急管理成为现实选择，需要非政府组织、社会公众、企事业单位等广泛参与到应急管理的各个阶段。③ 同样，治安问题是错综复杂的社会问题，公安机关等政府部门的参与不足以构筑治安防控体系，唯有各种社会力量的广泛加入，才能建立全天候、全方位、立体化的治安防控网络。因此，各类应急管理培训、应急演练，提高社会公众的应急管理能力，实质上也能为治安防控储备人力资源。

信息资源方面。国家应急平台建设需要以信息技术为基础。立体化治安防控体系同样以警务信息综合应用平台作为支撑，信息资源在治安防控中具有先导性和主导性作用。④ 显然，信息资源都已成为应急管理和治安防控共同的基础性资源，应急管理与治安防控体系之间的信息共享是必然选择。与国家应急平台建设配套所颁布的《应急信息资源目录规范》中，就包含了大量社会治安信息，这些

---

① 张秀兰、徐晓新：《社区：微观组织建设与社会管理——后单位制时代的社会政策视角》，载于《清华大学学报》（哲学社会科学版）2012年第1期，第30~38页。

② 社区是各类灾害承受的主体，被认识是国家应急管理体系金字塔的基座。

③ "共治型"是相对于"独揽型"而言的，"共治型"的显著特点就是非政府机构、企业及个人广泛参与。

④ 孔令驹：《试论社会治安防控体系的理论框架——公安工作的基本视角》，载于《河北法学》2005年第6期，第102~106页。

信息主要来源于公安机关警务信息的共享；反过来，应急平台所汇集的其他公共安全信息，也是治安防控体系中预警、控制和处置的信息来源。

四、技术的相似性

随着现代科技的发展，传统的社会治安防控体系难以应对技术化、智能化的犯罪活动，难以适应复杂的社会治安形势，技术防控在社会治安防控体系中的作用愈发重要。特别是信息技术的发展，已成为立体化社会治安防控体系建设的基石。加强社会治安防控体系的信息化，是掌握治安防控主动权，实现打防控一体化的重要措施。在现代科技和大数据发展新形势下，信息资源的整合共享，信息技术的广泛运用，可以节约警力资源，迅速整合信息，确保科学决策，提高指挥能力，为努力打造以科技信息化为牵引的社会治安防控体系升级版提供支撑。与治安防控相似，信息技术在政府应急管理体系的发展中同样起着引领作用。信息技术的广泛应用，可以快速、全面掌握突发事件的动态信息，达到对突发事件的快速响应，大大提高政府应急管理的效能。特别是大数据时代的到来，管理信息化进入新的发展阶段，大数据为可测量、可追踪和精细化的应急管理提供了基本信息和管理工具，使得高度不确定性和高度时间压力下的分析决策成为可能。可以说，信息技术已成为应急管理体系发展的支撑力量和助推器。

五、运行的有效性

有效性是指组织或系统达成目标的程度。如前所述，治安防控和应急管理具有共同的目标，即安全与秩序。这种目标的共同性，以及系统相容性、资源共享性、技术相似性，决定了政府应急管理与治安防控体系运行的有效性相互影响、相互依存。突发事件的应急管理系统有效性影响社会治安的整体状况和治安防控目标的实现，而治安防控体系的有效运行则有助于突发事件的迅速处置和恢复。

诚然，尽管二者的目标具有共同性，但二者在实际运行中的有效性各有侧重。社会治安防控体系主要是对常态性有序社会的控制达成运行的有效性，而政府应急管理虽然包含常态管理的思维，但其重点在于对突发事件的应对，从而实现运行的有效性。这种差异并不排斥两个系统运行有效性的相互依存关系，反而说明二者运行有效的内在一致性，即常态有序的社会控制正是寓于非常态的突发事件应对之中。

第三节 社会治安防控体系与政府应急管理体系的对接

一、社会治安防控体系与政府应急管理体系的优劣势分析

(一) 社会治安防控体系

1. 优势

经过 20 多年的建设和发展，我国已初步建立运行合理、指挥得当、协调有力的立体化治安防控体系[①]。人力方面，已基本形成公安机关内部各警种力量整合加社会治安力量动员（治保会、单位内保、治安联防队、治安志愿者、保安公司等）的治安防控队伍构建模式。技术方面，视频监控技术、身份证指纹识别技术、人脸识别技术、治安卡口系统等一系列核心技术在治安防控体系中得到开发与应用。信息资源方面，以公安业务为依托，警务信息平台整合了丰富的、多层次的、可高度共享的信息资源。运行机制方面，建立了社会面巡逻机制为根本，社区警务防控机制为基础，快速反应统一指挥机制为龙头，信息共享与整合机制为支撑等一套成熟的治安防控体系运行机制。管理模式上，构建了党委政府统一领导，综治委、公安、国安等多部门共同参与，省市县上下贯通和联动的治安防控体系管理模式。

2. 劣势

社会治安防控虽然是党政领导，公安机关为主导力量，但实际中更多地表现为仅仅是公安机关自身的业务范畴，其他政府部门较少参与。然而，现实中各类社会问题都与治安问题紧密相连，都有可能转化为治安问题。这从客观上要求社会治安防控体系的建设和运行需提升到更高层次，打破政府部门间的壁垒，实现相互配合与协调。

(二) 政府应急管理体系

1. 优势

虽然政府应急管理体系建设起步较晚，但其在国家层面的推动下，在较短的

[①] 公安部副部长黄明在 2010 年全国地市公安局长专题培训班的讲话中，提出争取到 2012 年建成立体化治安防控体系。《将社会治安防控体系建设放在突出位置抓紧抓好》，载于《人民公安报》2010 年 3 月 28 日。

时间内建立了"一案三制"① 的政府应急管理体系。特别是《中华人民共和国突发事件应对法》的颁布，从国家战略的高度为政府应急管理体系的顶层设计和具体运行提供了指针。

2. 劣势

政府应急管理的各类制度框架、技术标准等已制定，同时，原卫生部等部门和部分省市的应急系统已启动运行。但是，政府应急管理体系当前存在的最大问题是其自身没有专门的技术平台，体系有名无实，从而不能为资源整合、部门整合提供基础。因此，政府应急管理体系未来建设的发展趋势是开展体系性的建设与整合工作。②

二、社会治安防控体系与政府应急管理体系实现对接的路径

上面的优劣势分析表明，社会治安防控体系与政府应急管理体系运行状态具有很强的互补性，若能取长补短，进行融合与对接，将对治安防控、应急管理以及社会公共安全大有裨益。

（一）从应急管理的层面提升治安防控的层级

政府应急管理在国家层面的推动下，各层级的应急管理框架已基本搭建完毕，包括：建立国务院、各部委、各级地方政府、专家组的组织体系；突发事件相关法律法规立法已达103件；制度各层级各部门预案总数110个；③ 发布《市民公共安全应急指南》科普宣教手册1份。站在政府应急管理的层面，社会治安防控体系与之实现对接，可以将治安防控体系提升至国家层级，摆脱治安防控仅为公安业务范畴的尴尬，实质体现治安防控体系的基础性战略性工程的定位。同时，政府应急管理的组织框架、部门规章、应急预案、科教宣传手册等都能为治安防控体系所用，避免重复建设，以弥补治安防控体系顶层设计的不足。

（二）以治安防控体系夯实应急管理的社会基础

社会治安防控体系建设进程中，充分发挥了社会组织、个人和市场等政府之

---

① "一案三制"指突发事件应急预案、应急体制、应急管理运行机制和应急管理法制。
② 范维澄、陈涛：《国家应急平台体系建设现状与发展趋势》，载于《中国突发事件防范与快速处置优秀成果选编》2009年，第170~172页。
③ "中国政府网—应急管理"所列自然灾害类、事故灾害类、公共卫生事件类、社会安全事件类法律法规分别为17件、39件、11件和36件；所列国家总体应急预案1个，国家专项预案21个，国务院部门预案57个，省级总体预案31个。

外的主体作用，当代社会治安防控已形成了政府、市场和社会共同参与、相互补充的结构体系。① 这与党的十八届三中全会的社会治理理念高度吻合。社会治理理念也是当前政府应急管理中所缺失的。应急管理作为国家治理体系的重要组成部分，必须回应我国社会治理发展的新趋势，因此，有效整合社会力量和社会资源是应急管理体系建设的紧迫任务。② 如前所述，社会治安防控的参与主体也是政府应急管理的主体，二者在人力资源方面具有共享性。社会治安防控与政府应急管理在参与主体方面的对接，有助于推动社会组织、社会资源与政府在应急管理中的合作，夯实应急管理的社会基础，构建政府、市场与社会良性互动的应急管理体系。

（三）以治安防控平台充实政府应急管理体系

社会治安防控体系中，防控指挥中心、警务信息综合平台等都具有较成熟的运行机制。在治安防控与应急管理的协调过程中：将治安防控指挥中心与应急指挥中心并轨，利用治安防控指挥中心已有基础，实现对所有相关应急部门的统一调度、指挥和协调；将警务信息综合平台与应急信息平台对接，基于警务信息综合平台的纵向贯通和多元信息资源，解决应急管理中信息的条块分割问题，实现应急管理信息的互联互通。实现上述两方面的对接，将大大充实应急管理体系，也能为正在加紧建设中的国家应急管理平台提供最坚实的基础。当然，警务信息综合平台也可借助《国家应急平台体系信息资源分类与编码规范》等标准③，扩充信息来源渠道并提高信息质量。

社会治安防控体系与政府应急管理体系都是我国公共安全体系的重要组成部分，也是新时期我国创新社会治理体系的两个重要方面。二者不仅从直观上都属于公共安全体系的范畴，内容上存在交叉，而且二者都具有社会控制的本质，这决定了社会治安防控体系与政府应急管理体系在理论上具有协调的必然性。社会治安防控体系与政府应急管理体系在实际运行过程中具有多方面的契合性：二者都是以社会安全和社会秩序为目标，系统在功能和运行机制上具有兼容性，人力、物力和信息资源具有共享性，信息技术的相似性以及运行有效性。这种契合性，决定了治安防控体系与应急管理体系在实际建设和运行中具有对接的必要

---

① 王焱：《试论中国社会治安防控体系的演变与趋势》，载于《江苏警察学院学报》2013 年第 3 期，第 64～70 页。

② 陶鹏、薛澜：《论我国政府与社会组织应急管理合作伙伴关系的建构》，载于《国家行政学院学报》2013 年第 3 期，第 14～19 页。

③ 2008 年，为了规范和统一各级应急平台中的信息资源的分类和编码，实现不同应急平台间的信息共享与交换，国务院应急管理办公室制定了该规范。

性。二者具体的对接路径：将社会治安防控体系楔入政府应急管理体系，站在政府应急管理的层面，可以将治安防控体系提升至国家层级，将政府应急管理的组织框架等顶层设计为治安防控体系所用，进一步确立治安防控体系的基础性、战略性定位；以社会治安防控已形成的政府、市场和社会共同参与结构体系，助推政府应急管理中的社会合作，夯实应急管理的社会基础；将治安防控指挥中心与应急指挥中心并轨，将警务信息综合平台与应急信息平台对接，解决应急管理指挥、运行的协调问题，充实政府应急管理体系。

第十章

以公民身份号码为基础的信息防控体系建设

在传统社会环境下,公安机关以企事业单位、村(居)委会等为依托,就能对人们的活动进行有效的管控。但随着社会主义市场经济的逐步建立,越来越多的"单位人"转化为"社会人",现代社会成为"匿名社会"(Anonymous Society),"居民的流动性大,交易双方通常不认识,相互之间也缺少如乡村社会中存在的其他制约关系""使得传统的以个人为基础的信誉机制失灵""是都市社会犯罪率高的一个重要原因"。①而消除匿名社会容易滋长犯罪的一个根本性、全局性的重要举措就是构建以公民身份号码为基础的信息防控体系。公民身份号码是每个公民唯一的、终身不变的身份代码。以公民身份号码为基础的信息防控体系建设,即实名制信息防控体系建设,突破传统治安防控理念,从源头上遏制和预防犯罪,对完善我国的立体化治安防控体系建设具有十分重要的战略意义,应引起有关部门的高度重视。

第一节 实名制信息防控体系构建的特殊意义

在我国的治安防控体系中,"严打"和各种专项整治对于犯罪分子的震慑作用非常明显。但是,只强调打击,不注重从源头上治理、化解,不可能从根本上遏制犯罪的上升势头。面对社会动态化、人口流动化的形势,公安机关的传统管

---

① 张维迎:《信息、信任与社会》,生活·读书·新知三联书店2003年版,第42页。

控手段已难以对犯罪活动有效控制。只有严格进行实名登记核查，构建以公民身份号码为基础的信息防控体系，才能形成疏而不漏的治安防控体系，并保护公民的正当权益。

一、有利于构建疏而不漏的立体化治安防控体系

（一）扩大防范对象的范围

普通人和犯罪人之间并没有不可逾越的鸿沟，每个人都是理性人，都有自私自利的一面，都可能成为潜在的犯罪人。许多罪犯都是机会犯，并不是天生的犯罪人，一旦具备实施犯罪的条件，谁都有可能去犯罪，成为犯罪人。另外，根据社会控制原理，无论是社会组织还是社会成员个人，在社会控制过程中都具有双重角色身份，既是社会控制施控主体的参与者，又是社会控制的受控对象。实行实名制的一个很重要的前提是，人是不诚实的、是有可能会违法犯罪的，如果人都是诚实可信的，那么很大程度上根本没有设置身份的必要。实名制扩大了防范对象的范围，对每一个人都加以防范，比仅针对重点人口、潜在犯罪人、高危人群和嫌疑人的传统防范模式的密度更大，防范效果更好。

（二）突破治安防范的地域界限

在社会治安防控工作中，公安机关常常把工作重心和主要精力放在巡逻防控和侦破案件上，防控成本虽然很高，但是效果并不理想，犯罪在总体上并没有减少，只是在种类上此消彼长、地域上此起彼伏。而在大数据时代，实名制具有时空控制功能，身份信息可以互通互联，人到了哪个地方，其相关的信息就为哪个地方的相关部门所掌握，由哪个地方的相关部门负责，无须再向原住地调阅书面资料进行了解。执法人员不必跟踪可疑人员，只需在办公室的计算机中就可以查看可疑人员的收入支出状况和行踪轨迹，减少了街面警力，提高了防控效率。例如，在美国，由于现代化技术手段的普遍应用和纳税人自行申报纳税，税务机关的主要力量"放在了税务审计上，其人员占到了全体人员的50%以上（在美国这部分人员属于执法力量）"[1]，执法人员可以通过信息系统识别确定特定人员的空间位置，减少了目的不太明确的地面巡控。

---

[1] 龚光梅、王小宁：《浅析美国税收征管制度对我国税收征管改革的启示》，载于《会计之友》2006年第4期。

(三) 弥补传统物防、技防的不足

在我国，社会治安形势恶化时，一般都要组织开展集中的专项斗争和"严打"战役，虽然这在短暂的时间内能使治安状况有所好转，但社会治安的基础并未改善，刑事犯罪旋即便呈上升趋势，盗抢犯罪仍居高不下。造成这种状况固然有多方面的原因，但其中一个重要的原因就是，我国的治安防控体系太注重于单纯的物防、技防。事实上，高墙大院、防盗门锁、门禁系统、铁丝网、高压线、武装押运、电子监控、密集岗哨、封闭式管理等安保措施虽然能起到一定的防护作用，但这种高压势态的防范方式，仅是对盗抢类犯罪的直接防范，没有把握住犯罪的源头，侵财类犯罪仍没有从根本上得到遏制，仍处于上升的势头。而且这些高度戒备的举措有时反而会影响人们正常的生活，降低人们的安全感，甚至会产生不良的效果，如过于森严的防盗措施就极有可能增加在火灾和其他自然灾害中逃生避险的难度。而实名制是预防各种犯罪最有效的制度，对身份信息的管理像一张疏而不漏的无形网络约束着人们的行为，对犯罪实施前的预防、实施中的制止、实施后的发现都有明显效果，可以起到传统的物防、技防措施达不到的效果。在西方很多发达国家，看不到像我国一样的防盗门锁和高墙大院，只有普通的防护，但治安状况并没有因此而混乱，就是因为西方发达国家拥有严密身份信息防范系统的结果。

我国对易燃、易爆、易腐蚀、杀伤、毒害、放射等危险物品进行严格控制，因为危险物品具有极大的破坏性和杀伤力，一旦落入犯罪分子之手，被当作犯罪工具使用，会给人民群众的生命财产造成极大的危害，因此，对危险物品采用严厉禁止的办法当然是必需的，但是如果采用实名制的方法，也可以起到不错的效果。美国有三亿人，个人持有枪支有两亿多支。如果没有严格的登记、审查程序，很难想象美国的治安会有多糟糕（我们并不赞同美国公民可以合法拥有枪支的做法）。在此情况下美国的治安仍比较好，其中一个很重要的原因就是持枪的实名制。美国虽然规定公民可以拥有枪支，但是拥有枪支的条件是实名登记，并经过审核，没有犯罪前科和不良记录才可以持有。登记后，公民持有枪支的数量、种类、型号被有关部门掌握，如果丢失就必须向有关部门报失。所以，美国很多居民虽然拥有枪支，但绝不会轻易带至公共场所，更不敢贸然使用，实名登记和监控的作用不可低估。

(四) 增强政府治安防控的财力

（1）实行实名制可以增加政府的财政收入，解决政府在治安防范上投入不足的问题。实名制是个人所得税的基础，是解决个人收入稽核难问题的核心手段。

在全社会实行实名制，采用实名制和相关的非现金收支制度，那么人们的收入就很容易被税务机关核实，从而可彻底解决个人所得税偷、漏问题，使个人所得税更好地发挥调节贫富差距的作用，增强政府的财税能力。

美国个人所得税的征收率达 90% 左右，且主要来源于占人口少数的富人，而不是占纳税总人数绝大多数的普通工薪阶层。年收入在 10 万美元以上的群体所缴纳的税款占全部个人所得税收入总额的 60% 以上。根据美国国税局 2005 年的统计，当年约有 1.83 亿美国人申报 2004 年度的个人所得税。按当时全美 2.9 亿人口计算，约 2/3 的美国公民缴纳了个人所得税[1]。美国个人所得税纳税人数量大，并不是美国人自觉纳税意识强，而是由于美国实行以实名制为基础的严密的个人收入监控体系。美国对普通人收入与支出的控制，要比我国对官员收入与支出的控制都严密，所以美国政府有很强的财税汲取能力，对治安防控有足够的财力支持。

（2）实行实名制可以预防铺张浪费，避免国有资产流失。实名制能够准确统计出社会财富的流向及拥有状况，预防和震慑铺张浪费、贪污腐败，提高社会财富分配调节手段的针对性。在所有领域都实行实名制的话，国家公务人员和国有企业职工的日常账务往来都可以通过实名信息查证，公务消费一清二楚，没有贪腐的余地，国有财产不会流失，国家正常的财税都用于最需要的地方，绝不会出现一些地区因为经费紧张而无法办案的窘境。

二、有利于保护公民的合法权益

实名制信息防控如果只是作为管控的手段，甚至是敛财收费的手段，那么实名制根本不可能实现。事实上，实名制并不是对公民权利进行限制和管控，而更多的是对公民权利的保护。实名制只有以保护群众的利益为根本目的，才能得到广泛推广。

（一）方便人们的生活，不会影响人们的隐私

实行实名制并非一般想象的那样复杂，实际上，实行实名制的领域越多，使用起来愈加便捷，暴露个人信息的机会越少，越不可能侵犯个人隐私。在某一方面实行真正的实名制后，其他方面就不必再一一登记。很多信息互联互通以后，只需进行认证，或者刷卡验证即可，根本无须履行复杂的登记手续。例如，最常见的是，很多场合并没有明确要求使用实名，但是要求在接受服务或购买商品时

---

[1] 汪昊、许军：《美国个人所得税征管制度的特点》，载于《涉外税务》2007 年第 12 期。

使用银行卡，其实就是实名制的一种形式，公民刷卡实名消费，但并不会担心自己的身份信息暴露。近期，全国新的社保卡同时具有了刷卡消费功能，就是多种实名制结合的便民举措。

一个领域采用实名制可以方便其他领域实名制的实行，例如，手机实行实名制后，可以广泛适用于其他领域。随着社会信息化技术水平的快速提升和移动互联网的快速发展，手机已不仅仅是简单的通信工具，很多运营商都在试着推行手机刷卡支付业务，在原有的手机 SIM 卡上增加射频功能和安全芯片，实现基于手机的移动现场支付系统，可广泛应用于公共交通和公共事业缴费、购物消费、门禁、购买机票和火车票，以及医疗、证券、家庭安保等诸多领域，大大方便了用户的出行和支付。而该业务的一个基本要求就是手机用户实名制，在日本这项业务发展得很好，主要原因之一就是日本的手机基本都是实名登记的。①

实行实名制并非对使用人姓名的直接暴露。汽车牌证制度是实名制的一种形式，道路交通安全非现场执法的前提就是汽车实名制，如果没有实行实名制，那么，汽车即使有闯红灯、禁行、超速，甚至横冲直撞、倒行逆驶等违法行为，只要警察不在现场，也很难受到处罚。而汽车实名制下，牌照可以公开展示，并没有直接公开车主和驾驶员的身份信息，不会暴露个人的隐私。

网络实名制不会侵犯网民的权利。一般所讲的网络实名制其实是一种后台实名制，后台实名制不要求网民将自己的社会身份公之于众，只是要求网民在注册时必须填写真实的个人身份信息，实质上是将其真实身份与在线身份之间的映射关系留存于运营商的服务器数据库中以备查验。网民在虚拟社区中可以匿名活动，不要求网络用户发表言论或进行其他活动前必须公开身份，不会限制公民的合法权利，网络用户的合法行为不会引起个人数据的公开，用户提交的个人信息仅用于事后追究违法犯罪者的法律责任。其实，人们熟知的韩国网络实名制，实质上就是一种后台实名制，根据韩国信息通信部从 2009 年 7 月 1 日起执行的规定，只要网民通过身份验证后，就可以用代号等替代自己的真实姓名在网上发布信息。

（二）有利于证明公民身份，确定公民所享有的权利

作为以实名制为基础的记载公民个人身份信息事项的户籍，具有证明公民身份的法律效力，对于确定公民的民事权利能力和行为能力具有重要的意义。户籍信息是对公民出生、死亡、结婚、离婚、失踪、收养、亲属、监护人等具有民事法律意义的事实加以公示、公证的依据。例如，根据对公民的出生和死亡的记

---

① 杜宏伟：《国外手机实名制推行状况及启示》，载于《世界电信》2010 年第 9 期。

载，可以帮助确定公民的民事权利能力开始和终止的时间，确定公民在某一时间内是否具有民事权利能力和行为能力；根据亲属关系的记载，可以帮助确定继承人的范围和顺序等。

以实名制为基础的有效证件如身份证、出国护照等，有鉴别公民身份的功能；股票、债券、房产证、储蓄本、信用卡具有产权功能，可以表明持有人对证件标的物的所有、占有、使用、收益、处置等权限；学位学历证书、技术等级证书证明持证人拥有的某种能力和资质。

（三）易于帮助受害人追究侵权人的责任

我国的民事诉讼采取"谁主张、谁举证"的原则，但在非实名制的情况下，有时很难找到侵权人，仅靠当事人举证十分无力，很难有效地维护其正当权益。例如，在互联网上，很多人以注册多个账号、隐藏IP等方式逃避法律责任，大量民事侵权案件中，受侵害者因为互联网的非实名化而根本无法明确侵权者。而网络实名制使网络活动关系现实化，如果出现网络购物的纠纷，更容易找到责任主体，大大降低了执法机关对网络案件的调查成本，减少了因民事侵权案件纠纷的取证难度，使得被侵权人的权利可以更快更好地得到救济。

再例如，如果汽车客运车票也像火车票一样完全实行实名制的话，则能通过旅客的身份信息，更加准确地确定旅客和承运人之间的契约关系，便于解决旅客和承运人之间的纠纷。如果实行实名制的话，农民工的工资必须由用人单位通过银行打入农民工的银行账号。一旦农民工没有签订劳动合同，需要追究用人单位的责任时，从银行的转账信息就可以查出农民工与用人单位存在的劳动关系，防止用人单位对事实存在的劳动关系百般抵赖，从而使农民工的工资兑现，众多职业的病患者得到赔偿，避免劳资纠纷类群体性事件的发生。

（四）有利于个人健康和公共卫生安全

实名制有利于公民的身体健康。如果就医不实行实名制，医生就了解不到患者的相关病史和治疗记录，仅凭对患者当面的病情询问，可能会作出有偏差的诊断，甚至延误病情。而推行实名制可以建立起关于患者病情和治疗情况的历史记载，患者无论在任何地方的任意一家医院看病，医生通过网络很容易就能查看到其病历资料，从而对患者的病情作出更为全面的诊断，使患者尽早康复。例如，荷兰从2007年1月1日起，为每个荷兰人建立"从摇篮到墓地"的电子档案，从婴儿出生第一天起，就记录其健康及家庭等情况，随着成长陆续输入其他信息，直至生命终结。

实名制有利于公共卫生安全。"非典"时期，很多医院在发热门诊推行了严格的实名制，详细登记患者的姓名、家庭地址、联系电话、密切接触人员。正是由于医院实名制的保证，"非典"病情才得以有效控制。实名制可以有效预防传染病的蔓延，有利于公共卫生安全。

第二节 以公民身份号码为基础的信息数据库的构建

一、完善人口基础信息数据库

（一）人口基础信息库的主要内容

实行全面的实名制必须利用网络技术，将个人身份管理与户籍管理合二为一，推进人口管理的信息化和网络化，提高户口信息的准确性、实时性。公安机关作为户籍管理机构，有条件建立以公民身份号码为唯一代码的国家人口基础信息库。公民的身份信息应包括姓名、别名、性别、出生年月、公民身份号码、户籍所在地、体貌特征、指纹、血型、照片、家庭情况、婚姻状况、民族信仰、从事职业、户籍变迁、出入境记录、驾驶情况等身份信息，还应包括活动范围及规律、违法过程、作案手段等实时信息，并融合人口和计划生育、人力资源和社会保障、住房和城乡建设、民政、教育、交通、工商、税务、统计等部门和金融系统的相关信息资源，为银行存款、财产登记、通信、网络、工商注册等提供准确的身份信息和查询服务，实现对所有人口底数清、情况明，使户籍制度回归到人口信息管理的功能。

（二）确保身份证的同一性

推动信息防控体系建设的前提是做好基础的身份认证工作。为确保身份证的唯一性，必须确保人证统一。在我国，可行的做法是在居民身份证中加入指纹信息，这样，国家机关及金融、电信、交通、教育、医疗等单位就可以通过机读快速、准确地进行人证同一性认定，有助于防范恐怖活动、维护国家安全和社会稳定，有利于防范冒用他人居民身份证及伪造、变更居民身份证等违法犯罪行为的发生。按照公安部的统一部署，各地警方已从2013年6月1日正式启动居民身份证登记指纹信息工作,但是指纹登记对象只局限于办理居民身份证业务的人员,建议有关部门加快登记指纹信息进程。

在信息社会,身份证的同一性认证是各国的普遍做法。法国的新身份证将采用体现个人特征的标记,如相貌、指纹或视网膜图,旨在有效打击团伙专搞伪造证件、从事非法移民偷渡的恐怖主义组织及犯罪团伙。德国的数字化身份证不仅像传统身份证一样,印有持有者的照片、姓名、出生年月等个人信息,而且还内嵌一个无线射频识别芯片,存有持有者的个人身份信息及一张电子照片。持有者还可自愿在芯片中存入两个指纹以及自己的电子签名,这种数字化身份证还可间隔一定距离无线传送个人信息,以帮助持有者更便捷地通过海关等。持有者利用电脑和读卡器还可享受需要身份认证的各种网上服务,而服务提供商则需得到政府认证后才可提供有关服务,且只有在消费者输入后才能调阅所需信息。在配备相应设备后,消费者可不用在网上输入信用卡卡号等敏感信息就能确认网上交易。

媒体经常曝光有人持有多个身份证,这很容易为一些人逃避法律制裁留下可乘之机。必须认真核查,确保一人一证,人证相符。另外,户籍管理工作不规范,也容易让一些人有空子可钻,要杜绝一人多户口现象。

二代身份证虽然仿冒难度较大,但是二代身份证的一个重要缺陷是,已经挂失的身份证仍然能够继续使用,这给不法分子留下了可乘之机。因此,中央公安部门应该尽快完善身份证挂失系统,确保报失的身份证不再有效。

(三) 以公民身份号码为基础收集信息

使用身份信息的部门和行业必须配备身份证阅读器,必要时要由政府出资购买。任何单位在实名认证时,必须以公民身份号码为基准。各部门行业在收集使用公民信息时,不能随意要求另行办理新的证卡。证明公民身份的证卡应以身份证为主、社保卡为辅,在一些场合,银行卡也可起到证明身份的作用。日本在"户籍随人走"制度的基础上,出台了"住民基本情况网络登记制度",每个居民都有一个登录号,通过登录号就可以在网上查到每个居民的住址、电话、年龄等基本情况。[①] 人们无论走到哪里,都有自己的合法身份,方便人们自由工作生活。

二、健全个人信用信息基础数据库

信用体系的建立,有助于解决信息不对称问题,从而降低交易成本,提高消费者生活质量,增进实体经济活力。社会信用体系规划的实施是必要和紧迫的。

---

① 文明:《日本户籍户随人走只有管理没有限制》,载于《中国经营报》2013 年 1 月 26 日。

(一) 信用信息库的主要内容

目前,在国家发展改革委和中国人民银行的牵头下,拟建立包括以政务、商务、社会、司法四大领域为主体国家层面的社会信用体系,力争尽快建成集合金融、工商登记、税收缴纳、社保缴费、交通违章等信用信息的统一平台,实现资源共享。信用信息库必须建立以公民身份号码为基础的公民统一社会代码制度,建立以组织机构代码为基础的法人和其他组织统一社会信用代码制度。每一个公民、法人和社会组织有唯一的信用代码,各项信用信息的整合也将具备可行基础,有效化解当前信用信息种类多、整合难的局面。

其中,由中国人民银行组织商业银行建立的个人信用信息基础数据库收集的个人信息主要包括三类:一是身份识别信息,包括姓名、身份证号码、家庭住址、工作单位等;二是贷款信息,包括贷款发放银行、贷款额、贷款期限、还款方式、实际还款记录等;三是信用卡信息,包括发卡银行、授信额度、还款记录等。随着数据库建设的逐步完善,还应采集个人支付电话、水、电、燃气等公用事业费用的信息,以及法院民事判决、欠税等公共信息。通过信用库,信息金融、工商登记、税收缴纳、社保缴费、交通违章等信用信息一查便知。

(二) 确保以身份号码为基准

信誉体系建立的关键是要建立以实名制为基础的全国计算机联网信息系统,由户籍管理机构、金融机构、税务部门等共同参与,使一个人的身份号码汇总所有信息,不论在什么时候、到什么地方,只要一查身份号码,需要的基本信息就可以查到。一旦实施违规、违法、犯罪行为,信用记录将被记录在其身份号码中。西方很多国家实行真正的实名制,有比较完善的个人诚信记录档案。在美国,每个银行在为客户开户时都会提醒客户,"如果客户不遵守信用的话,这些资料将被记录,并且被保存起来"[①]。银行发放贷款、雇主雇用员工、客户选择交易对象,都可以查询对方的诚信记录,只要把有关人员的社会安全号码输入全国联网的计算机系统,就可以查阅到该人的所有背景材料,不但包括年龄、性别、出生日期等自然身份信息,而且还包括教育背景、工作经历、与税务、保险、银行打交道的信用情况,有无犯罪记录等。如果某人曾经有过不良纳税记录或犯罪记录,该记录将伴随其终身。

---

① 杨端:《美国信用卡信用防范立法及其启示》,载于《河北法学》2007年第3期。

三、构建互联互通的信息网络

（一）确保身份信息联网

只有建立公民基础信息全国联网体系，充分整合分别载入不同证（卡）的公民身份、纳税、信贷、医保、社保和财产住房等重要信息，才能有效促进大数据的信息共享与自由流动，保护公民信息安全，及时惩戒失信行为。

在全社会各个行业部门普遍实行实名制的情况下，公安机关可以与工商、税务、民政、银行、保险、电信、邮政、民航等部门，以及商场、旅行社、医院、物业公司、寄递企业、搬家公司、房产中介、劳务市场、人才市场等行业建立信息互通机制、协作联动机制，实现网络的互联互通和信息的整合共享。目前，很多城市的公交卡没有实行实名登记，这是一个漏洞，例如，京津冀地区实行公交一卡通制度，但不实行实名制的话，治安防控一体化的效果会大打折扣。

身份信息联网是信息防控体系构建的必要条件，例如，美国身份信息联网就起到了很好的治安防控作用。社会安全号码在美国人口管理中有举足轻重的地位，是美国政府进行所有人口管理活动的基础，因为存储社会安全号码信息的计算机系统实现了全国联网，各地区、行业、部门都能通过社会安全号码查看每个人的情况。公民只需进入社保局的一个终端，即可通过网络查询或处理与自己有关的社保事务，解决了异地缴纳、异地领取保险金等问题，极大地提高了管理效率。执法部门根据需要，可以随时调取有关人员的号码，查看其有无犯罪记录。

（二）实现信息跨部门共享

由于缺乏顶层的协调部门，现在政府各部门都独自建设自己的信息化数据系统，采集到的数据变成了"部门私有"，信息"孤岛化"严重，只对内交流，对外相互屏蔽，缺乏互通交换、资源共享，难以发挥协同效应。信息集中之后的有效运行，需要一个部门来协调管理，通过程序核准后，解决大数据的互通共享问题。鉴于公民身份号码的主管机关是公安部门，因此，实现部门信息共享的协调应由公安部门来负责。

（三）规范信息的使用和查询

人口基础信息数据库和个人信用信息基础数据库的使用和查询必须经过身份验证，确保使用留下痕迹，能够找到使用责任人。所有查询活动的情况，包括查询人员、查询时间、查询原因等，都有记录。

个人对数据库中收集的关于其本人的信息具有知情权。个人信用信息基础数据库中的信息是不对社会公开的。通过平台可查到三方面的信用记录：个人信用信息提示、个人信用信息概要以及个人信用报告。个人信用信息提示是注册用户在个人征信系统中是否有逾期记录的提示性信息，个人信用信息概要为注册用户提供其在个人征信系统中信贷记录、公共记录和查询记录的汇总信息，个人信用报告则涵盖明细信息。公共记录包括欠税记录、强制执行记录、民事判决记录、行政处罚记录及电信欠费记录等。当日查询，次日反馈查询结果。如果个人有不良贷款记录，自该不良行为或事件结束之日起在信用报告上保留不超过 5 年的时间。

第三节 实名制信息防控体系的功能

犯罪预防的目的是设法限制、消除各种犯罪诱因，增加潜在犯罪人实施犯罪行为的难度。而实名制把预防犯罪的关口前移，对有违法犯罪意图和已经实施违法犯罪的人产生心理震慑功能，从犯罪发生的源头着手，可以预防多种犯罪的发生。

一、对真实信息的及时登记使一些犯罪无从发生

实名制是对真实信息的及时登记，这种登记一旦形成，便成为可以辨别真伪、核查事实的依据。实行计算机联网是实名制的物质保证，通过计算机技术登记的信息可以通过网络获得，使实名信息具有客观性和可对照性，虚假信息无法形成，从而可以预防多种犯罪的发生。

（一）预防假证类犯罪

近年来，伪造、变造、买卖国家机关公文、证件、印章，伪造公司、企业、事业单位、人民团体印章，以及伪造、变造居民身份证等制贩假证类犯罪行为逐渐发展蔓延，在人的出生、学习、工作、生活、就医、死亡的各个环节都涉及假证件。虽然国家投入了巨大的人力物力财力打击假证犯罪，但是收效甚微。这当然有很多因素，但其中一个最为重要的原因就是证件的办理与使用没有实行真正的实名制，很多证件没有与个人的身份信息相连，没有形成互联互通的信息网

络。如果每一种证件都与身份号码信息相连,各行业部门记录的证件信息都进入计算机网络,达到全国的信息共享,那么证件的真假一查便知,假证根本就没有市场,假证犯罪自然也就不会发生。其实,2009 年的"罗彩霞事件"和 2016 年初的"王娜娜事件"之所以被发现,就是因为毕业认证系统、教师资格认证系统及银行系统与身份信息系统联网,否则,即使有冒名顶替行为,也很难被发现。

(二) 预防发票类犯罪

我国发票类违法犯罪与没有实行实名制直接相关。我国的发票不是对发生费用的即时开具,与实际发生费用没有对接,真假无法核对。发票中的顾客名称或销货单位名称是根据消费者的需求填写的,发票开具的内容没有如实反映物品的实际名称和服务的真实项目,很多商场、饭店、宾馆,一般都是先给购物小票,再根据顾客需要开发票时,把发生的费用开为"办公用品""接待费""餐费""礼品""图书""计算机耗材""会议费""住宿费"等符合报销要求的项目。由于我国市场交易中大量使用现金,财政、税务、审计机关无法从银行系统中获取资金往来的充足信息,不能对真实发生的费用进行核对,致使假发票违法犯罪滋生蔓延,就连一些中央级单位都在使用假发票,每年被国家审计署抽查到违规使用假发票的金额竟然高达数亿元。

在我国,发票是个人和单位在购销商品、提供或接受服务,以及从事其他经营活动中开具、收取的收付款凭证,是财政、税收、审计等部门进行财务税收检查的重要依据。而在西方发达国家,像我国这样的发票制度早已被淘汰,西方发达国家的商场和服务场所开具的机打购物凭证上直接列有消费者的消费数目和所交税额,消费者可凭机打购物小票报销,不必像我国一样另行开具发票。在西方发达国家,各种企业、商店、旅店、车站、码头都设有与银行联网的刷卡机,所有交易、结算活动都通过银行,完全处于银行、税务等部门的严密监控之下。各个单位、企业、个人发生的每一笔业务,每天的营业额,通过计算机联网系统一查便知,审计机关只凭与计算机联网的购物清单就可以核查证实。① 西方发达国家采用的这种对采购的物品和接受的服务进行实时记载的实名制,把"以票管税"的发票管理模式转变为"管资金流向",从源头上消除了发票类犯罪,很值得我国借鉴。

(三) 预防职务犯罪

财产申报制度是预防官员职务犯罪的重要组成部分,目前世界上已有近百个

---

① 武田:《加强货币规范化管理是从源头上遏制和预防各种经济犯罪的治本之策》,载于《南方金融》2004 年第 10 期。

国家推行这一制度，成为世界各国共同的反腐利器。财产申报制度把政府官员的一切财产纳入申报范围，只要发现申报的财产与官员正常收入不一致，就要求官员必须作出解释与说明。如果不能提供合法所得的证据，就将被认定是灰色收入而接受相应的惩罚。但我国目前的官员财产和收入申报制度完全是以官员自己申报的情况为准，执法机构根本不掌握官员的实际财产和收入状况，对官员的腐败行为没有约束力，官员财产申报制度达不到预期的效果。很多官员在申报时只填写少量的合法收入与财产，但事后一查这些官员竟然有大量现金、债券、基金、股票、房产，价值少则几百万，多则上千万，甚至上亿。而只有实行实名制，才能使家庭财产申报制度落到实处，官员的资产通过其身份号码一查便知，官员的收入与支出一目了然，要求官员进行财产申报只是印证执法机构掌握的情况，腐败官员只要有违法的财产与收入，就会被发现而受到法律制裁，根本不需要在腐败官员贪污受贿达到非常严重程度而败露时才去追查，从而对所有官员产生巨大的震慑和警示作用。

二、使人们担心不良行为为人所知而放弃犯罪

绝大多数的犯罪人都有一个共同目标，就是所实施的犯罪事实不为人知，当然更主要的是不为执法机关所知。假定犯罪发生后，不会查出犯罪系何人所为，那么很多平时遵纪守法的人也可能会加入犯罪者的行列，犯罪率必然会急剧上升。一般我们想到的是在犯罪发生以后，如何根据犯罪留下的痕迹去查找犯罪人，这固然是破案的重要方法。但是，这些方法都是在犯罪发生后才根据犯罪的具体情况查找的。而实名制是通过犯罪发生前的日常活动轨迹实现的，不仅可以为破案提供线索，更重要的是可以预防人们去犯罪。因为实行实名制可以使人们的所作所为都留下自己的痕迹和信息，人们居住的场所、行走的路线、从事的工作、消费的项目、支出的款项、收入的来源等都有据可查，人们的金钱和财物很难有隐匿。一旦实施犯罪，执法机关很容易通过实名登记留下的记录，顺藤摸瓜，找出相关的不法源头，查找出犯罪人，从而使人们担心不良行为被发现而放弃犯罪。实名制的实施可以预防多种犯罪，如预防手机犯罪、预防网络犯罪、预防偷逃税犯罪等。

（一）预防手机犯罪

目前，利用手机散布虚假信息、发布信用卡诈骗短信、传播色情垃圾信息、拨打骚扰电话等违法犯罪行为之所以屡屡得逞、蔓延泛滥，主要是因为这些违法犯罪人员使用的是不记名移动通信业务，手机机主可以任意购买手机卡，并随时

更换，以规避执法机关的查办。而手机实名登记要求用户入网或办理业务时进行身份验证和登记，使身份信息和手机号码直接关联，保证在信息传播的各个环节能够辨别用户身份，使信息发布者、传播者、使用者及最终用户能够获得身份验证，有效划分信息内容权责，对短信、微信诈骗、骚扰的制造者与传播者产生一定的威慑、约束，从而遏制手机犯罪的泛滥。

手机实名制是从源头上治理手机犯罪的有效防范措施，是保障手机用户合法权益的重要手段，被越来越多的国家所采用，日本、韩国、德国、法国、美国、澳大利亚、瑞士、新加坡、英国和西班牙等国都颁布了相应的法规实施手机实名制，南非、印尼、泰国、墨西哥、坦桑尼亚等一些发展中国家也要求对预付费卡用户实施实名登记。[①]

（二）预防网络犯罪

网络实名制是网络发展的必然趋势，是世界各国加强网络管理的共同举措。网络实名制的起因主要是网络匿名传播环境下散布虚假信息、披露他人隐私、公然诽谤侮辱谩骂、传播色情暴力内容、进行诈骗活动等网络不文明行为和网络犯罪的泛滥。网络实名制要求网民在进行网络活动时提供真实的个人信息，从而达到网络虚拟主体与现实主体的对应。网络实名制明确了网络中法律关系的主体，使网络空间行为的主体能够独立行使权利、履行义务，而不像非实名时代一样可以利用网络身份的不确定性和多变性，逃避法律责任。在网络上，通过用户的真实姓名和身份登记，网民将更加负责任地发表言论和观点，促使网民不敢实施网络暴力、网络欺诈和网络泄密等非法行为。如果网民行为构成侵权，触犯了法律，对社会造成了一定的危害，那么，执法机关就可以准确查出信息的传播者，获取网民的真实身份信息，追究其法律责任。

（三）预防偷逃税犯罪

我国个人所得税以工资薪金、个人储蓄存款利息、股息收入等容易管控的收入为主，而对收入来源多样化的富人群体无法有效监控，有相当数量的高收入群体没有自行申报，税务机关也无法进行有效的查处。这其中很重要的原因是我国没有实行完全的金融实名制，税务机关对个人的收入支出情况不掌握。而如果实行真正的金融实名制，则公民的收入和支出、储蓄和借贷都可以被税务机关掌控，如果逃税漏税，很容易被税务机关发现。

在美国，纳税人的基本信息、收支记录和交易行为等都在银行的计算机中有

---

① 杜宏伟：《国外手机实名制推行状况及启示》，载于《世界电信》2010 年第 9 期。

记录。税务机关与银行通力合作,通过信息交换和数据集中处理,便可全面快捷地掌握纳税人的相关信息,并通过大型计算机的集中处理,实现对纳税人各项应税收入的汇总与监控①。如果发现收入与所缴税额明显不符,就展开调查,对偷逃税犯罪及时制裁。

三、使人们为了保持良好的信誉而不去犯罪

我国的很多学者都主张借鉴西方国家的信誉体系,提出了要提高国民诚信素质的建议,但是信用体系的建立仅靠道德的约束是远远不够的,必须有制度作为保障。而实名制便于记录个人的信誉,是信用体系建立的基本保障,"是信用社会的基本平台",可以使人们为了保持良好的信誉而不去犯罪。例如,"个税申报、官员财产申报等许多经济行为,都以实名为信用基础。有了实名登记,交易中的不合作的行为就容易被发现。如果不守信的行为不能及时发现并广为人知,当事人就不会有建立信誉的积极性。如果个人和企业违约了,骗人了,一逃了事,无从追查,则整个社会的信誉度就低。"②

如果人们实施违法犯罪行为的结果仅仅是对所实施的违法犯罪承担责任,那么有可能因为需承担的责任小而起不到使人们不去违法犯罪的效果。但是严格实行实名制的话,即使人们实施的违法犯罪行为比较轻微,所受到的直接制裁也不太严重,但是人们已经有违法犯罪以及其他的不良记录,甚至仅有一次轻微的违法行为,如有一次坐公交车逃票的不良记录,自己的诚信度就会降低,在贷款、就业、求学、经济往来等方面都会受到影响,这些影响虽不像罚款、拘留、刑罚那样直接,但可以留下使人们挥之不去的阴影,甚至要伴随其终身,要挽回其形象和信誉,需要很长的时间和代价。因此,实名登记可以强化被登记人的责任和义务,被登记人员必须遵纪守法。

四、充分利用实名信息查证违法犯罪事实

随着流动人口犯罪问题的日益突出,流窜犯罪比重逐渐增大,违法犯罪活动呈现出动态化特征,依靠传统的静态户籍管理办法已经不能有效地查找违法犯罪。而实行实名制为执法机关提供了新的管控手段,人们在住宿、旅行、消费、娱乐、医疗、教育等活动中留下的相应身份信息,能为侦查提供线索,指明方

---

① 汪昊、许军:《美国个人所得税征管制度的特点》,载于《涉外税务》2007 年第 12 期。
② 张维迎:《信息、信任与社会》,生活·读书·新知三联书店 2003 年版,第 15 页。

向、缩小侦查范围，甚至锁定犯罪嫌疑人。

（一）查找行为人的有关信息

（1）掌握行为人的居住、停留信息。实行实名制后，行为人无论在哪里都会留下居住和停留信息痕迹，户口登记、居住证办理登记、旅馆入住登记、房屋租赁登记、手机用户登记等都会留下相应的居住停留信息。

（2）掌握行为人的出行信息。在交通运输领域普遍实行实名制的情况下，人们出行时会留下各种信息，如签证信息、出入境管理信息、民航票务信息、机动车行驶信息、出租车票信息、公交IC卡信息、高速公路收费信息、火车票信息、交通违章信息、道路监控信息等。例如，火车票实名制的实施就对公安机关及时排查那些隐藏在旅客中的违法犯罪分子发挥了重要作用。一些城市的公交卡由于部门利益的原因依然不实行实名制，这就不利于识别潜在犯罪人员，不利于查找犯罪嫌疑人，对有犯罪意图的人员也达不到震慑作用。

（3）掌握行为人的消费信息。由于人们普遍使用以实名制为基础的银行卡，持有人每一笔支出都会留下交易记录，人们购物、上网、买票、房地产交易、证券交易、水电煤气缴费、邮政汇款寄物、娱乐消费等都会留下信息。针对某一个人调查时，甚至可以知道其在哪里吃的饭、点了什么菜、花了多少钱等细节信息。

（4）掌握行为人的爱好。通过网络实名制，行为人喜欢浏览什么样的网站，主页设置的是哪家网站，浏览的历史记录有哪些内容，都可以查到；行为人上网喜欢看新闻，还是看娱乐节目，爱好军事，还是喜欢旅游，有什么阅读偏好，看什么样的书，都可以一清二楚。

（5）掌握行为人的交际信息。能反映出行为人交际信息的有很多，如手机通话单、网络邮件、即时通信工具（如 QQ、MSN、微信等）交流信息、劳务、婚姻中介信息。通过这些信息，可以了解到行为人同谁通过电话，喜欢与哪些人交往，经常和谁在一起，到哪里玩过。

（6）掌握行为人的身体状况信息。通过医院就诊信息，可以查到行为人什么时候生过什么病、受过什么伤，到哪个医院看的病，吃过什么药，身体健康状况如何等信息。

（二）收集的信息不局限于违法犯罪嫌疑人

在实名制为基础的信息体系下，公安机关掌握的信息不只局限于高危人群、重点人口，还可以从与犯罪分子有关的人员，如其亲属、同事、周边人员，以及与受害人有关的其他人员中获取信息，做出正确的决策。如佘祥林案中，如果对佘祥林妻子张在玉在外地落户严格登记，那么佘祥林冤案或许就不会发生；赵作海案中,如果案件相关人赵振响外出打工所在地对其身份进行登记核实的话,赵作海的冤案也许可以避免。

(三) 在不惊动嫌疑人的情况下取得证据

嫌疑人的住宿登记、消费记录、机票购买信息等实名信息一旦形成就会被保留下来,一般不为嫌疑人所掌控,嫌疑人可能没有察觉到留下的痕迹,或者知道留下痕迹也无法销毁或隐匿。执法人员可以在不惊动嫌疑人的情况下做很多先期的调查,不需要像传统的访谈、排查等调查方法一样必须要通过犯罪嫌疑人或其家属、同事、周边人。

(四) 及时关注资金的异常流动,阻止人们去犯罪

使用银行卡、支票都是实名制的重要内容。人们的每一项收入与支出都经过银行卡,那么银行和有关的执法机关就可以了解银行卡持有人的经济状况。如果一名政府官员的银行卡有资金的异常流动现象,执法机关就可以追查是否为行贿支出和受贿所得;假如是有盗窃和诈骗前科人员的银行卡账号中有大量资金出现,公安机关就要调查其是否为重新作案;如果一名贩毒嫌疑人的银行卡有资金异常流动,公安机关就要判断是否有毒品交易在进行;即使是对普通公民,税务机关也要密切关注其银行卡上资金的进出,如果稍有异常,就要调查其有无偷税漏税行为。实行了完全的实名制的话,人们的资产与金钱、收入与支出都被政府有关部门掌控,根本就不会出现开着宝马车申请保障房、低保金,一人领两份工资、吃空饷,以及官员通过配偶、子女将资产转移到国外的现象。

在监控资金流动方面,银行负有不可推卸的责任。银行对客户资金流转的情况进行监控,有异常情况立即通知客户。国外许多国家都规定了与储蓄实名制有关的银行责任法律,如根据澳大利亚的"金融交易法"规定,银行主要负有三方面责任:一是发现可疑的金融往来,立即向政府有关部门报告;二是重大的金融往来(1万澳元以上),必须向政府有关部门报告;三是跨国的金融往来,在一定数额以上(对流出流入国境达5 000或5 000以上澳元)的金融往来,也必须向政府报告。[①] 美国《银行保密法》规定,金融机构根据向金融犯罪执法网络报告情况,实行国内现金转账报告制度(Currency Transaction Report, CTR)、国际现金转账或汇票制度(Report of International Transportation of Currency or Monetary Instruments)、赌场现金转账制度(Currency Transaction Report Casino, CTRC)、外国银行和金融账户报告制度,以及涉嫌违法活动报告制度。这五项报告制度是

---

① 何晶:《我国实行金融实名制的制度设计》,载于《太原大学学报》2007年第1期。

资料的来源基础和保证措施,具体的操作是通过规范的报表按时报告、传递、汇总、储存、建立档案,"并从这些报告构成的金融数据库中发现洗钱犯罪的线索"。为防止利用现金交易逃税,美国国税局要求任何从事贸易及商业活动的机构和个人对超过 1 万美元的用现金结算的交易都要按照规定填写报表。该报表同时也需报送金融犯罪执法网络,用于提供洗钱犯罪的线索。① 美国的金融机构发现有疑点时,还直接提醒客户注意资金安全。中国首任驻美警务联络官孔宪明在美期间,有一次与同事们一起驾车外出时,在两个小时内用其信用卡先后为三辆车加油付费。紧接着信用卡公司就给他打来电话,确认了他本人在高速公路支出三笔油款的事实。② 显然,信用卡公司通过金融网络系统发现了资金流动的异常,目的是及时发现和阻止信用卡犯罪,保护信用卡持有人的利益。

金融实名制是国家通过银行对公民特别是国家公务员进行监督的有效途径。我国很多犯罪发生的一个重要原因是国家对公民的收入情况控制不严密。在美国,税务部门关注每个人的收入情况,要求每个人如实申报,如果发现收入与税收明显不符,就展开调查。在美国偷逃税比较困难,即使侥幸成功,被税务审计出来的概率也非常大,因此,有句话"在美国死亡和纳税同样是不可避免的"。通过对收入的关注可以发现其他犯罪,美国有 60% 的贩毒案是国税局通过财产调查获得犯罪线索的。③

金融机构阻止经济犯罪的一项重要防范措施就是广泛推广信用卡的使用。国外大量使用信用卡和支票的做法,其实就是一种治安防控措施。因为使用信用卡和支票后会留下使用的信息,可以起到防范的作用。金融机构进行治安防范的主要举措是全面推行刷卡机和信用卡,力争使企业和个人在各种经济活动和各种消费场合使用信用卡和支票,使人们无论到什么地方、什么消费场合,无论使用哪个银行的信用卡都能消费,以减少现金的使用机会和在社会上的流通量。

相比之下,我国金融机构对资金异常流动的监控很不到位,银行诈骗案发生后,银行对于巨额资金的非正常转移不闻不问,客观上纵容了犯罪。2011 年 3 月,郭小姐在东莞闹市区一 ATM 机存款时遭几名男子围攻,卡里的 4 万多元全部被转账支出。在这样的紧急情况下,银行方面却表示,只能立即冻结受损储户的账号,但对转入方的账户却不能随意冻结。因为根据 2002 年中国人民银行公布的《金融机构协助查询、冻结、扣划工作管理规定》,冻结账户程序非常烦琐、复杂,要先由县团级以上司法机构签发"协助冻结存款通知书",法律、行政法规规定应当由有权机关主要负责人签字的,应当由主要负责人签字;再由司法人

---

① 张浩《美国现金管理法律制度浅述》,载于《金融纵横》2009 年第 4 期。
② 孔宪明:《中国警官走进美利坚》,上海人民出版社 2004 年版,第 9 页。
③ 孔宪明:《中国警官走进美利坚》,上海人民出版社 2004 年版,第 74 页。

员执证件前往银行办理;由银行审核后,才能冻结账号。如果郭小姐先去报案,做笔录,再由公安机关立案,发出冻结通知书,再完成上述程序,被抢的钱不知转到哪里去了。① 在冻结涉嫌违法账号的问题上,银行只是从自己的利益出发,想方设法规避自己的风险,担心贸然冻结涉嫌违法的账号给自己带来麻烦;而更为关键的原因是,在这种情形下,受损的只是储户,银行的钱一分都不会少。银行只从自身的利益考虑,没有在治安防控中承担起职责,这是很不可取的。

五、准确定罪量刑,惩治不法分子

我国刑法体系不同于许多西方国家,很多犯罪的定罪量刑都是需要量化的,而量化需要对犯罪事实数据的充分掌握,只有在日常生活中量化各项指标才能准确追究行为人的刑事责任。但是我国日常生活中的各种经济往来最缺乏的恰恰是量化,很多案件是通过当事人偶然留下的日记和账本才取得突破的。而实行实名制是进行量化的最主要方式,在实名制下,资金通过银行结算,可以查清钱"从哪里来、怎么来、到哪里去",不仅发现之后好查,也容易追赃,是认定是否构成犯罪、构成什么罪行、罪行有多严重,以及该受到什么样刑事制裁的重要依据。通过实名制可以准确定罪量刑,及时制裁违法犯罪行为,保障法律的权威性。这里以实行实名制对打击假冒伪劣产品犯罪和打击行贿受贿犯罪的作用为例。

(一)有力打击假冒伪劣产品犯罪

实行实名制可以有效打击生产假冒伪劣产品犯罪行为。导致假冒伪劣产品犯罪严重的原因固然是多方面的,但与金融结算没有实行实名制直接相关。根据我国的刑法和有关司法解释,一般销售伪劣产品罪的界限是销售5万元以上,或者货值15万元以上,生产销售假药及生产销售伪劣农药、兽药、化肥、种子罪没有造成2万元以上损失也需要达到销售5万元。犯罪金额上要求较高,但是假冒伪劣产品很多不是通过正常渠道销售,不是通过银行转账,而是直接的现金交易,要证明假冒伪劣产品生产者销售达到5万元非常困难,除非侥幸得到其生产和销售的账本和记录,否则对假冒伪劣生产行为至多是行政处罚,达不到制裁效果,假冒伪劣产品的生产者和销售者只要换一个地方、换一种形式就可以重新活跃起来。

(二)严厉打击行贿受贿犯罪

从目前所查处的大量行贿受贿案件看,大多数是采取"一对一"的现金交易

---

① 徐明轩:《银行冻结"坏人"账号有多难》,载于《新京报》2011年3月3日。

方式，很少通过银行转账。由于没有第三者在场，又没有其他书证、物证、电子证据，即使犯罪事实被发现或败露，只要一方不承认，就难以认定。不少查明有巨额财产的犯罪分子，只要不主动交代，就很难认定其巨额财产为贪污或受贿所得。因为"巨额财产来源不明罪"的判罚标准远远低于贪污受贿罪，这很容易使腐败分子在交代问题时避重就轻，逃避法律的制裁。而且，由于现金容易藏匿，不少贪腐分子虽然受到了刑事制裁，但很多贪污的钱款却无法追回，给国家和人民的财产造成了重大损失。而如果实行实名制，限制大额提现、杜绝大量现金在银行体制外循环的话，行贿者没有现金可送，又不敢通过银行转账，买东西送也会留下痕迹，行贿行为将很难成功，受贿者自然就得不到钱财，得到钱财也不敢使用。

六、解决执行难问题

法院执行难问题一直是困扰我国司法领域的一大难题，各级人民法院采取了多种措施解决执行难问题，但是收效甚微。其原因当然有很多，但其中一个最重要的原因就是我国没有实行彻底的实名制，如果在很多领域都实行实名制的话，被执行人的财产很难有隐匿，法院可以依法对被执行人的财产加以处置。

解决"执行难"这一深层次问题，最终要依靠制度力量。我国社会信用体系建设尚处于起步阶段，强制执行的法律规范不完善，不能有效监控和制约逃废债务的行为，这也助长了逃债赖债、抗拒执行之风。只有健全制度机制，加大惩戒力度，提高恶意逃债者的失信成本，才能促使其主动履行债务、回归诚信。

第一，我国没有普遍实行以实名制为基础的信用卡结算制度，没有操作性很强的限制大额现金交易制度，所以被执行人极易通过匿名转移财产或隐瞒财产的方式消极履行或规避履行义务，甚至依旧过着奢侈生活。而实行实名制的话，被执行人财产的保有与转移都有据可查，法院很容易掌控，有利于解决执行难问题，有利于打击恶意欠薪违法犯罪。

第二，社会各个部门没有实行实名制也是执行难的重要原因。为了促使被执行人按期归还债务，法院经常向被执行人下达"限制高消费令"，如不准选择飞机、列车软卧、轮船二等以上舱位；不准在星级以上宾馆、酒店、夜总会、高尔夫球场等场所进行高消费；不准购买不动产或者新建、扩建、高档装修房屋；不准租赁高档写字楼、宾馆、公寓等场所办公；不准购买非经营必需车辆；不准子女就读高收费私立学校；不准旅游、度假；不准支付高额保费购买保险理财产品等，并且规定如果被执行人违反规定进行消费，法院将依法予以罚款、拘留；情节严重、构成犯罪的，依法追究刑事责任。但是由于社会上很多部门没有实行实名制或者不向法院提供实名信息，法院对于"老赖"的高消费行为没有切实可行的办法，目前主要还是靠申请人自己提供的线索来监督。其实，法院的"限高令"的执行必须以实名制为基础的信用体系作为保障，需要与政府部门及民航、工商、房管、车管、铁路等建立联动机制，让被执行人在行政审批、融资信贷、市场准入、资质认定等方面受到限制，使失信被执行人寸步难行，迫使被执行人自动履行生效法律文书确定的义务。使被执行人的信用好坏和其经济利益、个人名誉、交易机会、生存空间等直接联系，建立"守信者赢、失信者亏"的评价体系。只有众多部门规定去任何场所高消费都要用实名制，把"老赖"都列入"黑名单"，才能从根源上限制"老赖"的高消费。例如，火车购票没有全部实行实名制，就很难使被执行人"不得乘坐列车软卧"这一条得到执行。而目前法院执行中使用限制"老赖"出境就因为实名制而取得很好的效果。例如，河北一家建筑公司的法人代表李某拖欠设备租金36万余元，通过法院达成调解协议后却拒不履责，法院对李某采取限制离境措施。李某在机场办理出境手续受限后，只好联系法院偿还欠款。2011年2月1日，李某在丰台法院将10万元交给债主。①

第三，人民法院将失信被执行人的名单公布于众，让这些失信者的生产、生活处处受限，真正感受到不信不立、不诚不行，从而推动全社会的诚信体系建设。一些地方法院应时而动、因地制宜，探索建立"执行黑名单"制度，将严重失信的被执行人编立名册、予以公布，从而达到对失信被执行人进行信用惩戒、督促其自觉履行义务的目的。如北京法院网开通"不履行义务信息"专栏，公布"黑名单"；河南法院集中开展"曝光赖账户活动"；湖南、浙江、重庆等地积极开展公布失信被执行人名单实践，取得了良好效果。2013年最高人民法院出台《关于公布失信被执行人名单信息的若干规定》，针对有能力履行而拒不履行人民法院生效法律文书的被执行人，确立公布失信被执行人名单信息制度，真正做到让失信者"无处遁形"。

第四节 实名制信息防控体系的保障

一、强化各部门行业的实名登记认证的治安防控职能

我国治安防控体系构建的一个明显不足是：过分强调政法机关，尤其是公安

---

① 于杰：《老赖获得美国绿卡但被限制出境无奈还款10万元》，载于《京华时报》2011年2月2日。

机关的作用，甚至把公安机关作为治安防控的唯一主体，对其他行政部门和行业在治安防控中的作用认识不到位，很多部门和行业没有真正承担起治安防控的职责。而实行完全的实名制，可以强化众多部门和行业的治安防控职责，便于及时发现人员、金钱流向的诡异，发现异常现象，很快作出反应，在可能出现违法犯罪的情形或状态之前采取措施，防止违法犯罪的实际发生。可喜的是，我国已经认识到实名登记查验的重要作用，例如，自2016年1月1日起施行的《反恐怖主义法》就明确规定，铁路、公路、水上、航空的货运和邮政、快递等物流运营单位，以及电信、互联网、金融、住宿、长途客运、机动车租赁等业务经营者、服务提供者，应当对客户身份进行查验。

（一）强化公安机关及时登记、核对的治安防控职能

公安机关进行实名登记，并通过联网核查，可以有效防止和打击犯罪。如果日常的登记工作不严格细致，就会为犯罪留下空间。例如，拐卖妇女儿童案件屡屡发生的一个重要原因就是收买妇女儿童地区的公安机关没有严格登记户口，要么对新出现人口视而不见，要么凭空为其办理户口，从而使贩卖妇女儿童的犯罪有了市场，导致此类案件不断发生。

公安机关应该建立互联互通的实名信息系统，并及时比对，否则就很难发现犯罪。例如，有一名北京市无业男子孙某自2001年以来的近10年，经常推着破旧自行车，在城八区各大路口用身体"撞车索赔"千余起。仅122电话记载的就达341起，涉嫌制造假交通事故骗取他人钱财达数十万元。但直到2010年1月，才被公安局识破。① 如果公安机关内部违法犯罪信息实行联网实名制的话，这样的"碰瓷"案件发生两起以后，就应该引起有关部门的重视，就可以及时制止此类犯罪的发生。

（二）强化电信部门进行实名登记的治安防控职能

电信部门核对电话用户的身份信息、关注用户信息的使用情况，就是履行维护治安的职责。需要强调的是，手机实名制的实行并不会侵犯公民个人的通信权利，事实上传统的座机电话从一开始就是实名制，但都没有涉及公民的隐私权利。之所以说实名制影响隐私权，是因为电信部门害怕实行实名制后会失去很大一部分客户。虽然从2013年9月1日起，手机实名制正式启动，但运营商和代理商往往只从自身利益出发，不考虑自身应承担的社会责任，仍把预

---

① 刘洋、李小燕：《六旬瘸腿老汉碰瓷9年导演千起车祸几未失手》，载于《新京报》2010年1月12日。

付费手机作为运营商业务收入的重点,不愿推行实名制。因此,只有把手机实名制放在治安防控的高度,使运营商在出现问题时承担相应的法律责任,才能保证所有用户实名登记,充分发挥实名制控制犯罪的功能。实名登记工作一旦启动,就要坚持不懈做下去,否则前期工作成效将逐步被湮没。如德国从移动通信发展伊始就坚持要求实名登记并延续至今,澳大利亚、韩国等国家的实名登记工作也在持续进行。对于墨西哥等新颁布实名登记规定的国家,在限时补登记的工作阶段之后,也都一直延续相应规定,要求电信企业对用户实行实名登记。

电话诈骗案件屡屡发生,也与电信部门没有及时核查用户使用情况有关。在一个地址下登记的几十部电话同时运转联系"业务"、修改来电显示号码,明显有违法犯罪的嫌疑,但电信部门竟然不闻不问,默认犯罪的发生,这不能不说是当前电话诈骗的重要原因。

(三) 强化金融机构推行实名登记的治安防控职能

实施金融实名制是国际社会控制经济犯罪的重要举措,在所有相关法律制度中,金融实名制被称为是最核心、最管用的法律制度。[1] 对客户的真实身份进行登记是国际社会的通行做法,关于银行规则和监管实践的巴塞尔委员会1988年12月提出的"巴塞尔原则",其中一项就是"客户身份证明原则",根据这一原则,为确保金融系统不成为非法资金流动的渠道,银行应作出合理的努力去确定客户的真实身份[2]。金融机构有义务识别客户,核对、登记身份证上的姓名和号码,通过计算机系统将储户身份证号码和姓名与户籍管理部门的居民资料进行核对,确认其真实身份才能开户,确保所有金融交易必须使用真实姓名,不得为身份不明的客户提供存款、结算服务。同时,要保存交易记录,掌握账户持有人的实际收入与支出,并向有关部门报告可疑交易。

我国《个人存款账户实名制规定》规定,从2000年4月1日起,任何个人在我国金融机构新开立个人存款账户、办理储蓄存款时,必须出示本人身份证件。而对2000年3月31日前开户的大批未实行"存款实名制"的账户,却未进行彻底清理确认,一些客户使用假名、代码、亲友名字及虚假注册公司名称办理的金融账户至今日还在继续使用,一些有贪污受贿、偷税漏税、贩毒、走私、抢劫、诈骗行为的犯罪分子仍可以利用匿名或借名建立金融账户,进行匿名金融交易,使得其犯罪行为常常可以轻易地逃避法律的制裁。因此,金融机构承担起实

---

[1] 武田:《我国实行实名制存在的问题及对策》,载于《理论前沿》2007年第9期。
[2] 丁明方:《存款实名制与洗钱犯罪的控制》,载于《上海金融高等专科学校学报》2000年第2期。

行实名制的职责，对防范犯罪至关重要。

二、构建完整统一的个人信息保护法律体系

个人信息是实名制信息防控体系构建的重要保障，只有建立个人信息保护的法律体系，才能使实名制信息防控体系具有长久的生命力。而我国现有关于个人信息保护的规范效力等级层次较低，保护力度不够。在有关的 24 个法律文件中，属于国家法律的仅有 3 部，属于行政法规的仅有 1 部，属于司法解释的 2 部，其余的 18 部均为行政规章。① 在规范侵犯公民个人信息犯罪的法律和行政法规等效力较高的法律文件先天不足的情况下，部门规章的作用受限于上位法律，作用有限。《刑法》明确规定了"出售、非法提供公民个人信息罪"和"非法获取公民个人信息罪"的法定刑，而 24 部法律文件中，只有半数对侵犯公民个人信息行为规定了行政处罚，其余都是作为一种宣告式的保护，没有明确规定违反后的法律后果，难以达到应有的规范效果和社会效果。

当今社会，互联网高度发达，各国对个人信息保护进行单独立法已是大势所趋。目前，世界上已经有 70 多个国家和地区制定了个人信息保护相关法律法规。美国于 1974 年制定《隐私法案》，1998 年制定《儿童网上隐私保护法》，2005 年通过了一批保护个人信息的法律，如《隐私权法》《信息保护和安全法》《防止身份盗用法》《网上隐私保护法》《消费者隐私保护法》《反网络欺诈法》和《社会安全号码保护法》，2011 年 4 月美国一些议员又提出了关于在线综合信息保护立法的议案；加拿大制定了《隐私保护法》和《个人信息保护及电子文档法案》；英国于 1984 年制定《数据护法》；德国早在 1977 年就制定《联邦数据保护法》；法国于 1978 年通过《法国自由、档案、信息法》；日本于 2005 年实施《个人信息安全保护法》，并将其作为个人信息安全保护的基本法律对公私领域进行统一保护。另外，欧盟先后制定了《关于涉及个人数据处理的个人保护以及此类数据自由流动的指令》《关于个人数据自动化处理之个人保护公约》和《关于保护自动化处理过程中个人数据的条例》。欧洲在保护个人信息方面成效显著，这与欧盟采用严格的法律法规来加强信息保护不无关系。1995 年欧盟通过《欧盟个人数据保护指令》，协调各国国内法以确保个人信息在欧盟范围内自由流动。各欧盟国家也分别制定国内的相关法律，保护信息安全。而我国香港特区和台湾地区早已有先行的相关法案出台，香港地区于 1996 年 12 月 20 日施行了《个人资料私隐条例》，台湾地区在 1995 年 8 月通过了《电脑处理个人资料保护法》及

---

① 卢建平、常秀娇：《我国侵犯公民个人信息犯罪的治理》，载于《法律适用》2013 年第 4 期。

实施细则，1996 年又公布了《电脑处理个人资料保护法之个人资料类别》，对个人资料的保护提出了详细的保护措施。①

针对我国目前个人信息保护法律层次较低、规定零散、保护救济不足等特点，一是亟需制定全面、系统的《个人信息保护法》，确立公民个人信息安全保护的基本框架，明确个人信息的法律性质、立法宗旨、基本原则、信息主体对本人信息享有的权利、侵犯个人信息权利的救济等重要问题，以保证整个法律体系的系统性和协调性，也有利于法律的具体操作和执行。二是建立比较完善的公民信息安全保护体系，提高公民信息采集的准入"门槛"，设立专门的信息资源管理机构，并对其使用情况严密监管。

三、加大对违法使用个人信息的惩处力度

随着信息技术的不断发展，在政府行政管理及金融、电信、交通、医疗等社会公共服务领域，收集和储存了大量的公民个人信息，大大提高了行政管理和各项公共服务的质量和效率，但是也存在因个人信息泄露而引发社会风险的可能。由于监管不力，掌握公民个人信息的部门、行业存在管理漏洞，公民信息遭受行政机关及法律法规授权组织的违法使用。在现实生活中，正是一些国家机关和行业单位的工作人员，将在履行公务或提供服务活动中获得的公民个人信息非法泄露。一些部门和行业掌握着大量的公民个人信息，由于管理制度疏漏，对于收集的程序、范围往往缺乏必要的规制，公民在面对行政机关收集信息时毫无发言权可言，一些内部员工未经授权就能获取客户信息。大量倒卖信息的源头来自掌握公民信息的单位和部门，个别"内鬼"为了经济利益非法出售大量公民个人资料。调查显示，部分国家机关、企事业单位、服务机构中有机会接触公民个人信息的工作人员，成为出售公民个人信息的源头和"内鬼"，涉及电信、工商、银行、司法、公安、民政等多个领域。有的犯罪分子掌握银行、民航、通信等涉及公民个人生活方面的信息多达 40 余项、上亿条。② 据工信部调研显示，近八成的个人信息泄露源自信息所有者的内部作案，诸如电信企业、医疗行业等许多机构，都保存有客户的姓名、地址、电话等个人信息，但却没有在存储、传输、使用和销毁等环节建立起保护隐私的完整机制，对于这些机构的某些员工而言，可以很轻松地拿到客户的个人信息牟取利益。③

---

① 蓝建中：《国外如何保护个人信息权》，载于《半月谈》2012 年第 9 期．．

② 郭坤泽、王艳：《严厉打击侵害公民个人信息犯罪取得重大成果》，载于《人民公安报》2012 年 4 月 25 日。

③ 骆沙：《调研显示：个人信息泄露近八成源自内部作案》，载于《中国青年报》2012 年 4 月 19 日。

因此，要加强源头打击和治理，必须对涉案行业部门进行有效规制和惩戒。惩戒违反规定倒卖公民个人信息的个人和组织，包括信息的买方和信息的卖方，惩戒信息的卖方除了要对有关人员外，还要追究单位和部门负责人的连带责任。只有清除侵害个人信息的犯罪源头，才能斩断整个利益链条。公安部应继续部署各地公安机关保持严打高压态势，不间断地开展集中行动，坚决遏制侵害个人信息的源头，通过对信息渠道的倒查，揪出泄露个人信息的"内鬼"，严厉打击侵害公民个人信息安全、损害群众合法权益的违法犯罪活动，为实名制信息防控体系创造良好的外部环境。

第十一章

新时期网络社会治安防控体系建设

当前,我国社会正处于互联网高速发展的时期。网络技术成为这个时代生产、生活的重要工具之一。网络政治参与、网络经济、网络文化正以一种势不可挡的趋势,改变着人们的思维、生产和生活方式。网络在带来新奇、方便、自由的同时,也不断给社会管理提出了更高的要求。网络不良言论、网络隐私泄露、网络病毒攻击、网络犯罪、网络群体性事件等幽灵般的网络治安问题,给网络快捷生活罩上了阴影。这不得不促使政府管理部门改变思路,创新做法,以适应网络社会的发展趋势。为了适应网络社会发展的趋势,控制、消除网络问题带来的消极影响,针对网络社会治安防控体系的建设迫在眉睫。

网络社会治安防控体系建设是新时期社会治安防控体系的重要组成部分。网络社会治安防控体系与现实中的社会治安防控体系构成了当前社会治安防控体系的两个方面。网络具有匿名性、传播速度快、不受地域限制等特点,因而治安防控必然与现实中的治安防控具有完全不同的特点。目前,对于网络社会治安防控体系的构成、和传统的现实的社会治安防控的区别、网络社会治安防控运行机制等问题尚待进一步明确和研究。本章结合传统、现实社会治安防控体系的构建策略,借鉴西方关于网络社会治理的经验,搭建具有针对性的新时期网络社会治安防控机制,探讨网络社会治安防控体系的构建途径。应当说明的是网络社会治安防控体系建设的构建是一个较为庞大和系统的工程,在当前我国网络立法尚不完善、网络管理主体责任尚不清晰的情况下,网络治安防控体系的构建尚属初步探讨,需要进一步的论证与完善。

第一节　网络社会治安防控机制建设存在的主要问题

一、网络社会的界定

网络社会是一种全新的社会模式，是在互联网技术作用下，人类社会开始进入的一个新的社会阶段，在这一社会形态下，人类社会关系、社会意识都有了不同以往的新特点、新内涵。

"网络社会"一词最先由美国洛杉矶南加州大学传播学院教授曼纽尔·卡斯特（Manuel Castells）在其著作《信息时代：经济、社会与文化》中提出。卡斯特认为："网络社会既是一种新的社会形态，也是一种新的社会模式。"我们的社会正经历着一场革命，这就是信息技术革命。在这场革命中，信息技术就像工业革命时期的能源一样重要，它重组着社会的方方面面。而根植于信息技术的网络，已成为现代社会的普遍技术范式，它使社会再结构化，改变着我们社会的形态。我们正在进入一个新的时代，这就是信息时代或者说网络时代。①

荷兰作家凡迪克（Jan van Dijk）在其《网络社会》一书中，把网络社会定义为这样一个社会："这其中的社会网络和媒体网络成为构建社会和各层级（个人的、组织的、社会的）结构的最重要因素。"他把网络社会和传统的"大众社会"（Mass Society）作比较，后者的社会型态由大众群体（Mass）及其现实物理接触构成。网络社会有两种类型的含义：第一，作为一种新社会结构形体的"网络社会"（Network Society）；第二，基于互联网架构的计算机网络空间（Cyberspace）的"网络社会"。②

有人指出，网络社会是与现实社会并存的人类社会存在的一种新形式，是现实社会的主体以虚拟存在方式在计算机网络空间中开展活动并相互作用而构成的某种社会关系的体系。③ 也有人指出，网络社会是以计算机和信息技术为基础的虚拟技术场域。④

"所谓网络社会是指随着电子通信技术尤其是计算机网络技术的发展和相应

---

① 丁维：《网络社会背景下突发事件的舆论引导机制研究》，重庆大学 2012 年硕士学位论文。
② 郑中玉、何明升：《"网络社会"的辨析》，载于《社会学研究》2004 年第 1 期。
③ 陈劲松：《网络社会的特征及其社会管理创新》，载于《广东工业大学学报》2013 年第 6 期。
④ 齐鑫、何超建：《网络社会的本质及特点探析》，载于《辽宁行政学院学报》2010 年第 3 期。

的人类网络行动的呈现而产生出来的一种人类交流信息、知识和情感等要素的新型的行动空间或生存环境，它是随着虚拟现实成为维系人类生存与发展的一种新现实的出现而出现的。"①

　　本章所使用的"网络社会"指的就是基于互联网架构的计算机网络空间（Cyberspace）的"网络社会"。目前，国内外学者对"虚拟社会"尚没有一致的定义。有人将之等同于虚拟社区、网络虚拟社会，多数社会学者认为"虚拟社会"就是指"网络社会"，虚拟性只是网络社会其中一个特征。例如，有学者认为"虚拟社会"是指"基于全球计算机网络化的由人、机器、信息源之间相互联结而构成的一种新型的社会生活和交往的虚拟空间。其基本特征是虚拟性，但作为一种人类智慧的创造物，其所有构成要素都是真实的，根本无法脱离现实的世界，因而又具有现实性。"② 这种界定其实与对网络社会的界定差不多。由于学术界对虚拟社会的认识比较偏重于网络社会，本章决定使用"网络社会"一词，以替代"虚拟社会"的指称。

二、网络社会治安防控机制建设存在的主要问题

　　"网络世界是一个无中心的资源共享体，尽管作为一个特殊的'公共场所'是客观存在的，但是网络界面是不公开的、不透明的，及时有效的监督十分的困难。"尽管近年来互联网飞速发展，但毕竟属于新生事物，我国政府与社会各界对网络"虚拟社会"普遍存在认识上的不足，截至目前仍尚未系统运用公共管理手段对网络"虚拟社会"进行有序的约束、管理和引导，造成目前网络立法滞后、网络道德缺失、职能部门公开管理和公开执法缺位、各种安全隐患凸显的管理现状，已经严重影响到我国的社会安全稳定。

（一）网络立法滞后，网络主体的权利义务规范界限模糊

　　网络"虚拟社会"的自由联通，滋生出了各种网络文化现象：社区、博客、微博。与此同时，网络侵权、网络诈骗、网上赌博、网络淫秽等各种违法犯罪现象也呈不断增长之势，已经严重威胁到我国的经济、政治、科技、社会生活等各个方面。目前我国针对互联网的专门立法还是空白，立法远远滞后于网络时代。虽然有为数不少类似《信息网络传播权保护条例》的行政法规和部门规章，涉及

---

① 李云鹍：《试论网络社会规范及其治理》，山西大学 2008 年硕士学位论文。
② 刁生福：《在虚拟与现实之间——论网络空间社会问题的道德控制》，载于《自然辩证法通讯》2001 年第 6 期。

网络监管、信息安全、电子商务、域名注册、网络著作权等各个方面,为我国处理相关网络问题提供了一定的法律依据,但这些管理型的行政法规和部门规章在应对当前大量新型的、复杂的、发展迅速的网络违法犯罪仍然显得捉襟见肘。主要体现在以下几个方面:

一是立法缺乏整体规划,法规间甚至存在冲突。我国互联网相关政策法规忽视了整体规划,法律体系建设长期以来"头痛医头、脚痛医脚",缺乏连续性和稳定性。不同主管部门之间又缺乏支持、映射和关联,经常出现法规间存在冲突,都对法规的执行造成了很大障碍。

二是立法层次低,缺乏一部有针对性的专门法律。由于现有的网络立法主体多以地方和部门为主,国务院制定的行政法规只有少量。尽管这方面的规章总数相加已达到了200余部,但基本上都是各部门根据需要颁布的部门规章,而非完全意义上的法律,因此,立法层次低。由于至今还没有颁布国家网络信息法,将互联网的管理工作上升到法律的高度,因此,对各种破坏或利用网络进行犯罪的各种行为威慑力不强,有些行为是否属于犯罪行为还难以界定,难以满足维护网络秩序的需要。

三是立法重管制,轻保护。目前我国的网络专门立法过分强调政府对网络的管制而漠视对相关网络主体权利的保护。纵观我国先后颁布与网络有关的各类法规和规章,政策性的立法占主导地位,同时,立法侧重于保护计算机信息系统,只强调规范秩序、维护安全,而忽视对各网络主体的权利保护。

四是立法还存在着薄弱环节和空白领域。例如,我国对虚拟财产的界定、对网上言论自由的保护,以及对于网上个人数据和隐私的保护等,都还没有以立法的形式明确下来。

五是立法的可操作性比较差。现行的行政规章声明的条文多,条文较粗,可操作性较差。例如,《电子签名法》出台的初衷就是要解决电子商务发展中面临的各种法律问题,但与国外相关立法比较,该法规没有对电子合同的格式做出规定,特别是没有对电子签名的认证程序,以及认证机构与受认证方的合同作出明确规定,也没有规定管辖权的问题。

六是立法缺乏与国际惯例接轨的兼容性。国际互联网络的广泛应用,全球信息化进程的快速推进,促进了世界经济向全球化方面发展,世界各国的法律规范也逐步趋同化。而我国现行的政策法规与国际衔接不够,一些重要法律存在缺陷,不仅无法与国际惯例接轨,而且也远远落后于我国实际发展的需要,兼容性亟待加强。

(二)政府部门管理滞后,网络治安防控协调机制建设不足

1. 政府部门各司其政,多头管理、协调不力

互联网安全管理工作涉及信息产业、公安、教育、文化、工商、通信管理、

政府新闻办公室等十多个部门，但这些职能部门之间尚未形成有效的沟通协调机制，均按照各自分工和权属各司其政，线性管理和多头管理导致职能分工不明确、职责设置重复、推诿或争权的情况经常发生。"多头管理""各自为战"已成为网络管理不力、各类问题屡屡发生的重要原因之一。例如，2001年4月信息产业部、公安部、文化部、国家工商行政管理局联合发布了《互联网上网服务营业场所管理办法》，该办法规定网吧由信息产业、公安、文化、工商等部门实施管理，每个部门都有对网吧发放行政许可证明或文件的权力，并规定信息产业部门是网吧管理的主要责任人。但是在现实监管过程中我们发现，信息产业部门在网吧开业初期颁发营业许可证后，就基本失去了对网吧实施监管的功能。相反，公安机关出于打击网络违法犯罪行为的需求而成为网吧的实际监管责任人，造成了主要监管责任人极少实施监管工作，次要监管责任人越权实施监管的情况。

2. 治安管理工作中大数据应用不足

一是信息"孤岛"问题。现存的治安管理系统大多数都是相互独立的，治安管理系统与企业、社会等已经存在的安全防卫系统形成各自独立的信息"孤岛"，相互之间存在着较为严重的信息覆盖过度、覆盖区域不全等资源浪费和失效问题，不同部门和不同地区间还存在着信息壁垒。

二是信息处理能力偏低。高清摄像监控系统产生的视频图像数据的处理还依赖人工，效率较低，无法实现视频监控信息的智能化筛选，相关软件需要进一步开发。

三是公众参与数据分析较少。大数据时代，人人都应该是大数据的提供者和接受者。而现状明显与此不符①。

3. 公安机关网络监管存在不足

当前，公安机关在网络社会管控中存在以下不足：

一是有关法律法规支撑不足。随着互联网技术的飞速发展，互联网管理中的新情况、新问题层出不穷，现有的法律法规要么缺失，要么缺乏可操作性，已经难以满足互联网管理工作的需要，立法不足的弊端日益显现。

二是公安执法力量较为薄弱，执法水平、管控技术滞后于现实的需要。首先，从总体来看，公安机关对公共信息网络安全的监管工作仍处于起步阶段，网监民警基本功不扎实，打防控工作处于粗放型阶段。其次，公安基层基础工作比较薄弱，特别是各种基础数据库尚不健全，基层民警网络技能跟不上形势的发展，网上斗争战术意识尚待加强，利用网络开展情报信息搜集和侦查的水平仍需提高；工作中的技术含量和精确度不够，警务工作方式仍处于被动反应阶段，忙

---

① 姚晓黎：《大数据下治安管理工作探析》，载于《河南警察学院学报》2017年第1期。

于事后封堵、删除和查处，未能掌握工作的主动权。最后，根据公安部《全国大中城市公安局公共信息网络安全监察工作规范化建设标准》，作为三级城市，网监警察应达到网民数量的万分之一。但事实上，网络安全警力严重不足，与动辄百万的网民相比，从事网络警务工作的警察人数非常少。

三是网络社会管控的社会基础较为薄弱。公安机关对网络发展状况、基础数据掌握不全、不细，工作机制建设、基础数据库建设、制度规范建设等业务基础建设薄弱，互联网管理体制、管理方式、管理手段还不适应信息社会管理的要求，造成了网络社会通过社会舆论、内心信念和传统习惯来评价人们的上网行为，调节网络时空中人与人之间及个人与社会之间关系的行为规范。网络道德产生的基础是网络社会，网络道德又是服务于网络社会的。互联网只是人创造出来的一种工具，但迄今为止，还没有任何一种工具能像互联网那样对社会影响的程度之深和范围之广，人们只能用网络社会一词来描述这一影响。网络社会的经济、政治、军事、文化，人们的生产方式、生活方式、思维方式、价值观念、交往模式以及人格特质等都会发生根本变化，都会有别于传统社会。网络社会代表了社会发展趋势，但是网络社会也不是一片净土，从现在的情况来看，它并不是人类所希望的美好"理想国"。人们在网络上的道德言行主要依靠个人内心信念来维系，而不像在现实社会中，更多的靠社会舆论、传统习惯来维持。网络道德是一种以"慎独"为特征的自律性道德，要求人们在一个"非熟人"的网络道德环境中，在外在的干预、监督和控制较少的情况下，理性地控制自己的行为，遵从道德规范，恪守道德准则。人类社会已有的许多缺点和阴暗面，没有被网络筛选掉，而是进入了网络社会，并且网上又出现了新的种种与人类的美求不协调的音符。

四是公安政务网站建设不够。外网建设推进较慢，省公安厅及部门、各市公安局基本上自建自用，缺乏统一规划和有效整合，无法形成上下联动的效应；政务门户网版式陈旧，网上服务功能弱，不能为群众提供直接的即时网上办事服务；互动形式少，目前仅限于在线咨询，缺乏博客、微博、在线访谈等网上互动交流形式，与先进地区相比存在一定差距。部分市县公安政府门户网站与网安报警网站缺乏链接，功能没有整合。

4. 网络执法办案难度大

监管部门对于网站尤其是对网络运营商，查处程序复杂，查处难度相对较大；对于异地违法查处不及时，协查线索发出后，调查周期长，往往杳无音信，使得违法犯罪分子得不到及时打击处理；涉网违法犯罪受理依据不清，网监和各警种之间易发生推诿现象；互联网安全技术监督检查工具使用不普遍，执法办案水平有待提高。此外，还存在电子证书的法律地位问题、网络证据获取难等问题。

5. 网络道德教育滞后

互联网络在迅速发展并对人类社会生活影响不断加深的情况下，网络伦理道德日益突出，对诸如在网上发布何种信息、如何复制网络信息才是正当的、可否在网上窥探他人隐私等问题所持的态度和观念都直接影响着网民的网络活动。所谓网络道德，是指在网络信息活动中被普遍认同的道德观念和应遵守的道德，是评判善恶的标准，建立安全组织和确定安全责任人、进行口令加密和访问控制、日志留存、冗灾备份等安全管理制度和技术措施。不少计算机用户没有做到及时备份资料、设置安全系数高的密码、及时下载软件补丁和安全升级更新、不接收查看来路不明的电子邮件附件、不访问来路不明或未经核实的网站等[1]。

（三）网络企业、网络用户的责任意识和防范意识滞后

1. 网络企业

一些网络运营企业、网络服务提供商等网络企业没有认识到或忽视网络安全工作的严峻性，忽视企业的社会责任和管理责任，盲从市场规则拓展各类网络业务，片面追求经济效益最大化，对网络业务的控制能力普遍较弱，在造成网络资源被无节制、掠夺式开发的同时，增加了职能部门对网络监管的难度。以我国警方破获的"071"特大组织淫秽表演案为例，涉案的"丁香成人社区"网站累积访问量高达7.3亿次，独立访客达3 891万人次，独立IP会员高达2 953万个。在此案中，大量涉案资金、注册会员的付费，都是通过北京一家第三方支付平台完成的。调查发现，因为第三方支付有一定的隐蔽性，少数第三方支付企业为获取利润，在明知是淫秽色情等违法网站的情况下为其提供资金支付服务，从中提成3.5% ~ 10%获利。同时，为黄、赌网络提供服务器的信息服务商、网络运营商也是共同构成的"资金链"中的一条。几乎所有色情网站的服务器都存放在境外，一位托管服务商甚至表示："我提供的只是托管，至于它干什么我就管不了了，卖刀的不负杀人的责任。"它们通过为色情网站提供各种信息服务和技术服务，又从色情网站的非法收益中"分一杯羹"。在这些利益链条中，除了开设色情网站是直接触犯法律外，目前其他环节上的行为都以"不知道"为理由逃避打击。

2. 网络用户

不少联网单位和计算机用户缺少安全防范意识和防范技能。中国同世界其他国家一样，面临黑客攻击、网络病毒等违法犯罪活动的严重威胁。据不完全统计，2009年中国被境外控制的计算机IP地址达100多万个；被黑客篡改的网站

---

[1] 曹海东：《网络"虚拟社会"综合治理研究》，上海交通大学2010年硕士学位论文。

达 4.2 万个；被"飞客"蠕虫网络病毒感染的计算机每月达 1 800 万台，约占全球感染主机数量的 30%。但我国广大联网单位和计算机用户的网络安全防范意识普遍不强，联网单位网络安全管理水平普遍不高，内部管理不规范，通过网络安全监测技术主动发现安全事件的能力较弱。

第二节 网络社会治安防控机制构建原则与工作任务

一、网络社会治安防控机制构建原则

（一）共同调控原则

遵循十八届三中全会精神，借鉴法国网络调控方法，对自由管控和网络监管思想进行中和，实施"共同调控"原则，充分调动涉网各方积极性，建立在以政府、网络技术开发商、服务商和用户三方协商对话机制基础之上，动员、调动网络技术开发商和服务商对网络进行管理和向用户普及网络知识。通过调动网络开发商、运营服务商等涉网机构和人员的主动性和积极性，并通过构建网络管理协会，实现网络社会的共同调控。与此同时，广泛开展网络群防群治工作，积极争取网民和网络管理员、版主对网络治安防控工作的支持。

（二）技术防控与社会防控相结合原则

虚拟社会的产生与发展离不开网络技术，是一种"技术化"社会形态；另外，虚拟社会也离不开网民群体，单纯依靠技术防控而忽视社会防控很难实现防控目的。因此，为实现虚拟社会的良性运行与协调发展，应根据虚拟社会治安问题的形成、发展规律，采用技术防控与社会防控相结合的措施与手段。

（三）网上、网下整体互动原则

面对虚拟社会与现实社会相互渗透的新特点，必须统筹网上网下两个战场，坚持网上防范控制与网下落地查处相结合；坚持依法查处与教育转化相统一，最大限度地防止现实社会与虚拟社会消极互动，最大限度地趋利避害；大力加强技术措施建设，着力推进虚拟社会重要阵地控制的技术化；调动一切积极因素，综

合运用行政和技术手段,构筑有效的虚拟社会治安综合防控体系;坚持群众路线,着力推进虚拟社会治安防范的社会化①。

(四)便捷高效原则

技术进步的主要动力就在于能够满足人们便捷高效的社会需求。便捷高效理念也是网络社会治安防控机制构建的重要原则。首先,网络社会治安防控机制建设必须遵循便捷原则。无论是组织结构的调整,还是职责定位的变化,都要在网络信息技术的运用前提下,能够给基层民警和人民群众提供快速、方便的工作和生活。其次,网络社会治安防控机制建设必须遵循高效原则。在当前警力有限、警察资源短缺的情况下,网络信息技术在网络治安防控机制构建中的应用,恰恰可以为公安工作节省宝贵的社会资源和警力资源。

(五)全警触网原则

这里的"全能型警察"建设的思想,是指网络技术背景下的警察不仅要擅长从事传统警务工作,而且还要精于从事网络警务工作,积极适应网络技术时代给公安工作带来的变化。到基层调研之后发现,地方公安机关(如浙江)将之总结为"全警触网"思想,接近于"全能型警察"的概念。调查显示,赞成"全能型警察"建设思想的高级警官占总数的 63.4%,不赞成的占 36.6%。这说明"全警触网"思想或"全能型警察"建设思想具有一定的合理性。

二、网络社会治安防控机制的工作任务

(一)夯实网络社会治安防控的基础工作

夯实网络社会立体防控的技术支持。以网络物理架构为着眼点,加强研制和引进应用有害信息实时自动过滤技术、安全内核技术、数据加密技术、身份认证技术和防火墙、反病毒等关键技术。将接报警系统构建在互联网短信、电子邮件、即时通信、网站等服务平台及网吧、学校、图书馆、小区等主要通信信道上,以提升有害信息的安全监测能力。建立特定网络行为的追踪溯源系统,有效打击网络违法犯罪行为。网络社会中发生的任何违反治安管理行为都是以网站为依托的。为此,可以通过加强互联网网站的管理来强化基础资料的收集掌握工

---

① 周定平:《虚拟社会治安防控的理论分析》,载于《四川理工学院学报》2013 年第 2 期。

作,及时掌握网络物理组成单元、各类应用系统产生的虚拟身份信息,确保不遗漏。根据《计算机信息网络国际联网安全保护管理办法》的规定,开展互联网接入单位、互联网单位、联网单位、联网用户的备案工作,建立并不断完善地址库、网站库、上网场所库、联网单位库、上网用户库、虚拟身份库,做好实名管控工作。

(二) 规范网络社会治安信息准入、退出制度

基础电信业务经营者、互联网信息服务提供者等应建立互联网安全管理制度。采取技术措施,阻止含颠覆国家政权、破坏国家统一、损害国家荣誉和利益、煽动民族仇恨、破坏民族团结、宣扬邪教及淫秽色情、暴力、恐怖和侵害他人合法权益等内容的信息。同时,明确说明开设交友类专题频道或栏目的目的、网友行为规范并公布有关法律警示。先审后发注册用户上传的信息,严禁非注册用户在该类频道或栏目张贴信息,建立利用互联网电子公告服务系统、短信息服务系统传播淫秽与色情等不良信息的用户档案,并将其地址列入黑名单。

在网络信息监督过程中,运用搜索引擎屏蔽或应用信息过滤技术进行屏蔽,发现互联网新闻信息服务单位登载、发送的新闻信息或提供的新服务中含有诱发、引发、衍生社会治安问题的信息、影响社会治安问题治理大局的信息,都应当通知其删除。在对网络信息进行监督过程中,发现含有诱发、引发、衍生社会治安问题的信息源,应及时停止其互联网信息服务或责令互联网接入服务者停止接入服务。对于编造并传播有关社会治安问题事态发展或处理工作的虚假信息,或者明知是有关社会治安问题事态发展或处理工作的虚假信息而进行传播的,造成严重后果的,依法关闭网站或停止接入服务。

(三) 推进网络社会治安防控的现实化

为及时接收网民的网上报警,建立专门的网络警察,设置专业的网络"报警岗亭",建立虚拟社会警务制度,规范网络警察治安防控工作,建立由网络警察、网上协管员、社会信息监督员、网站网吧安全员和网民举报构成的全方位、立体化的虚拟社会群防群治力量。规范发现警情、分析研判、分类处置工作流程,构建防范网络有害信息、维护虚拟社会秩序和网络安全的社会防线。为实现对虚拟人、虚拟组织和虚拟社区的有效管理,采取现实化的治安防控方式,将网站当成公共场所,将论坛当成社区,将版主当成业主,将网民当成暂住人口,将有违法犯罪嫌疑的网民当作重点人口管理,将互联网数据中心当作出租屋管理,强化网络现象的落地还原和现实回归。

随着当前虚拟社会治安舆情载体的多种多样,治安舆情呈现出草根化话语

环境与手机结合紧密之趋势，形成传播快捷网民社会心理与行动演变快等特征。营造一个理性的虚拟社会治安舆情环境应努力平衡公民基本权利与行政权二者的关系。坚持公民知情权优先的理念，以微博警务等形式了解民众的声音、需求，捕捉人民的情绪，善解民意并循循善诱，让民众产生亲切感与可靠感。引导并扶持民间话语力量进行网络自净，采取对公民权益造成限制或者损害最小的行政行为，并且使行政行为造成的损害与所追求的虚拟社会管理目的相适应。

（四）依法快速查处治安违法行为

我国网络社会治安防控的法律法规欠完善。一是涉及网络社会的法律法规文本较少。目前只有《刑法》《治安管理处罚法》《关于维护互联网安全的决定》《互联网信息服务管理办法》等几部法律法规。二是涉及网络社会的法律法规表述笼统。如关于网络犯罪、网络违法的认定非常笼统，缺乏较强的可操作性。三是涉及网络社会的法律法规相对滞后，跟不上网络社会治安问题迅猛发展的形势。因此，着力进一步修订完善涉及网络社会治安防控工作的执法流程和规章制度，逐步建立由法律、行政法规部门规章及行业自律规范共同组成的虚拟社会治安防控法律规范体系。

借鉴现实社会治安案件办理的经验，梳理、分析多发性网络社会治安案件在调查取证方面存在的突出问题，制定案件证据规格、调查取证流程和标准。公安机关法制部门应针对多发性的网络赌博、网络群体性事件等网络社会多发性治安案件，依据法律法规规定的各类案件的不同构成要件，统一规范的收集、提取、采信证据的标准和流程，以证明案件发生、发展、情节、手段、后果等。准确认定违反治安管理事实，探索并不断完善电子证据固定的工作流程。针对网络社会治安问题传播快捷的特点，公安机关在查处违反虚拟社会治安管理的行为时应坚持"快速处理"的原则，由精通网络知识和技术的专业警员组成网络警察队伍，采取24小时轮班制，对网络社会的治安问题进行全面监控，及时锁定获取违法行为的证据。

三、网络社会治安防控机制具体工作内容

（一）网络巡查

网络巡查是指网络民警在当地的网站、论坛、聊天室等虚拟空间，进行定期

或不定期的巡逻，主动听取群众呼声，提高网上"见警率"，寻找发现和处置各类网络问题的治安防控工作。网络巡查或巡逻包括针对网络诈骗、网络淫秽色情展开的专项巡查，也有专项行动时期的网络巡查。

满足"全天候、全方位、机动灵活"的基本要求，最大限度地屯警于辖区内问题多发、流动人口多、治安状况复杂之处，在时间上，做到24小时不间断巡逻。在巡逻方式上，则应采取技术巡查与人工巡查相结合、本地巡查力量和上级指定协助巡查力量相结合、专业力量和社会辅助力量相结合的方式，其中，对重点网站和时段以人工巡查为主，其他网站和非重要时间段以技术巡查为主，以此增强巡逻防范的整体效能①。

（二）网上治安群防群治力量建设

首先，通过建立网站信息安全员队伍，建立一张布局合理、覆盖面广、触角灵敏的情报信息网，及时掌握网上的各种信息。其次，主动发现社区内的热心网民，组建成立网民监督员队伍，广泛收集社情民意，及时发现预警性、苗头性信息，确保及时化解危机。

（三）网上治安信息员建设

吸纳记者、编辑、高校师生、机关干部等与网络接触密切的群体，吸纳他们组成网上治安信息员队伍，发挥这些高知群体的引领作用。

（四）网络宣传教育

网络宣传教育工作是通过建立互联网防范警示服务平台，推广防范情景图片、安全警示牌，向电信用户、网吧上网人员等及时发布本地违法犯罪动态预警信息和治安防范知识，努力增强广大人民群众的自我防范意识，提高全社会的治安防范能力。

（五）控制网络推手

将对"网络推手"的控制工作，纳入舆情导控工作中，开展针对"网络推手"的管控工作，通过对其网上行为活动场所的控制，掌握其活动轨迹，做到"重点防范"。

---

① 靳慧云、李苑：《强化虚拟社会治安防控体系中公安机关作用的设想》，载于《网络安全技术与应用》2009年第10期。

(六) 网上重要场所控制

公安机关网络防控力量通过对宾馆、网吧、咖啡馆、阅览室、社区服务中心等重要场所的管理和阵地控制，确保网上安全。网上二手交易论坛、版块，QQ群，汽车和计算机等物品的专业网站，B2C、C2C等模式的电子商务网站等虚拟场所，是网络防控的网上"特种行业"。

(七) 强化网上危险物品的审核、管控

针对目前 B2C、C2C 等模式的电子商务网站销售产品的领域不断拓展，相对而言，网上危险物品的流向控制远比现实社会更为复杂，强化危险物品审核，严格管控销售渠道就显得尤为关键。有关网监部门针对辖区内的阿里巴巴、淘宝网等网站开展基础大排查工作，发现了仿真枪、剧毒氰化物等大量危险物品销售信息，并以此为机遇督促网站落实相关责任，建立了详细的危险物品网上管控制度，收到了明显的效果。

(八) 技术防范

技术防范是指通过建立"打、防、控"为主体的应用系统，实现"网上排摸、网上查证、网上串并、网上缉捕、网上预警、网上管理"，不断提升防范效能的一种手段。

(九) 网上流动人口管理

借鉴现实社会流动人口管理经验，对网上流动人口要实行以网站管人的策略。该项工作包括网站清查登记，IDC 也要进行法制、规范教育[①]。

(十) 网上情报信息收集与信息筛选

针对网络不良信息、偏激言论、谣言泛滥成灾，网络违法犯罪猖獗的状况，公安机关联合教育、文化、工商、通信管理、政府新闻办公室等十多个部门，对明显违反公序良俗、违反精神文明、传统道德、违反法律法规的互联网虚假信息、造谣传谣、侵犯他人合法权益、透露网民个人信息，威胁网络信息安全，严重危害社会和谐稳定的网络信息进行监管，与国内各大论坛建立协作机制，对网

---

① 靳慧云、李苑：《强化虚拟社会治安防控体系中公安机关作用的设想》，载于《网络安全技术与应用》2009 年第 10 期。

络中的违法信息、过激言论和不文明言论进行过滤或删除。

第三节 网络社会治安防控体系的结构与功能

一、网络社会治安防控体系的防控目标

网络社会治安防控体系的防控目标在网络社会治安防控运行机制中具有导向作用。在当前形势下，网络社会治安防控机制的目标设定是：根据"全警触网"观念，实现现实警务工作向网络空间的整体拓展，降低网上各类案件的发生，净化网络空间，维护网络政治秩序、经济秩序和交往秩序，提高网络安全感，改善警民关系。

二、网络社会治安防控体系的主体构成

网络社会治安防控体系的主体包括两个部分：第一部分是政府组织，第二部分是非政府组织和社会个人。政府组织包括各级党委和政府；其次是公安机关、监狱、国家安全机关、司法机关。非政府组织和社会个人，包括各类社会组织和社会个体。

（一）各级党委、政府机关

党的各级组织与各级政府机关是网络社会治安防控工作的领导核心，它组成专门的或兼管的办事机构，统一部署、领导与监督管辖区域范围内的社会治安防控工作的实施[①]。首先，当前在中央已经成立了"网安小组"。"网安小组"的成立，将在很大程度上解决网络社会缺乏顶层机构的问题，该机构将在协同各类网络治安防控力量方面，发挥重大作用。其次，各级政府部门在电子政务建设方面都取得了很大的成就，政府门户网站在进行网络社会管理方面发挥了重要的作用。最后，由政府机构或工作人员注册的博客、微博等新媒体沟通手段，在网络社区中发挥了重大作用。在当前网络斗争异常严峻的形势下，政府门户网站和各

---

① 金其高：《论社会治安系统防控的基本模式》，载于《上海公安高等专科学校学报》2004 年第 3 期。

类网络沟通载体,在政策宣传、舆论引导、情报信息收集方面,仍然发挥着监督、引导的功能。

(二) 政法机关

政法机构包括公安、检察、法院、司法、安全等机关及部分国家武装力量。政法系统各类组织机构是网络社会治安防控体系的主体,是维护网络社会安全与稳定必不可少的专门力量,其主要功能是:依照国家政策法律,除了做好日常的现实工作外,还要做好网络社会治安工作;预防网络违法犯罪与事故事件;进行网络法制宣传教育;针对各类网络舆情,进行疏导、引导;组织、指导群众采取各种预防措施,防范网络案件的发生、发展。

各级各类公安机关是维护网络社会治安秩序的专门性机关,是政府实施网络社会治安防控的主导性力量,是网络治安防控最重要的组织者和实施者,在对违法犯罪活动打击、防范、控制、管理中发挥着重要的作用。以城市公安机关为例:首先,网上公安局、网上派出所、网上报警厅、网络社区警务室、网监大队等部门,以及在网上从事巡查工作的"网络警察",是城市公安机关维护网络秩序与安全、预防打击网络犯罪的专门力量。在实际工作中,上述机构所从事的网上办案、网上服务、网上情报信息收集、网络舆论疏导、网络案件侦查取证等工作,在网络社会治安防控工作中,发挥着重要作用。其次,公安派出所、侦查、治安、政工和社区警务室,在维护网络社会治安秩序方面也具有重要作用。

(三) 社会组织和个体

社会组织的内涵非常丰富,不仅包括现实生活中的各类社会组织,还包括与网络有关的各种组织,如网络供应商、运营商、上网服务等部门和机构,以及各类网上社团和非正式网络群体等。首先,在当今网络经济异常繁荣、网络传播异常迅速的背景下,很多社会组织都拥有自己的网站,并且通过网络插页、博客、微博等网络手段,进行产品宣传,实施网络促销计划。在社会治理理念下,社会组织是公安机关从事网络治安防控工作的重要合作伙伴。其次,网络供应商、运营商和上网服务等部门对于网络安全防范工作具有至关重要的作用。没有网络供应商和运营商等组织机构的支持与配合,网络治安工作根本难以开展。再次,网上社团、非正式群体,在维护网络社会安全与秩序方面具有相当重要的作用。在网络社会权力转移与分散的背景下,公安机关要善于与网上社团组织和非正式群体构建良好的伙伴关系,共同维护网络社会的治安秩序。最后,网络社区中的管理者、版主、意见领袖和网民也是构建网络社会治安防控体系不可忽视的重要组成部分。他们在促成和消解网络不良舆论、网络群体事件等方面，发挥着导向作用，是公安机关开展网络治安工作必须团结的重要力量。

三、网络社会治安防控体系的客体构成

网络社会治安防控体系的客体包括计算机犯罪、网络舆论、网络群体事件、网络恐怖主义等网络治安问题。从有关部门近几年的调查统计可以看出，利用计算机窃取机密情报、进行金融诈骗、偷盗、制黄贩黄、传播邪说、侵犯知识产权、侵犯个人隐私、散布反动言论、编制病毒攻击和破坏网络等违法犯罪活动屡禁不止。

（一）计算机犯罪

计算机犯罪包括网上犯罪和网上、网下联动犯罪。网络犯罪包括网络逆流、网络黄潮、网络黑客、网络蛀虫、网络诈骗等。网络逆流是指境外反动势力渗透；网络黄潮指的是网络色情现象；网络黑客指的是专门对计算机系统的攻击；网络蛀虫则是利用计算机技术和知识获取非法利益的行为。个人隐私威胁指的是通过网络手段非法获取个人信息的行为；网络恐怖主义指的是通过信息系统制造恐怖主义事件的行为。从全国来看，涉及网络违法犯罪的案（事）件从2000年的2 600起增加至2008年的6万起，增速惊人。

（二）网络文化渗透与网络恐怖主义

当前，各种网络思想意识相互交融、交流、交锋，大量负面信息已经严重影响了社会主义精神文明建设的进程，网络"文化帝国主义"的渗透与扩张之势也日趋增强。互联网数据库调查显示，世界性的大型数据库在全球有近3 000个，其中70%设在美国。因此，在今后一段时间内，网民不得不求助于英美等西方发达国家的数据库，而这种求助服务势必导致西方价值观念、生活方式，以及思想文化的大量渗透，由此，对道德标准和价值观念的异变产生重大影响。美国政府已经明确提出要把网络作为他们进行文化渗透，尤其是意识形态渗透的工具。另外，互联网的特性也使其成为不良文化大行其道的天地，色情暴力、赌博迷信等不良信息在网上日益蔓延，传统文化的真善美等受到削弱和打压。此外，在新形势下，国内分裂势力和国外敌对势力，也经常利用网络进行网络恐怖主义宣传和从事网络恐怖主义活动，这也是网络社会治安防控的对象之一。

（三）网络隐私权受到挑战

虚拟社会的匿名性和自由性特点使得部分网民认为虚拟社会是"法外之地"，可以为所欲为。于是在这样的环境下，部分网民的社会责任感和公德良序缺失，法制意识淡薄，伦理道德缺失，这无形中给虚拟社会管理带来隐患。一是对个人隐私的直接侵害。人们通过网络进行的所有活动被记录下来，这些活动包括电子邮件、远程登录、远程文件传输、网上漫游等。二是对个人隐私进行多手传播。调查显示，许多在线购物者上网查看了自己的商品后，网站会将他们的习惯、爱好等个人信息收集起来，以备扩展商务之用，尤其是"人肉搜索"，已对个人隐私权带来了巨大挑战。三是对个人信息进行歪曲。一些网站管理者或别有用心的人对上网用户的记录进行篡改或有目的的传播，使个人安全受到严重威胁[①]。

（四）网络不良舆论

所谓网络不良舆论，是指在网络上散布虚假信息、混淆视听，或利用网上论坛、电子公告板等谩骂、侵犯他人名誉等违背道德标准和法律法规的言论。在当前网络狂欢的文化背景下，我们经常可以在网络社区里见到网络不良舆论，严重影响了网络环境的清洁、卫生。因此，网络不良舆论也是网络社会治安防控工作的关注对象。

四、网络社会治安防控体系的主要防控手段

（一）法律和行政手段

法律手段就是通过行政执法、刑事执法的方式，预防、打击、处置网络犯罪，维护网络法律秩序的方法总称。在当前情况下，由于网络立法思想不明、方向不清，导致网络立法严重滞后。

（二）技术手段

技术手段就是通过各类网络技术的运用，实现网络人口管理、网络重点人口控制、网络舆论疏导、网络犯罪行为侦查的目的的方法总称。对于网络治安防控体系构建来说，网络侦查技术、网络防范技术是维持网络秩序的重要手段。但目

[①] 冯斌元：《公共网络安全视野下的虚拟社会管理研究》，载于《公安研究》2010年第8期。

前形势下，我国还依然缺乏自主研发的网络核心技术，这严重制约了我国社会治安防控体系与机制构建的进程。

（三）文化手段

文化手段就是通过宣传教育的方式，将主流价值观通过网络空间传递给网民的防控措施的总称。包括网络法律制度宣传、网络舆论疏导、网络安全防范知识教育等内容。在目前情况下，文化教育与宣传手段是公安民警和政府部门工作人员维护网络秩序的重要手段。其实质是通过一系列的宣传教育，培养网民遵纪守法意识和自我管理、自我约束意识，从而实现网民自律的目的。

（四）组织手段

组织手段包括通过构建网上群防群治组织，维护网络秩序的组织构建手段，以及利用与网上、网下各类组织构建合作关系，维护网络秩序的手段。组织手段包括网络协作组织的建设和网上各类组织与公安机关的合作。

（五）其他手段

除了上述手段外，维持网络社会治安秩序，还需要经济手段等其他手段。

五、"国家数据中心"与"公安机关治安防控指挥中心"的构建设想

（一）规范、盘活、充分开发现有数据

针对当前数据标准不统一、利用率低的问题，首先要统一数据标准，并与国家标准、国际标准接轨、衔接，以促进和方便社会治安防控管理部门与社会其他部门、机构能够有效进行数据交换、整合。①

针对当前的海量数据，社会治安防控参与部门应当行之有效地对大数据进行收集、存储，不能让信息成为转瞬即逝的无用品。要重视历史数据的使用和挖掘。要对不同来源的数据进行整合，将不同部门、不同层级、不同地域、甚至不同类别形式的数据进行整合，破除既有信息壁垒，进行统一的规划，建设云端数

---

① 张兆瑞：《关于公安大数据建设的战略思考》，载于《中国人民公安大学学报》2014 年第 8 期。

据库，利用多级网络和数据交换中心，构建统一的警务信息平台，进而形成大规模的数据共享机制。

大数据的核心不在于数据，而在于基于数据的信息，关键在于对数据的分析。就社会治安防控体系而言，社会各部门时刻在收集的数据并非真正意义上的大数据信息。警务部门需要通过系统性整合，从技术和体制层面提升对数据的处理、提炼能力。①

（二）基于网络技术基础上的"大部制"改革的深化，依托大数据技术条件，构建国家级数据中心，实现各职能部门信息共享，为网络时代新治安防控体系构建奠定坚实基础

在当前情况下，政府各个部门都在投入巨资建设本行业的信息系统，该系统只能供本系统工作人员使用，其他职能部门不能共享信息。这种局面一方面极大浪费了公共资源，另一方面十分不利于公共事务的顺利开展，阻碍了公共行政效率的提高。因此，当务之急是打破部门网络之间的壁垒和"网络孤岛"，实现行政部门共享信息、提高行政效率、降低国家治理成本的目的。同时，在此基础上，按照大数据建设的技术要求，以提高效率、降低成本为原则，对政府各个部门的职责重新进行划分，或合并，或裁减，或补益，为电子政务建设和新治安防控体系建设铺平道路。

国家可以在此基础上，对政府各部门的职能、任务、权限进行全方位调整，并在全国范围内有计划、有步骤地推行"第二代身份证一卡通"计划，进而推动电子政务向前发展，加快城乡一体化发展进程。

（三）网络治安防控指挥中心

基于大数据中心的支持，本章建议构建三级网络治安防控指挥中心。

（1）国家级网络治安防控指挥中心。建议在公安部设置国家级网络治安防控指挥中心，对全国各地的网络治安防控进行统一调度指挥。

（2）省级网络治安防控指挥中心。该中心发挥着上传下达的重要作用。

（3）地市级网络治安防控指挥中心。该中心可以在原有的地市级指挥中心的基础上，进行升级改造，实现原有指挥中心的网络化。也可以重新组建各地市的网络指挥中心，对全市县（区）的网络安全负责。

---

① 许鹏天：《大数据视野下社会治安防控体系研究》，华东政法大学硕士学位论文 2016 年。

（四）网络社会治安防控指挥平台

网络社会治安防控指挥平台是网络指挥中心的核心要素。指挥平台包括三个要素：第一，信息汇集平台。该平台的主要作用就是收集海量信息，然后将这些信息传递到信息筛选平台。第二，信息筛选平台。通过信息筛选平台，将无价值的信息筛除，最后留下有价值的社会治安防控信息。第三，决策平台。信息筛选平台通过筛选信息，将有价值的治安防控信息传递至决策平台。决策平台可以根据这些信息，就如何防控及如何部署防控力量等事项进行决策。①

六、网络社会治安防控体系的技术装备

网络技术装备是网络治安防控体系的有机构成部分，是维护网络治安秩序，预防和查处网络治安问题，保卫网络安全，依法配备和使用的安检、监控、通信等软硬件设备的总称。网络技术装备是人民警察在与网络犯罪分子、网络违法犯罪嫌疑人及各种突发事件、群体性事件作斗争，提高反应速度和战斗力，加大治安防控覆盖面，查处各种治安问题等过程中必不可少的物质条件，是社会治安防控体系的物质基础和重要保障。目前，在我国一些地区，尤其是农村地区，公安派出所中的技术装备主要是通信、交通和部分武器警械，其他的先进技术装备欠缺，影响了这些地区社会治安防控体系的建立和运行。

七、网络社会治安防控体系的网络预警、预案系统

预警预案是网络治安防控体系的重要内容，是公安机关为了有效实施网络社会治安防范，根据网络社会治安动态和治安问题的规律、特点而制定的，对网络社会治安防控过程中的治安防控力量配置、问题的处置等方面的预先构想和行为计划。

网络预警预案是使社会治安防范和控制工作争取主动，从容应对各种复杂、突变的情况和局面，快速反应，选择最佳行动对策，妥善处理社会治安问题的一项基础业务建设。②

---

① 尹卫民：《物联网背景下的社会治安防控建设》，西南政法大学2012年硕士学位论文。
② 刘振华：《论社会治安防控体系》，载于《广西社会科学》2008年第5期。

第四节 网络社会治安防控机制构建

网络社会治安防控机制主要包括组织协调、监督考核、保障三大机制。组织协调机制的主要功能是在一定区域工作范围内，协调网络案件、事件的预防与处置工作，这是网络社会治安防控机制中的重要组织指挥系统。监督考核机制是网络社会治安防控机制中的激励机制，其主要功能是监督、引导各主体正常履行职能，相互协调运行。保障机制主要的功能是给网络社会治安防控机制提供技术、法律制度等方面的支持。

一、组织协调机制

（一）公安机关与政府部门的网络协作机制

在网络立法的支持下，充分发挥"网安小组"的协调指挥作用，国家安全、通信、工商、质监、文化、工业和信息化、广电、新闻出版、银监等政府各有关职能部门，在各自职责范围内，履行互联网监管职责，共同落实互联网安全管理工作，从而建立维护政治稳定、打击网络违法犯罪的长效机制。在此基础上，构建以公安机关为主导的网络社会管控联席制度、通报制度，有效地管理和控制网络社会。

（二）公安机关与网络运营商、开发商的合作机制

公安机关还要与联通、电信、移动等互联网接入服务单位（或网络开发商、运营商）建立协作、联动机制，主要通过与互联网接入服务单位建立技术协作机制，形成网上防控力量。

（三）全国公安机关网络办案协作机制和"超大型网络警务区"建设

根据调查得知，全国范围内普遍存在由于各省市之间存在网络壁垒、缺乏网络协作机制，导致某些网络案件难以办理，或者增加办案成本，影响办案效率。根据上述情况，结合基层民警的建议，我们提出建立全国性网络办案协作机制，由公安部网监部门牵头，组建全国性的协作网络。在东西部发展不平衡的情况

下，可以尝试建立几个"超大型网络警务区"，从而解决网络案件取证难、办案成本高等问题。

（四）网络社会国际警务合作机制

各国互联网彼此相连，同时又分属不同主权范围，这决定了加强国际交流与合作的必要性。网络安全问题作为非传统安全问题，不只是个别国家的国内安全问题，也不是单凭一个国家、一个企业或一种技术就能解决得了的问题，而是一个必须通过开展长期、广泛和深入的国际合作，包括各国政府、各种国际组织、民间团体、私营企业和个人之间的充分合作，才有可能解决的国际安全问题。因此，各国政府应支持互联网行业组织开展国际交流活动，鼓励互联网行业组织通过交流增进共识，共同解决互联网业界面临的问题。互联网的发展带来了一系列新的科学和伦理问题，应鼓励各国专家学者开展学术交流，分享研究成果。面对日益突出的跨国网络犯罪问题，各国执法机构应加强共同防止和打击网络犯罪的侦查协作，建立多边或双边的合作机制①。

（五）公安机关"大网安"治安防控格局的重构

第一，为加强技术、人员、信息和情报交流，分享信息，简化手续程序，本着网络无边界、全警入网、全国协作的理念，建议建立以"国家网络指挥中心"为平台的全国性的网络协作，打破不同警种之间、不同地区之间网络协作的障碍。

第二，在全国范围内构建大型网络协作区，用于实现不同省份网络协作的需求。

第三，赋予每位在职民警网络账号和密码，准许民警以个人身份登录全国网络指挥中心平台，浏览全国网络事件、案件，掌握全国性的网络秩序状况。

第四，在此基础上，公安机关开发自己的通信软件，建立全国性的或区域性的网络协作，解决区域间、警种间、网上与网下的工作隔离，建立"大网安"治安防控格局。

二、监督、考核机制

执法监督和各种评估、考核工作是网络社会治安防控体系缺一不可的有机构成部分。要充分发挥信息系统流程化、规范化的优势，积极推进网上审核、审批

---

① 王雪芳：《虚拟社会的综合管理研究》，载于《甘肃科技》2013年第22期。

工作，实现对刑事、行政案件从立案到处理各个环节的审核、审批及开具法律文书的全网络运行和全程监控。要普遍推行立案语音电话查询系统，随时接受报案群众的查询和监督，进一步解决立案不实、执法不公等问题。有条件的基层科所队，要建立计算机触摸屏查询台，向全社会公开执法办案和行政审批的依据、过程和结果，促进严格公正文明执法，提高管理服务效能。

要充分利用信息系统，对执法办案各环节实行全方位、全过程的动态跟踪监督，确保执法办案的质量和效率。要大力推行网上考核工作，通过信息系统量化工作标准，实行网上记分考核，以确保考核工作的统一、权威、公开、公正和公平。

三、网络治安防控保障机制

网络社会的治安防控保障机制包括技术保障机制、网络监管人才保障机制和法律制度支持机制等。

（一）加大投入，不断提升技术水平

要改进互联网安全技术，要从物理架构入手，加强有害信息实时自动过滤技术、安全内核技术、数据加密技术、身份认证技术和防火墙反病毒等关键技术的研制和应用，实现对互联网的立体防控。

（二）完善互联网管控系统

要建设互联网数据中心安全管控系统、上网场所和联网单位安全管控系统，要加快科技强警网安重点项目建设步伐，尽快完成移动互联网侦控系统和网上重点人动态管控平台建设，并以此为基础，探索建立警种工作站，为业务警种开展网上工作提供支撑，实现优势互补。同时，在省市两级公安机关建立互联网综合管控平台和报警处置中心，汇总、整合上网服务场所、互联网数据中心等各种互联网前端安全保护技术措施数据，实现对重点互联网服务单位的远程技术监管、网上信息监测、网上线索综合布控，以及网上重点人轨迹分析等功能，形成覆盖本地互联网主要上网服务场所和网上主要信息服务系统的防范控制体系。

（三）加强网络安全专业队伍建设

要建立健全网络安全机构，采取多种方式尽快充实网络安全专门人才。在加强对各警种、各单位民警信息化技能培训的同时，着力加强对网络安全民警的培

训力度，采取集中培训和岗位练兵相结合的方式深入开展练兵活动，使广大网络安全民警熟悉信息警务运作的程序和方法，适应信息警务的需要，着力提高民警获取、处理、运用信息和相关设备对虚拟社会管理的能力，尤其是信息安全技术和攻击防范能力、计算机犯罪现场调查取证能力等。

（四）网络立法保障

我国目前应该加快网络立法进程，建立一个既符合中国国情又能与国际惯例接轨的专门的网络法律体系。根据互联网和虚拟社会的特点制定出有针对性、系统性、可操作性强和具有前瞻性的《网络安全法》。该法应对网络虚拟财产认定、个人资料隐私保护、网络违法犯罪的惩处、电子证据的规范与界定、落实网络安全监管责任、各防控主体的责任与权力、网警职能等方面进行界定，为网络社会治安防控体系提供法律支撑。

四、行业自律机制

互联网是一个高度自由并且高度自治的领域，此特点决定了这个行业网络行为规范更多地要依赖于自身的管理和自律。从促进和规范互联网发展的层面看，行业自律在某种程度上可以更好地把握管理与发展、规范与自由之间的平衡，而不会导致因过度规范而阻碍技术发展的情况。互联网及相关行业的自治自律，是有效管理好互联网治安的主要方面之一，因此，公安机关在进行虚拟社会管理时不应忽视行业自律的作用，应大力扶植和培育类似互联网协会、网吧协会等相关的行业组织，督促或帮助其构建行业自律机制，以便利用这些行业协会等相关社会组织等的影响和号召力，协助政府甚至直接承担一定的网络监管职能。

五、网络社会治安防控的具体运行机制

（一）网上动态治安防控机制

按照虚拟社会现实化管理的要求，加强对互联网的依法公开管理，加强虚拟警察在网上的公开巡查，加强网上阵地控制，紧紧围绕"谁在上网""在哪里上网""在网上干什么"等问题，深入开展对重点网络人群和过激言语违法行为的摸底排查，有针对性地落实这些网上重点人员实时动态管控措施，实现"网上呼声有人听""网民报警求助有人理""网络不文明行为有人管""网上违法犯罪有

人查",将网上执法管理过激言论疏导和网上矛盾纠纷排查,作为公安机关开展群众工作、维护社会和谐稳定的重要方式。

第一,建立网上防控体系。在本地重点网站、论坛、聊天室首页设置"网上报警岗亭",在网上复杂场所和有害信息高发部位设立虚拟警察,公开亮相巡查,在网上发布正面信息,公开解答网民问题,及时疏导网上过激言论,排查调处网上矛盾纠纷。要大力推进网上社区警务室建设,联合派出所建立网上警务室,形成警民和谐、群防群治的社区警务新模式。建立健全互联网报警网站,加强报警网站日常维护工作,完善报警投诉、求助、举报等分类机制。实施24小时接收群众网上报警求助、举报,建立与网络指挥中心等有关单位的联动机制,提高有效处置回复率,要将网站、论坛管理人员组织起来,建立信息安全员、论坛版主和聊天室室主及网民积极分子三级网上有害信息社会防控力量[①]。

第二,加强网上巡查工作。积极做好有害信息和专项巡查等监控工作,坚持对网站进行不间断巡查,及时发现、删除相关信息,迅速上报工作情况。要扩大巡查范围,提高巡查频率,确保敏感、热点涉警信息和维护稳定信息能在第一时间发现并妥善处置。与此同时,加强与网民之间的在线交流,宣传法律法规,实行警务公开,通报治安状况和警方提示。

第三,强化网上违法有害信息处置措施。对网上有害信息要及时封堵、删除,对网上煽动策划、组织实施破坏活动的行动性信息,要迅速开展网上侦查和调查,防止形成现实危害。

第四,加强公安政务网站建设。坚持管理与服务有机结合,推进公安政务网站建设,扩大服务范围,改进服务方式,强化"一站式"便民利民服务措施,并实现其与网安报警网站的有机结合。

(二) 网上舆情引导处置机制

公安机关要牢固树立舆情就是警情的理念,切实增强网上舆情引导意识,创新工作机制方法和手段,加强网上舆情监测,建立健全网上舆情引导处置机制,着力提高公安机关的舆论引导能力。

第一,加强网上舆情监测预警。网络安全部门要建立健全舆情监测体系,完善网上舆情跟踪机制,分析上报机制、监测机制、快速处置机制,及时跟踪舆情动态、研判舆情走势、评估舆情影响,确保一旦出现负面舆情尤其是涉警负面舆情,能够在第一时间发现,第一时间处置。

第二,建立会商研判机制。完善网警与宣传、治安、涉事单位等警种之间的

---

① 孙晓伟:《试论公安机关虚拟社会管理机制创新》,载于《公安研究》2011年第8期。

协作机制，加强网上舆情信息的分析研判，加强网络舆情的先期预警过程分析和走向预测，提高防范和化解网上舆论危机的能力。

第三，建立等级化的涉网事件处置模式。依据事件数量、起因、重点人情况、影响范围等指标，实行分色分等级预警，相应地采取不同处置措施，启动联动处置机制。宣传等部门要建立舆论引导工作责任制，制定舆论引导口径，加强网络评论员队伍的建设、使用，积极组建网评员队伍参与网上舆论引导，帮助网民从对舆论客体的感性认识向理性认识转化。网络安全部门要加大对网上信息的管控力度，及时封堵、删除网上有害信息，防止形成网络炒作。要积极占领网上舆论阵地，对本地重点网络社区、重点论坛中的活跃人员、意见领袖，采取因人施策、建立联系、为我所用等措施。对可能造成严重影响的网络事件，除分级响应外，应立即上报有关部门协助开展信息封堵和舆情引导。

（三）情报信息收集机制

首先，坚持"情报导侦"战略，对互联网进行全天候监控。同时，利用网络监控技术优势，获取深层次、有价值的网络违法犯罪情报信息。其次，整合情报信息资源。要把通过公开管理获取的信息资源纳入公安综合情报信息平台，实现网上网下资源有效整合。完善情报会商研判机制，建立指挥中心、网监、国保、反邪教等相关部门的情报会商研判机制，定期召开研判会，交流情报，研究对策，实现互联网情报信息工作与现实斗争的有效对接，对可能影响社会治安稳定的违法犯罪活动及时跟进，开展监控和侦查控制。

（四）网络案件查处机制

畅通并巩固各级网络监控部门与各级政府信息中心、各互联网运营单位、上网服务场所、安全行业单位、安全教育研究机构和其他计算机信息系统使用单位的联系渠道，建立网上案件举报机制。在全国公安网络监控部门，以及网络监控部门与互联网运营单位之间，建立查处网络违法犯罪案件的快速反应机制，实现全天候协查，提高查处网络违法犯罪案件的效率。

首先，开展网上违法犯罪严打整治工作。建立网监、刑侦、禁毒、经侦、治安等部门案件协作机制，加强各警种沟通，互通与网络相关联的违法犯罪线索，严厉打击网上违法犯罪活动。加强与精神文明办公室、文化、工商等相关职能部门之间的沟通、配合与协作，建立健全联动机制。建立并完善信息通报制度、部门区域协作机制和案件移送制度，设立专门联络员，定期召开联席会议，开展集中联合执法行动，对在工作中发现的重点、难点问题共同研究治理。通过互联网淫秽色情信息专项整治，对网络赌博、网络诈骗等网络犯罪行为的专项打击以及其他专项整治，净化网络环境，维护广大网民的合法权益。

网络治安防控体系建设是一个系统工程，不是单靠公安机关一个部门的改革就能够完成的局部改革。作为生产力中最活跃的技术因素，以网络技术为核心的新技术已经将我们带进了一个全新的时代——电子政务时代。为了适应和满足网络技术的要求，我们必须从执政理念、政府整体架构的角度，去看待网络治安防控体系与机制建设问题。然而，由于我国社会发展不平衡和网络研发能力的欠缺，建设全国性的电子政务尚需要一定时日。在这种背景下建设新防控机制，可能还需要制定一个大致的时间表，从而有步骤地向前推进。

在当前情况下，我们迫切需要做的事情是：第一，尽快制定一部有利于公安机关侦破案件的明确的法律制度；第二，由公安部牵头，尽快建立全国性的公安机关网络协作机制，加快公安机关"电子警务"工作的建设步伐；第三，尽快培养复合型、全能型的公安人才，从而满足一线公安机关打击网络犯罪、维护网络治安的需要；第四，加大资金投入力度和科技研发力度，解决网络技术被外国操控的难题；第五，如有可能，对公安机关组织机构进行改革，推行扁平化警务机制。

第十二章

新时期区域社会治安防控体系的构建

社会治安状况是一定的时间、区域状态下的社会治安状况，违法犯罪也具有时间、区域的特征。而我国幅员广袤，边境区域辽阔，民族众多且宗教信仰、风俗习惯多种多样，各地区经济发展多层次且不平衡，人口呈大杂居、小聚居、文化素养差距较大等特点，并且随着我国现代社会发展客观出现了各种各样的功能区域，比如能源管道区域、环境生态区域、城市商业区域等。国家《"十一五"规划纲要》就提出"推进形成主体功能区"，强调要按照主体功能定位调整完善区域政策和绩效评价，规范空间开发秩序，形成合理的空间开发结构。同时，任何一个区域都是独有的，具有自身的特点，而此类区域性特征又与此区域承载的功能高度一致。为此，各种区域的自身特性在很大程度上决定着本区域的社会治安状况，各个区域社会治安防控体系建设也必须在体现社会治安防控体系建设的一般性基础上，根据各个区域特性而有针对性的展开，体现区域特性，而不应该千篇一律、因循守旧。近几年，北京确立"中央政务区"概念并随之展开的"中央政务区"社会治安防控实践，为研究特殊区域社会治安防控提供了宝贵的实践经验。

第一节 区域、区域社会治安与区域社会治安防控

一、区域是一个适用广泛的概念

区域是一个适用广泛的概念，不同的学科有不同的界定。例如，在地理学上，区域是地球表面的一个地理单元，我国即按照自然地理被划分为东部、中部和西部三大地带；在经济学上，区域是一个经济上相对完整的经济单元，国务院发展研究中心李善同和侯永志研究员等2003年完成的"中国（大陆）区域社会经济发展特征分析"报告，提出东北、北部沿海、东部沿海、南部沿海、黄河中游、长江中游、西南和大西北的八大社会经济区域划分；在政治学上，区域是国家实施行政管理的行政单元；在社会学上，区域是具有人类某种相同社会特征的聚居社区。总之，区域一般是一个空间概念，"是基于描述、分析、管理、计划或制定政策等目的而作为应用性整体加以考虑的一片地区"。[①] 总体而言，区域是地球表面占用一定空间的、以不同的物质客体为对象的地域结构形式，区域的基本属性包括空间性、具有范围和界限、具有一定体系结构形式、客观存在性等。不管从何种角度界定区域，区域毕竟是一个客观存在的事实，而且各个区域之间的差异性决定了治理的相应差异性。

二、区域社会治安是一定区域内的客观社会治安状况

区域社会治安是一定区域的内部因素和外部条件相互作用而产生的区域内的客观社会治安状况。不同的区域在自然、经济、政治、文化、民族等因素上具有相对的独立性，从而导致该区域社会治安影响因素、表现形式、防控机制等方面的差异性。例如，我国新疆地区，面积166万平方千米，占国土面积的六分之一。新疆地理特征为山脉与盆地相间排列、盆地与高山环抱，喻称"三山夹两盆"。新疆地处亚欧大陆腹地，周边与俄罗斯、哈萨克斯坦、吉尔吉斯斯坦、塔吉克斯坦、巴基斯坦、蒙古、印度、阿富汗八个国家接壤，陆地边境线长达5 600多

[①] Edgar M. Hoover & Frank Giarratani. An Introduction to Regional Economics. Alfred A knopf. 1984, P 264.

千米，占全国陆地边境线的四分之一，是中国面积最大、陆地边境线最长、毗邻国家最多的省区，是古丝绸之路重要通道，现在又成为第二座"亚欧大陆桥"必经之地，战略位置十分重要。新疆是一个多民族聚居的地区，截至 2016 年末，新疆总人口 2 398.08 万人，其中，少数民族人口约占 60%。新疆共有 55 个民族成分，其中，世居民族有维吾尔、汉、哈萨克、回、柯尔克孜、蒙古、塔吉克、锡伯、满、乌孜别克、俄罗斯、达斡尔、塔塔尔共 13 个。各民族大杂居、小聚居，文化传统尤其是宗教差异明显。新疆的上述错综复杂的地缘文化结构与差异决定着新疆地区的社会治安状况，尤其决定着新疆地区近年来的非传统安全威胁，其中，以民族问题、宗教问题、有组织跨国犯罪为主。

三、区域社会治安防控是指维护区域内的公共安全和社会治安秩序

区域社会治安防控是在政府的领导下，以公安机关为主体，联合政府其他部门，依靠各种社会力量，依法采取各种有效措施对区域内社会治安问题进行防控的一项系统工程。区域社会治安防控是社会治安防控体系的重要组成部分，更具有针对性、基础性。区域经济一体化发展决定并促进了区域社会治安防控的一体化。区域社会治安防控有利于提升区域整体社会治安状况，并最终有利于促进整个社会治安防控的系统化和社会治安的有序发展。

第二节 构建具有区域特色的社会治安防控体系

区域社会治安防控体系不仅是一整套规则、一种活动，而且更是一个持续互动的过程；区域社会治安防控体系的基础不仅有预防和控制，更重要的是协调；区域社会治安防控的主体既涉及公安机关，也包括政府有关部门、非政府组织（私人部门）和社会公众；区域社会治安防控不是自上而下的防控方式，而是上下互动、权力双向运行的过程。

一、区域社会治安防控的整体规划

（一）确立区域社会治安防控机制，明确区域社会治安防控主体

区域社会治安防控是区域公共品范畴，具有明显的区域性，所以其提供主体

必然是整个区域。当某一个区域不是一个独立的行政区时（这种情况占多数），此时的区域社会治安防控不能由中央政府、区域内某一个行政区或者私人来提供，而必须确立一种区域社会治安防控机制，明确区域内的各个主体都具有社会治安防控责任，区域社会治安防控机制和责任的确立，可以有效防止区域社会治安防控的"囚徒困境"。这种责任通过创建一个代表全区域的实体来依照区域社会治安防控机制来实现。

（二）区域社会治安防控目标是整个区域的安全、有序

区域社会治安防控必须从该区域社会治安现实需求和未来发展的整体需要出发，并以相对较小的投入，产生整个区域最大的安全、有序的效果。由于区域未来社会治安发展的不确定性因素很多，包括经济因素、政治因素、不可抗力因素（地震等）等，所以在区域未来社会治安状况暂时难以把握的情况下，可在主要考虑满足目前区域社会治安需求的前提下并留有适当发展余地。此外，在对区域社会治安状况起决定作用的经济形势进行充分且科学预测的基础上，参考分析其他影响因素，也相对可以对区域社会治安状况的未来发展进行预测并就此确定区域社会治安防控未来目标，最终依照此目标来确定区域社会治安防控适度规模。

（三）确立区域内各方主体的互信关系，倡导区域内多元文化的和谐发展

各区域作为人类聚居的场所与经济、社会、文化等活动的载体，都是整体状态或某个大区域不可分割的组成部分，都需要区域各方主体在互信合作基础上建立良好关系，共谋区域良性发展。尤其是要在区域整体利益前提下倡导与推动区域内多元文化的平等、共荣、和谐发展，这首先要在承认多元文化存在、发展合理性的前提下，各文化主体要重视文明差异可能引发冲突的合理性，积极推动对话与交流，化解分歧与矛盾，在相互理解与信任基础上达到共同发展与共同繁荣，切实发挥区域社会治安软防控的积极效能。

二、各区域社会治安防控的基本构建

区域社会治安防控主要涉及民族区域、边境区域、跨界区域、功能区（包括城市功能区）等方面的社会治安防控。从警务工作的角度看，各个区域之间存在着地理、人口、文化、民族、风俗习惯、经济发展、行政管理等的不同，这决定了各个区域不同的社会治安状况，也决定了违法犯罪分子利用区域的差异性所进

行的违法犯罪活动。所以，各个区域社会治安防控必须针对区域的客观差异性而实施，不能千篇一律、因循守旧。

（一）民族区域社会治安防控的基本构建

民族是人类社会发展到一定历史阶段的产物，也将在一定的历史阶段消亡，但这是一个漫长的历史过程。基于各民族间语言文化、宗教信仰、风俗习惯、生产和生活方式、道德情感和心理等方面而产生的民族特性、民族差异都将长期存在，而且宗教的跨境、跨界性和一些民族的跨境、跨界存在，也成为民族分裂势力和敌对势力可资利用的因素，这也是民族矛盾、民族问题得以产生和难以解决的基本因素。历史经验告诉人们，各民族之间互相团结、互相依存、共同发展和繁荣，是社会稳定与经济繁荣的重要积极促进力量；而民族关系紧张、民族矛盾尖锐、激化，各民族间因水、林、山、田等纠纷而械斗不断的地方，不仅严重威胁社会稳定，也严重影响经济发展和人民的安居乐业。为此，要针对其民族特性、民族区域特性而构建社会治安防控体系。

（1）民族区域社会治安防控必须要把民族团结、社会稳定、国家统一工作放在首位。民族特性、民族区域特性决定了民族区域社会治安防控应当以民族团结、社会稳定、国家统一工作为首要工作。对于各民族而言，任何民族的发展离开其他民族的帮助和支援都是不可能的，各民族的最大利益是民族团结、社会稳定、国家统一。民族团结是社会稳定、国家统一的重要基础，社会稳定、国家统一是各民族的最大利益和民族发展的根本保障。要教育区域内的民族群众树立民族团结、社会稳定、国家统一意识，并将此内化成一种经常性、自觉性行为；要严格区分两类不同性质的矛盾，尤其要善于发现和严厉打击敌对分子利用民族、宗教问题进行的分裂、渗透、破坏等活动。

（2）加强宣传教育，调动各少数民族群众及有关宗教组织、人民团体等参与社会治安防控、维护社会稳定的积极性。宣传教育作为开拓智慧、触及灵魂的活动，在民族区域社会治安防控中占有着极其重要的地位并发挥着极其重要的作用。这里的宣传教育，既包括民族政策、宗教政策、法律规范方面的宣传教育，也包括安全防范、良好的道德情感和行为方式等方面的宣传教育。通过宣传教育，以全面提高民族群众遵纪守法的自觉性，激发和增强其维护社会稳定的积极性、责任感，以及促进安全防范措施的具体落实等。进行宣传教育工作，要注意发挥宗教组织和人民团体等在宣传教育和维护社会稳定、国家统一方面的积极作用。

（3）在法律框架下发挥民族区域宗教、习俗、道德、传统等对社会治安防控的积极作用。人类社会的存在与发展，离不开法律规范，也离不开宗教、习俗、道德、传统等规范。尤其是在民族区域地区，法律之外的宗教、习俗、道德、传统等规范往往对社会稳定、调整人的行为、解决纠纷发挥着意想不到的作用。所以，民族区域社会治安防控既要立足于法律，也要善于发挥宗教、习俗、道德、传统等对社会稳定的积极作用。但是，法律之外的宗教、习俗、道德、传统等规范必须在法律框架之下发挥作用，即不能违背法律和与法律相抵触。

(4) 建立有效的社会治安防控沟通机制，加强警方与民族区域人民群众的密切联系。社会治安防控沟通机制对于社会治安防控具有重要的作用，尤其是在民族区域社会治安防控中显得更为重要，因为民族区域一般都相对经济落后、交通不便、现代通信不发达、沟通渠道不畅通。为此，必须根据民族区域特点，加大财政支持和技术保障，建立有效的社会治安防控沟通机制，保障社会治安防控活动的高效运行，减少沟通障碍，促进警方与民族区域人民群众的密切联系。

(5) 加强国际联系，借助国际资源维护民族区域稳定。民族区域一般都在边境地区，并且民族一般都具有跨境性。例如，我国西北边疆民族地区，许多民族的居住地都直接毗邻国外同源跨境民族的居住地，其中，哈萨克、回、塔吉克、柯尔克孜、俄罗斯等民族的居住地都直接与中亚国家同源跨境民族居住地相邻或相连，因此，受国外的影响最直接、最迅速。尤其是新疆，有55个民族成分，其中，跨境民族占新疆总人口的60.1%。共同的历史文化渊源使不同国家的同源跨境民族产生一种本能的亲情感，一国民族意识的高涨，对另一国的同源民族会产生直接的影响。而且国内的民族分裂势力、国外的敌对势力往往利用跨境民族问题、宗教问题以实施分裂、渗透、破坏等活动。所以，民族区域社会治安防控要注意加强国际联系，借助国际资源维护民族区域稳定。加强国际联系，借助国际资源维护民族区域稳定，主要应当做好以下方面：其一，中央政府的警察部门要加强与国际社会的联系，尤其要注意加强与周边国家之间的联系；其二，涉及民族区域的各省级警察部门应当设立有关的常设机构，并有人专司其责；其三，要建立专门沟通渠道，以便有效联络；其四，要确立互访机制，加强平时的警务活动与情感联系，增进了解，加深感情。

(6) 针对民族区域社会治安防控特点，加强对社会治安防控主体的教育训练。民族区域的民族特点、区域特点决定了其社会治安防控的特点。民族区域的社会治安防控主体的教育训练要突出"防控主体"和"民族区域"的双重特点，即根据民族区域的经济发展、社会治安特点和防控工作对各类防控人才的需求、趋势等，开展有针对性的教育训练。尤其是要突出涉及民族、宗教方面的知识、政策、法律、民族及宗教问题的解决等方面的教育训练。民族区域社会治安防控的教育训练不同于其他地区，具有更复杂、更艰巨、更重要的特点，要作为一项系统、长期的任务而常抓不懈，以切实增强民族区域社会治安防控主体的综合业务素质，更好地担负起维护民族团结、维护国家长治久安、保障人民安居乐业的重大政治和社会责任。

（二）边境区域社会治安防控的基本构建

边境区域是边界两侧一定距离的范围，相邻国家为了保卫国防、缉私、维护边界线和便利当地居民生活的需要等而划定的一定区域。边境区域的边境性，使得其更多地与国家主权、国家安全和利益紧密相关，而边境区域又多数具有民族、宗教的跨境性，这更增加了构建边境区域社会治安防控体系的复杂性和艰巨性。边境区域社会治安防控体系就其法律依据而言，既涉及国内法问题，又涉及国际法问题，还涉及国家间缔结的相关条约、协定等。所以，边境区域社会治安防控对于整个国家而言，具有突出的重要性。加强边境区域社会治安防控，对于维护国家主权、民族团结，密切国家间关系，促进经济、社会、文化等的交流与发展，都具有重要的意义和作用。

（1）完善涉及边境区域社会治安防控的法律规范，协调合作各方的防控行为。边境区域社会治安防控尤其需要法律的支持与呼应，没有完善的边境区域社会治安防控的法律规范，不仅难以实施边境区域社会治安防控工作，而且难以开展国家间的边境区域防控合作，难以协调合作各方的防控行为。完善涉及边境区域社会治安防控的法律规范，在国内法方面要明确边境区域社会治安防控的特殊性，针对边境区域社会治安防控的特点，明确相应的防控职责、权限、原则、程序等；在国际法方面，要最大限度地缔结边境区域社会治安防控的双边、多边合作条约、协定等。在边境区域社会治安防控实施过程中，一旦遭遇无法逾越的法律障碍时，要积极寻求其他替代措施，并为以后立法奠定基础。

（2）加强边境区域有关国家、地区间的社会治安防控工作的协调与合作。边境区域社会治安防控具有很强的涉外性，这就必然要求加强边境区域有关国家、地区间的协调与合作：加强边境区域有关国家、地区间的社会治安防控联络机制，奠定协调与合作的基础；加强边境区域有关国家、地区间的社会治安防控情报信息的交流与互享，提高协调与合作的效率；加强边境区域有关国家、地区间的社会治安防控资源共享，弥补彼此的不足；加强边境区域有关国家、地区间的社会治安防控培训与交流，吸取彼此经验，提升边境区域社会治安防控能力。

（3）加强边境管理，控制跨境犯罪通道，维护边境稳定。伴随着全球化的发展，跨境犯罪也越来越猖獗，尤其是在边境区域内，跨境犯罪更是高发。跨境犯罪以有组织犯罪、恐怖犯罪、分裂国家犯罪、洗钱犯罪、毒品犯罪、武器走私犯罪、拐卖妇女儿童犯罪、计算机犯罪等为主要方面。跨境犯罪往往涉及多个当事国，具体包括犯罪人的国籍国和所在地国、犯罪实施地国、犯罪结果地国、受害国或者受害人的国籍国和受害人的所在地国。跨境犯罪因其跨境的特性而涉及多国法律，而由于各国刑事法律的差异，造成同一行为在有的国家是犯罪，而在有的国家却只是一种普通的民事债权或其他的一般违法行为，甚至在某个国家可能被认为是合法行为，法律予以默许或支持。正是因为如此，跨境犯罪才日益猖獗，而且警方难以打击。

对于跨境犯罪最有效的打击方式是加强边境管理，控制跨境犯罪通道。在此方面主要应该加强以下工作：在所有边防口岸、交通要道、沿海水域建立严格的检查制度，尤其是涉及边境区域的有关国家实施双检，是更为重要的机制，即边境双方的边检机构都要对出入境人员进行人身、证件、物品等的全面细致检查，把跨境犯罪分子查堵在边境线上；在边境区域实行联合巡逻制度，不管属于何方的非法运载工具都要查扣；开展边境区域所涉国家间金融结算制度的合作，严格查禁用于犯罪的款项跨境进出，积极依法提供金融协查，迅速冻结、查封有犯罪嫌疑的款物，严厉打击诈骗分子和黑社会组织的跨境洗钱活动；边境区域工商管理部门在接受新办企业的注册登记或年审时，应该会同警方认真审查跨境投资的资金来源，审查该企业是否为境外黑社会势力在境内设立的犯罪据点，发现有跨境犯罪嫌疑的要严加监控，使犯罪分子无机可乘。

(4) 加强边境区域社会治安防控的教育培训，提升边境区域社会治安防控的综合能力。边境区域社会治安防控具有"边境区域""防控"的双重属性，必须针对"边境区域""防控"的双重属性来相应地开展边境区域社会治安防控培训，以全面提升边境区域社会治安防控的综合能力。

(三) 跨界区域社会治安防控的基本构建

跨界区域一般是指在具有相对完整的区域中被行政边界所分开的区域。我国内陆的省际边界长 52 000 千米，包括了全国 39% 的县区。而如此广泛的省际边界，客观上产生了大量的跨界区域，这也给跨界区域违法犯罪提供了广阔的空间。例如，杨新海自 2000 年至 2003 年的 4 年时间里，流窜皖、豫、鲁、冀 4 省，作案 25 起，杀死 67 人，伤 10 人，强奸 23 人。跨界区域和跨界区域违法犯罪的客观存在，要求警方必须施行跨界区域社会治安防控。2003 年 1 月 13 日时任公安部副部长的罗锋在中央综治委第一次全会上介绍构建社会治安防控四个网络时，强调构建行政区域边界地区治安防控网络，有效预防和控制省际、市际、县际及城乡接合部可能发生的违法犯罪活动。这是跨界区域社会治安防控的重要体现。

(1) 加强跨界区域社会治安防控教育，增强跨界区域社会治安防控合作意识。跨界区域的各个单个区域社会治安秩序治理，不能以其他区域的违法犯罪转移为代价，必须从跨界区域的整体出发，共同提高打、防、控效能，维持整体区域的长治久安。要实现这一目标，必须要加强跨界区域社会治安防控教育，增强跨界区域社会治安防控合作意识，使各个区域的社会治安防控机构都能充分认识到不同区域的社会治安状况具有相互影响、相互作用的共存关系，如果没有长期稳定的跨界区域社会治安防控合作，就难以形成整个跨界区域的长期稳定的社会治安环境。

（2）科学整合所涉区域社会治安防控资源。科学整合所涉区域社会治安防控资源是跨界区域社会治安防控合作的前提和基础。在系统论中，整合是指某一系统内部各子系统、分系统通过互相依赖、互相关联而形成的一体化整体的过程或这一过程的终极状态。在现有的行政区划体制下，跨界区域作为一个区域整体，很难与实际上的行政区划在空间上达到相互耦合，而往往被不同数量的行政区单元所分割，如"2005年华东地区15城市公安交通治安部门协作工作体系"就涉及华东地区15个城市。而跨界区域所涉区域是各自具有相对独立性的区域，从一般意义上讲，各自具有各自的社会治安防控运行规律并拥有各自的社会治安防控资源。科学整合所涉区域社会治安防控资源，就是将跨界区域作为一个完整整体，把各区域所拥有的社会治安防控资源作为整合和优化对象，运用科学方法，以提高其整体的利用效益和水平，取得整体大于个体之和的效果。

（3）科学构建跨界区域社会治安防控合作体系。跨界区域社会治安防控合作体系是一个包含若干要素的完整系统，包括跨界区域社会治安防控合作的指导思想、行为运行规则、领导责任关系、决策指挥方式、信息沟通机制、重大警情处置程序、防控保障措施、防控合作制度规范等方面。跨界区域社会治安防控合作体系是一个制度化、程序化、规范化、法制化的统一横向工作体系。

（4）开展全面的、形式多样的跨界区域社会治安防控合作。跨界区域社会治安防控合作以预防和打击违法犯罪为手段，以维护区域安全和社会稳定为最终目标。因此，在合作的内容、方式和范围等方面应视跨界区域社会治安状况和发展趋势需要、违法犯罪的具体表现形式，以及具体警务合作目的的差异而有所不同。一般而言，跨界区域社会治安防控合作主要涉及以下方面：①情报信息合作。情报信息合作主要通过建立完整的情报信息网络，加强各区域的交流与共享。情报信息合作是跨界区域社会治安防控合作的基础。②犯罪案件侦查合作。犯罪案件侦查合作是快速、有效地打击跨界区域犯罪和控制社会治安形势发展态势的主要警务合作方式之一。犯罪案件侦查合作是针对犯罪特征做出趋向预测和画像，然后联合相关区域的警察机构实施同一案件的跨界区域共同侦查行动。犯罪案件侦查合作渗透在调查取证、拘留、控制或逮捕犯罪嫌疑人，以及采取各种侦查措施和手段诸多方面。③防控资源合作。防控资源合作是有效发挥各区域现有社会治安防控资源作用的重要举措，要求科学整合各个区域现有社会治安防控资源，实现配置优化、优势互补。

(四) 功能区（包括城市功能区）社会治安防控的基本构建

随着经济、社会的深入发展，各种形式的功能区不断涌现，如城市中的生活功能区、工业产业园区、旅游区、高等教育园区、使领馆区等。尤其是国家《"十一五"规划纲要》提出"推进形成主体功能区"，强调要按照主体功能定位调整完善区域政策和绩效评价，规范空间开发秩序，形成合理的空间开发结构。该《纲要》更是促进了我国功能区建设，各种形式的功能区不断涌现，有跨省级区划的功能区，如泛长三角区域；有省内跨市县的功能区，如安徽建设的沿江城市带承接产业转移示范区、合芜蚌自主创新试验区；也有县级市内划分的不同城市规划功能区。此外，我国的能源管道区域①、轨道交通区域等也大量涌现，也为功能区社会治安防控提供了新的研究领域。功能区的功能性在很大程度上决定了区域内违法犯罪的特性和与之适应的社会治安防控建设。

(1) 明确功能区社会治安防控所涉各方的共同防控目标。功能区社会治安防控所涉各方的共同防控目标应该是整体功能区的社会稳定、人民的安居乐业。这一目标的实现不是任何一方单独可以完成的，必须各方通力合作，即只有在各方一体分工、一体合作之下才能实现。

(2) 建立功能区社会治安防控的协调机制。机制是指有机体的构造、功能和相互关系，泛指一个工作系统的组织或部分之间相互作用的过程和方式。功能区社会治安防控的协调机制是在功能区社会治安防控建设中协调功能区所涉及各方防控主体的机制，其重要性在于通过协调机制使各方发挥其主动性和能动性，促进功能区社会治安防控向整体既定目标发展。良好的功能区社会治安防控协调机制是功能区建设顺利推进的重要保证之一。功能区社会治安防控的协调机制主要包括信息沟通与协商机制、奖励与约束机制、防控合作机制、绩效考核与评价机制、反馈机制等。

(3) 针对功能区的功能划分进行有针对性的重点防控。功能区的不同功能对影响社会治安状况的因素，尤其是违法犯罪的形态也有不同的影响。例如，在城市的使领馆区，高发的影响社会治安状况的因素是集会、游行、示威，警方就要针对此特点进行控制和管理。在进行有针对性的重点防控的同时，也要注意加强日常的社会治安防控建设。

(4) 加强功能区社会治安防控所涉各方的合作。很多功能区客观上存在跨行政区划的特点，这就必然要求加强各行政区划间的社会治安防控合作。功能区社

---

① 裴岩、王树民：《风险社会背景下美国重要基础设施安全管理的思路及启示》，载于《理论导刊》2010年第4期。

会治安防控所涉各方的防控合作包括情报信息的共享、防控资源的相互支持与互补、防控合作的教育培训、防控合作的保障建设等各个方面。

区域社会治安防控是整个社会治安防控的基础与重要组成部分，更具有社会治安防控的针对性、有效性。我国目前区域社会治安防控尚处于起步阶段，还面临许多体制、机制问题亟待解决。但不管怎样，区域社会治安防控是区域发展的客观产物，是针对区域社会治安状况更有效发挥防控效能的理性选择，是开展治安防控的大势所趋。区域社会治安防控的成败很大程度上取决于这些体制、机制障碍的解决程度，并在区域社会治安防控实践中不断发现问题、解决问题、积累经验，才能够得到长效发展。

第十三章

新时期立体化社会治安防控体系中的防恐

恐怖主义的本质是有组织的、系统化的暴力。针对恐怖主义袭击，防恐和反恐是密切结合、相辅相成的统一体。从主体上看，反恐主体主要指以公安为主的党政部门，防恐主体则是一元主导下的多元主体，形成"党政主导、部门联动、社会参与"多位一体的防恐工作格局；在方式上，反恐主要是由政府主导下的主动识别和打击恐怖组织和恐怖主义活动，防恐强调应对恐怖袭击预防重于一切，这就要求在日常的治安防控中，综合运用多种手段，整体预防，做到率先发现、率先处置，将恐怖主义袭击消灭在萌芽状态。面对当前我国恐怖主义活动情况，防范恐怖主义袭击既需要战略层面的设计，同时也需要战术层面的设计；既要着眼于根源性的预防，也要注重实际的运行层面控制。因而，立体化治安防控体系因其良好的发现功能和快速反应功能对防恐和反恐具有重要的实践价值。

第一节 恐怖主义的发生逻辑及防范恐怖主义的四个维度

纵观20世纪60年代以来的恐怖主义的演化可以发现，从恐怖行为的规划、决策和实施等方面，其不但组织严密，而且经受了严格的训练，同时还具有自身的思想体系。恐怖主义的核心威胁在于其所造成的心灵威慑而导致的人的恐惧感上升。预防恐怖主义袭击是社会治安防控的应有之义。从一个体系构建的过程看，立体化的防控既包括防控主体的立体化、防控手段的立体化和防控对象的立体化，同时还包括防控体系运行的立体化。① 根据上述关于立体化社会治安防控体系的解读，我们认为，从社会治安防控体系出发，应对恐怖主义袭击，应当从以下四个维度着手。

一、恐怖主义的产生根源及发生逻辑

恐怖主义何以产生？其根源是什么？其是否只是一个简单的时代现象还是一种带有某种历史文化的积淀？从恐怖理念产生到恐怖活动的发生，是怎样的一个逻辑？是一个什么样的过程？揭示这一系列问题对研究如何预防范和减少恐怖主义活动具有重要的意义。

（一）恐怖主义的本质：基于仇恨的系统化暴力

尽管目前学界对于何为恐怖主义界定不一，但是都承认其反社会、反人类、反文明的本性。② 需要说明的是，"主义"一词意味着对象的活动和存在具有长期性、组织性、发展性和系统性。因此，我们认为，恐怖主义，是指采用系统化的暴力、暴力威胁或其他能够引起恐怖效果的手段制造社会恐怖，以宣传恐怖组织的政治理念或社会主张，实现恐怖组织的政治或社会价值和目的，并强迫社会公众或所指向的政府服从于恐怖组织所期望的目标的组织、思想、行为体系和犯罪文化。纵观古今中外所有的恐怖活动，其目的均在于制造恐怖氛围从而胁迫个人或政府实现其政治目的或社会主张，手段通常是针对不特定群体的暴力袭击，包括杀戮、爆炸、劫机、绑架等，暴露其反社会、反人类和反文明的本质。因此，恐怖主义产生伊始，其便站在了人类的对立面。

恐怖主义犯罪发展史表明，悬殊的贫富分化、政治理念、文化分歧和意识形态差异始终是适宜恐怖主义犯罪生长、发育的土壤。恐怖主义犯罪与地区发展不平衡相关，是民族矛盾和仇恨增长的恶果，是人类物质丰饶而精神匮乏、道德沦丧的表现。恐怖主义犯罪的产生和发展，与一些国家、民族、社会群体在全球化和现代化发展进程中处于结构性的不利地位有关，由于无法完全靠自身的力量改善自己的境遇，与先进、强大的国家、民族、社会群体的差距越拉越大，甚至受到这些强势群体的不公正对待，因而产生了绝望和怨恨情绪，并在这种主客观条件下对强势群体进行非正当的报复和抗争。因此，恐怖主义的本质是一种基于仇

---

① 宫志刚、李小波：《立体化社会治安防控体系：从理论到实践》，载于《山东警察学院学报》2016年第3期。

② 李汉中：《恐怖主义定义及其相关概念之界定》，中国政法大学2007年博士学位论文。

恨的系统化暴力。

(二) 恐怖主义活动的逻辑："弱者"残害弱者式的"示强"

恐怖主义是社会问题,恐怖主义"存在史"使我们不能否定恐怖主义本身存在具有的某种"合理性",如果枉顾这一点就不能从根本上认识这一问题,无助于这一问题的解决。由恐怖主义产生的土壤——"不平等的国际政治、经济、文化秩序和民族、种族及宗教派别之间的纷争"可见,恐怖分子在某种程度上是被"边缘化"的群体,换言之,恐怖分子是主体社会边缘的"弱势群体"。然而,由于恐怖分子所持的偏执政治理念、狂热的宗教情感,将无辜人员作为其表达政治主张、宣泄仇恨的手段,其在心理上是具有某种优势的"强势群体"。

恐怖主义的逻辑在于制造骇人听闻的事件扩大影响,以宣传其主张,但在手段的选择方面,其并非如宗教狂热般的没有任何理性考虑,而是以影响最大化为出发点。然而与国家政权依托的暴力工具实力相比的悬殊,使其并不寻求与政府的直接对抗,而是选择对手无寸铁的普遍公众施加影响,相比于恐怖分子意识形态的强势、策划严密、训练有素,普通民众无疑是一个标准的弱势群体。而恐怖组织正是利用普通公众这一弱势群体,通过发动袭击,以骇人听闻的手段和伤害扩大其影响,以达到宣传其主张的目的,这一过程的本质是恐怖分子"示强"的过程:一是表明自身的存在,说明自己有能力制造恐怖气氛,对社会施加影响;二是宣传其政治立场或社会主张等,以期获得国家的妥协。因此,在某种程度上,恐怖活动是"弱者"残害弱者的"示强"。

二、防范恐怖主义袭击的四个维度

从上述分析出发,防范恐怖袭击必须从时间维度、空间维度、社会交往维度和心里维度四个方面着手,构建全方位的防控体系。[①]

(一) 时间维度

恐怖袭击无时不在,由此维度出发,防范恐怖主义袭击应当是全时段的。时间维度强调对恐怖主义预防的全过程性,即从恐怖主义思想的酝酿,到恐怖活动的组织,再到恐怖袭击的实施的整个过程。借此理念出发,防范恐怖主义袭击必

[①] 宫志刚、李小波:《社会治安防控体系若干基本问题研究》,载于《中国人民公安大学学报》(社会科学版) 2014 年第 2 期,第 110 页。

须纳入日常的社会治安防控中,作为一项基本的工作进行,而不能靠运动式的突击检查,以避免运动间歇期间恐怖袭击的发生。因此,相对于运动式专项打击行动,我们更期待能够建立一个预防恐怖主义长效机制,将预防工作落实于日常工作之中,常抓不懈,同时辅之专项的打击,通过打击促进防范,通过防范精准打击。如此,才能在时间维度上建立一个更为有效的防范恐怖主义机制。

(二)空间维度

由此维度出发,防范恐怖主义袭击的另一个基本预设是无处不在,对恐怖主义袭击的防范应当无处不在。空间维度强调对恐怖主义袭击预防的全方位,既包括现实社会,也包括虚拟社会;既包括人财物聚集的交易活动频繁的场所,也包括象征政府权力的场所。凡是袭击发生后能够引起社会强烈关注的地域、场所、部门、行业等,都会成为恐怖主义袭击选择的地点。因此,基于空间维度,预防恐怖主义袭击应当加强对敏感地域、场所、部门和行业的防护,通过增加警力部署增强威慑力。空间的防控应当以情报信息为导向,有重点地增加防控力量,并使之成为一种常态,真正做到全方位防控。

(三)社会交往维度

恐怖主义产生于社会,防范恐怖主义需要全社会的力量,单独依靠政府不能做到全面有效的防控。立体化的社会治安防控体系应当是一个开放型的体系,从社会维度出发,防范恐怖主义要大力动员社会力量参与其中。对处于现代化进程中的国家,没有社会力量的参与,单纯依靠政府和公安机关进行防控难以奏效,特别是针对恐怖主义袭击这样严重的暴力犯罪。在当前的社会治安防控体系构建中,防范恐怖主义更多依靠的是政府组织的力量,如何使社会通过自组织形式发挥防范恐怖袭击的作用还有很长的路要走。但是,我们要认识到,针对恐怖主义袭击,政府主导是必需的,这不仅是因为政府拥有更强的"暴力"、更专业的力量,也是由恐怖主义犯罪本身的特点所决定的。需要指出的是,恐怖主义袭击受害者是普通公众,社会预防的力量不仅是公民的义务,同时也是公众维护自身权益的有效方式。根据央视报道,从 2015 年 6 月初严厉打击恐怖主义转型行动开展以来,新疆地区在短短的半个月时间内接受群众提供的有效线索 300 余条,抓获犯罪分子 69 人,收缴非法爆炸物 100 余件。[①] 这是发动社会力量防范恐怖主义袭击取得的积极成果。因此,一个开放型的社

[①] 潘从武:《新疆专项行动打掉 32 个暴恐团伙,抓获 380 余名嫌犯》,中国新闻网,http://www.chinanews.com/gn/2014/06-23/6309663.shtml。

会治安防控体系是社会发展的必然，如何动员社会力量参与治安防控仍是努力的方向。

（四）心理维度

恐怖组织发动袭击的直接目的是制造恐怖氛围，对公众心理形成一种胁迫，从而使其主张被知晓。从心理维度出发，防范恐怖主义袭击，一个基本的做法是使公众认知恐怖袭击的本质目的，明确政府的态度。同时，要建立心理抚慰网，加强对公众安全感的经营。在这一方面，政府应当动员媒体，不定时地发布相关厌恶、鄙弃恐怖主义的信息，培养公众的心理承受力，使恐怖组织妄图通过恐怖袭击而影响公众心理的图谋难以得逞。同时，还要建立或动员社会成立各种心理安抚组织，以备在恐怖袭击发生后对受害者家属进行心理抚慰。总之，心理维度的防控主要目的在于使公众对恐怖主义产生憎恶、厌弃，并建立心理防线。

第二节　防范恐怖袭击新思维：立足社区的多元人本防控战略

防范恐怖袭击必须清晰地认识到几个问题：一是恐怖主义有其产生的根源和土壤，意图通过阶段性的动员打击是不能一劳永逸的；二是反恐斗争中，预防是重中之重，情报工作是基础；三是防范恐怖主义必须发动群众的力量，走专群结合的道路；四是防范恐怖主义是一项长期的工作，改善治理方式，消灭恐怖主义产生的土壤是治本之策。

一、防恐主体：一元主导下的多元并行

恐怖主义是一个社会问题，防范和打击恐怖主义仅靠公安机关是难以奏效的，特别是消除恐怖主义滋生土壤，需要政府整体上转变治理方式、化解社会矛盾、解决贫富差距、整顿吏治等诸多方面的努力。化解和消除这些社会矛盾，仅靠公安机关大包大揽或单打独斗，必定力不从心，顾此失彼。近年来，恐怖袭击给我们的启示是，一定要整合各类社会资源，充分动员全社会的力量，既要充分发挥公安机关的专业优势，同时也要摒弃公安机关"包打天下"的思维定式，使公安"一元"单挑转变为党政部门、社会"多元"并立，形成"党政主导、部

门联动、社会参与"多位一体的防恐工作格局。① "党政主导"就是要积极推动党委政府直接部署、直接推动并直接抓好防恐工作的落实,真正做到时刻把防恐工作作为维护地方安全稳定的第一要务。"部门联动"就是明确相关部门的防恐职责,厘清责任,既要做好本部门工作,同时要协调一致,通力合作,形成合力。"社会参与"就是积极调动社会各界力量参与防恐工作,提高公众参与的深度和广度,形成防恐、维稳、共创、共建、共享的局面。

二、防恐手段:多手段综合运用

预防和打击恐怖主义,既要治标也要治本;既要使用刚性手段,也要跟多注重运用柔性措施;既要注重采用司法措施和行政措施,同时也要使用经济、文化和教育等措施。总之,防范恐怖主义是一项综合性工程,需要多种手段有效组合、搭配使用。如要广泛深入持久地开展民族团结宣传教育活动,坚持大规模不间断地对组织爱国宗教人士讲经,大力实施"民族爱心工程"等柔性政策。此外,在当前的防恐反恐斗争中,要充分挖掘大数据分析应用在反恐中的重要作用。例如,广东、新疆部分地区通过大数据平台开发人脸识别在反恐中发挥了积极的作用。

三、防恐基点:以社区为中心

社区是社会的细胞,是社会秩序稳定的基础,社区的稳定决定全局的稳定。因此,防范恐怖主义必须将工作的基点和重心放在社区。首先,防控工作必须以社区为基本单位。从维护社区的稳定入手,逐步实现小治到大治,以小气候影响大气候,以小稳定累积大稳定,最终引导整个社会整体逐步进入平安有序的良性轨道,实现"社区无恐、社会安定"。② 其次,加大服务管理工作的投入,加快社区警务战略的实施。社区警务是构建社会治安防控体系的基础和第一道防线,是一项战略性的警务工作,也是政府基层社会控制的有效方式。因此,要建立健全新型社区治理体制,做实社区警务,要体现以人为本的思想,充分相信群众,依靠群众,发动群众,服务群众。同时,要加强社区基础工作信息

---

① 宫志刚、李小波:《社会治安防控体系若干基本问题研究》,载于《中国人民公安大学学报》(社会科学版)2014 年第 2 期,第 111 页。

② 张昆、宋红彬:《从"7·5"事件后的维稳看我区反恐防范工作机制的转型升级》,载于《新疆警官高等专科学校学报》2010 年第 3 期,第 12~13 页。

化,以时空的变化和实战的要求进行警务机制的改革和警务模式的创新。真正使城乡社区警务室成为维护稳定的第一道防线、服务群众的第一个平台、巩固基层政权的第一层基石。最后,做好流动人口的服务管理工作。流动人口服务管理是整个社会管理的一个重要环节,也是防恐工作的一项重要措施。内地频发的恐怖袭击在很大程度上与流动人口管理薄弱有关。因此,要加强对流动人口的管理工作。

四、防恐战略:由被动应对转变为主动出击

我们必须认识到,恐怖主义分裂破坏的图谋始终不会改变,面对日益频发的恐怖袭击,必须建立更加积极主动、更能防患于未然的防控工作机制,才能把握反恐工作的主动。首先,要有全局概念,树立"大维稳"的理念。要跳出反恐看防恐,跳出公安看防恐,既要把国家政治稳定、社会稳定、治安秩序良好作为工作当前重心,同时又要站在全局高度,围绕党委政府的中心工作来思考和部署防恐工作,把稳定置于更广阔的视野、更广泛的层面内,做到靠前思考、主动应对。① 其次,注重情报工作。完善涉恐情报信息收集、汇总、研判机制,同时要加强情报共享,特别是部门间的情报共享。为此,需树立情报信息主导警务理念,密切关注敌情动态,建立和完善不同层面的情报信息会商机制和应用平台,健全情报信息快速进入决策程序、转化为决策依据的工作机制,努力形成更为广泛高效的"大情报"体系,牢牢把握对敌斗争的主动权。

五、防恐思路:从控制束缚转向以人为本

防范恐怖主义的目的不是为了控制人、束缚人,而是为了保障人、发展人,是服务和服从于人的生存与发展这一根本目的的。在防恐工作思路中,一要始终把保障人民群众的权益放在工作的首位。② 必须清楚地认识到,依靠侵犯人权和强力压制换来的稳定只能是暂时的、极其脆弱的,是不长久和不稳固的。二要在解决具体问题时,应从增进同人民群众的感情入手,努力建立和谐的党群关系、政群关系和警民关系,提高党委、政府协调社会关系、化解社会矛盾、理顺公众

---

① 文定杰:《暴力恐怖活动的特点及其防范和打击对策》,载于《公安学刊——浙江警察学院学报》2014年第4期,第31页。
② 庄劲:《自由权的软化与警察权的强化——反恐框架下西方各国警察权配置的新趋势》,载于《福建公安高等专科学校学报》2004年第6期,第36~40页。

情绪的能力，最大限度地削弱对立，增加信任、促进和谐。三要积极顺应人民群众不断增强的民主意识、公正意识，坚定地相信群众，紧紧依靠群众，把群众的心拢起来，把群众的力量凝聚起来，以群众为强大后盾，形成防范恐怖主义的强大力量。同时，要有意识地强化人民群众的法律意识、责任意识，要通过深入细致的法制宣传和思想教育工作，在各族群众中形成只有依法办事，才能解决各种问题；只有保护社会稳定，才能是解决各种问题的前提条件的思想。引导群众自觉做守法公民，切实维护社会主义法制的统一、尊严和权威，维护安定团结的大好局面，努力推动人民群众素质转型，真正促进人的全面发展。①

第三节 立体化社会治安防控体系下的防恐路径

防范恐怖主义应当全时空、不留死角，构建一个严密的防控网络势在必行，而立体化的社会治安防控体系以公安情报信息中心为依托，以街面巡逻防控网、城乡社区村庄防控网、单位行业场所防控网、区域警务协作网、技术视频防控网、虚拟社会防控网、安全感经营与心理抚慰网、涉警舆情引控网等网络为骨架，具有良好的合力与张力，能够有效防范恐怖袭击。

一、空间预防：城乡社区村庄防控网、虚拟社会防控网、区域警务协作网

空间防范要将城乡社区村庄防控网、虚拟社会防控网、区域警务协作网有机结合起来，创建一个没有空间死角的网络体系。

推进和完善城乡社区村庄防控网建设。强化城乡社区村庄防控网络建设，需要积极动员政府和社会力量，严密防护网络，加强阵地控制。基于当前恐怖主义活动从大城市到小城市、从小城市向乡村转移的趋势，要做好防恐工作，必须强化城乡、社区村庄防控网络建设。根据当前实际，应从以下几个方面推进：一是大力推进社区（村）警务室建设，强化社区村庄的警力，将社区警务作为社会治安控制的前沿阵地。二是加强社区村庄治安志愿者队伍建设。积极动员治安志愿者，发展大学生村官、网格员、社区社工等新型群防群治力量，继续壮大辅警、

---

① 张昆、宋红彬：《从"7·5"事件后的维稳看我区反恐防范工作机制的转型升级》，载于《新疆警官高等专科学校学报》2010年第3期，第14~15页。

保安等平安志愿者队伍。三是加强社区村庄科技防范能力建设。明确责任主体，对县城封闭式小区，以物业为主落实各项安全防范措施；对半封闭小区，以居委会、所属单位为主，落实安全防范措施；对开放式小区，依靠社区居委会、楼院长等落实巡逻守护、自防自治措施。通过这些措施，形成严密的基层社会的防控网络，使恐怖分子难以下手。

构建和完善虚拟社会防控网。虚拟社会防控网是防恐的一道重要屏障，随着网络技术和通信技术的发展，恐怖主义袭击多通过网络等方式沟通，一些煽动极端主义的信息也是通过网络散布，恐怖袭击多形成了境外网上发布指令、境内实施袭击的模式。因此，必须高度重视虚拟社会的防恐。对此，一是强化对网络运营商的管理，综合运用法律、行政、经济等手段，明确网络运营商、用户的法律责任，从源头上加大监管力度。二是公安机关网络安全部门要加大对有害信息的过滤、删除和倒查，严防扩散、传播。三是加强对网络涉恐犯罪的打击力度。对于发现的境内外的恐怖信息，要及时进行锁定追踪，对于境外的信息必要时可以要求国际刑警组织协助调查。四是要开通网络举报中心和举报热线，鼓励网民举报涉恐信息，并加大奖励力度，对举报人保密，形成网络防控举报的长效机制。

强化区域警务协作网建设。恐怖犯罪的流窜性要求防范和打击恐怖主义必须构建有效的区域警务协作网络。在公安部的统一领导下，应当建立全国的防范和打击恐怖犯罪联席会议，各地应当根据实际情况，开展区域性的警务协作。[①] 一是信息资源共享协作，依托公安信息系统，在协作区域内开放公安业务信息系统查询访问权限，整合信息资源，定期开展信息互研会商，畅通信息交流渠道，实现信息资源配置优化、成果利用高效、直接服务反恐实战；二是对重大活动可能引发的恐怖袭击要通过信息交流及会商研判，实行跨区域提前主动介入，共商对策，共同做好预防工作；三是启动区域防控反恐协作演练，地市级公安机关应当有反恐专职部门，加强联系和协作，形成预案，并针对可能发生的恐怖袭击展开演练。

二、时间预防：技术视频防控网

恐怖袭击具有时间上的不确定性，对此，应当加强全天候的防范。需要说明的是，每一个空间的防范应同时具有时间上的防范功用。在所有的防控中，技术视频的应用能够有效的威慑，对于事后的侦破也有积极的作用。因此，应当普及

[①] 宫志刚、李小波：《社会治安防控体系若干基本问题研究》，载于《中国人民公安大学学报》（社会科学版）2014 年第 2 期，第 110 页。

技术视频监控系统,形成网络。技术视频由于其全天候的记录功能,运用技术视频监控能够有效发现早期袭击的端倪,对于及时阻断和侦破具有积极作用。同时,技术视频对于预防其他违法犯罪也具有一定的威慑作用,对于事后侦破也有积极作用。所以,各地应当加大投入,广泛构建技术视频监控网络,同时将其有效并入公安机关统一的视频监控系统,综合应用,做到信息共享。

三、心理预防:涉警舆情引控网、安全感经营与心理抚慰网

恐怖袭击一个主要目的在于制造社会恐慌,对公众心理形成冲击。因此,应对恐怖袭击要主动引领舆情,同时要建立一个完善的安全感经营与心理抚慰网,及时地抚慰公众心理,提高其对恐怖袭击的心理承受能力。

构建涉警舆情引控网,强化涉恐舆情的引控。一要加强针对公众的反恐宣传力度,树立"居安思危、有备无患"的防恐意识。要动员媒介舆论引导国民建立正确的危机意识,对可能发生的恐怖袭击保持高度敏感,教育和引导市民认识各种危机事件,掌握应对知识,开展危机训练,提高国民危机应对能力。二要划清舆论打击范围,尊重民族权益。部分恐怖活动的确产生于宗教压迫、宗教极端主义、民族压迫和种族歧视,但从源头上追究,恐怖主义的产生并不代表把反恐矛头针对某种民族、宗教或文明本身,否则人为制造的"文明冲突假象"将激发更激烈的对立和反感,致使反恐陷入越反越猖獗的困境和怪圈。三要管控主流媒体,进行舆论引导。在反恐舆情引控中,必须牢牢掌握并充分利用主流媒体,发挥它们的舆论引导作用。在对主流媒体的行为进行约束时,必须强调加强对恐怖分子的指责和对反恐行动的正面报道。四要过滤负面舆论,统一宣传口径,形成舆论合力。围绕恐怖袭击事件,要明确树立是与非的标准,这个标准就是国家和民族利益。凡是有利于国家民族利益的就是正向舆论;反之,就是反向舆论。政府应当采取各种宏观调控手段,引导形成正向舆论对负向舆论的绝对优势,为反恐行动奠定舆论基础,获得国内支持和国外的认同。

建立完善的安全感经营和心理抚慰网。恐怖袭击会导致公众安全感骤降,特别是卷入的人群会产生心理问题。对此,应当有意识地将恐怖袭击可能导致的安全感降低和心理危机作为一个重要的问题予以关注,长期进行经营,预防袭击后的心理危机。对此,公安机关要动员政府加大城市安全的宣传,重点报道国家应对恐怖主义坚决的态度、城市充足的警力、警民合力反恐的意志等,从而使群众相信政府能够有效应对恐怖袭击。政府应当成立专门的心理抚慰队伍,同时动员民间成立心理抚慰的志愿者队伍,对被卷入恐怖袭击的群众分层进行心理干预和

安抚，使其能够迅速恢复。①

四、重点预防：街面巡逻防控网、单位行业场所防控网

根据对恐怖袭击目标的分析可以发现，恐怖分子在袭击目标的选择上并非没有理性，而是经过周密的选择。其选择的标准有三：一是袭击目标成功后能够产生巨大的社会影响；二是袭击难度较低；三是袭击的成本较低且易于逃脱。因此，那些具有较大影响力、袭击难度低且易于逃脱的目标成为恐怖分子袭击目标的概率较高，对此应当加强重点预防。

鉴于此，我们认为，应当预测各场所遭遇恐怖袭击的概率，根据概率进行重点预防。首先应当在袭击概率较高的场所建立警力巡逻机制，24小时不间断巡逻；其次应当配备相关的反恐设备，增强应对能力；最后，应当在这些区域建立阻隔带，能够有效对各部分进行隔离，使袭击造成的伤害处在一定范围内，减小损害。② 因此，在城市繁华地带和重点单位场所，应当建立街面巡控网和单位场所防控网，建立全天候的巡逻机制；同时，不定期地变更巡逻线路，配备防爆设施，加强重要单位场所的值守，必要时可以配备武装巡逻和值守。

第四节 立体化社会治安防控体系中的防恐措施

恐怖主义活动有其自身的规律和特殊性，这就要求在构建社会治安防控体系中，除了有一般的预防措施外，更要注重防恐工作所具有的专门性和针对性。做好社会治安防控体系下的防恐工作还应当着重加强以下几个方面的工作。

一、利用大数据等新兴技术布建涉恐信息网，做好情报信息的收集和研判工作

情报信息在防恐工作中具有先导性、指引性，坚持以情报为导向，是掌握反

---

① 宫志刚、李小波：《社会治安防控体系若干基本问题研究》，载于《中国人民公安大学学报》（社会科学版）2014年第2期，第111页。

② 刘轶：《构建反恐社会治安防控体系的思考》，载于《山西警官高等专科学校学报》2014年第3期，第45页。

恐斗争主动权的重要依托。2016 年施行的《反恐主义法》规定相关公司应提供相关的技术接口或其他技术支持，协助国家安全机构调查恐怖活动，共同开展技术研究，保障公共安全。我国部分地方已经积极通过大数据、云计算开展防恐情报信息网建设工作。防恐情报是指以公开与秘密的手段获取的有关恐怖主义活动的线索的情况，以及对其分析和研判而形成的智力成果。在防恐工作中，坚持以情报为导向，就是基于实现有效预防和打击恐怖主义犯罪的目标，不再固守被动反应式的警务思维模式，而是要把公安机关防范恐怖主义犯罪的一切警务活动建立在动态地搜集、分析、研判和应用防恐情报信息的基础之上，综合并协调公安机关内外防恐情报体制与功能，使防恐情报的主要功能最大化并引入各级政府的决策中，引导防恐警务决策，变被动为主动，以提高防恐警务效能。具体而言，可从两个层面来理解防恐情报导向警务：在战略层面，强调防恐情报在各级决策中的导向作用；在战术层面，强调防恐情报在具体防恐警务活动中的作用。

在战略层面上，要在思想上认识情报信息的重要性，坚持情报主导警务、情报主导防恐，充分利用法律赋予公安机关侦查权获取情报的权力，同时加强与军队情报部门联系，灵活运用各种侦查手段，广辟情报信息来源，建立灵敏高效的情报信息搜集网络，积极获取深层次、内幕性、预警性的涉恐情报。同时，要进一步加强防恐情报的分析、研判与传递，及时、准确、有针对性地为政府部门进行防恐决策提供服务，为基层防恐行动提供服务，有效改变敌暗我明的不利形势，牢牢掌握防恐斗争的主动权；要加强防恐情报的交流与合作，最大限度地发挥防恐情报的效能。

在战术层面上，加强国内各防恐部门之间防恐情报的交流与合作，尤其是公安部门内部各机构之间如国保、治安、刑侦、边防、禁毒、网监等机构之间防恐情报的交流与协作。① 在涉恐信息收集方面，要着重以下几个方面：①恐怖组织的基本信息。如恐怖组织的名称，恐怖组织的宗教信仰、政治观点等，恐怖组织的形成历史，恐怖组织的重要事件及发生的日期，恐怖组织中的纲领或宣言的内容。②恐怖组织的经济财政信息。如恐怖组织的资金来源，恐怖组织从犯罪活动中获得收益的情况，恐怖组织的银行账户（银行账户中资金来往信息与异常流动），恐怖组织的资金支持者。（对资金支持者的分析非常重要，有时可以通过对其的分析发现其他恐怖组织）。③恐怖组织成员的个人信息。如恐怖组织中领导成员的结构图，恐怖组织中成员的结构图（包括以前的成员），恐怖组织中成员之间的联系及与其他有相同意识形态的恐怖组织的成员之间的联系，恐怖组织中

---

① 陈刚：《反恐情报分析是反恐对策体系的重要组成部分》，载于《公安学刊——浙江公安高等专科学校学报》2004 年第 1 期，第 45~47 页。

成员的技能情况（如武器使用，对组织成员技能的了解有助于对恐怖活动危害后果的估测），恐怖组织中领导者的家庭背景和成长经历（因为对领导者的家庭背景和成长经历的了解可以预测其激进行为的模式和目标）。④恐怖组织的地域信息。如恐怖组织指挥部的位置，恐怖组织的"安全"处所，恐怖组织的仓库（一般用于存放实施恐怖活动的武器、弹药、爆炸物品和其他物品等，攻击恐怖组织的仓库是防恐工作中经常使用的一项重要技巧），恐怖分子用于逃跑的紧急出口（如地下的暗道）等。

二、进一步完善"虚拟社会"的治安防控

加强网络社会防控必须遵循社会治安综合治理的理念和原则，按照"打击、防范、教育、管理、建设、改造"的基本内容，在各级党委、政府的统一领导下，以政府为主体，发动和依靠各职能部门和社会的力量，各单位、各部门协调一致，齐抓共管，运用政治、经济、行政、法律、文化、教育等综合手段，整治虚拟社会治安问题，不断消除虚拟社会空间滋生犯罪的条件，建立虚拟社会综合治理体系。

首先，加强网络安全管理制度建设。一是坚持"谁运营、谁主管、谁负责"的原则，进一步明确其安全管理责任，责成其在推出各种网络新技术、新应用、新服务时，配套建设各种安全管理系统，使网络安全保护措施与网络应用技术同步发展，实现建设与管理的统一。① 二是加强对网络应用重点单位、网络经营业主和网民的管理，严格落实"实名上网"制度，虚拟主体参与"虚拟社会"各项活动，均要实行实名申请 IP、实名注册账号、实名登录网站、实名验证申请，建立起虚拟身份与现实身份的一一对应关系，通过严格掌握上网人员的真实身份，将主动权牢牢掌控在监管部门手中。三是严格落实互联网信息监控处置属地与准属地"双负责制"和以互联网服务单位开办者所在地为主、以服务器所在地为辅的安全监管"双负责制"。四是在全民中深入开展网络道德建设，大力倡导文明办网、文明上网，自觉抵制不文明网络行为，积极构建和维护文明、健康、有序的"虚拟社会"环境。

其次，加强网络社会治安防控体系建设。一是加强虚拟社会情报信息收集机制建设。突出强化网上侦查和情报职能，积极探索网上对敌斗争的规律，增强网上发现、控制、侦查、处置和取证的能力，努力提高网上斗争的能力和水

---

① 张昆：《加强"虚拟社会"反恐治安防控体系建设的思考》，载于《新疆警官高等专科学校学报》2012 年第 3 期，第 5~6 页。

平。要以网上侦查情报为主线，充分发挥安全监督管理和网络技术手段的优势，对虚拟空间中的重点"区域""空间"进行高效、精确地控制，获取深层次、有价值的网络违法犯罪情报信息。及时发现、严密侦控、有效防范、依法打击境内外敌对势力、敌对分子，以及各种违法犯罪分子利用网络进行的煽动、渗透、破坏活动。二是加快建立虚拟社会警务制度和机制，强化网监基础工作建设。搭建公安网络监控部门与各级政府信息中心、各互联网运营单位、上网服务场所、安全行业单位、安全教育研究机构和其他计算机信息系统使用单位的联系渠道，建立网上案件举报机制、查处网络违法犯罪案件快速反应机制和公安机关内部各警种之间的信息共享及网上联动协作等机制。构建由网络警察、网上协管员、社会信息监督员、网站网吧安全员和举报群众构成的全方位、多层次的虚拟社会巡防力量；建立网上虚拟社区警务制度，建立网上案件报警网站和报警岗亭，对群众的网上求助、咨询、快速反应、热情服务，帮助群众排忧解难。

再次，加强虚拟社会重点管控阵地建设。发挥网监队伍的技术优势，将网络、电视、广播、电话和微信、微博等新兴网络和自媒体等纳入网上重点阵地，按照"公秘结合、人防与技防结合"的要求，协同刑侦、治安部门，落实对电子市场、网吧、大专院校等重要场所的控制措施。制定和规范电子市场业主出售计算机及网络设备、手机及手机卡、电视插播器等详细信息登记制度。① 规范互联网服务营业场所的经营行为，严格安全审核和日常监督管理，切实解决当前网吧等互联网上网服务营业场所过多过滥、违法违规经营、管理无序的情况。

最后，加强网络警察专业队伍建设和能力建设。严格按照公安部"每万名网民配备一名网络警察"的标准，尽快完备网安警力，建立一支统一指挥、机动精干、正规化、实战化的网络警察队伍；不拘一格吸纳网络技术人才，强化专门力量，通过市场化、社会化选人，把最优秀的网络技术人才引进专门机关，从技术水平、警力人数上不断充实打击网络犯罪的网络警察队伍。

三、完善社区警务机制，有效打击和压缩恐怖组织活动空间

认识社区警务在防恐工作中的基础性作用。要深入认识社区警务在防控工作中的重要作用，以警务的"网格化"应对恐怖组织的"隐蔽性""随意性"和"扁平化"趋势，陷恐怖主义于"人民战争的海洋"。通过实施社区警务战略，

---

① 张昆、宋红彬：《从"7·5"事件后的维稳看我区反恐防范工作机制的转型升级》，载于《新疆警官高等专科学校学报》2010年第3期，第15页。

使警力下沉、警务前移,一方面拉近了和人民群众的距离,密切了警民关系;另一方面,广大社区和驻村民警又可充分利用社区资源,发挥社区功能,发动群众开展多种形式的治安巡逻、邻里守望、安全防范活动,形成专群结合、警民联防的社区警务工作方式和快速反应机制。"网格化"的警务必然促成全民参与的社会治安防恐大网的形成。随着国际社会对恐怖主义犯罪打击力度的加大,恐怖主义势力改变策略,致使恐怖活动呈现出隐蔽性和随意性,恐怖组织结构的"小型化""扁平化"趋势加强,但是,恐怖主义势力是无法绝对脱离社会、远离群众视野的,只要深入贯彻实施社区和农村警务战略,加强基层基础建设,真正把人民群众发动起来,走群众路线,可有效压缩恐怖主义势力的活动空间,使其无所遁形。

摸清流动人口底数和详情,做好社区基础信息工作。由于流动人口流动频繁,管理上较为困难。对此,社区民警要做到"底数清、情况明",除了扎实的基础工作之外,还应依靠居委会、村委会等基层组织,辅以治安积极分子、秘密力量,对流动进行全方位的摸排,对其聚集地、活动地、流散地做到心中有数。同时,要及时利用公安信息网对流动人口信息进行核对、排查,最终达到及时发现问题、隐患,消除不稳定苗头的目标。① 在社区警务工作中会搜集到大量的各类信息,其中,相当数量是有关社会政治稳定和治安状况等内容的重要信息。这些信息因为来自各个社区,上报时往往因不能反映事态的全貌而受到忽视。要使社区民警工作中搜集到的情报信息有通畅的上报渠道,必须建立情报信息的上报机制和分析研判机制。首先要建立情报信息的三级上报机制。通过目前已基本覆盖全国的公安信息网,规定社区民警每日将搜集的情报信息经初步核查后上报至县市公安局,县市公安局进行筛选分类后在规定时间内上报省级公安机关情报信息中心,以进行再分析、再研判,对情报中反映的异常情况布置排查,对恐怖袭击的可能性进行评估,并以此提出针对性的工作措施。其次,要在社区情报信息搜集上报机制的基础上,形成阶段性形势评估机制。即根据情报信息反映的综合情况形成每月、每季度、每半年、每一年的稳定形势评估报告,使我们做到稳定形势心中有数。

加强对出租房屋、城乡接合部和社会死角的管理。对于社区结合部和我们基层组织管理薄弱的地方,一方面通过基层党委、政府健全这类地区的基层组织,增强对该类地区的控制力;另一方面,要在社区结合部和社会死角建立情报信息网,培养建立秘密力量和信息员,使社区民警耳聪目明。社区警务中,要高度重视出租屋管理。租赁房屋,必须经过治安消防检查,符合出租条件的,签订治安

---

① 左吴:《恐怖主义活动特征和反恐对策》,载于《江苏公安专科学校学报》2002年第2期,第132页。

责任书后方可出租。但是目前存在的主要问题有两个方面：一是房主，特别是城乡接合部的房主单纯以盈利为目的，不办理任何手续，私自租赁房屋，造成出租屋管理上的失控；二是一些管理部门在办理完出租房屋的相关手续后，对后续情况不闻不问，也造成出租房屋管理事实上的失控，使部分出租屋成为藏匿违法犯罪分子和进行违法犯罪活动的场所。出租房屋的管理和流动人员的管理一样，是一项系统社会工程，各部门、各单位必须共同参与，方能形成有效的社会安全防控网。在此过程中，发挥治安积极分子的作用尤为关键。通过他们的作用，一方面能够给其他的出租户起到榜样的作用；另一方面，能够及时掌握流动人口中的各种信息，起到反恐维稳的作用。

四、加强人员密集型场所、重要设施、要害部位和重要任务的防范

由于恐怖分子追求的是"轰动"的效果，因此，相对封闭的场馆、人群聚集的场所、重点设施所在地通常会是恐怖分子制造恐怖事件的首选之地，要做好警卫防范工作。

加强封闭场所防范。封闭场所防范要分层划分防范区域，以场所为中心由内向外划分安保区域，最内层为控制区，以场馆入口为界限，只允许有证件的车辆及人员进入会场，在进入会场馆前要接受严格的检查，包括运用安检门、车辆检视镜、X光机设备实行警戒区。① 从场馆入口向外延伸200米范围为警戒区，警戒区同样不允许人员和车辆进入，并且在警戒区安排观察哨、巡逻进行安全警卫，设置安全围栏，作为警戒区和最外层的安保区——疏导区的界限。如果将前面两个区域看作隔离区的话，疏导区则是与外界紧密相连的区域，疏导区也需要安排适当警力对可疑车辆、人员进行盘查。

加强对重点要害部门、部位的安全防范。要加强政府机关、外国使领馆铁路交通枢纽、大型水利设施、发电厂、核电站、重要军事基地和仓库、大型工矿企业、证券交易所、银行、大中城市市场、城市标志性建筑等人口稠密区人员集散地的安全保卫工作。特别要注意安装必要的摄录像设备，实行全天候的监管，注意加强对重要建筑物周围安全屏障的建设和加固建筑物本身。② 例如，美国早在1983年驻贝鲁特的海军陆战队遭受自杀式汽车炸弹的袭击后，就加强了工程设

---

① 郭宝：《从昆明"3·01"恐怖事件引申的若干问题探究》，载于《云南警官学院学报》2014年第2期，第4～6页。

② 张大伟：《对恐怖主义根源及反恐对策与措施的探索》，中国政法大学2003年硕士学位论文。

计和建筑上的改进，如要求房子应建在至少距离保护性围墙或围栏 100 英尺之外，还要求筑起牢固的水泥墙并安上厚厚的塑料和玻璃窗，这些措施无疑对防止恐怖主义犯罪袭击起到了一定的预防作用。同时，要高度重视计算机网络的安全防范工作，防止恐怖分子、极端分子、电脑黑客的蓄意攻击和破坏，防止计算机恐怖活动的发生，保障国家利益和安全。

要全力做好要人的安全保卫工作。要特别注意吸收国际政要保护和大型政治活动安全工作的科学经验教训，把前期准备与现场工作做扎实，做好国家领导人住地及外出的安全防范工作，避免警卫工作中的疏忽和漏洞，防止发生暗杀、绑架等袭击事件，确保万无一失。

五、加强危爆物品的管理工作

控制恐怖主义犯罪的武器来源可以起到"斩断"他们"手脚"的作用。在武器控制方面，不但要加强一般性的枪支、爆炸物品与武器的管理工作，而且必须对一切爆炸物品强制实行"标识"制度，要求生产、销售及进出口的一切爆炸物品（特别是塑性炸药）都要加入可探测物资，以便于对恐怖爆炸案件的侦破。[①] 对核武器及其原材料、生化武器的管理则更加严格。

一是建立严格的审批登记制度，有关部门应该认真清理爆炸物品的使用情况，严格限制单位及单位相关工作人员的爆破资格等级，检验危险物品储存库房的规章制度，严格检查危险物品出入库情况，实行双人双锁制度；加强特殊化工产品的管理，对硝酸钾、硫磺等化工产品必须加强监管，履行审批手续；加强对危险品使用单位的安全巡查，要定期和不定期地检查爆炸物品的使用情况，发现问题及时纠正；严格落实各项规定，各使用单位必须严格落实爆炸物品安全管理规定；加强对私自非法制造，以及走私炸药行为的打击力度，截源堵流，彻底消除爆炸隐患。

二是规范危险物品的市场交易，要求各级公安机关要与周边省市公安机关、其他相关部门保持畅通的信息共享渠道，联手打击危险物品跨省市的非法运输；各警种密切配合，发挥各自执法优势，治安、人口部门在重点地区加强宣传，强化对危险物品的阵地控制，刑侦、巡警形成打击合力，加大对非法买卖、制造、储存、运输危险物品案件的查处力度，收缴流散于社会中的危险物品。

---

① 张燕芹、史兴旺：《公安机关处置爆炸恐怖犯罪的应对策略》，载于《山东警察学院学报》2012年第2期，第 122～123 页。

六、强化防恐的舆论宣传

要认识到新闻媒体对涉恐信息的报道具有两面性,一方面恐怖分子希望通过媒体增加其影响力,如果媒体一味报道恐怖袭击的巨大影响危害或深挖恐怖主义根源,将正中恐怖势力"下怀",帮其扩大了影响;另一方面,媒体对恐怖行为不报道或少报道无疑会使恐怖分子的目的落空。长期以来,西方传媒对恐怖袭击的大肆报道一直受到广泛指责和批评,被认为应对恐怖主义的泛滥负有不可推卸的责任。如英国前首相撒切尔夫人曾经尖锐地指责,传媒的宣传报道是恐怖行为赖以存在和发展的"氧气";有的反恐怖专家指出,"传媒报道是恐怖分子最有效的弹药库";而美国反骚乱和恐怖主义特种部队更是宣称:"在许多情况下,现代恐怖主义正是传媒的创造。"① 因此,我们在防恐宣传报道中,必须高度重视媒体的作用,有效管理,发挥其正价值。

要认识到防恐工作必须依托大众传媒。大众传媒不仅是传播信息的载体,而且是防恐反恐的重要斗争工具。因此,防范恐怖主义必须依托大众传媒,展开"先机制敌"的舆论攻势。一是引导和发动新闻媒体对恐怖活动展开详细报道,揭露恐怖主义活动的严重危害,树立我国政府捍卫地区和平、积极打击恐怖主义的良好形象。二是搞好策反宣传,分化瓦解恐怖势力。宣传中可以使用"据渗透到恐怖组人的情报人员透露""根据截获的消息""据可信消息报道,恐怖组织严重内讧"等,如美国在阿富汗战争中把收音机装入食品袋中空投下去,使阿富汗民众可以收听到美国之音和英国广播公司的广播。另外,美军通过抢占阿富汗南部城市坎大哈的广播电台、空投传单等方式,最大限度地利用舆论造势动摇了阿方的民心士气。

构建与媒体的友好关系,利用媒体建立政府与公众之间良性互动的公共信息传播平台。高度透明的正面信息能使谣言缺少传播空间和动力,可以缓解恐慌。在恐怖危机发生后,政府应当充分尊重社会成员的知情权,及时将事件的发生和相应的处置情况公之于众,让群众了解真相,正面引导社会报道和社会舆论。这样既有助于稳定人心,又显示出政府在处理类似事件上的自信。

开辟防恐宣传舆论阵地,"正多负少"宣传,从心理上动摇恐怖分子的信念。防恐舆论宣传的实质是发挥信息的认知和感化功能,通过影响信息作用的对象,

---

① 华建玲:《美军反恐舆论战的特点及启示》,载于《南京政治学院学报》2005 年第 3 期,第 98~99 页。

达到"有利于己、不利于敌"的效果。① 因此,应充分正面宣传我国的宗教信仰自由政策和民族地区经济建设的成就。要充分发挥我国在先进文化、理想信念和民族宗教政策等方面的优势,吸引和感化因受恐怖组织欺骗或威逼而支持恐怖活动的某些少数群众及那些涉足不深的恐怖分子,使他们尽快脱离恐怖组织。同时,要宣传恐怖分子反人类、反社会、反文明的本质,是广大群众认清恐怖主义的真相、瓦解恐怖主义的心理基础。

划清舆论打击范围,尊重民族权益。部分恐怖活动的确产生于宗教压迫、宗教极端主义、民族压迫和种族歧视,但从源头上追究恐怖主义的产生并不代表把反恐矛头针对某种民族、宗教或文明本身,否则人为制造的"文明冲突假象"将激发更激烈的对立和反感,致使防恐陷入越反越猖獗的困境和怪圈。② 必须尊重各民族的独立自主,尊重传统文明的多元性以及发展模式的多样性。恐怖主义不应该与宗教挂钩,打击恐怖主义应该证据确凿,应该抱着对少数民族群众平等和尊重的态度,加强人文关怀,提倡"各民族平等",在防恐宣传报道中也应注意采取一种平衡的方式。

恐怖主义是一个长期存在的社会问题,应当正视其产生的社会基础。恐怖主义的本质是基于仇恨的系统化暴力,其行动的逻辑通过对弱者残害的示强,目标在于制造社会影响使其主张得以彰显。立体化社会治安防控体系之所以能够有效防范恐怖主义不仅在于其良好的发现功能和快速反应功能,更在于其能够在社会交往层面和心理层面四个维度构建起有效的立体组合,使恐怖主义活动发生的可能性及发生后使公众产生的恐慌感降到最低。因而,防范恐怖主义活动,应当将防恐纳入社会治安防控体系中建立正常应对机制。无论是何种犯罪形式都发生在由社区构成的社会中,防范恐怖袭击和治理其他违法犯罪必须依靠社区力量。鉴于此,必须高度重视社区服务和管理功能的提升,大力推动城乡村庄的社区警务建设,逐步将社区建设成为集服务、管理、防控为一体的基层有组织实体,这不但是今后中国社会治理与调控的有机单元,也是强化对社会的控制的重要依托。

需要强调的是,防恐斗争的专门性和社会性需要一个统一的强有力的部门领导。治理恐怖主义是一项巨大的社会工程,无论是打击、防范、控制、建设和教育等措施都需要相互之间的支持与合作,立体化社会治安防控体系虽然对治理恐怖主义具有重要的实践意义,但如果没有一个强力部门来领导和协调是难以完成的。因而,一个强有力的领导部门,一个科学的组织和协调机制,集中各部门优势,才能发挥立体化社会治安防控体系在防恐工作中的效力。

---

① 白娟:《我国媒体反暴恐报道研究》,郑州大学 2016 年硕士学位论文。
② 宫玉涛:《当前反对恐怖主义斗争面临的困境分析》,载于《山西社会主义学院学报》2008 年第 1 期,第 48~49 页。

第十四章

新时期重要基础设施的安全防控

对重要基础设施的安全防控是社会治安防控体系建设之中的重要一环,随着我国经济社会的高速发展,社会发展所必需的各类重要基础设施也日益增多,但是,当前我国对于重要基础设施安全防控的重要性认识还没有达成一致;而且,随着当前国际、国内政治形势、经济形势的变化,特别是随着新国家安全理念的形成,国际、国内形势较为复杂,恐怖主义、违法犯罪、环境安全、经济安全、信息安全等非传统安全问题日益突出,重要基础设施有可能成为各类不法分子的攻击目标,一旦其安全受到威胁,势必影响人们的日常生产、生活安全,甚至对国家与社会的发展都会产生不良的影响。因此,重要基础设施安全防控的作用凸显出来,其正常运转关系到社会的安全和稳定。

第一节　重要基础设施的含义与范围界定

在现阶段,明确重要基础设施的含义、范围,明确重要基础设施防控的重点,对于构建完整、有效的社会治安防控体系十分重要。只有在明确研究目标的基础之上,才能研究该目标的内涵与外延,从而有的放矢,有针对性地对重要基础设施进行安全防控。

由于种种原因,我国社会管理部门和理论研究界一直未能明确界定重要基础设施的内涵。但是,与重要基础设施防护工作密切相关的经济、文化建设及其安全保护领域的各项工作是我国公安工作以及社会治安防控的重点。在不同的历史阶段，在我国公安工作及社会治安防控体系构建过程中，重要基础设施及重要基础设施防护社会治安防控是以不同称谓出现的，因而其含义界定相应存在区别。

一、治安保卫要害单位及其范围

在计划体制时期，我国对重要基础设施的保护是以要害保卫为基础完成的。1951年全国经济保卫工作会议上提出了要害保卫的概念，并在此后形成了以"关系国家安危、关系国计民生的单位"为核心的要害单位保卫，以及以"对本单位工作、活动起关键作用的部位"为核心的要害部位保卫。并在要害保卫的工作程序、工作范围、工作措施与方法，以及保障机制等方面做出了具体规定。政府通过对要害单位及要害部位的重点控制，实现了在单位内部安全方面，以要害部位安全带动保障整个单位安全；在社会面安全方面，以要害单位安全带动行业系统安全，以要害单位安全、行业系统安全保障经济、文化建设安全。在中华人民共和国成立后五十余年的时间里，各级人民政府、公安机关及其他相关部门机关都是以要害单位保卫和要害部位保卫来确保机关、团体、企业、事业单位的安全，从而有效地保障了我国经济、文化领域各单位的平稳、有效运转。

要害单位是经济、文化单位的重点，同时，也是政府及其公安机关实现社会控制的重点。计划体制时期，要害单位的范围主要包括九个方面：一是首脑机关，即县级以上的党委领导机关、国家行政机关、国家权力机关、国家检察机关和国家审判机关；二是国防尖端企事业单位，即负责研究、设计、制造、储存、试验现代战争所需的歼击机、轰炸机、中远程导弹等武器的相关企业、事业单位；三是重点建设工程，即省级、国家级有关的建设项目，如铁路、水库、隧道等；四是重要科研单位，即中科院、社科院等科研院所，以及其他承担国家重要科研任务的科研机构；五是广播电台电视台，即县级以上的广播单位，以及地级市以上的电视台；六是电信通信枢纽，即各大区电信通讯网的枢纽单位与部位；七是重要动力单位，即各3 000千瓦以上的水电厂、火电厂、风力发电、潮汐发电以及地热发电厂；八是重要金融单位，即县级支金库以上的银行单位，以及造币厂、印钞厂；九是重要文博单位，即保护或藏有国家二级以上珍贵文物的博物馆、展览馆。政府通过对要害单位分级管理，实现了"预防为主""突出重点""保障安全"的防控目标。

二、治安保卫重点单位及其范围

经济、政治体制改革给我国的经济、文化事业建设带来了巨大的发展与机遇，同时，也对我国的基础设施防控带来了诸多挑战。特别是计划体制时期要害单位保卫工作中"政企不分""政事不分"的问题凸显出来。因此，政府对于经济、文化单位的监管职能由"领导监督"调整为"指导监督"。2004年国务院颁布实施的《企业事业单位内部治安保卫条例》（以下简称《内保条例》）第13条中提出了治安保卫重点单位的界定，即"关系全国或者所在地区国计民生、国家安全和公共安全的单位"。治安保卫重点单位成为政府、行业监管部门，以及公安机关对我国现阶段重要基础设施保护重点的统一称谓。

《内保条例》中规定，重点单位的类型与范围包括：①广播电台、电视台、通讯社等主要新闻单位；②机场、港口、大型车站等重要交通枢纽；③国防科技工业重要产品的研制、生产单位；④电信、邮政、金融单位；⑤大型能源动力设施、水利设施和城市水、电、燃气、热力供应设施；⑥大型物资储备单位和大型商贸中心；⑦教育、科研、医疗单位和大型文化、体育场所；⑧博物馆、档案馆和重点文物保护单位；⑨研制、生产、销售、储存危险物品或实验、保藏传染性菌种、毒种的单位；⑩国家重点建设工程；⑪其他需要列为治安保卫重点的单位。

三、我国重要基础设施含义界定的反思与借鉴

当前，重要基础设施及重要基础设施保护的相关提法陆续出现，但不系统、不全面，这一问题成为构建新时期社会治安防控体系中关于重要基础设施防控必须梳理的一个环节。当前，关于相关提法不系统的方面主要表现为：一是表现为各个国家规划、管理部门中对于重要基础设施概念缺乏明确、统一认识。如在国家经济建设、发展规划及国家公共事务管理、公安机关等机构，各部门事权管理机构对于相关涉重要基础设施管理部门称谓混乱。二是表现为我国对重要基础设施防控重罗列、轻归纳。2004年颁布实施的《内保条例》对治安保卫重点单位的范围做出了相应的规定。2007年国务院办公厅发布了《关于开展重大基础设施安全隐患排查工作的通知》，明确了重点排查对象，如公路交通设施、铁路交通设施、水运交通设施、民航交通设施、大型水利设施、大型煤矿、重要电力设施、石油天然气设施、城市基础设施等。但是，由于仍然没有明确对重要基础设施的含义、概念进行界定，而导致部分执行地区、单位在对相关问题的理解上出现分歧。三是表现为理论研究领域中关于重要基础设施及重要基础设施保护仍然没有形成综合性的认识。有教科书在借鉴西方国家基础设施保护资料的基础上推出了关于我国重要基础设的概念，即"对全国以及地区的正常管理功能的发挥、对公共安全和国计民生、对国家安全和利益产生重大或关键影响的设施、目标与

资产。"①，然而，由于社会对于"设施""目标""资产"提出的背景以及含义等认知不普遍，因此，该概念的普及程度较为欠缺。目前，我国对于重要基础设施保护概念之下的研究仍然着重于关于水利、电力、交通等各专业领域的研究。

西方发达国家对重要基础设施的研究较为系统和成熟。以美国为例，在"9·11"恐怖事件发生之前，美国已经开始重视重要基础设施的防控研究②。1996年7月15日，克林顿总统签署的13010号执行命令指出，"一些特定的国家基础设施是如此的重要，以至于如果其不能使用或受到破坏将对美国的防护和经济安全构成严重的影响"。按照这份命令，其中涉及的重要基础设施包括：电信部门；水电系统；天然气和石油储存和运输；银行和金融；运输系统；水资源供应系统；应急服务（包括医疗、警察、消防和救援）；政府的运行。1997年，美国重要基础设施保护研究会提出了重视基础设施保护的理念，"这个国家是如此的依赖于我们的基础设施，以至于我们不得不通过国家安全的角度来看待这个问题。它们对于国家的安全、经济和社会的发展来说是至关重要的。简言之，基础设施是我们整个民族生存的基础和保证"。1998年5月，美国第63号总统决定指示中指出，重要基础设施是指：能维持经济和政府最基本运行所必需的实体性和基于网络的系统。而且，其内容也包括创建国家安全、基础设施保护和反恐怖主义办公室、核心国家基础设施保护中心和重要基础设施保护办公室，对交通、通信、能源、银行、金融机构、供水等重要基础设施进行保护，以确保其可用性和持续有效性，保障国家经济安全、国防安全和国民的正常生活。在"9·11"事件发生以后，美国进一步强化了对重要基础设施的保护。最终，美国国土安全部对重要基础设施作了明确的界定，"如果失灵或者被摧毁，将对国家安全、经济命脉及全国公众的健康和安全，或者上述几项后果的全部造成严重损害的有形或无形的系统和设施"。此外，美国重要基础设施这个概念中，又衍生出"关键资源"的概念和"关键资产"的子概念。欧洲各国也对重要基础设施进行了较为成熟的研究和保护，欧盟委员会对重要基础设施的定义是：有形资产和信息技术设施、网络、服务及资产，如果它们受到干扰或破坏将对公民的健康、基本安全、安全保障及经济利益或者对会员国成员政府的有效运行产生严重影响。

四、现阶段我国重要基础设施范围划分

对重要基础设施范围的划定应是一个动态、变化的过程，需要根据经济社会

---

① 郭太生主编：《保卫学》，中国人民公安大学出版社2011年版，第189页。
② 裴岩、王树民：《风险社会背景下美国重要基础设施安全管理的思路及启示》，载于《理论导刊》2010年第4期，第101~103页。

发展过程，以及安全形势的变化不断进行调整。在新时期的新形势下，在构建社会治安防控体系的大背景之下，从我国实际出发，从维护国家安全、社会秩序稳定、维护公共安全和地区正常的工作生活秩序，以及对地区发生的突发事件的有效应对等方面的考虑，随着经济社会发展、安全形势与安全需求的变化，在借鉴国内外相关经验和参阅《内保条例》及其他有关法律法规的有关规定，本课题组将我国现阶段重要基础设施分为以下几类：

第一类，首脑机关，包括县级以上的党政领导机关、国家行政机关、国家权力机关、国家检察机关和国家审判机关等；

第二类，重要新闻单位，包括中央电视台、中央人民广播电台、新华通讯社、人民日报社等中央新闻单位、省市电视台，以及由这些新闻单位延伸的信号传输设施；

第三类，紧急情况处置机构，包括城市应急中心、公安局、消防局、急救中心等；

第四类，粮食与食品加工单位，包括大型的粮食、肉类、禽蛋类、水产类、奶制品等加工生产基地、加工厂等；

第五类，城市民生设施，包括城市大型能源动力设施、水利设施和水、电、热力、燃气供应管道设施，以及生活污水处理厂等；

第六类，公共卫生系统，包括医院、防疫站、疾控中心等；

第七类，交通运输设施，包括民航、铁路、航运和公路运输系统及设施，如机场、火车站、港口、城市地铁、城市公共交通枢纽等；

第八类，电信通信邮政设施，包括邮政枢纽、长途电话台、国际国内长途电信通信干线、战备通信设施、纪要通信局等单位和基本设施；

第九类，银行金融单位，包括银行、证券、保险单位，以及造币厂、印钞厂等；

第十类，能源设施系统，包括煤炭、电力、石油、天然气生产单位及运输设施；

第十一类，教育科研文博单位，教育单位包括大中小学校、幼儿园，科研单位是指承担国家重要科研任务的科研院所、实验室，文博单位是指博物馆、档案馆，以及国家文物行政管理部门依照法定程序确定的古文化遗址、古墓葬、古建筑、近现代重要历史遗迹等重点文物保护单位；

第十二类，大型物资储备单位，包括省级以上的粮油储备库、综合物资储备库、火工库和油料库等；

第十三类，涉危险物品类单位，包括研制、生产、销售、储存危险物品，或者试验、保藏传播病种、毒种的单位；

第十四类，大型商贸中心及大型文化体育场所；

第十五类，标志性建筑及高层建筑，标志性建筑是指对可能对国家声望、城市形象及大众信心产生影响的纪念性建筑、构筑物，高层建筑是指一定高度以上、具有实用性或标志性的建筑。

从总体上来看，由于我国整体上缺乏对于重要基础设施含义与范围的顶层设计，从而导致了我国重要基础设施安全防控实证研究与理论研究的分散与浅表化。具体表现在，一方面，尽管有《电力设施保护条例》《水库大坝安全管理条例》《石油天然气管道保护条例》《广播电视设施保护条例》等规范性文件对相关类重要基础设施的保护作出了相应规定；同时，在2007年8月30日公布的《中华人民共和国突发事件应对法》中，规定重要基础设施在应对突发事件时适用此法的规定。但是，各法规、法律保护措施方面规定得比较粗疏，相关条款之间缺乏衔接，致使可操作性不强。另一方面，我国重要基础设施保护在识别、脆弱性评估、保护措施有效性的衡量方法上有所欠缺和研究滞后，以及各有关部门和单位在实施保护措施过程中缺乏有效的联动和资源、信息共享。以上问题必然对我国已经形成的重要基础设施保护模式（即在重要基础设施保护实践过程中，有关部门在实际工作中，已经形成了先通过调查研究、科学论证的方法确定重点单位，然后制定措施、报批备案的工作模式）形成负面影响。

随着重要基础设施范围的扩大、数量的增多、工作负荷的加重，以及不同类型重要设施之间在运行过程中相互联系与影响程度的增加；鉴于重要基础设施对国家安全、公共安全和国计民生的影响，以及其自身脆弱程度和遭受恐怖袭击威胁的增加，我国重要基础设施防控应当在科学、清晰的顶层设计框架之下，细化重要基础设施保护的步骤和措施，完善应急预案，提高总体防护水平，将现有的保护资源进行有效整合，实现信息共享和反馈，实现应急机制的横向协调和衔接，以求重要基础设施保护效益的最大化。

第二节　重要基础设施安全防控实践价值

重要基础设施的安全防控是新时期社会治安防控体系建设的重要一环，因为重要基础设施的正常运转关系国计民生，因此，在建设立体化的社会治安防控体系过程中，必须明确各重要基础设施的安全防控实践价值，从而对各类重要基础设施有针对性地进行安全防控。在我国经济社会发展、安全形势与安全需求不断变化的大背景下，恐怖主义、违法犯罪、环境安全、经济安全、信息安全等非传统安全问题日益突出，因此，必须首先确立重要基础设施的安全需求，才能更有针对性地对其进行防控。

一、重要基础设施安全防控与反恐

进入21世纪，恐怖主义活动日益猖獗，以高科技为手段的恐怖主义迅猛发展，恐怖主义也是新时期社会治安防控体系的重要潜在威胁之一。从当前世界范围的恐怖活动手段分析，爆炸袭击是最主要的形式；在袭击目标的选择上，有从军事设施转向民用设施的趋势。恐怖分子趋向于寻找那些对国家或地区经济发展作用大、社会影响大、防范相对薄弱的目标，如能源、交通、金融、互联网等，这些目标多属于重要基础设施范围。由于重要基础设施本身属于人造系统与环境，而且有日益大型化、系统化的趋势，对技术的依赖性、各种基础设施之间的关联性、系统结构的复杂性，决定其具有相当大的脆弱性，容易受到恐怖袭击的破坏，而且其脆弱性比较容易被恐怖分子发现并加以利用。因此，必须实现对重要基础设施的安全防控，才能保障社会秩序稳定，人民生产、生活安全，实现构建社会治安防控体系的目标。

一些重要基础设施人员密集（如城市地铁交通系统），安全防范手段薄弱，一旦受到攻击破坏会失去正常功能，而且应急处置困难，最终导致大量的人员伤亡和财产损毁。随着科学技术的发展，计算机网络系统被广泛应用于天然气和石油运输管线、水处理和输送系统、发电和水坝洪水控制、石油化工提炼以及其他系统，通过支持远程维护、远程控制和远程升级功能来降低运营成本。然而，这种工作模式在提供便捷的同时，也给重要基础设施安全带来巨大风险。恐怖分子可以通过计算机网络袭击重要基础设施，如严重破坏或干扰国家防御、盗取敏感信息或消除重要数据等；而且袭击者能够有效隐匿身份、地址和目的，行动更具隐蔽性。更令人担心的是，恐怖分子可以通过对计算机网络的袭击与物理袭击相结合的方式实现破坏程度的最大化（这种复合型袭击方式被称为"蜂群式袭击"），使受袭目标的反应过程减慢或复杂化。例如，对重要基础设施的计算机网络进行攻击，可以拖延紧急救援部门收到报警信号的时间或使该设施拒绝接受用来缓解物理袭击后果的资源。而且"蜂群式袭击"能增强物理袭击的破坏力，如对控制天然气运输管线的计算机系统进行攻击后，可以使安全阀自动打开并将天然气泄漏到预计发动物理袭击的区域，进而加强物理袭击的效果。

我国虽未发生严重的恐怖袭击事件，但面临着恐怖主义袭击的长期威胁与潜在威胁。从近10年的情况看，我国面临的恐怖袭击主要来自于境内外的"东突"

恐怖势力和国际恐怖组织的恐怖暴力活动。今后很长一段时间内，恐怖袭击应被视为我国重要基础设施安全面临的最大威胁，反恐也应成为我国重要基础设施防控的重中之重。

二、重要基础设施安全防控与灾害预防

在全球化和信息化时代，不断发展的科学技术和全新的正在增长的系统性风险成为当今世界面临的共同挑战，各种灾害和事故频繁发生，对社会治安造成不同程度的威胁。系统内部的复杂性导致重要基础设施面临来自系统内部的技术、机械、人员、制度和来自系统外部的人员和物质因素引发的事故灾难，可能导致重大的、连锁性的反应及人员伤亡和财产损毁。例如，2003年美国和加拿大东部地区大面积停电事故，造成工厂停工、机场关闭、交通堵塞、地铁瘫痪，惊恐的人群涌上街头，直接经济损失高达300亿美元。2013年日本福岛第一核电站继2011年发生爆炸后再一次发生重大事故，造成高浓度核污染水的大量外泄，在现场作业的9人中有6人遭到污染水喷淋。

我国幅员辽阔，地理气候条件复杂，自然灾害种类多且发生频繁。各种自然灾害对重要基础设施安全构成不同程度的影响，如特大暴雨、暴雪所导致的道路交通大面积瘫痪，低温和雨雪冰冻灾害造成的城市电网解列和供电中断，地震造成的城市供水、供电、供气、通信等系统的瘫痪和损毁等。现代社会发展的趋势是，社会的日常运转对重要基础设施的依赖性日益增加，任何一项基础设施或基础设施的任何一个环节出现故障或被损坏，都会导致城市运转失效，严重时会使整个城市陷入瘫痪状态，正常的社会秩序难以维系，这一点在大型或超大型城市中体现得更为明显。因此，预防事故灾难的发生以及抵御自然灾害的破坏，应是重要基础设施防控的重要内容。

三、重要基础设施防控与社会稳定

我国正处在经济转轨和社会转型期，各项发展也进入"新常态"，然而，"现代性产生稳定性，而现代化却产生不稳定性"。根据世界发展进程的一般规律，一个国家和地区发展到人均GDP1 000～3 000美元阶段，往往对应着人口、资源、环境、效率和公平等社会矛盾较为严重的"瓶颈"时期，比较容易产生社会失序、经济失调、心理失衡等问题和不稳定因素。从犯罪形势来看，我国目前仍处于刑事犯罪的高发期；从刑事犯罪的特点来看，新的犯罪形式和犯罪手段不断出现，犯罪的动态化、智能化、组织化、职业化的趋向日益明显。高发的刑事

犯罪尤其是侵财性犯罪，对重要基础设施安全产生很大冲击。除侵财性犯罪，由于社会、经济和国际等因素引发的社会安全事件中也存在用危险方法与手段危害重要基础设施安全的情况。例如，拉萨"3·14"打砸抢烧事件中，不法分子将学校、医院、金融网点作为破坏的目标；而新疆"7·5"事件发生后，特警的主要勤务之一则是担负重点部位、目标的守卫，以防止不法分子的破坏。必须充分关注重要基础设施防控工作，在更深的层次上维护国家安全与社会稳定。

四、重要基础设施防控与安全生产

安全生产是重要基础设施防控的首要目标，然而，影响安全生产的因素是客观存在的，包括一般违法犯罪行为侵害、违章作业、设备老化、环境隐患等。针对重要基础设施的一般违法犯罪行为屡禁不止、屡打不尽，如输电线缆盗割问题、输油气管道盗油、盗气问题；基础设施建设的时间越长，自身脆弱性的特点就越明显，安全保护方面的潜在威胁就越严重，如因设计久远而缺失设计图纸、自然老化等。而且在我国，违章作业的现象也十分普遍，一旦出现事故，势必造成基础设施的损毁，或多或少都会影响社会的稳定与安全。

五、重要基础设施防控与立体化社会治安防控体系的构建

重要基础设施防控是建设立体化社会治安防控体系的重要组成部分。从20世纪50年代初的要害保卫到今天的治安保卫重点单位保卫，公安机关一直将重要基础设施防控作为公安机关和企事业单位保卫工作中的一项重要任务。但是随着经济社会的不断发展，我国对重要基础设施的保护无论在内涵方面与外延方面，还是在对其安全重要性的认识方面，都不断地发展与变化。在现阶段，在非传统安全威胁因素日益增加的形势下，将重要基础设施防控与建设立体化社会治安防控体系建设紧密结合，是顺应时代的发展，尊重社会、经济发展规律，切实加强对重要基础设施的治安防控体系建设的需要。

加强重要基础设施防控是提高社会治安防控体系整体作战能力的需要。近年来，随着治安资源的不断新增和发展，各个队伍和职能不断细化，部分出现了"条块分离、各自为战"的状态，尽管以公安机关为主导的各个组织十分强调要增强协作意识，树立全局一盘棋的思想，但由于缺乏相应的机制，一直处于松散被动的协助配合状态。通过完善和加强重要基础设施的治安防控体系，可以优化资源配置，有效强化各治安资源的协作能力，实现效能最大化。

第三节　重要基础设施防控资源整合

重要基础设施安全关系公共安全和国家安全，也关系到社会治安防控体系建设的成功与否。对于重要基础设施防控的工作必须依靠国家和全社会的共同努力，因此，重要基础设施防控必须在"政府领导""单位负责"的基础上，成为社会治安防控体系建设中的重要一环，充分调动、整合和运用各种社会资源，并能发挥各资源部分的职责，使社会资源形成合力，才能真正提高重要基础设施防控能力和效力。重要基础设施防控必须整合的资源包括政府资源与社会资源。

一、政府资源

"政府"一词有狭义和广义两层含义。广义的政府，泛指各类国家权力机构，包括一切依法享有制定法律、执行和贯彻法律，以及解释和应用法律的公共权力的机构，即我们通常所谓的立法机构、司法机构和行政机构。而狭义的政府，即指其中的国家行政机构。这里所说的政府部门，也指的是狭义的国家行政机构。政府的职能，是指政府作为社会中最大的公共组织，在维持社会稳定、保护社会公平、促进社会发展诸方面所应该承担的职责和能够发挥的功能。在重要基础设施的治安防控体系中，政府作为主要的管理者，肩负着首要责任，其地位也是不可撼动的。政府部门包括公安机关、城市管理执法部门、行业监管部门等。

1. 公安机关

公安机关的核心职能在于打击犯罪、维护治安，也是重要基础设施防控的中坚力量，对其他人员、单位和组织进行重要基础设施的防控工作起着指导与监督的作用。长久以来，我国的重要基础设施防控都是由公安机关主导的。例如，《人民警察法》第六条规定，公安机关人民警察的职责包括"指导和监督国家机关、社会团体、企业事业组织和重点建设工程的治安保卫工作"。2004年《内保条例》第3条规定，"国务院公安部门指导、监督全国的单位内部治安保卫工作，对行业、系统有监管职责的国务院有关部门指导、检查本行业、本系统的单位内部治安保卫工作；县级以上地方各级人民政府公安机关指导、监督本行政区域内的单位内部治安保卫工作"。以上规定都是在法律、法规上对于公安机关对于重要基础设施单位职责的规定；各地方公安机关在组织机构、警力配备，以及后勤保障方面都做出了相应的计划和落实。因此，无论是在计划经济时期，还是社会主义市场经济阶段，公安机关认真履行行政指导、行政监督与行政检查的职责，都是在为我国重要基础设施防控提供直接帮助。

2. 行业监管部门

近年来，随着行政管理体制改革的不断深入，政府从全面经济统制中逐步退出，让位于市场，政府的经济职能由直接控制转向市场监管。2004年《内保条例》第3条规定明确了行业监管部门职责，提出"对行业、系统有监管职责的县级以上地方各级人民政府有关部门指导、检查本行政区域内的本行业、本系统的单位内部治安保卫工作，及时解决单位内部治安保卫工作中的突出问题"。行业监管部门的作用在于制定行业标准与重要基础设施的安全防控体系的评价标准，并实施监督工作。虽然，现在我国的行业监管部门的职能还没有得到完全发挥，但是在行业监管部门的设计标准之下进行基础设施的防控体系建设已经成为趋势，在今后的工作中应该逐渐加强此方面的工作。

3. 城市管理综合执法部门

城市管理执法部门，在各地的叫法略有不同，统称为"城管"。"城管"的主要职责包括诸多方面，如贯彻实施国家及本市有关城市管理方面的法律、法规及规章，治理和维护城市管理秩序；组织起草本市有关城市管理综合行政执法方面的地方性法规、规章草案，研究提出完善本市城市管理综合行政执法体制的意见和措施；负责本市城管监察行政执法的指导、统筹协调和组织调度工作；负责本市市政设施、城市公用、城市节水和停车场管理中的专业性行政执法工作等。因此，"城管"也是重要基础设施防控体系中不可或缺的一个环节，其意义在于实践城市中关于重要基础设施保护方面的法律与政策，协助公安机关制定相关的重要基础设施的防控应急预案等，与公安机关一起共同进行重要基础设施的防控体系建设，保护基础设施的安全与维护社会稳定。

二、社会组织

重要基础设施防控可以整合的社会组织，是指政府部门以外的各种自益性、互益性或公益性的服务和生产机构，其基本特征是非政府性、自治性、志愿性以及公益性，是对各种非政府组织、社团组织、民间组织等的统称。从社会组织的自身功能来看，其在宣传发动、组织协调、专业特长、资源整合、自强自律、慈善互助等方面所具有的独特优势，也决定了社会组织可以在社会管理中发挥重要而积极的作用，有利于缓解社会矛盾，满足安全需求。重要基础设施防控既可以整合非营利性社会组织，也可以整合营利性社会组织。

1. 机关、团体、企业、事业单位保卫组织

机关、团体、企业、事业单位保卫组织是非营利性的社会组织，是在公安机关的指导与监督之下设立的，各单位自行组织的，为了维护本单位各项安全与正常生产生活秩序的组织部门。其具体任务包括保护公民人身、财产安全和公共财产安全，维护单位的工作、生产、经营、教学和科研秩序。单位应当根据内部治安保卫工作需要，设置治安保卫机构或配备专职、兼职治安保安人员。这些人员，特别是重要基础设施中的保卫人员，处在重要基础设施治安防控体系的首要环节，他们是最前线的保卫力量。

单位内部治安保卫工作是社会治安综合治理的一项重要基础工作，是治安管理工作的重要组成部分，是社会治安防控体系的重要战线，是构建和谐社会依法开展治安保卫活动、查办违法行为的一项专项工作，也是单位内部行政管理的重要职能和手段。单位内部治安保卫组织的职责任务在事业单位转换经营机制过程中，由单一的治安管理型向治安管理与行政管理多型并重发展转变。因此，保卫工作人员要从单纯的专一型职责转变为综合管理型职责，这就要求建立起一套安全有效的工作机制。

2. 中介组织

中介组织是非营利性组织。社会中介组织是介于政府与社会个体之间实现自我规范与自我管理的行业组织，社会个体包括个人、家庭、社会组织与企事业单位等。在重要基础设施防控体系建设中，中介组织的作用一方面是使有相同或相近利益的重要基础设施单位、社会团体利益组织化；另一方面，是代表本组织单位、团体利益与政府沟通、协调，实现组织利益。目前，活跃在重要基础设施防控领域的中介组织主要是行业协会类，如保安协会；行业学会类，如高校保卫学会；行业研究会类，如冶金保卫研究会；行业联合会类，如上海企业保卫联合会等。

发挥中介组织在重要基础设施防控中的作用，是近年来对于社会资源整合的新探索。需要注意的是，中介组织是政府、会员重要基础设施单位之间的桥梁和纽带，中介组织要在政府与会员重要基础设施单位之间起到协调沟通作用。既要保证政府的相关政策、方针能够被会员重要基础设施单位学习和熟悉，同时也要维护会员重要基础设施单位的利益。实现政府与会员单位利益双赢，是重要基础设施防控中介组织存在的基本价值。

3. 重要基础设施单位治安保卫委员会

重要基础设施单位治安保卫委员会，简称单位治保会，是群众性自治组织，是非营利性组织。我国《宪法》第111条规定，治安保卫委员会（简称治保会）是协助政府维护社会治安的群众性自治组织。《治安保卫委员会组织条例》第3条规定："治安保卫委员会，城市在居民委员会内设立，农村在村民委员会内设立，企业、事业单位按基层行政单位或生产组织设立"。单位治安保卫委员会受单位行政领导，在公安机关的指导下开展工作。单位治安保卫委员会的工作职责一是对职工群众进行法制教育和提高政治警惕性的教育；二是组织职工做好安全防范工作；三是组织职工制定治安公约和安全保卫的各项制度；四是协助单位的保卫组织做好治安联防，保卫要害部位的安全；五是依法控制、发现各种犯罪嫌疑人；六是积极保护现场，协助公安机关查破案件；七是做好对有违法犯罪行为的职工的帮教工作；八是对被剥夺政治权利的犯罪分子和被监视居住的犯罪嫌疑人进行监督、考察。

4. 保安服务

营利性的社会组织以保安服务公司为代表。随着社会治安管理与防控的不断发展，保安力量也成为治安防控体系中不可或缺的一环。保安服务是指为满足公民、法人和其他社会组织的安全需求，由依法设立的保安从业单位（包括保安服务公司和自行招用保安员的单位），依据合同的约定或根据自行招用保安员单位的要求，提供的专业化、社会化安全防范服务及相关的服务。保安服务具有许可性、契约性、有偿性、防范性、风险性等特征。保安服务的主要职责一是门卫，负责出入口的人员证件、车辆和物品的查验和遇有紧急情况的处置；二是守护，负责要害目标的守护，以及在紧急情况时的处置；三是押运，负责对贵重物品、金银货币和危险物品等进行护送押解，并且承担保安押运业务中紧急情况的处置职能；四是巡逻，负责对特定目标或区域进行巡逻警戒，并且承担在巡逻过程中对紧急情况的处置职能；五是现场保护职能，负责对犯罪现场、治安案件现场、意外事件现场、自然灾害事故现场、治安灾害事故现场和交通事故现场的维护；六是安检，负责车站、码头、渡口、机场的安全检查，包括目查和设备查；七是保安咨询职能，负责对客户安全方面问题的解答；八是保安技术预防职能，负责为客户设计、安装、调试和维修安全防范技术设备。保安服务作为提供社会有限责任的服务主体，其社会价值正在越来越深入地被发掘和利用。

随着社会的不断发展，各种新的社会组织形式还会不断出现，重要基础设施防控体系建设需要吸收各种有效资源为其服务。

三、安全志愿者

安全志愿者是重要基础设施防控中的有益社会单体形式。安全志愿工作是广大人民群众发挥自身优势，积极无偿参与重要基础设施防控的一种工作机制和形式。重要基础设施防控中的安全志愿者，和社会治安防控体系建设中的其他治安志愿者一样，应当具有群众性、无偿性、组织性、安全工作性和形式多样性的基本特征。同时，安全志愿者的特殊性在于为重要基础设施单位安全生产服务，在生产环节、流通环节、传输环节等方面补充单位内部正式安全管理及公安机关专业防控力量的缺位，如弥补管线设施单位的巡线、护线力量等。

第四节　重要基础设施防控体系建设的基本措施

重要基础设施治安防控体系建设就是指防范与控制重要基础设施周围的危险源，以达到更加系统、科学地进行防控的目的。具体来说，重要基础设施防控体系是指在我国社会主义制度下，在党委、政府领导下，以公安机关为主体，整合内部警力和多种社会资源，运用人防、技防、物防措施，形成统一指挥，相互配合，集打击、防范、控制、管理等多种功能于一体，对重要基础设施实行综合防控的工作运行机制。

一、成立统一领导机构

成立统一的重要基础设施保护机构，制定统一的基础设施保护范围、标准，整合各种资源，完善应急预案，实现应急机制的横向协调和衔接，提高重要基础设施总体防护水平是当务之急。由于历史的原因，我国重要基础设施保护的职责分布在政府各有关主管部门。从安全保护的责任主体来看，既有武装警察部队，也有各级公安机关；既有国家的专业公安机关，也有重要基础设施所在单位与行业的保卫工作机构。在第一线从事保卫工作实务的力量既有保卫人员，也有武警战士，还有商业性的保安服务公司的保安人员。这在客观上形成了没有统一的管理机构领导、规划与管理全市重要基础设施的安全保卫工作，导致重要基础设施安全管理工作分散，缺乏统一的要求与安全保护标准，资源不能最大限度达到共享。美国在"9·11"恐怖袭击事件发生之后成立国土安全部，主要目的就是达到资源的共享。美国出台的"国家基础设施保护计划"中对重要基础设施保护资源进行了整合，确定了国土安全部的领导和协调责任，为协调和整合国家内部的保护力量提供了法律依据。我国应借鉴美国的先进经验，及早规划成立统一的重要基础设施保护机构，统一规划重要基础设施的范围，制定保护标准，规范名词术语与风险评价的程序与标准，制定有针对性的预防与应急措施，明确应急资源的需求和配置。

二、建立健全重要基础设施的法律保护体系

在我国，对重要基础设施采取的安全保护措施，散见于各种不同层次的法律规范性文件之中。总的来讲，我国现有的法律、法规和规章在保护措施方面规定得比较粗疏，可操作性不强，没有确定重要基础设施并识别和评估脆弱性的方法和程序，也缺乏保护措施有效性的衡量方法，各有关部门和单位在实施保护措施过程中缺乏有效的联动和资源、信息共享。因此，应在已有的法律法规基础之上，包括《企业事业单位内部治安保卫条例》《电力设施保护条例》《水库大坝安全管理条例》《广播电视设施保护条例》和《突发事件应对法》等，进行更进一步的细化与职能的规定，从法律这一最基本方面确立对重要基础设施的保护。

三、明确重要基础设施的风险等级

当今我国的各项重要基础设施虽然在设计上不存在大的缺陷，按照传统意义上的防控机制来说基本处于安全状态，相对于一般风险来说具有可接受性，有能力应对一般的破坏、意外事故以及自然灾害等风险，但毕竟在应对恐怖活动方面准备不够充分和完善，能力有待提高。尽管我国到目前为止还没有发生过针对重要基础设施袭击的先例，但并不代表以后不会发生恐怖袭击事件，加之重要基础设施应对恐怖袭击的防护水平偏低，因此，应坚持预防为主的指导思想，增强应对风险的能力，通过明确重要基础设施的风险等级，并有针对性采取降低风险的防护措施。

四、与城市整体规划和保障建设同步进行

重要基础设施的建设与城市的建设规划联系密切，同时，重要基础设施的安全保护也受到城市建设的影响。由于我国的城市建设速度不断加快，因此，在城市建设过程中不可避免地会对原有基础设施构成破坏，特别是对地下管线的破坏。此外，城市的扩展还会引起重要基础设施原有环境的变化。因此，在城市建设中，应合理规划城市的空间结构和建设用地的使用，事前做好用地评价工作，综合考虑地形、地质、气象、危险源场所、防洪、抗震、防风等安全因素，实现城市总体布局的合理化。

五、加强宣传教育工作

重要基础设施目前存在的安全威胁在一定程度上与宣传教育工作不足有关。重要基础设施事关人民群众的日常工作与生活，与人民群众的切身利益紧密相关。政府保护重要基础设施的政策措施、所追求的目标与人民群众安居乐业的期望是高度一致的。但由于平时对重要基础设施安全保护重要性的宣传教育不够，人民群众对重要基础设施安全的重要意义缺乏足够认识。危害重要基础设施安全的违法犯罪分子在实施违法犯罪行为时，也未必会考虑到引发的严重后果。因此，重要基础设施安全保护的重要途径之一就是开展广泛的宣传教育，强化社会基础，提高社会公众保护重要基础设施安全的积极性、自觉性和主动性，优化重要基础设施保护的法治环境条件。

六、加强人防工作

"人防"是重要基础设施防控中最重要的一个环节，"人防"的成功与否将直接决定着重要基础设施的安全能否得以保障。在重要基础设施保卫队伍方面，要重视以下几点：一是在重要基础设施内部完善专职的保卫队伍。近些年的重要基础设施保护实践证明，重要基础设施内部兼职的保卫队伍或市场化的保安人员在素质与责任心上都无法与专职保卫队伍相比。《内保条例》第6条第2款规定，治安保卫重点单位应当设置与治安保卫任务相适应的治安保卫机构，配备专职治安保卫人员。这为重要基础设施保卫队伍的专职化提供了法律依据。二是在建立专职保卫队伍的基础上，加强和完善重要基础设施保护的群防群治队伍建设。针对一些重要基础设施存在的管线长、跨度大、面大点多的特点，重要基础设施所在单位应进一步加强兼职和群防群治力量的建设，如场站看护工、管道巡线工、群众巡线员等，加大对重要基础设施的保护力度和看护密度。三是加强保卫队伍的培训。针对当前普遍存在的重要基础设施保护力量素质较低的现状，重要基础设施所在单位应加强对保卫队伍的培训。《内保条例》第9条规定，单位内部治安保卫人员应当接受有关法律知识和治安保卫业务、技能及相关专业知识的培训、考核。在重要基础设施保护队伍建设上，应建立一支责任心强、既懂专业知识又懂法律知识、既能积极主动采取措施保护重要基础设施安全又能协助公安机关工作的专职队伍。保卫人员不仅应掌握法律知识、治安保卫业务知识，还应掌握巡逻的技能、检查发现安全隐患的技能、保护现场的技能、对紧急事件进行初期处置的技能和使用技术防范设施的技能等。

七、强化技防工作

重要基础设施防控体系建设要突出强调技术防范的作用。重要基础设施单位，特别是城市基础设施单位和能源系统单位，普遍具有防护面大、线长、点多的特点，防控工作无法做到人力全天候的看护和巡检。因此，必须根据各单位具体情况，通过分步骤、分阶段、多层次、多格局的方式安装切实可行的技防设施；并加强技防工作专业培训，维护技防设施的正常运转，以减轻巡线、护线人员的压力，提高防护效率。

第五节 部分重要基础设施单位治安防控体系建设的措施

为确保社会治安防控体系的成功运行，实现重要基础设施的安全防控，针对部分重要基础设施的单位治安防控体系建设提出合理化建议十分有必要。当前我国社会中，城市公用管线设施、城市轨道交通和高校涉危险物品类实验室等设施和部门已经成为影响社会日常生产生活的几类重要基础设施，关于这几类设施的防控体系建设应单独提出合理化建议，并以此为参照，实现对新时期社会治安防控体系建设子系统的有效补充。

一、城市公用管线设施防控体系建设措施

城市公用管线设施是城市公共基础设施的重要组成部分，包括电力、通信、燃气、热力输送和城市生活用水输送系统在公共区域架空管线或地下铺设管线及其辅助设施。城市公用管线安全密切关系着国家安危、国计民生，是城市的"生命线"，也是公安机关对单位、社会实施监管的重要内容。目前，随着我国城市化进程的加快，城市规模不断扩大，管道的使用不断增加，公用管线的长度增加迅速。然而，随着城市公用管线不断发展，城市公用管线的安全状况却没有引起足够的重视。根据有关数据报道，我国城市地下管线事故每年损失至少450亿元。在架空管线方面，因各种架空线路发生损害而引发的停电、通讯信号中断等事故也经常见诸媒体报道或直接影响到我们的日常生活。由于我国的城市发展规划以及管理体制等多方面的原因，形成了大部分城市公用管线设施安全防控多头管理、无序管理的局面。管线管理是一项基础性工作，需要基础信息数据支撑，

立法规范，以及政府、企业与社会之间的配合。当前国内一些城市的公用管线档案管理已有成功的实践，为该市公用管线的安全防控提供了良好的信息支撑[①]。但是，从安全防控体系的构建而言，当前我国公用管线设施的防控是远远不够的，因此，城市公用管线等重要基础设施治安防控体系建设的具体建议如下：

（一）健全法律法规体系，确保有法可依

西方发达国家无一例外都注重用法律规范解决公用管线管理中存在的问题，特别是美国针对具体的管线安全问题都有明确的法规作为指导。在这方面我们尚存在很多不足，我国虽然有一些对管线保护的法律和条例，但规定得较为笼统，权属问题一直不能得到很好的解决，实施起来困难重重。因此，首先建议相关部门制定更为明细的管线安全保护规定，明确具体的责任单位和相关的处罚措施。其次，提高相关管线保护法律的位阶，增加相关部门不作为的行政责任和刑事责任的规定，同时对单位违反管道保护的行为必须要增加罚金刑。最后，相关政府部门要切实落实公用管线保护法律法规的宣传力度，特别是对本单位的职工和管道沿线的群众要进行管线安全法律法规和管线事故的急救知识的普及。

（二）加强部门间的协调，共同应对突发的公用管线安全事故

由于公用管线管理的历史遗留问题，在处置公用管线安全事故时，协调成为一大难题，相关职能部门和企业部门有效合作的力度不够，处理事故的效率较低。因此，本书认为，成立如上所述的公用管线机构势在必行，只有这样才能从根本上解决协调问题，建立联动机制，提升反应速度，在短时间内解决公用管线事故。

以北京市为例，"非典"后北京市建立和完善了突发公共事件组织体系，成立了北京市突发公共事件应急委员会，统一领导全市突发公共事件应对工作。应急委员会主任由市长担任，副主任按处置自然灾害、事故灾难、公共卫生和社会安全四类突发公共事件的分工，由分管市领导担任。北京市突发公共事件应急委员会下设办公室，作为日常办事机构。办公室设在市政府办公厅，加挂市应急指挥中心牌子。由北京市突发公共事件委员会办公室主持日常工作，其下辖包括城市公共设施事故应急指挥部等十三个专项应急指挥部。北京市政管委下设应急处，负责北京市应急办交办的工作，统筹领导各管线权属单位进行管线突发事故应急工作。公用管线安全防控机制作为多部门参与的机制，要做到工作的有序运

[①] 李伟清：《城市公用管线安全防控管理比较研究》，载于《河北公安警察职业学院学报》2011年第1期，第23～25页。

行，就必须协调相关单位部门的工作。可采用委员会的工作模式，即建立公用管线安全保护协调委员会并成立执行委员会或管理委员会。本书认为，当前应由市政管理部门主持委员会日常工作并协调不同企业部门之间的活动，成员由各部门和单位的主管领导组成。通过定期或不定期的会议，政府部门和各企业之间保持经常性的信息交流，通报对管线的监督检查情况，以保证提供相互间必要的配合。

（三）积极利用中介组织和安全服务公司，提升城市公用管线的保护水平和力度

国外中介组织参与公用管线保护主要体现在专业技术支持和专业的安全服务。各种技术协会、行业协会、学会从专业领域出发，对各种管线的安全标准制定与发布、铺设的要求，以及技术规范统一等方面进行指导；而安全服务公司从管线铺设伊始就提供专业的安全方案和相关的法律法规支持，在铺设完成后为企业设计安全保护方案并定期提供咨询。我国在这一方面的发展明显滞后，同时，我国的公用管线在今后一段时间将呈爆炸式的增长，单靠政府部门和企业的力量进行防护已经显得力量单薄；另一方面，随着我国管道行业的发展和保安服务业服务形式和服务质量的提高，企业希望其积极地参与公用管线的保护，以发挥各自的作用，实现自身的价值。因此，中介组织和安全服务公司参与公用管线防护空间很大，政府部门和企业单位要积极引导中介组织和安全服务公司参与公用管线的防护，同时要制定相关的规定，规范它们的参与行为，使其能够真正地服务于公用管线的保护。

加强城市公用管线安全防控管理是有利于国家、企业和百姓的公共安全服务事项，是关系城市发展规划、城市公共事业立法、城市公共部门协作，以及动员社会力量合作的重要事项。公安机关在学习和借鉴相关国家管理经验的基础上，应当充分利用现有法律法规，在"单位负责、政府监管"的工作方针指导下，发挥政府监管职能，及时处罚和打击侵害城市公用管线安全的违法犯罪行为，保障城市居民生活、工作的正常秩序。

二、城市轨道交通防控体系建设措施

城市轨道交通具有人员密集、流动性大、容易被犯罪分子破坏和利用的特点，同时也是国民经济发展的命脉，一旦被破坏或受到袭击，不仅对公共安全造成重大威胁，而且有的场所一旦发生灾难性事件，应急救援相对困难。因此，城

市轨道交通的治安防控体系建设应包括地面防控体系和地下治安防控体系建设两个方面。其中，该防控体系建设应确保城市轨道交通的安全性，具体而言包括运营的安全性和运营的可靠性。运营的安全性是指在整个城市轨道交通系统的运营过程当中，避免乘客及员工受到伤害、设备遭到破坏的能力；运营可靠性是指其轨道交通系统要保证乘客准时准点到达目的地点的能力。也就是要保证乘客安全准点到达，可靠性当中也含有安全性。运营的安全性是讨论的重点，当然，也不能忽视运营的可靠性方面，假如轨道交通在运营方面出现问题，势必造成地面上人的拥堵，一旦出现问题，就可能出现大规模人员聚集、踩踏等现象。要想保障轨道交通的安全，应当做到以下几点：

1. 建立完善的法律法规体系和安全管理体系

随着各城市的蓬勃发展，城市轨道交通正以其发展规模和自身所具有的鲜明特点，逐步形成一个新兴行业。为了行业自身的健康发展和运营安全的需要，有必要制定统一的法律法规，以统筹全国城市轨道交通行业的管理，规范其建设和运营，进一步完善其运营安全管理法制建设，使城市轨道交通建设和运营走上依法管理的更高层次。目前，《城市公共交通条例》正在尽快出台，同时，各地也在加快制定针对性较强的地方性法规。法规的制定要认真总结国内外城市轨道交通建设和运营的安全管理工作经验，针对本地存在的主要问题，明确规划、设计、施工、监理、运营单位的安全职责，依法规范乘客行为，保护城市轨道交通安全设施，确保城市轨道交通系统安全运营；要因地制宜地制定城市轨道交通建设、运营等安全管理的地方标准，并加强对安全管理技术标准实施情况的监督管理，从源头上消除安全事故隐患；要督促企业制定和完善企业标准，认真贯彻执行安全运行的各项措施。要建立一个制度、责任、设施、岗位职责、人员配置、资金的投入和使用等一系列严密的管理体系，这样，城市轨道交通的管理工作才有法可依。

2. 强化安全评价和安全管理，健全安全生产责任制

安全评价的目的是查找、分析和预测城市轨道交通系统存在的危险、有害因素及可能导致的危险、危害后果和程度，提出合理可行的安全对策和措施，指导危险源控制和事故预防，以达到最低事故率、最少损失和最优的安全投资效益。在西方发达国家，轨道交通项目要经过第三方机构在建设前进行安全预评价和试运营前的验收评价才能投入运营，但是我国仅有广州、北京、深圳、南京几个城市2005年邀请专家对新建地铁进行验收评价。针对这种情况，有必要制定轨道交通安全评价标准，制定相应的管理制度，以强化安全评价的作用。一是要严格落实建立初步设计安全专项审查制度，确保各项安全设施与主体工程同时设计、同时施工、同时投入使用；二是建立轨道交通运营安全验收制度，明确要求轨道交通建设项目在竣工验收后、投入运营前由独立的第三方进行安全评价，对评价合格的线路运营企业，由相关部门予以验收，确保乘客的生命财产安全。

《安全生产法》颁布实施后，各地以落实安全生产责任制为重点，建立健全安全生产规章制度。例如，武汉市轻轨建立了生产调度和生产作业控制管理机制、车站客运服务工作机制、基础乘务管理机制和基础设备系统维修管理机制，上海磁悬浮公司切实加强运营线路安全保护区的管理工作，北京市制定了城市轨道交通运营安全生产指标体系。从全国范围看，各运营企业都实行了安全责任追究制，企业领导和职工的收入直接与安全生产指标挂钩，严明奖惩，真正把安全生产管理纳入法制化、制度化、标准化的轨道。

3. 注重安全检查，切实落实整改措施

随着城市的不断发展壮大，城市轨道交通也进入蓬勃发展期。各地在建设城市轨道交通的过程中，应高度重视城市轨道交通安全，利用各种方法和手段，加强对轨道交通运营的安全检查。各地需有针对性的对自身的城市轨道交通制定相应的规章制度，并有计划、有针对性地开展安全关键点和危险源识别、检查、整治工作；通过分析各类城市轨道交通事故，查找剖析各类安全隐患，并积极落实整改经费，明确责任单位和整改时间；针对当前运营的各类轨道交通情况，请第三方安全评价机构对车辆、信号系统、机电系统、线路设备等进行安全现状评价，提出隐患整改实施方案并尽快消除隐患。在对轨道交通进行全面的安全预评价基础之上，优化运营方案，保障城市轨道交通的安全运营。

4. 对从业人员进行安全培训，提高人员安全素质

从已经发生的事故分析看，90%的事故和人的不安全行为有关。加强安全培训，提高人员安全素质是防止事故发生的有效手段。当前我国关于城市轨道交通从业人员培养的模式多采用企业—学校合作模式，具体可细化为定向式培养、订单式培养和岗前培训三种模式，但是三种模式不同程度的存在缺陷，如何吸取各类培养模式中的优点，从而实现对从业人员的安全培训、提高人员的安全素质成为关键。首先要保障从业人员参加安全培训的时间，无论是何种培训方式，学习时间不得少于三个月，在全面安全培训的基础之上进行考核，考核之后才能上岗。其次，在对人员进行培训时，要注重培训的内容，增加创新型内容，如汇编国内外地铁事故案例，用案例教育档案强化安全三级教育培训，并定期进行考核和再教育。需普遍做到全员培训、持证上岗，并通过报刊、广告、知识竞赛、宣传栏、电视等各种形式对乘客进行安全和文明教育，通过多种途径保证从业人员的专业性，提高安全素质。

5. 建立应急管理体系，切实做好预防工作

地铁作为城市公共交通的重要组成部分，在城市公共交通中占的比重越来越大，扮演着越来越重要的角色。一旦地铁中断运营，必然会对整个城市的地面交通造成巨大压力，影响广大市民的生活和工作。而且，近年来地铁又成为坏人破坏与恐怖袭击的主要目标之一，由于地铁空间相对封闭且狭窄、人员多且密集，一旦发生恐怖事件，将会导致大量人员伤亡和财产破坏，有可能会给整个城市甚至社会造成混乱。为保障人民生命财产安全，维护社会稳定发展，建立一个反应快、保障有力的地铁运营应急抢险救援机制迫在眉睫。国务院在2006年发布了9件事故灾难类突发公共事件专项应急预案，其中包括《国家处置城市地铁事故灾难应急预案》。为落实预案规定的各项保障措施，各城市轨道交通管理部门和运营企业应在政府的统一协调下，公安、消防、医院、公交等社会力量应积极配合、分工协作，普遍建立一个反应快、保障有力的地铁运营应急抢险救援机制。

三、高校涉危险物品类实验室安全防控措施

高校涉危险物品类实验室主要是指实验室涉及生物危险性、放射性、爆炸危险性等相关材料，包括药品、放射性废弃物、废弃耗材、废弃生物材料、废弃电器、雷管炸药等。这些实验室的安全关系到公共安全，一旦发生问题，或上述物品被敌对势力、敌对分子、恐怖分子所破坏和利用，会对公共安全造成巨大威胁。因此，对这些单位进行治安防控是十分必要的，实施治安防控的具体措施主要有以下几点。

（一）明确安全管理职能，落实安全责任制

明确安全责任制，让实验室的安全管理的具体责任落到实处，把安全管理责任落实到具体的人和位，这是开展好治安防控工作的关键一环。建立不同级别的实验室安全管理部门，对实验室进行全面的管理。不同的责任人应该明确，把责任落实到实处，具体到试验药品和试验仪器。同时，设置专门性的管理部门，并设置技术安全科，共同负责实验室的相关安全工作，在体制上健全实验室的安全管理工作并落实责任。

（二）加强定期安全监督检查工作

实验室的主管部门应设置实验室安全监督检查组，坚持定期检查制度，以便排除实验室存在的安全隐患。由于实验室的类型不同，因此，对于安全防控工作

也应存在差异，实验室对所管辖区域的重点安全隐患应加以严管。对于那些剧毒、易燃、易爆危险化学品、放射源、高压气体钢瓶与电气设备进行管理时，应制定专门性的负责人进行检查，以便及时发现与排除潜在的威胁。而且，对于违规操作的人员，必须进行严厉的处罚，对存在的不安全因素及时采取相应的补救措施，保障所有的安全防范措施能够落到实处。

（三）做好保密工作，完善危险物品的保护

做好保密工作应是新形势下实验室安全管理工作的重要内容。实验室的工作者，特别是科研工作者，是参加和研究保密项目的主要负责人，是守住秘密的第一道屏障，所以应首先提升科研人员的法治思想，明晰保密工作的关键性与必要性，确保严格遵守法规制度，以保障实验室保密工作真正落到实处。

（四）制定安全应急预案，提高突发事故处置能力

实验室应对可能会发生的安全事故实施预案准备。应急性预案主要包括组织机制、具体应急措施和事故处理步骤等，并且要将预案落实到实处，从而对各个实验室有可能发生的具体安全隐患展开有针对性的预防和处理。另外，要建立起紧急性保护与疏散方案，对危险物品进行保护，防止其造成更大的损失；对人进行有效的防护工作，以便把事故的代价降到最小。

（五）做好废弃物品的管理和处置

对于实验室废弃物品，总的原则是根据实验室废弃物的特点，应做到分类收集、存放、集中处理。容器上必须贴上标签，写明存放物品种类、贮存时间等，并且贮存时间不宜太长，贮存数量不宜太多。

第十五章

新时期社会治安防控体系运行效果评估

社会治安防控体系运行效果评估是新时期社会治安防控体系建设不可或缺的重要环节,这既是对社会治安防控体系建设情况进行考察和评价的重要手段,也是及时发现建设过程中存在的问题、不断改进建设工作的重要途径,同时也是各级主管部门检查、指导社会治安防控体系建设工作的重要方式。因此,不断加强和改进社会治安防控体系运行效果评估与监督工作,对于提高社会治安防控体系建设的质量和水平具有十分重要的意义。

第一节 治安防控体系运行效果评估概述

推进社会治安防控体系的科学化、合理化,是公安实际工作中的重要问题,作为其核心内容的运行效果评估,更是核心中的关键。为确保防控体系各具体运行机制能够在规范化、有序化的轨道上运行,就需要通过对各具体运行机制的运行效果评估来强化对社会治安防控体系的监督管理,以发挥其最大防控效能。

一、运行效果评估的概念

所谓运行效果评估就是对社会治安防控体系各具体运行机制可能产生的防控

效果预先进行估计和评价。对社会治安防控体系各具体运行机制的运行效果进行评估的根本目的在于，通过评估能够更为全面客观地掌握各个具体运行机制的运行过程和具体情况，充分反映出现行社会治安防控体系整体实施和管理过程中存在的问题，并结合实际，对下一步的防控体系的管理与发展提出更为科学合理的指引和具体建议。根据社会治安防控体系所具备的本质属性要求，效果评估应当具备三个要素。第一，全面性与针对性。全面性即指覆盖整个社会治安防控体系各个具体的运行机制及其各自的具体工作；针对性则是指考虑体系面临的社会重要时期及重大事件时期的特殊性。第二，突出关联比较性。效果评估应当对各运行机制的实施情况进行直接的比较和评价，同时考虑各机制之间的关联性与相互影响。第三，评价运行机制的适应性水平。社会治安防控体系具有动态发展的特征，因此，在对各具体运行机制的效果实施评估以外，应当根据实际变化，对防控体系的适应性水平进行趋向性判断，并应结合未来的社会治安需求提出相应的规划调整建议。

二、运行效果评估的意义

对公安机关而言，社会治安防控体系建设是一项花费时间、人力、物力的投资，既然是一种投资，就希望通过社会治安防控体系建设表现出工作绩效。如果社会治安防控体系建设的结果对社会治安防控工作没有促进作用，可以说是一种巨大的浪费。开展运行效果评估的重要意义在于：

（1）运行效果评估可以为决策者提供有关社会治安防控体系建设项目的系统信息，从而作出正确的判断，在不同的社会治安防控体系建设项目中选择最为科学的社会治安防控体系建设方案，或对时间跨度较长、投入资本较多的社会治安防控体系建设项目作出是否继续或终止的决定提供较有价值的参考信息。

（2）通过运行效果评估可以帮助社会治安防控体系建设管理者对社会治安防控体系建设需求的确定、社会治安防控体系建设目标的选择、社会治安防控体系建设计划的拟定、社会治安防控体系建设资源的控制、社会治安防控体系建设形式的采纳、社会治安防控体系建设团队的确定、社会治安防控体系建设时间的控制等所有影响最终社会治安防控体系建设效果的工作提供信息，同时对社会治安防控体系建设管理政策、社会治安防控体系建设模式和采用的社会治安防控体系建设技术不断进行检验，使社会治安防控体系建设管理者从运行效果评估中吸取有价值的经验教训。成功的经验争取适应性推广并在环境不变的情况下进一步坚持，失败的教训提醒社会治安防控体系建设管理者不要再掉进同一口陷阱。

(3) 通过对社会治安防控体系建设前、社会治安防控体系建设中和社会治安防控体系建设后的全过程进行效果评估，可以实现对社会治安防控体系建设过程的全程控制，从而使社会治安防控体系建设需求确定更加准确，社会治安防控体系建设动员更加有效，社会治安防控体系建设计划更加符合实际需要，社会治安防控体系建设资源分配更加合理，社会治安防控体系建设内容与形式更加相得益彰；更为重要的是，对偏差进行及时的纠正，或者因原来社会治安防控体系建设计划制定时的一些主要条件出现变化，通过运行效果评估发现这种变化信息后，及时调整社会治安防控体系建设计划。

三、运行效果评估的作用

运行效果评估的作用主要表现为以下三个方面：

(1) 激励作用。运行效果评估工作可以通过组织评估，对各级公安机关的社会治安防控建设水平、建设能力和建设质量进行评估，从定性和定量上进行分析，区分优劣。对于成绩卓著的公安机关，可给予奖励；对不合格的，要给予一定的督促，必要时也可给予财力物力人力等方面的支持。这样从客观上会达到激励先进、鞭策后进的积极作用。

(2) 预防作用。作为一种制度的运行效果评估，主要是为了预防公安机关及其工作人员违法或不合理行使社会治安防控体系建设权力。运行效果评估的预防功能主要表现在：其一，通过运行效果评估，明确了社会治安防控体系建设的标准；其二，通过运行效果评估，明确了有关机构及其工作人员不当实施社会治安防空体系建设的范围；其三，通过运行效果评估，明确了有关机构及其工作人员不当实施社会治安防控体系建设的法律后果；其四，通过运行效果评估，使可能不合理实施社会治安防控体系建设的有关机构及其工作人员必须考虑该行为的合理性及其实施风险，这无疑加大了不合理实施的行为成本。

(3) 反馈作用。运行效果评估的反馈功能，主要是指通过运行效果评估，对监督对象的活动过程及其结果的真实性、准确性和可靠性作出评价，不仅为决策者，而且为具体执行者提供改进工作的科学依据。具体来说，运行效果评估的有效运行，即通过各种运行效果评估主体来对有关机构及其人员实行有效的监督和控制，将社会治安防控体系建设运行过程中所产生的有关信息输入给决策部门、执行部门和参与人员，将运行过程中所产生的各种结果推至各个系统面前由它们来评判，并依靠它们各自的力量来对建设流程产生影响，发挥作用，加以改进。可以说，有效运行效果评估体系是社会治安防控工作得以良好运转的不可或缺的因素。

四、运行效果评估的原则

运行效果评估原则是评估理念的具体化，对于制定评估指标体系、开展评估活动、提高评估质量、发挥评估功能都有重要意义。

（1）有效性与实用性的原则。有效性是运行效果评估最重要的原则。不管社会治安防控体系建设效果评估如何定义，模型怎么科学，其目的只有一个，就是要使评估有效。衡量社会治安防控体系建设效果评估的有效性主要有以下几条标准：①社会治安防控体系建设是否达到了既定的目标；②社会治安防控体系建设是否满足了群众的需要；③社会治安防控体系建设结束后，群众的安全感是否有所改变；④群众安全感的改变是否是社会治安防控体系建设的结果；⑤社会治安防控体系建设是否使得组织运作更有效。

（2）客观性与真实性的原则。评估的实质是对所实施的社会治安防控体系建设效果进行科学的判断，因此，运行效果评估应该是客观可信、符合实际的，这样才能较为确切地反映出社会治安防控体系建设的真实水平，才能推动社会治安防控体系建设的有效开展和社会治安防控体系建设目标的顺利实现。如果主观臆造，那么所作的评估结果就不会有生命力。这一原则要求评估人员一定要坚持实事求是的态度，真实客观地反映社会治安防控体系建设的实际效果。

（3）定性评估与定量评估相结合的原则。为了避免单纯定性评估的主观性，克服单纯定时分析的机械性，必须坚持定性评估与定量评估相结合，形成一个完整的评估过程。进行运行效果评估时，在第一阶段先进行定量分析，将社会治安防控体系建设成果分解为多项评估要素，再给每项要素分派数量，最后计算出社会治安防控体系建设成果的得分，只要以上操作环节比较精确科学，得到的数值就要在相当程度上反映社会治安防控体系建设成果的水平与价值。定量评估是定性评估的基础和依据。定性评估是运行效果评估的第二阶段，这个阶段要对社会治安防控体系建设成果的整体水平作出判断，确定社会治安防控体系建设成果的等级，此时作出的定性评判，有扎实的定量评估作为基础，因此结论是可靠的。

（4）评估过程的测验性和诊断性原则。一般来说，运行效果评估的过程，首先是确定评估的目的，然后根据特定的目的来进行评估目标的具体分析，再通过测验或观察收集有关评估对象的资料，最后根据相互关联的评估标准对资料进行科学的解释，作出客观的评估，并以此为基础对今后的工作采取切实可行的改进措施。这个过程包含着诊断，也就是说，诊断贯穿于评估的全过程，评估的过程也是诊断的过程。由此可见，诊断性原则要求客观地收集评估资料，并对此进行具体分析，做出科学地诊断，分清评估结果的优劣，以利于今后工作的改善。

(5) 评估工作的参与性与协作性原则。运行效果评估也是一项系统性工作，要求所有参与社会治安防控体系建设的人员都积极参与协助评估工作。从一定意义上讲，社会治安防控体系建设实施的过程也是运行效果评估的过程。运行效果评估不仅是收集、测量一些数据，以及提供改进绩效的统计分析，也包括：投资者、组织者、社会治安防控体系建设上级主管部门、群众对评估的认识；如何计划、贯彻、实施评估工作；花多少时间用于评估等。要使评估有效、顺利进行，每个人都要应发挥其应有的重要作用。

第二节 社会治安防控体系运行效果评估的内容

社会治安防控体系建设，是长期发展的渐进过程。要着眼长效机制的建立，牢固树立科学的发展观、正确的政绩观，杜绝急功近利的思想和做法，努力通过实践和总结，搞好规划、分步实施，避免或减少重复劳动和装备投入，造成恶性循环。同时，也要重视短效机制的建立。长效机制的建立是短效机制的叠加，随着治安形势日趋复杂，在构建社会治安防控体系的初始阶段，为了及时有效地处理现行治安问题，采取通过短期的大量投入获取最大的防控效益的举措也是非常必要的。但在短效防控机制研究和建设中，要通过科学的论证、优选方案，并结合当地、当时工作实际，制定社会治安防控体系的初级、中级和长远目标，使之既符合防控的现实需要又充分切合未来防控的长远需求，并适时予以补充、完善和修订，从而实现长远目标，努力形成经济发展、社会进步、治安稳定的良性循环的社会格局。

一、运行效果评估的研究对象

运行效果评估的研究对象有以下三种：一是客观变化及其效果，即各具体运行机制可能导致的各种变化，包括直接的与间接的变化、当前的与将来的变化、有效的与有害的变化等，以及这些变化对于群众、警察队伍、社区、社会制度等所能产生的效应。二是主观反应，即受社会治安防控体系影响的群众、警察、犯罪对象等治安主体对导致的变化和影响所采取的态度与行动。三是人们的安全观念变化与行动对于各具体运行机制所能发生的反馈效果。[①] 如图15-1所示：

---

① 方宏建：《社会学应用：社会效果评价》，载于《山东大学学报》（哲学社会科学版）1987年第2期，第24页。

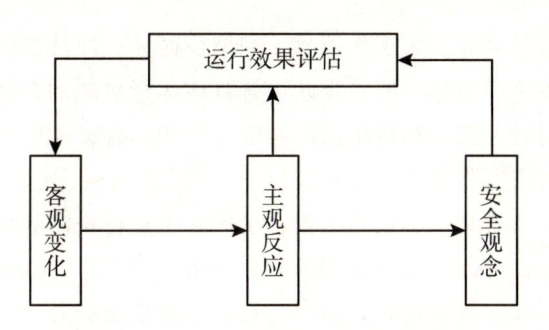

图 15 – 1 运行效果评估的研究对象

根据社会治安防控体系建设前、社会治安防控体系建设中、社会治安防控体系建设后三个过程，我们可以将运行效果评估的范围制作成评估范围大纲图，其中每一阶段的运行效果评估重点都有所不同。如图 15 – 2 所示：

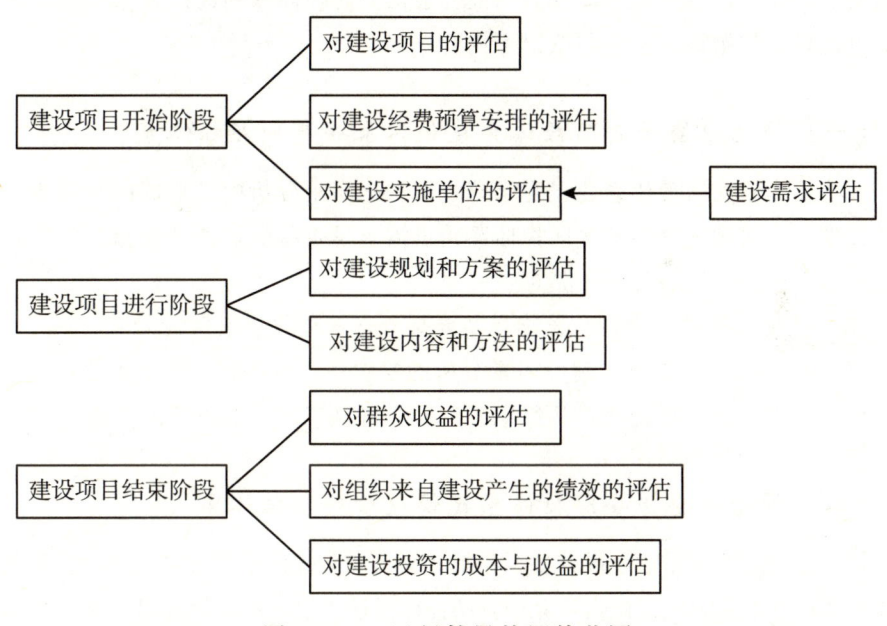

图 15 – 2 运行效果的评估范围

二、运行效果评估指标的确定

社会治安防控体系各运行机制的效果评估的前提是确定一个科学、合理的评估指标。社会治安防控体系各运行机制涉及交警、巡警、刑警多个警种，巡逻、指挥、户籍管理多种警务工作，涉及公安、内保、村委会多个组织，因此，评估指标确定必须因警种而异、因工作而异、因岗位而异。评估指标不仅要有正面指标，同时还应具备负面指标，准确反映出各具体运行机制的合法性、合理性、程序性、技术性；同时，必须和各机制的具体工作相结合，才能真实反映该机制在整个防控体系中的真实作用。

社会治安防控体系是一个系统工程，由于各个运行机制的层次差异与个别差异，通过量化的方式可以解决各机制的差异矛盾。因此，运行效果评估应当建立在量化的基础上，其实质是将各具体运行机制的评估指标数学化、具体化、可执行化，这有利于体现公开、公平的运行效果评估原则，也保证了评估的合理性、规范性，通过科学的数据量化分析真正发现各机制的运行效果。

现阶段社会治安防控体系运行效果评估大多只停留在对社会治安防控体系建设效果进行评估的事后评估的层面上，没有将运行效果评估贯穿于社会治安防控体系建设整个过程，这使得目前的人民警察运行效果评估虽然有助于完善今后社会治安防控体系建设，但不能提高当前社会治安防控体系建设的效果。一个完整的运行效果评估指标体系应包括以下内容。

（一）评估社会治安防控体系建设需求分析的指标体系

评估社会治安防控体系建设需求分析即根据需求分析中已形成的分析报告或相关文件，评估确定社会治安防控体系建设需求是否有效。评估社会治安防控体系建设需求分析可以设计以下指标：

（1）数据来源的可靠性。该指标主要是检查各种收集信息的渠道。

（2）社会治安防控体系建设需求分析的层次性。该指标主要是评估社会治安防控体系建设需求分析是否从组织、工作、群众三个层面进行的分析。

（二）评估社会治安防控体系建设设计的指标体系

社会治安防控体系建设设计主要包括社会治安防控体系建设目标和社会治安防控体系建设方案。因此，评估社会治安防控体系建设设计可以设计以下两个指标：

（1）社会治安防控体系建设目标的有效性。在该指标下，又可细分为若干二级指标，如所有的社会治安防控体系建设目标是否都明确了并充分体现了社会治安防控体系建设需求；社会治安防控体系建设目标的表述是否清楚；是否建立了达到社会治安防控体系建设目标的评价标准。

（2）社会治安防控体系建设方案的有效性。在该指标下，又可细分为若干二级指标，如社会治安防控体系建设方案是否考虑了地区差异；是否采取了激励公众参与的措施；是否采取了确保社会治安防控体系建设成果向工作转化的行动等。

（三）评估社会治安防控体系建设实施的指标体系

这一阶段的运行效果评估主要是针对社会治安防控体系建设实施过程中社会治安防控体系建设方案、社会治安防控体系建设方法和社会治安防控体系建设保障机制的评估。例如，评估社会治安防控体系建设方案的设置是否有效，社会治安防控体系建设方法是否适当，社会治安防控体系建设是否执行了社会治安防控体系建设计划和设计的要求。具体的指标体系构建如下：

（1）社会治安防控体系建设内容的有效性。该指标主要是评估建设内容、建设方法能否满足社会治安防控体系建设的需求。

（2）社会治安防控体系建设水平。该指标主要是评估社会治安防控体系建设方案是否科学；社会治安防控体系建设是否严格执行了社会治安防控体系建设规划和设计的要求。

（3）社会治安防控体系建设保障机制。该指标主要是评估社会治安防控体系建设主体履行职责、行使职权、实现职能所提供的全方位的支持情况，主要包括思想保障、警力保障、经费装备保障等，是否能保障社会治安防控体系建设的顺利实施。

（四）评估社会治安防控体系建设效果的指标体系

社会治安防控体系建设效果评估是运行效果评估的一个重要组成部分。社会治安防控体系建设运行效果评估是指该防控体系建成并投入运作后对其在预防、发现、控制和打击犯罪方面的功效进行的综合评估。评估指标体系的构建是综合评估的前提和基础，指标体系的构建在内容上，以各类违法犯罪发案率、重特大案件发案率、治安灾害事故发案率、治安灾害事故损失、群体性事件的发生及其影响、治安负面人员管控率、危险物品管控率、打击犯罪平均反应时间、各类案件破案率、群体性事件和矛盾化解率、公共安全感、满意度等为基本指标，在指标的选取方法上一般用专家调查法定期通过信息系统对重要指标予以筛选并及时调整。

1. 收益指标

该指标主要是通过考察社会治安防控体系建设后的工作业绩来实现的，如治安负面人员管控率、危险物品管控率、打击犯罪平均反应时间、各类案件破案率、群体性事件和矛盾化解率、公共安全感、满意度等基本指标内容。通过考察社会治安防控体系建设对于组织绩效提高的作用，了解社会治安防控体系建设是否适应工作的需要。

2. 成本指标

成本指标又分为直接成本指标和间接成本指标两类。直接成本指标主要是考察社会治安防控体系建设牵涉的大量人、财、物，尤其是要装备大量先进的科技防范设备等资金使用情况。间接成本指标主要是核算社会治安防控体系建设所产生的间接费用,如一般的办公用品、设施、设备及相关费用,与社会治安防控体系建设无直接关系的社会治安防控体系建设管理人员的工资等。

3. 社会的收益指标

社会收益指标主要是从经济、社会和生态三个宏观的层面评估社会治安防控体系建设所带来的影响。社会治安防控体系建设效果对经济、社会的宏观层面产生影响。经济收益,即整个社会的货币化收益主要体现为生产率的提高、效益的提升和经济的发展。社会效益则体现在社会公平实现、社会和谐稳定、文化繁荣发展、人们生活殷实、社会治安改善和公共服务水平提升等方面。

4. 社会的成本指标

社会成本指标的设立主要是为了考察社会治安防控体系建设对政府财政的影响。社会治安防控体系建设的资金来源是政府。如果加大对社会治安防控体系建设的预算支出,则势必会影响到其他工作的支出。因此,在评估社会治安防控体系建设效果时,还应从宏观的层面考虑社会治安防控体系建设所带来的社会成本。

三、运行效果评估模型构建及调整

社会治安防控体系建设运行效果评估模型构建,采用在确定评估指标体系的基础上,通过专家调查法确定指标权重,通过信息系统根据业务工作统计自动生成各指标取值,再与系统建设运转前或前一工作周期的数据进行对比的方式进行数据标准化,在此基础上应用加权平均的方法计算当期的效能评估系数。

在计算整体防控效能系数的同时,也可以依据不同部门、不同地区、不同行业的防控工作实际,采用相似的方式计算该部门、地区、行业的防控效能系数,并可以就不同部门、不同地区、不同行业的防控工作优缺点进行评估并提出改进对策。

社会治安防控体系建设运行效果评估系数,特别是不同部门、不同地区、不同行业的建设运行效果评估系数计算完成后,可以依据不同部门、不同地区、不同行业的建设运行效果评估系数值对社会治安防控体系建设运行效果进行定性的等级评估。依据实际工作的需要,可以将运行效果分别按照定序等级法评为优、良、中、一般、差五级,或优、良、中、差四级,以及好、一般、差三级。其具体方法又可按照等级评定单位的多少(单位数是否 > 50)分为两种方法:即适用于大样本量(单位数 > 50)的正态转换法,以及适用于小样本量(单位数 < 50)的直观确定法。具体又可分为两种方法:一是将评分顺序排队后,按照一定比例进行定级;二是将评分顺序排队后,按照一定评分分数标准,直观地进行分等定级。等级评定确定后,为应对一些特定案事件如特大恶性案件和群体性实践等对防控效能的影响,

也可以据此按照事先制定的规则对通过评估模型进行的等级评定予以相应的调整。

第三节 运行效果评估的方法与程序

效果评估的方式多种多样，应当根据各具体运行机制的实际工作来选择。常用的评估方式有关键绩效指标法、平衡计分卡、等级评估法等。在评估指标的框架内，通过专家打分法等方法赋予各指标相应的比重，将各具体运行机制运行效果进行加权并进行综合评估。评估公式为 $E_t = \sum_{i=1}^{i \leq 9} E_i F_i$。其中，$E_t$ 是社会治安防控体系的总效果评估值，E_i 指前文九项具体运行机制分值，F_i 指该运行机制的权重。九项运行机制分值的估值公式为 $E_i = \sum_{j=1}^{j \leq n} ej\ mj (j = 1, 2, 3, \cdots, n)$。其中，$j$ 代表各机制的各个指标，ej 代表该指标得分，mj 代表该指标具体权重。应当提出的是，各指标得分可采取十分制或百分制。根据不同指标的最终估值，可以在事先确定的范围内评价该机制的效果。

一、运行效果评估的方法

（一）目标评价

通常情况下，组织系统化的社会治安防控体系建设都是由确定社会治安防控体系建设需求与目标、编制社会治安防控体系建设预算与计划、监控以及效果评估等部分组成的。它们之间并不是割裂的，而是相互联系、相互影响——好的社会治安防控体系建设目标计划与社会治安防控体系建设效果评估密不可分。目标评价法要求在制定社会治安防控体系建设计划时，将应达到的工作绩效标准等目标列入其中。社会治安防控体系建设结束后，组织者应将运行效果与既定社会治安防控体系建设目标相比较，得出社会治安防控体系建设效果。作为衡量社会治安防控体系建设效果的根本依据，社会治安防控体系建设组织者应制定具有确切性、可检验性和可衡量性的社会治安防控体系建设目标。目标评价法操作成功的关键在于确定社会治安防控体系建设目标。通常可用两种方法来确定社会治安防控体系建设目标：一是任务分析法，社会治安防控体系建设部门可以设计出任务分析表，详细列明有关工作任务和工作技能信息，包括主要子任务、各子任务的频率和绩效标准、完成任务所必需的知识和技能等；二是绩效分析法，这种方法必须与绩效考核相结合，以确定标准绩效。

（二）绩效评价

绩效评价是由绩效分析衍生而来的，主要用于社会治安防控体系建设的改善和绩效的提高。在社会治安防控体系的建设中，打击和防范相辅相成。打击是一个重要的方面，是震慑和惩戒犯罪的直接手段，没有打击的治安防控建设是残缺不全的。但是一直以来，人们习惯于把侦查破获案件、打击处理嫌疑人等方面作为评价治安防控工作的主要标准，忽略了防范工作带来的社会和经济效益，治标多、治本少，形成了重打轻防的局面，造成了打不胜打、防不胜防的恶性循环。防范是维护社会治安的治本策略，《关于加强社会治安防控体系建设的意见》明确提出"打防管控结合的立体化社会治安防控体系"的方针，要在政策、警力、装备、经费方面都体现出防与打的有机结合。因此，在绩效评价过程中必须重视以防为本，在着眼于减少发案、控制发案和保持良好的社会治安秩序时，要最广泛地组织人民群众，最充分科学地整合社会资源，最大化地追求预防效果，更全面地落实治安防控措施，把可能引发犯罪的苗头问题消灭在萌芽状态，在具体操作中可以确立"以防为主、打防结合"的防控考评导向，编织科学合理的防范网络。

（三）测试比较

在实践中，采用测试法评估社会治安防控体系建设效果，往往不是很理想，原因在于没有加入任务参照物，只是进行简单的测试。而有效的测试法应该是具有对比性的测试比较评价法。为保证测试的有效性，Solomon 设计了"所罗门四小组"方法，通过对照组的测量，以尽量减少测试的误差，提高评估结论的准确性，如表 15-1 所示。

表 15-1　　　　　　　　　　测试比较

小组	社会治安防控体系建设前	社会治安防控体系建设	社会治安防控体系建设后
社会治安防控体系建设组	测量	是	测量
对照组 1	测量	否	测量
对照组 2	不测量	是	测量
对照组 3	不测量	否	测量

(四) 效益评价

社会治安防控体系建设效益评价就是从社会或经济角度综合评价社会治安防控体系建设项目的好坏,计算出社会治安防控体系建设为组织带来的社会或经济效益。有的社会治安防控体系建设项目能直接计算其经济效益,尤其是操作性和技能性强的社会治安防控体系建设项目;而有的社会治安防控体系建设项目则主要是重视社会效益。社会治安防控体系建设的效益评价主要是社会效益,即通过社会治安防控体系建设改善治安防控工作,提高公众对社会治安的安全感和对有关部门的满意度。

上述四种综合性运行效果评估方法,一般可以多种方法联合使用。在具体操作中,可以采用一些常用的工具,如问卷调查、座谈会、面谈、观察等,取得相关数据。取得数据后,再将两组或多组不同的数据进行分析比较。社会治安防控体系建设效果的评估是很复杂的管理活动,因此,运行效果评估并没有一个放之四海而皆准的固定方法。运行效果评估组织者可根据评估工作的具体情况选择相应的评估方法。

二、运行效果评估的程序

运行效果评估的开展要遵循科学的程序,否则得出的运行效果评估结果很可能失去客观性。关于运行效果评估的程序,由于评估本身是一项复杂的工程,用于项目评估的模型很多,在运行效果评估实践中并没有一个完全统一的程序。一般来讲,运行效果评估通常应包括以下五个步骤。

(一) 明确评估目的

评估目的是依据社会治安防控体系建设目标和要求运用一定的评估指标和方法来测量达到社会治安防控体系建设目标的程度。社会治安防控体系建设目标作为评估的依据可对社会治安防控体系建设是否达到目标、对社会治安防控体系建设结果与目标之间存在的差距进行判断,从而评估出社会治安防控体系建设的效果并为改进社会治安防控体系建设工作提供建设性的意见。在确定评估目的时应考虑两个方面的因素:

一是运行效果评估的可行性。包括:社会治安防控体系建设目标是否明确;是否有专门的评估人员;是否来得及进行运行效果评估的准备工作;是否有足够的时间开发运行效果评估;是否有足够的资源来支持评估工作等。

二是运行效果评估的价值分析。包括：社会治安防控体系建设项目需要的经费多少；社会治安防控体系建设项目实施需要的时间长短；社会治安防控体系建设项目效果对组织的影响大小；社会治安防控体系建设项目影响的范围大小；社会治安防控体系建设项目面临的舆论环境好坏等。

（二）制定评估方案

根据运行效果评估的参与性原则，在制定评估方案时，应由相关各方共同参与制定评估方案的整个过程，包括社会治安防控体系建设项目的组织实施人员、社会治安防控体系建设管理人员、运行效果评估人员和运行效果评估应用人员等，以保证评估方案的科学性，确保评估实施方案有条不紊地进行。社会治安防控体系建设运行效果评估方案一般应包括以下内容：①运行效果评估的项目名称；②运行效果评估的目的；③运行效果评估的可行性分析；④运行效果评估的价值分析；⑤运行效果评估的时间；⑥运行效果评估的地点；⑦运行效果评估的对象；⑧运行效果评估的标准；⑨运行效果评估的方法；⑩运行效果评估的实施步骤；⑪运行效果评估的实施人员；⑫运行效果评估的保障。

（三）组织实施评估

组织实施评估主要是进行运行效果评估信息的收集。收集的方式主要有：通过收集社会治安防控体系建设规划、方案等资料；通过设计问卷调查表的形式收集参训者对社会治安防控体系建设效果的评价；通过观察公众行为变化等情况；通过访问建设者、群众等方式来收集运行效果评估需要的有关信息。

对收集的评估信息要进行整理分类，必要时需制作出表格或图表进行加工处理，使人们能够对所收集到的信息有一个直观的认识和了解。常用的运行效果评估信息的整理和分析方法如表 15-2 所示：

表 15-2　　　　　　　　　评估信息的收集

方法	内容
通过资料收集信息	社会治安防控体系建设方案的资料 有关社会治安防控体系建设方案的领导指示 有关社会治安防控体系建设的调查问卷原始资料统计分析资料 有关社会治安防控体系建设的考核资料 有关社会治安防控体系建设的录像资料 有关社会治安防控体系建设人员写的会议纪要、现场记录

续表

方法	内容
通过观察收集信息	社会治安防控体系建设组织准备工作观察 社会治安防控体系建设实施现场观察 社会治安防控体系建设者参加情况观察 社会治安防控体系建设者反映情况观察 观察社会治安防控体系建设后一段时间内社会治安防控体系建设者的变化
通过访问收集信息	访问社会治安防控体系建设者 访问社会治安防控体系建设实施者 访问社会治安防控体系建设管理者 访问有关群众
通过社会治安防控体系建设调查收集信息	社会治安防控体系建设需求调查 社会治安防控体系建设组织调查 社会治安防控体系建设内容及形式调查 社会治安防控体系建设效果综合调查

（四）撰写评估报告

评估报告是运行效果评估流程的关键环节。评估报告的内容一般由以下几个部分组成。

（1）概要：对整个报告的简要综述，概括评估的主要结果和建议。

（2）社会治安防控体系建设项目背景：社会治安防控体系建设项目的总体说明，包括对社会治安防控体系建设需求分析的概括，对社会治安防控体系建设目标、社会治安防控体系建设方案的概要等。

（3）评估目的：详细说明评估目的、各层次的评价目标。

（4）评估方法和策略：评估层次、评估过程、评估方案、评估方法、评估工具等。

（5）数据收集和分析：数据如何收集和何时收集、数据分析方法、分析结果的解释。

（6）社会治安防控体系建设项目成本：分类汇总各项成本，从而得出总成本。

（7）社会治安防控体系建设效果：包括反应效果、行为效果、业务结果三方面。

（8）支持因素和障碍：对社会治安防控体系建设项目实施起到积极作用的各种因素，以及项目实施中的问题和障碍，为以后的社会治安防控体系建设的改进提供参考依据。

（9）结论和建议：综述各层次目标的实现情况，提出社会治安防控体系建设项目的改进建议。

评估报告用语应简洁精练，避免烦琐空洞，报告应以事实和确切的数据为依据，以真正发挥运行效果评估对领导决策、社会治安防控体系建设工作者工作改进等方面的重要作用。

（五）反馈评估结果

评估反馈是运行效果评估的最后一个阶段。评估反馈应注意时间的及时性，一旦评估结果出来，应尽快向社会治安防控体系建设决策者、社会治安防控体系建设组织者、社会治安防控体系建设者及其所属部门领导进行反馈，以便相关人员根据反馈的信息纠正偏差，进一步改进社会治安防控体系建设管理，优化社会治安防控体系建设内容，不断提高社会治安防控体系建设工作水平。

良好的反馈机制的关键评估结果要及时、准确地分享给有关部门，通过统计数据、统计分析报告、研究报告、建立信息平台等方式，让各个具体运行机制的有关单位、组织能够清晰地认识到目前的社会治安形势和防控体系的细节信息，及时掌握所负责的模块的效果优劣及在整个体系中的作用，以此促进社会治安防控体系效能的不断增强。

社会治安防控体系效果评估不仅是对各具体机制运行效果的评估，更重要的是对运行效果发生前后的价值判断和管理反思，以及基于现实社会治安环境变化而提出的适应性评判，这将有利于整个防控体系能够适应不断变化的环境，真正发挥其应有效能。

参考文献

[1] 李晓明、张跃进：《社会治安防控体系建设研究》，法律出版社 2012 年版。

[2] 张思祥：《社会治安防控体系构建探说》，群众出版社 2005 年版。

[3] 王焱：《转型与发展：社会治安防控体系研究》，天津社科院出版社 2013 年版。

[4] 刘振华：《农村地区社会治安防控体系研究》，中国人民公安大学出版社 2008 年版。

[5] 王均平、唐国清：《社区治安体系理论选择及模式研判》，中国人民公安大学出版社 2010 年版。

[6] 左袖阳：《社区治安防控体系解读》，中国社会出版社 2010 年版。

[7] 金其高：《中国社会治安防控》，中国方正出版社 2004 年版。

[8] 金其高：《社会治安防控经略》，群众出版社 2004 年版。

[9] 唐皇凤：《社会转型与组织化调控：中国社会治安综合治理组织网格研究》，武汉大学出版社 2008 年版。

[10] 舒扬、彭澎：《动态环境下的治安防范与控制——以广州为分析典型》，中央编译出版社 2007 年版。

[11] 闫月梅：《社区治安与犯罪问题解决——世界社会理论与实务经典丛书》，中国社会出版社 2004 年版。

[12] 张弘：《犯罪预防学》，中国人民公安大学出版社 2004 年版。

[13] 李春雷、靳高风：《犯罪预防理论与实务》，北京大学出版社 2006 年版。

[14] 翟中东：《犯罪控制——动态平衡论的见解》，中国政法大学出版社 2004 年版。

[15] 章春明：《保卫学》，中国人民公安大学出版社 2015 年版。

[16] 王发曾：《城市犯罪空间盲区分析与综合治理》，商务印书馆 2012 年版。

[17] 王发曾：《城市犯罪分析与空间防控》，群众出版社 2003 年版。

[18] 张国臣：《中国省会城市治安防范管理模式研究》，河南大学出版社 2005 年版。

[19] 秦立强：《社会稳定的安全阀——中国犯罪预警与社会治安评价》，中国人民公安大学出版社 2004 年版。

[20] 郭太生：《公共安全危机管理》，中国人民公安大学出版社 2009 年版。

[21] 范道津、陈伟珂：《风险管理理论与工具》，天津大学出版社 2009 年版。

[22] 左东红、贡凯青：《安全系统工程》，化学工业出版社 2004 年版。

[23] 杨顺勇、王晶：《会展风险管理》，化学工业出版社 2013 年版。

[24] 阎耀军：《现代实证性社会预警》，社会科学文献出版社 2005 年版。

[25] 范道津、陈伟珂：《风险管理理论与工具》，天津大学出版社 2009 年版。

[26] 薛澜、张强：《危机管理》，清华大学出版社 2003 年版。

[27] 郭济：《政府应急管理实务》，中共中央党校出版社 2004 年版。

[28] 钟开斌：《中外政府应急管理比较》，国家行政学院出版社 2012 年版。

[29] 范正清：《危机评估与管理》，中国社会科学出版社 2013 年版。

[30] 贺电、张兆瑞等：《反恐怖工作创新论》，中国人民公安大学出版社 2014 年版。

[31] 戴艳梅：《国际反恐实务》，中国言实出版社 2015 年版。

[32] 殷星辰：《城市反恐怖行动概论》，知识产权出版社 2011 年版。

[33] 孔宪明《中国警官走进美利坚》，上海人民出版社 2011 年版。

[34] 曾忠恕：《美国警务热点研究》，中国人民公安大学出版社 2005 年版。

[35] 许晶晶：《情报信息在突发事件应急机制中的预警作用》，中国人民公安大学出版社 2007 年版。

[36] 季境、张志超：《新型网络犯罪问题研究》，中国检察出版社 2012 年版。

[37] 皮勇：《网络犯罪比较研究》，中国人民公安大学出版社 2005 年版。

[38] 刘军：《社会网络分析导论》，社会科学文献出版社 2004 年版。

[39] 杨正鸣：《网络犯罪研究》，上海交通大学出版社 2004 年版。

[40] 孙景仙、安永勇：《网络犯罪研究》，知识产权出版社 2006 年版。

[41] 张维迎：《信息、信任与社会》，生活·读书·新知三联书店 2003 年版。

[42] 冯树梁：《中国预防犯罪方略》，法律出版社 1994 年版。

[43] [英] 戈登·休斯：《犯罪预防——社会控制、风险与后现代》，刘晓梅、刘志松译，中国人民公安大学出版社 2009 年版。

[44] [美] 史蒂文·拉布：《美国犯罪预防的理论实践与评价》，司法部预防犯罪与劳动改造研究所组织翻译，中国人民公安大学出版社 1993 年版。

[45][加]欧文·沃勒：《有效的犯罪预防——公共安全战略的科学设计》，蒋文军译，梅建明译校，中国人民公安大学出版社2011年版。

[46][日]伊藤滋：《城市与犯罪》，郑光林、夏金池译，群众出版社1988年版。

[47][美]罗斯科·庞德：《通过法律的社会控制》，沈宗灵译，商务印书馆2010年版。

[48][荷]盖叶儿、佐文：《社会控制论》，黎明等译，华夏出版社1989年版。

[49][美]爱德华·罗斯：《社会控制》，秦志勇、毛永政译，华夏出版社1989年版。

[50][美]詹姆斯·克里斯：《社会控制》，纳雪沙译，电子工业出版社2012年版。

[51][美]N. 维纳：《人有人的用处——控制论与社会》，陈步译，商务印书馆2014年版。

[52][澳]洛林·梅热罗尔，珍妮特·兰斯莉：《第三方警务》，但彦铮等译，中国人民公安大学出版社2012年版。

[53][德]乌尔里希·贝克：《世界风险社会》，吴英姿、孙淑敏译，南京大学出版社2004年版。

[54][德]乌尔里希·贝克：《风险社会》，何博文译，南京大学出版社2004年版。

[55][英]尼尔·巴雷特：《数字化犯罪》，郝海洋译，辽宁教育出版社1998年版。

[56][英]维克托·迈尔—舍恩伯格、肯尼思·库克耶：《大数据时代》，盛杨燕、周涛译，浙江人民出版社2013年版。

[57][美]埃德加·M. 胡佛：《区域经济学导论》，上海远东出版社1992年版。

[58]黄明：《构建社会治安防控体系的理性思考》，载于《江苏公安专科学校学报》2000年第4期。

[59]宫志刚、李小波：《社会治安防控体系若干基本问题研究》，载于《中国人民公安大学学报》（社会科学版）2014年第2期。

[60]宫志刚、李小波：《立体化社会治安防控体系：从理论到实践》，载于《山东警察学院学报》2016年第3期。

[61]熊一新：《社会治安防控体系建设》，载于《中国人民公安大学学报》2004年第4期。

[62]熊一新、周舜：《论社会治安防控体系的概念、属性及结构模式》，载

于《中国人民公安大学学报》2004年第6期。

[63] 杨玉海：《社会治安防控体系建设论纲》，载于《北京人民警察学院学报》2008年第6期。

[64] 杨玉海：《整体防控理论指导下的社会治安防控体系建设》，载于《中国人民公安大学学报》2006年第1期。

[65] 何畏：《关于建立社会治安防控体系的思考》，载于《湖北警官学院学报》2003年第2期。

[66] 宋华君：《对社会治安防控体系建设的理性思考》，载于《山东警察学院学报》2005年第2期。

[67] 曹文安：《论社会治安防控体系的构建》，载于《山东警察学院学报》2006年第2期。

[68] 沙洁：《论社会治安防控体系的构建》，载于《云南警官学院学报》2009年第6期。

[69] 王海仁：《构建动态环境下的社会治安防控体系研究》，载于《公安学刊，浙江公安高等专科学校学报》2006年第3期。

[70] 周正：《社会治安防控体系建设初探——以社会管理创新为视角》，载于《公安研究》2013年第5期。

[71] 杨俊：《社会治安防控体系之基本内涵、运行模式和功能界定》，载于《学海》2012年第3期。

[72] 孔令驹：《试论社会治安防控体系的理论框架——公安工作的基本视角》，载于《河北法学》2005年第6期。

[73] 王焱：《试论中国社会治安防控体系的演变与趋势》，载于《江苏警官学院学报》2013年第3期。

[74] 殷建国：《社会治安防控体系建设的实践与思考》，载于《公安研究》2003年第7期。

[75] 郑列、王瑞山：《社会转型时期治安防控体系的思考》，载于《犯罪研究》2005年第5期。

[76] 曹群：《简论社会治安打防控体系的构建》，载于《公安研究》2010年第2期。

[77] 董幼鸿：《社会治安防控体系建设问题与对策》，载于《学习时报》2015年5月25日。

[78] 王建新：《社会治安防控体系法治保障研究》，载于《中国人民公安大学学报》2015年第2期。

[79] 郭奕晶：《论社会治安防控体系建设的原则和发展方向》，载于《河南公

安高等专科学校学报》2010年第3期。

［80］郭奕晶：《论社会治安防控体系的运行保障》，载于《河南公安高等专科学校学报》2009年第2期。

［81］金其高：《论社会治安系统防控的基本模式》，载于《上海公安高等专科学校学报》2004年第3期。

［82］姚远：《城市治安打防控一体化建设探析》，载于《公安研究》2009年第3期。

［83］李润华：《试论构建治安防控体系中社会资源的整合》，载于《公安研究》2007年第9期。

［84］李海文：《谈霍尔三维结构法在社会治安防控体系建设中的运用》，载于《公安学刊，浙江公安高等专科学校学报》2003年第3期。

［85］孔令驹：《社会资本：治安防控体系构建新范式的探索》，载于《河北法学》2005年第10期。

［86］张艺：《社会资本理论视角下我国农村治安防控体系构建研究》，载于《江西公安专科学校学报》2008年第5期。

［87］刘艳芳：《对社会治安防控体系中非警务治安力量的思考》，载于《河南公安高等专科学校学报》2005年第2期。

［88］殷星辰：《构筑非公经济组织治安防控体系实证研究——以北京市朝阳区为例》，载于《北京政法职业学院学报》2007年第2期。

［89］李其文：《试论民间防范组织在社会治安防控中的作用》，载于《铁道警官高等专科学校学报》2010年第6期。

［90］张培林：《论现代系统管理视阈下的社会治安防控体系构建》，载于《山东警察学院学报》2011年第1期。

［91］沈惠章：《论治安防控体系中时空整合的作用》，载于《公安教育》2007年第10期。

［92］万川：《从治安控制模式的变迁看首都社会治安整体防控理论的价值》，载于《中国人民公安大学学报》2007年第1期。

［93］李建明、李建强：《论城镇社会治安防控体系基本理论问题》，载于《湖南公安高等专科学校学报》2007年第6期。

［94］温晓东、苏雅民：《论城市社会面的治安防控》，载于《山西警官高等专科学校学报》2008年第3期。

［95］刘贵萍、王龙天：《中等城市治安防控区及社区警务建设模式》，载于《江苏警官学院学报》2003年第2期。

［96］曹富忠：《城乡接合部治安防控体系建设的思考》，载于《湖北警官学

院学报》2004年第5期。

[97] 周景林：《构建城乡一体化治安防控体系的实践与思考》，载于《公安研究》2006年第10期。

[98] 刘振华：《农村地区社会治安防控主体的结构分析》，载于《湖南警察学院学报》2011年第1期。

[99] 贺红梅、刘振华：《论农村地区社会治安防控体系的理论基础和构建原则》，载于《湖南科技学院学报》2009年第3期。

[100] 刘光敏、蔡碧茂、沈伟、韩涛：《社会主义新农村治安防控体系之建构》，载于《公安研究》2006年第8期。

[101] 丁家详：《试论治安复杂地区社会治安防控体系构建中的几个问题》，载于《上海公安高等专科学校学报》2007年第4期。

[102] 彭知辉：《论以信息为主导的社会治安防控体系》，载于《犯罪研究》2011年第5期。

[103] 张小兵：《论实名制的治安防功能》，载于《中国人民公安大学学报》2014年第3期。

[104] 王精忠：《信息主导下社会治安防控体系的构建与运行》，载于《江西公安专科学校学报》2009年第2期。

[105] 王庆功：《信息主导下的社会治安防控体系研究》，载于《山东警察学院学报》2009年第3期。

[106] 杨在山、王精忠：《治安立体防控战略论纲》，载于《山东警察学院学报》2006年第5期。

[107] 刘金龙、李波、彭蕾：《立体化社会治安防控体系论要》，载于《山东警察学院学报》2016年第4期。

[108] 王晓滨、张旭：《创新立体化社会治安防控体系研究——以结构功能相关律为关照》，载于《北方法学》2015年第2期。

[109] 向群、土绍芳：《社会治安防控价值论》，载于《四川警官高等专科学校学报》2006年第5期。

[110] 万川：《论"四张网"的有效衔接》，载于《北京人民警察学院学报》2005年第5期。

[111] 杨玉海、王淑荣、张学顿：《首都社会治安整体防控战略的理论基础和实践价值》，载于《北京人民警察学院学报》2005年第5期。

[112] 孔宪明：《美国的社会治安防范体系》，载于《探索与争鸣》1997年第7期。

[113] 张小兵：《美国治安防控体系探析》，载于《山东警察学院学报》2016

年第 4 期。

[114] 陈国华、黄晓之、胡昆、王永兴：《典型国际城市安全体系剖析及借鉴》，载于《华南理工大学学报》（社会科学版）2016 年第 5 期。

[115] 刘歆超：《联合国人居署〈更安全城市战略（2008—2013）〉概览》，载于《北京人民警察学院学报》2012 年第 5 期。

[116] 周东平：《西方环境犯罪学：理论、实践及借鉴意义》，载于《厦门大学学报》（哲学社会科学版）2014 年第 3 期。

[117] 李鑫：《中外社区治安管理对策的比较——以西方社区邻里守望和中国群防群治为例》，载于《四川警察学院学报》2010 年第 4 期。

[118] 梁德阔：《美国警务战略创新模式比较》，载于《犯罪研究》2016 年第 3 期。

[119] 薛向君：《当代美国警务理念与模式创新》，载于《中国人民公安大学学报》（社会科学版）2017 年第 1 期。

[120] 赵伟：《论纽约社区警务及对我国城市社区警务建设的启示》，载于《上海公安高等专科学校学报》2010 年第 5 期。

[121] 罗林、马兹勒、珍妮、莱斯利：《试论第三方警务》，许韬译，载于《公安学刊》2008 年第 3 期。

[122] 李梦伊：《美国社区犯罪预防守望相助制度探析》，载于《湖北警官学院学报》2015 年第 6 期。

[123] ［美］大卫·威斯勃德、科迪·特勒普：《"地点"在警务活动中的重要性：实验性证据与对策建议》，载于《国际犯罪学大师论犯罪控制科学 2》，刘建宏译，人民出版社 2012 年版。

[124] 贺日兴：《犯罪制图——地理信息技术应用新领域》，载于《测绘通报》2006 年第 6 期。

[125] 吴玲：《美国热点警务模式：经验、教训和启示》，载于《三峡大学学报》（人文社会科学版）2014 年第 3 期。

[126] 吕雪梅：《美国预测警务中基于大数据的犯罪情报分析》，载于《情报杂志》2015 年第 12 期。

[127] 佟志伟：《美国"安全城市计划"与我国治安防控工作的比较与借鉴》，载于《北京人民警察学院学报》2013 年第 1 期。

[128] 李温：《英国"安全城市战略"的启示与借鉴》，载于《北京人民警察学院学报》2012 年第 5 期。

[129] 栗长江：《英国最新警务改革：路径·趋势·启示》，载于《山东警察学院学报》2017 年第 1 期。

[130] 郝宏奎：《评英国犯罪预防的理论政策与实践》，载于《中国人民公安大学学报》1998年第3期。

[131] 李华周：《英国预防和打击犯罪改善社会治安的新动向》，载于《公安研究》2003年第3期。

[132] 王若阳：《英国预防和减少犯罪战略》，载于《北京人民警察学院学报》2005年第3期。

[133] 程小白、尹云：《法国警察的治安防控机制概述》，载于《江西公安专科学校学报》2003年第3期。

[134] 广东省警察学会：《澳大利亚警察机构和警务工作的几个特点》，载于《公安研究》2000年第4期。

[135] 马丽华、陈晓宇：《谈澳大利亚的社区警务》，载于《公安教育》2004年第9期。

[136] 余宁、陈默：《新加坡警察制度比较研究》，载于《云南警官学院学报》2011年第2期。

[137] 文海、大启：《"交番"与"邻里警岗"》，载于《人民公安》1999年第6期。

[138] 张君周：《新加坡邻里警察中心》，载于《山西警官高等专科学校学报》2003年第4期。

[139] 孙卫华：《警察勤务社区化模式与河南警务机制改革——基于日本交番与驻在所制度的考察》，载于《河南警察学院学报》2011年第3期。

[140] 李明：《日本预防街头犯罪对策与启示》，载于《中国刑事法杂志》2008年第3期。

[141] 张荆：《日本社会治安管理机制与犯罪防控体系的研究与思考》，载于《北京联合大学学报》（人文社会科学版）2015年第3期。

[142] 郭天武、黄琪：《日本未成年人犯罪与预防——以日本福井县未成年人犯罪为调查对象》，载于《中国刑事法杂志》2008年第2期。

[143] 王健：《日本未成年人犯罪预防对策的启示》，载于《辽宁警专学报》2013年第1期。

[144] 张敖：《香港社区警务制度及其影响探究》，载于《政法学刊》2014年第6期。

[145] 陶希东：《预防青少年犯罪：香港经验及其启示》，载于《当代青年研究》2015年第4期。

[146] 华智亚：《香港的城市安全建设与公众参与》，载于《城市观察》2013年第3期。

[147] 翁里、潘建珍：《城市规划与防控犯罪之理论初探》，载于《中国人民公安大学学报》2003年第2期。

[148] 李艳霞、孙长春：《预防犯罪——城市空间设计的新理念——论城市空间设计与犯罪学理论的不断融合》，载于《犯罪研究》2004年第3期。

[149] 于静：《城市空间环境与城市犯罪》，载于《兰州大学学报》（社会科学版）2008年第3期。

[150] 陆娟、汤国安：《地理空间分析技术在警务工作中的应用》，载于《江苏警官学院学报》2012年第3期。

[151] 裴岩、郭太生：《中美重要基础设施安全保护比较研究》，载于《中国人民公安大学学报》2008年第2期。

[152] 郭太生、裴岩：《首都重要基础设施安全状态评价》，载于《中国人民公安大学学报》2008年第3期。

[153] 裴岩：《加拿大重要基础设施安全管理的特点研究》，载于《学理论》2013年第8期。

[154] 裴岩：《新安全观背景下重要基础设施保卫工作的变革》，载于《中国人民公安大学学报》2010年第2期。

[155] 裴岩、王树民：《风险社会背景下美国重要基础设施安全管理的思路及启示》，载于《理论导刊》2010年第4期。

[156] 徐海铭、刘晓、刘健：《突发事件下关键基础设施应急保护策略研究》，载于《科学技术与工程》2014第16期。

[157] 都伊林、吴骁：《智慧城市视角下完善反恐预警机制研究》，载于《情报杂志》2015年第7期。

[158] 王亚、朱献洲：《刍议城市重要基础设施安全面临的威胁因素及应对策略》，载于《湖南警察学院学报》2011年第5期。

[159] 郭湘闽、向琪、刘鹤娣等：《反恐视角下的安全城市及其规划应对——兼论城市非常规安全规划》，载于《规划师》2012年第4期。

[160] 杨恕、焦一强：《城市反恐安全区划与等级研究》，载于《兰州大学学报》（社会科学版）2008年第2期。

[161] 何唐甫、陈贵堂、侯素燕等：《美国对重要基础设施采取反恐措施》，载于《现代军事》2003年第4期。

[162] 寇丽平、黄凌娟：《基于风险评估的社会治安预警模式》，载于《中国人民公安大学学报》2015年第1期。

[163] 张弘、邹湘江、李春勇：《社会治安防控与政府应急管理协调研究》，载于《中国人民公安大学学报》2014年第6期。

[164] 高小平：《中国特色应急管理体系建设的成就和发展》，载于《中国行政管理》2008 年第 11 期。

[165] 李路路：《社会变迁：风险与社会控制》，载于《中国人民大学学报》2004 年第 2 期。

[166] 张秀兰、徐晓新：《社区：微观组织建设与社会管理——后单位制时代的社会政策视角》，载于《清华大学学报》（哲学社会科学版）2012 年第 1 期。

[167] 戚建刚：《〈突发事件应对法〉对我国行政应急管理体制之创新》，载于《中国行政管理》2007 年第 12 期。

[168] 陶鹏、薛澜：《论我国政府与社会组织应急管理合作伙伴关系的建构》，载于《国家行政学院学报》2013 年第 3 期。

[169] 范维澄、陈涛：《国家应急平台体系建设现状与发展趋势》，载于《中国突发事件防范与快速处置优秀成果选编》2009 年。

[170] 雷战波、赵吉博、朱正威：《企业危机预警理论及其对我国社会危机预警的启示》，载于《中国行政管理》2005 年第 2 期。

[171] 阎耀军：《现代实证性社会预警的探索》，载于《社会》2005 年 4 期。

[172] 冯锁柱：《治安预警系统浅论》，载于《北京人民警察学院学报》2003 年第 4 期。

[173] 秦立强、王光：《浅谈我国社会治安环境的评价与预警》，载于《统计研究》2002 年第 4 期。

[174] "社会治安动态预警研究"课题组：《社会治安预警指标体系及其实现途径》，载于《中国人民公安大学学报》2009 年第 3 期。

[175] 王众：《新时期建立城市治安预警的理论依据阐释及意义分析》，载于《上海公安高等专科学校学报：公安理论与实践》2011 年第 2 期。

[176] 耿中锋：《论构建社会治安预警体系——从公共危机的视角》，载于《河北公安警察职业学院学报》2011 年第 3 期。

[177] 崔向辉：《实施治安预警机制的探索与实践》，载于《河北公安警察职业学院学报》2010 年第 1 期。

[178] 王二平：《群体性事件的监测与预警研究》，载于《领导科学》2012 年第 2 期。

[179] 王俊秀：《面对风险：公众安全感研究》，载于《社会》2008 年第 4 期。

[180] 张黎明、张晓新：《美国公共安全危机管理卫生快速反应机制及 SARS 防治预警系统》，载于《中国医院管理》2003 年第 7 期。

[181] 李汉中：《恐怖主义定义及其相关概念之界定》，中国政法大学 2007 年刑法学专业博士论文。

[182] 康均心、王均平：《恐怖主义犯罪的文化解读》，载于《犯罪学论丛（第二卷）》，中国检察出版社 2004 年版。

[183] 谢俊贵：《网上虚拟社会建设：必要与设想》，载于《社会科学研究》2010 年第 6 期。

[184] 江小平：《法国对互联网的调控与管理》，载于《国外社会科学》2000 年第 5 期。

[185] 王世卿：《网上社区警务室略论》，载于《中国人民公安大学学报》2010 年第 2 期。

[186] 李苑等：《虚拟社会治安管控体系建设中几个机制的探讨》，载于《理论探讨》2009 年第 1 期。

[187] 吴道霞：《加强我国网络警察建设的思考》，载于《中国人民公安大学学报》2009 年第 1 期。

[188] 张雷：《我国网络草根 NGO 发展现状与管理论析》，载于《政治学研究》2009 年第 4 期。

[189] 伍先江：《城市社区安全评估指标体系的构建——以北京市为例》，载于《中国人民公安大学学报》2009 年第 4 期。

[190] 伍先江：《城市社区安全评估模型的构建——以北京市为例》，载于《中国人民公安大学学报》2009 年第 6 期。

[191] 中国安全防范产品行业协会：《加强公共安全视频监控建设联网应用，服务社会治安防控体系构建》，载于《中国安防》2015 年第 15 期。

[192] 蔡芳斌：《警用地理信息系统（PGIS）在公安情报指挥中的应用研究》，福州大学 2014 年工程硕士专业学位研究生学位论文。

[193] 易光旺：《智能建筑安全防范系统的评价指标体系研究》，载于《中国安全生产科学技术》2010 年第 3 期。

[194] 梁樑、王国华、陈敬贤：《系统评估研究现状及发展评述》，载于《现代管理科学》2011 年第 10 期。

[195] 陈志华：《试论安全防范系统的效能评估》，载于《中国人民公安大学学报》（自然科学版）2006 年第 4 期。

[196] 李锦涛、杜治国、赵兴涛：《安全防范系统效能评估仿真模型研究》，载于《中国人民公安大学学报》（自然科学版）2012 年第 1 期。

[197] 杨新旺、董保良、张国辉：《基于信息熵的指挥信息系统效能评估研究》，载于《电子世界》2013 年第 15 期。

[198] Kenneth J. Peak, Policing America: Methods, Issues, Challenges, Upper Saddle River, New Jersey: Prentice Hall, 2003.

[199] K. C. Poulin and Charles Nemeth, Private Security and Public Safety——A Community-based Approach, New Jersey: Pearson Prentice Hall, 2005.

[200] Michael L. Birzer, Cliff Roberson, Policing Today and Tomorrow, Upper Saddle River, New Jersey: Pearson Education, Inc., 2007.

[201] Robert C. Wadman, William Thomas Allison, To Protect and to Serve: A History of Police in America, Upper Saddle River, New Jersey: Pearson Prentice Hall, 2004.

[202] Roger G. Dunham & Geoffrey P. Alpert, Critical Issues In Policing: Contemporary Readings, Waveland Press, Inc., 2010.

[203] Willard M. Oliver, Community-Oriented Policing: A Systemic Approach to Policing, Upper Saddle River, New Jersey: Pearson Prentice Hall, 2008.

[204] Samuel Walker, Charles M. Katz, The Police in America: An introduction 8th ed, McGraw-Hill Companies, 2013.

[205] Karen Hess, Christine M. H. Orthmann, Community Policing: Partnerships for Problem Solving, Delmar Cengage Learning, 2010.

[206] James Q. Wilson, George L. Kelling : Broken Windows: The Police and Neighborhood Safety, The Atlantic Monthly, 1982, 249 (3).

[207] D Weisburd, S. Bushway, C. Lum, S. M. Yang: Trajectories of Crime at Places: A Longitudinal Study of Street Segments in the City of Seattle, Criminology, 2004, 42 (2).

教育部哲学社会科学研究重大课题攻关项目成果出版列表

序号	书　名	首席专家
1	《马克思主义基础理论若干重大问题研究》	陈先达
2	《马克思主义理论学科体系建构与建设研究》	张雷声
3	《马克思主义整体性研究》	逄锦聚
4	《改革开放以来马克思主义在中国的发展》	顾钰民
5	《新时期　新探索　新征程——当代资本主义国家共产党的理论与实践研究》	聂运麟
6	《坚持马克思主义在意识形态领域指导地位研究》	陈先达
7	《当代资本主义新变化的批判性解读》	唐正东
8	《当代中国人精神生活研究》	童世骏
9	《弘扬与培育民族精神研究》	杨叔子
10	《当代科学哲学的发展趋势》	郭贵春
11	《服务型政府建设规律研究》	朱光磊
12	《地方政府改革与深化行政管理体制改革研究》	沈荣华
13	《面向知识表示与推理的自然语言逻辑》	鞠实儿
14	《当代宗教冲突与对话研究》	张志刚
15	《马克思主义文艺理论中国化研究》	朱立元
16	《历史题材文学创作重大问题研究》	童庆炳
17	《现代中西高校公共艺术教育比较研究》	曾繁仁
18	《西方文论中国化与中国文论建设》	王一川
19	《中华民族音乐文化的国际传播与推广》	王耀华
20	《楚地出土戰國簡册［十四種］》	陈　伟
21	《近代中国的知识与制度转型》	桑　兵
22	《中国抗战在世界反法西斯战争中的历史地位》	胡德坤
23	《近代以来日本对华认识及其行动选择研究》	杨栋梁
24	《京津冀都市圈的崛起与中国经济发展》	周立群
25	《金融市场全球化下的中国监管体系研究》	曹凤岐
26	《中国市场经济发展研究》	刘　伟
27	《全球经济调整中的中国经济增长与宏观调控体系研究》	黄　达
28	《中国特大都市圈与世界制造业中心研究》	李廉水

序号	书名	首席专家
29	《中国产业竞争力研究》	赵彦云
30	《东北老工业基地资源型城市发展可持续产业问题研究》	宋冬林
31	《转型时期消费需求升级与产业发展研究》	臧旭恒
32	《中国金融国际化中的风险防范与金融安全研究》	刘锡良
33	《全球新型金融危机与中国的外汇储备战略》	陈雨露
34	《全球金融危机与新常态下的中国产业发展》	段文斌
35	《中国民营经济制度创新与发展》	李维安
36	《中国现代服务经济理论与发展战略研究》	陈 宪
37	《中国转型期的社会风险及公共危机管理研究》	丁烈云
38	《人文社会科学研究成果评价体系研究》	刘大椿
39	《中国工业化、城镇化进程中的农村土地问题研究》	曲福田
40	《中国农村社区建设研究》	项继权
41	《东北老工业基地改造与振兴研究》	程 伟
42	《全面建设小康社会进程中的我国就业发展战略研究》	曾湘泉
43	《自主创新战略与国际竞争力研究》	吴贵生
44	《转轨经济中的反行政性垄断与促进竞争政策研究》	于良春
45	《面向公共服务的电子政务管理体系研究》	孙宝文
46	《产权理论比较与中国产权制度变革》	黄少安
47	《中国企业集团成长与重组研究》	蓝海林
48	《我国资源、环境、人口与经济承载能力研究》	邱 东
49	《"病有所医"——目标、路径与战略选择》	高建民
50	《税收对国民收入分配调控作用研究》	郭庆旺
51	《多党合作与中国共产党执政能力建设研究》	周淑真
52	《规范收入分配秩序研究》	杨灿明
53	《中国社会转型中的政府治理模式研究》	娄成武
54	《中国加入区域经济一体化研究》	黄卫平
55	《金融体制改革和货币问题研究》	王广谦
56	《人民币均衡汇率问题研究》	姜波克
57	《我国土地制度与社会经济协调发展研究》	黄祖辉
58	《南水北调工程与中部地区经济社会可持续发展研究》	杨云彦
59	《产业集聚与区域经济协调发展研究》	王 珺

序号	书名	首席专家
60	《我国货币政策体系与传导机制研究》	刘伟
61	《我国民法典体系问题研究》	王利明
62	《中国司法制度的基础理论问题研究》	陈光中
63	《多元化纠纷解决机制与和谐社会的构建》	范愉
64	《中国和平发展的重大前沿国际法律问题研究》	曾令良
65	《中国法制现代化的理论与实践》	徐显明
66	《农村土地问题立法研究》	陈小君
67	《知识产权制度变革与发展研究》	吴汉东
68	《中国能源安全若干法律与政策问题研究》	黄进
69	《城乡统筹视角下我国城乡双向商贸流通体系研究》	任保平
70	《产权强度、土地流转与农民权益保护》	罗必良
71	《我国建设用地总量控制与差别化管理政策研究》	欧名豪
72	《矿产资源有偿使用制度与生态补偿机制》	李国平
73	《巨灾风险管理制度创新研究》	卓志
74	《国有资产法律保护机制研究》	李曙光
75	《中国与全球油气资源重点区域合作研究》	王震
76	《可持续发展的中国新型农村社会养老保险制度研究》	邓大松
77	《农民工权益保护理论与实践研究》	刘林平
78	《大学生就业创业教育研究》	杨晓慧
79	《新能源与可再生能源法律与政策研究》	李艳芳
80	《中国海外投资的风险防范与管控体系研究》	陈菲琼
81	《生活质量的指标构建与现状评价》	周长城
82	《中国公民人文素质研究》	石亚军
83	《城市化进程中的重大社会问题及其对策研究》	李强
84	《中国农村与农民问题前沿研究》	徐勇
85	《西部开发中的人口流动与族际交往研究》	马戎
86	《现代农业发展战略研究》	周应恒
87	《综合交通运输体系研究——认知与建构》	荣朝和
88	《中国独生子女问题研究》	风笑天
89	《我国粮食安全保障体系研究》	胡小平
90	《我国食品安全风险防控研究》	王硕

序号	书　名	首席专家
91	《城市新移民问题及其对策研究》	周大鸣
92	《新农村建设与城镇化推进中农村教育布局调整研究》	史宁中
93	《农村公共产品供给与农村和谐社会建设》	王国华
94	《中国大城市户籍制度改革研究》	彭希哲
95	《国家惠农政策的成效评价与完善研究》	邓大才
96	《以民主促进和谐——和谐社会构建中的基层民主政治建设研究》	徐　勇
97	《城市文化与国家治理——当代中国城市建设理论内涵与发展模式建构》	皇甫晓涛
98	《中国边疆治理研究》	周　平
99	《边疆多民族地区构建社会主义和谐社会研究》	张先亮
100	《新疆民族文化、民族心理与社会长治久安》	高静文
101	《中国大众媒介的传播效果与公信力研究》	喻国明
102	《媒介素养：理念、认知、参与》	陆　晔
103	《创新型国家的知识信息服务体系研究》	胡昌平
104	《数字信息资源规划、管理与利用研究》	马费成
105	《新闻传媒发展与建构和谐社会关系研究》	罗以澄
106	《数字传播技术与媒体产业发展研究》	黄升民
107	《互联网等新媒体对社会舆论影响与利用研究》	谢新洲
108	《网络舆论监测与安全研究》	黄永林
109	《中国文化产业发展战略论》	胡惠林
110	《20世纪中国古代文化经典在域外的传播与影响研究》	张西平
111	《国际传播的理论、现状和发展趋势研究》	吴　飞
112	《教育投入、资源配置与人力资本收益》	闵维方
113	《创新人才与教育创新研究》	林崇德
114	《中国农村教育发展指标体系研究》	袁桂林
115	《高校思想政治理论课程建设研究》	顾海良
116	《网络思想政治教育研究》	张再兴
117	《高校招生考试制度改革研究》	刘海峰
118	《基础教育改革与中国教育学理论重建研究》	叶　澜
119	《我国研究生教育结构调整问题研究》	袁本涛 王传毅
120	《公共财政框架下公共教育财政制度研究》	王善迈

序号	书名	首席专家
121	《农民工子女问题研究》	袁振国
122	《当代大学生诚信制度建设及加强大学生思想政治工作研究》	黄蓉生
123	《从失衡走向平衡：素质教育课程评价体系研究》	钟启泉 崔允漷
124	《构建城乡一体化的教育体制机制研究》	李 玲
125	《高校思想政治理论课教育教学质量监测体系研究》	张耀灿
126	《处境不利儿童的心理发展现状与教育对策研究》	申继亮
127	《学习过程与机制研究》	莫 雷
128	《青少年心理健康素质调查研究》	沈德立
129	《灾后中小学生心理疏导研究》	林崇德
130	《民族地区教育优先发展研究》	张诗亚
131	《WTO主要成员贸易政策体系与对策研究》	张汉林
132	《中国和平发展的国际环境分析》	叶自成
133	《冷战时期美国重大外交政策案例研究》	沈志华
134	《新时期中非合作关系研究》	刘鸿武
135	《我国的地缘政治及其战略研究》	倪世雄
136	《中国海洋发展战略研究》	徐祥民
137	《深化医药卫生体制改革研究》	孟庆跃
138	《华侨华人在中国软实力建设中的作用研究》	黄 平
139	《我国地方法制建设理论与实践研究》	葛洪义
140	《城市化理论重构与城市化战略研究》	张鸿雁
141	《境外宗教渗透论》	段德智
142	《中部崛起过程中的新型工业化研究》	陈晓红
143	《农村社会保障制度研究》	赵 曼
144	《中国艺术学学科体系建设研究》	黄会林
145	《人工耳蜗术后儿童康复教育的原理与方法》	黄昭鸣
146	《我国少数民族音乐资源的保护与开发研究》	樊祖荫
147	《中国道德文化的传统理念与现代践行研究》	李建华
148	《低碳经济转型下的中国排放权交易体系》	齐绍洲
149	《中国东北亚战略与政策研究》	刘清才
150	《促进经济发展方式转变的地方财税体制改革研究》	钟晓敏
151	《中国—东盟区域经济一体化》	范祚军

序号	书名	首席专家
152	《非传统安全合作与中俄关系》	冯绍雷
153	《外资并购与我国产业安全研究》	李善民
154	《近代汉字术语的生成演变与中西日文化互动研究》	冯天瑜
155	《新时期加强社会组织建设研究》	李友梅
156	《民办学校分类管理政策研究》	周海涛
157	《我国城市住房制度改革研究》	高波
158	《新媒体环境下的危机传播及舆论引导研究》	喻国明
159	《法治国家建设中的司法判例制度研究》	何家弘
160	《中国女性高层次人才发展规律及发展对策研究》	佟新
161	《国际金融中心法制环境研究》	周仲飞
162	《居民收入占国民收入比重统计指标体系研究》	刘扬
163	《中国历代边疆治理研究》	程妮娜
164	《性别视角下的中国文学与文化》	乔以钢
165	《我国公共财政风险评估及其防范对策研究》	吴俊培
166	《中国历代民歌史论》	陈书录
167	《大学生村官成长成才机制研究》	马抗美
168	《完善学校突发事件应急管理机制研究》	马怀德
169	《秦简牍整理与研究》	陈伟
170	《出土简帛与古史再建》	李学勤
171	《民间借贷与非法集资风险防范的法律机制研究》	岳彩申
172	《新时期社会治安防控体系建设研究》	宫志刚
	……	